W0060861

Verlag Wissenschaft und Politik

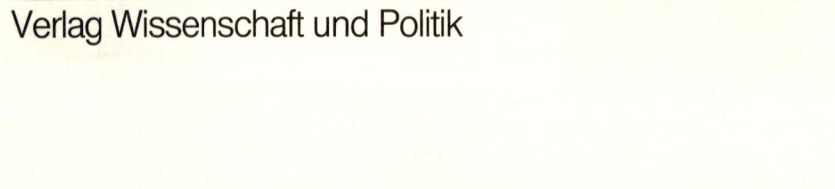

Karl Wilhelm Fricke
Die DDR-Staatssicherheit

Entwicklung
Strukturen
Aktionsfelder

© bei Verlag Wissenschaft und Politik
Berend von Nottbeck, Köln
3. aktualisierte und ergänzte Auflage 1989
Umschlaggestaltung Rolf Bünermann
Gesamtherstellung Werbedruck Zünkler, Bielefeld 11
Printed in Germany · ISBN 3-8046-8732-6

Fotos:
Archiv Fricke 2, Gesamtdeutsches Institut 2,
Jürgens Ost und Europa-Photo 4, Klaus Mehner 1

Inhalt

Einleitung

Als der Verfasser 1982 sein Buch über die DDR-Staatssicherheit in erster Auflage veröffentlichte, hatte er die Beweggründe seiner Niederschrift bewußt offengelegt. Sie waren in den Irritationen darüber zu finden, daß die Politik der Entspannung in den siebziger Jahren die Herrschenden in der DDR nicht daran zu hindern vermocht hatte, ihre nachrichtendienstlichen Aktivitäten gegen die Bundesrepublik Deutschland aus- statt abzubauen. Inzwischen sind bereits anderthalb Jahrzehnte vergangen, seitdem sich ein Kanzler in Bonn durch einen in seiner unmittelbaren Umgebung plazierten Agenten des Ministeriums für Staatssicherheit der DDR zum Rücktritt genötigt sah – derselbe Bundeskanzler, der sich wie kein anderer um die Aussöhnung mit dem Osten verdient gemacht hatte. Willy Brandts Verzicht auf sein Regierungsamt am 6. Mai 1974, ausgelöst durch die Entlarvung und Verhaftung von Günter Guillaume, dem DDR-Spion im Bundeskanzleramt, hat das Problembewußtsein der Öffentlichkeit hierzulande gleichwohl nicht in dem Maße geschärft, wie es dem Autor geboten schien und noch immer geboten scheint, um die »Aggression auf leisen Sohlen«[1], den »heimlichen Krieg auf deutschem Boden«[2], den »Kampf an der unsichtbaren Front«[3] in vollem Ausmaß zu erfassen, um die politischen und moralischen Dimensionen dieser Aktivitäten zu ermessen. Das Wissen um die DDR-Staatssicherheit kann gar nicht genug verbreitet werden. Eben dazu will das nun in dritter, aktualisierter Auflage vorliegende Buch beitragen.

Die schmale Materialbasis konnte den Verfasser nicht hindern, sein Buch zu schreiben. Im einzelnen stützt sich die Darstellung erstens auf offizielle Quellen – auf Gesetze und Regierungsdokumente der DDR, auf Beschlüsse der SED, auf Reden und Aufsätze ihrer führenden Politiker, zumal des Ministers für Staatssicherheit, sowie auf einige bislang unveröffentlichte Befehle, Dienstanweisungen und Schulungsmaterialien, deren Verfügbarkeit Überläufern zu danken ist; zweitens wurden Aussagen von Zeitzeugen herangezogen, Bekundungen ehemaliger politischer Häftlinge der DDR und ehemaliger Offiziere des MfS und des KGB, die in den Westen gekommen sind – vorwiegend solche Bekundungen, die bereits anderweitig veröffentlicht wurden und daher zitierbar geworden sind; drittens wurden Urteile bundesdeutscher Gerichte gegen Agenten des MfS ausgewertet; viertens ist die erreichbare Sekundärliteratur zum Thema einschließlich zahlreicher Artikel aus Zeitschriften und Zeitungen östlicher und westlicher Herkunft verwendet worden; und fünftens schließlich wertete der Verfasser die alljährlich vom Bundesminister des Innern veröffentlichten Verfassungsschutzberichte systematisch aus. Generell sind die Quellen in Anmerkungen ausgewiesen, die der besseren Lesbarkeit des durchgehenden Textes wegen am Schluß des Buches, nach Kapiteln unterteilt, gebündelt angeordnet sind.

Im offiziellen Sprachgebrauch der DDR wird der Begriff der Staatssicherheit in einem eigentümlichen Doppelsinne verwendet. Einmal meint Staatssicherheit in der DDR wie hierzulande auch die Sicherheit des Staates. Die Bezeichnung des zuständigen Regierungsressorts in Ost-Berlin als Ministerium für Staatssicherheit entspricht insoweit dem in Deutschland allgemein üblichen Sprachgebrauch.

Zum anderen aber und gleichzeitig bezeichnet »Staatssicherheit« in der DDR auch konkret die Organe selbst, die für die Sicherheit des Staates zuständig sind. In Äußerungen prominenter Politiker und hoher Staatssicherheitsoffiziere in der DDR ist häufig von »der Staatssicherheit« schlechthin die Rede, von »den Organen der Staatssicherheit«, »den Genossen der Staatssicherheit«, wofür beliebig viele Belege beizubringen wären. »Feinde und Agenten sollen die Staatssicherheit fürchten«[4] – das ist keine ungewöhnliche Formulierung. Ein 1969 gestifteter DDR-Ehrentitel lautet »Verdienter Mitarbeiter der Staatssicherheit«[5]. In dem Ostberliner Wörterbuch der deutschen Gegenwartssprache wird der Begriff in diesem Gebrauch sogar als semantische Neuprägung der DDR ausgewiesen[6]. Diesem Buch verhalf er zu seinem Titel.

Der derzeitige Minister für Staatssicherheit Erich Mielke neigt eher zu einer semantisch logischen Formulierung, indem er von »den Organen des Ministeriums für Staatssicherheit«, gelegentlich auch von »den Sicherheitsorganen« oder »den Staatssicherheitsorganen« spricht, daneben aber eine auch von Erich Honecker geteilte Vorliebe für einen anderen Ausdruck verrät. Allzu gern nämlich bezeichnet Mielke die Offiziere und Mitarbeiter des Ministeriums für Staatssicherheit als »die Tschekisten der DDR«[7], um sie in eine fragwürdige Traditionslinie zur Tscheka[8] zu stellen, der frühen, einst von Lenin gegründeten Geheimpolizei der Bolschewiki. Dagegen ist die in der Bundesrepublik häufig anzutreffende Wortprägung »Staatssicherheitsdienst«, die in dieser Darstellung häufiger auftaucht – besonders in Zitaten –, in der DDR nur selten gebräuchlich. Der Autor hat sie dennoch gelegentlich übernommen.

Der semantisch doppelsinnige Gebrauch des Begriffs Staatssicherheit in der DDR ist gewiß nicht aus Zufälligkeit zu erklären. Offenbar soll, indem die Organe des Ministeriums für Staatssicherheit als »die Staatssicherheit« bezeichnet werden, sprachlich eine Identifikation vollzogen werden, die sie gleichsam als Verkörperung der Staatssicherheit erscheinen läßt. Das Abstraktum »Staatssicherheit« wird durch diese Konkretisierung »begreiflich«, »faßbar«.

In dem vorliegenden Buch wird zudem durchgehend das sowohl in der DDR als auch in der Bundesrepublik in amtlichen Texten für Ministerium für Staatssicherheit verwandte Kürzel »MfS« gebraucht. Weitgehend vermieden wird hingegen die Abkürzung »SSD«, weil sie nach Meinung des Autors unangemessene Assoziationen zur SS und zum SD der Nazi-Diktatur hervorrufen kann. Die Abkürzung findet sich daher allenfalls in Zitaten. Auch Versatzstücke wie »die Firma« oder »VEB Horch und Greif« werden in dieser Darstellung nicht verwandt, weil sie unzulässig verharmlosen.

Es lag am Gegenstand seines Buches, wenn der Verfasser an Grenzen der Information stieß, die er nicht zu durchbrechen vermochte. Um Redlichkeit und Sachlichkeit in seiner Darstellung war er dennoch bemüht. Die eigene Wertung, die politische Einschätzung sind darum nicht ausgeschlossen. Auch sie finden sich in diesem Buch, das der Autor ohne Beratung und Information durch Freunde und Experten nicht hätte schreiben können. Ihnen sei an dieser Stelle herzlich gedankt! Dank schuldet der Verfasser auch seiner Frau Friedelind: Ohne ihre unermüdliche, geduldige Schreibarbeit wären weder die erste noch die zweite und dritte Auflage termingerecht zustande gekommen.

Einer grundsätzlichen Überarbeitung bedurfte das Buch auch in seiner dritten Auflage nicht, wohl aber der gründlichen Aktualisierung. Sie machten nicht zuletzt personelle Veränderungen nötig, zu denen es in der DDR-Staatssicherheit in den achtziger Jahren gekommen ist – in der Zentrale ebenso wie auf Bezirksebene.

Die spektakulärste Veränderung bestand darin, daß Generaloberst Markus Wolf, ehedem Chef der Hauptverwaltung Aufklärung, 1987 »auf eigenen Wunsch aus dem aktiven Dienst des Ministeriums für Staatssicherheit ausgeschieden«[9] ist. Seither versucht er sich als Schriftsteller – nicht ohne Erfolg übrigens: Verlage in beiden deutschen Staaten brachten sein Erstlingswerk »Die Troika«[10] gleichzeitig heraus. Über Wolfs Tätigkeit als Schlüsselfigur der DDR-Spionage war daraus allerdings nichts zu erfahren.

Authentisches dazu kam aus anderer Quelle: Günter Guillaume hat Markus Wolf in seinen Memoiren als Pionier beim Aufbau des »politischen Aufklärungsapparates« der DDR ausdrücklich gewürdigt. Dankbar erinnert er sich auch der Treffs, zu denen ihn der Chef der Zentrale in Ost-Berlin gelegentlich empfing, als er während der Jahre 1971 bis 1974 im »feindlichen Machtzentrum« in Bonn sein Dasein als »sozialistischer Kundschafter« führte. »Solche Zusammenkünfte waren für mich eine unverzichtbare Gelegenheit, politisch, moralisch, menschlich aufzutanken«[11], resümiert Guillaume.

Die dritte Auflage erscheint in einer Zeit, in der die Forderung nach vorbeugender Spionagebekämpfung noch immer nicht überflüssig geworden ist. Auch dazu wollte der Verfasser mit seinem Buch einen bescheidenen Beitrag leisten. Sein vordringliches Anliegen aber war und bleibt die Veranschaulichung der Rolle, die die Staatssicherheit im Herrschaftsgefüge der DDR spielt. Wie ist sie einzuschätzen? Stimmt es, daß die SED die Machtansprüche der Staatssicherheit nur noch mit Mühe zügeln kann, wie Rolf Henrich, Rechtsanwalt in Eisenhüttenstadt, in seinem aufsehenerregenden Buch »Der vormundschaftliche Staat« schreibt? »Wer hier wen kontrolliert, das ist durchaus eine offene Frage. Weder Säuberungen noch die beschwörende Verpflichtung der ›Tschekisten‹ auf ihre unverbrüchliche Treue zur Partei konnten verhindern, daß der Staatssicherheitsdienst von Jahr zu Jahr größer und mächtiger wurde. Längst ist die Geheimpolizei der ›Staat im Staate‹«.[12] Die These wird noch zu erörtern sein.

Die Kritik hat die vorausgegangenen beiden Auflagen des vorliegenden Buches positiv aufgenommen. Das belegt eine Vielzahl von Rezensionen nicht nur in bundesdeutschen Zeitungen, sondern auch in ausländischen Blättern – von der »Neuen Zürcher Zeitung« angefangen bis hin zu französischen und amerikanischen Fachperiodika. Lediglich in der DDR ist das Buch offiziell nie beachtet oder erwähnt, geschweige denn rezensiert worden. Um so mehr haben den Verfasser Zeichen der Sympathie aus Kreisen der DDR-Opposition ermutigt, zum Beispiel aus der Ostberliner »Initiative Frieden und Menschenrechte«, für deren Arbeit sich das Buch, »illegal« von Hand zu Hand weitergereicht, als nützlich erwiesen hat.

Köln, im Sommer 1989   *Karl Wilhelm Fricke*

Das MfS –
unabdingbares Herrschaftsinstrument der SED

Die Frage, ob der Staatssicherheitsdienst der DDR als eigenständiger oder wenigstens die Politik der SED entscheidend mitbestimmender Faktor anzusehen sei, ist schon häufig gestellt worden. Ernst Richert, einer der Begründer der empirisch-soziologischen DDR-Forschung, formulierte seine Antwort darauf auffallend vorsichtig. »Er dürfte«, schrieb er 1963, »als ein zwar mit erheblichen Vollmachten versehenes, aber lediglich ausführendes Organ der obersten Führungszentrale aufzufassen sein.« Gleichzeitig attestierte er der von ihm verworfenen These, die eigentliche Macht im Staate stelle der Staatssicherheitsdienst dar, einen »motivmäßig plausiblen Kern«. Denn »eine Organisation, die keiner behördlichen oder parlamentarischen Kontrolle unterliegt, die dem zentralen politischen Willen lediglich in dessen Spitze untergeordnet ist, die zudem ausschließlich hauptamtliche Mitarbeiter verwendet, die eindeutig indoktrinierte Kommunisten sind und die allerorts bis in die kleinsten Betriebe und Verwaltungseinheiten hinein ihre geheimen Vertrauensleute geschleust hat – eine solche Organisation begegnet nur als Fremdkörper, als unheimlich unbekannte Größe«[1]. Von dieser Aussage sind im Grunde auch heute keine Abstriche zu machen.

Überhaupt wird die Funktion des MfS und seiner Organe im System der DDR bereits seit den späten fünfziger Jahren kaum mehr unterschiedlich interpretiert. Der Mannheimer Historiker Hermann Weber charakterisierte die Staatssicherheit 1958 ebenso lakonisch wie treffend als »ein Instrument der SED-Bürokratie zur Aufrechterhaltung ihrer Macht«[2]. Der Verfassungsrechtler Siegfried Mampel, als langjähriger leitender Mitarbeiter beim Untersuchungsausschuß Freiheitlicher Juristen gewiß ein kompetenter Sachkenner, bekräftigte dieselbe Auffassung zwei Dutzend Jahre später: »Die Verfassungswirklichkeit wurde maßgeblich beeinflußt durch die Existenz eines Ministeriums für Staatssicherheit«, resümiert er in seinem Kommentar zur DDR-Verfassung. »Es wurde zu einem Instrument des Terrors, dessen die Inhaber der politischen Macht bedurften, um die Entwicklung in ihrem Sinne voranzutreiben[3].« Allerdings ist bei alledem zu bedenken, daß sich der politische Stellenwert des Ministeriums für Staatssicherheit stets insoweit verändert hat oder verändern kann, wie seine Tätigkeit im Zusammenhang mit der inneren Entwicklung der DDR und ihren äußeren Beziehungen gesehen werden muß.

In besonderem Maße gilt dies seit den siebziger Jahren, in denen das MfS für die Machterhaltung und Herrschaftssicherung im Staat der SED kaum weniger unabdingbar war als in den fünfziger und sechziger Jahren – eher mehr, weil sich die Konsequenzen der westöstlichen Entspannungspolitik auf die

DDR »destabilisierend« ausgewirkt haben und weiterhin auswirken[4], während sich andererseits die »probaten Mittel« des Polizei- und Justizterrors zur Sicherung der Macht als immer weniger tauglich erwiesen haben. Seit der parteioffiziellen Verdammung der Fehler und Verbrechen Stalins konnte auch in der DDR nicht einfach mehr ignoriert oder widerrufen werden, was 1956 als Wiederherstellung und Festigung der »sozialistischen Gesetzlichkeit« beschworen worden war. Zum anderen hatte der Abschluß des Grundlagenvertrages zwischen beiden deutschen Staaten 1972 in der DDR-Bevölkerung die Hoffnung auf ein Mehr an humanitären Erleichterungen und menschlichen Begegnungen so enorm belebt, daß er vom Standpunkt der SED das Regime gleichfalls zu destabilisieren drohte. Mit der Ratifizierung der beiden Menschenrechtspakte der Vereinten Nationen durch die DDR 1973 und der Unterzeichnung der KSZE-Schlußakte von Helsinki durch Erich Honecker 1975 verstärkte sich diese widerspruchsvolle Entwicklung[5]. Die SED suchte ihr mit einer Reihe von Schutz- und Sicherheitsmaßnahmen zu begegnen. Ausdruck dieser Strategie waren unter anderem drei Strafrechtsänderungsgesetze, mit denen im geltenden DDR-Strafgesetzbuch vornehmlich die Bestimmungen zum inneren Staatsschutz verschärft und erweitert wurden, bis hin zur gezielten Kriminalisierung unerwünschter Ost-West-Kontakte[6]. Auch die rigorose, schier uferlose Ausweitung des Personenkreises, der in der DDR zum Kreise der Geheimnisträger bestimmt wurde – immerhin sind dazu schon in der Frühphase der deutsch-deutschen Vertragspolitik einschneidende Maßnahmen in Ost-Berlin eingeleitet worden, sanktioniert durch einen Ministerratsbeschluß vom 18. April 1973 und einer auf seiner Grundlage vom Minister für Staatssicherheit am 10. Mai 1973 erlassenen Direktive über Geheimnisträger[7] –, auch sie bezweckte letztlich nichts anderes als innere Sicherheit der DDR durch Abgrenzung nach außen. Die Betroffenen hatten sich danach zu verpflichten, jeden schriftlichen oder persönlichen Kontakt zu Bürgern »nichtsozialistischer Staaten und Westberlins« zu meiden oder zu melden. Ebenso diente schließlich die willkürliche Erhöhung des Devisen-Mindestumtausches für DDR-Besucher »mit ständigem Wohnsitz in nichtsozialistischen Staaten und in Westberlin« durch Anordnung des Finanzministers vom 9. Oktober 1980 der radikalen Eindämmung des Westbesucherstromes, letzthin also der Minimalisierung westöstlicher Kontakte aus Furcht vor »innerer Aufweichung« der DDR.

Auf einer internen propagandistischen Veranstaltung zur Eröffnung des Parteilehrjahres 1978/79 hat Erich Mielke die inneren Risiken der Entspannungspolitik für den sozialistischen Staat der Arbeiter und Bauern und die sich daraus ergebenden Aufgaben für die Staatssicherheit mit unmißverständlicher Deutlichkeit angesprochen, indem er hervorhob, »daß die Vorbereitung und Durchführung neuer mit der BRD zu treffender Vereinbarungen zusätzliche politisch-operative Aufgaben und Probleme für das MfS mit sich bringen« würden. »Die politisch-operative Lage in einigen Bereichen wird sich weiter verändern; daraus entstehen neue politisch-operative Erfordernisse, denen wir gerecht werden müssen. Konsequent ist zu verhindern, daß diese Vereinbarungen und die veränderten Bedingungen seitens der BRD für gegen die DDR gerichtete Absichten ausgenutzt werden«[8]. Wie weit die Verunsicherung und die Berührungsängste des Ministers für Staatssicherheit gingen, belegt eine andere Passage derselben Rede, die sich unmittelbar auf den KSZE-Prozeß bezog: »Die derzeitige internationale Klassenkampfsituation, die Entwicklung des gegnerischen Vorgehens und der politisch-operativen Lage im Innern der DDR bestätigen vollauf die bereits getroffene Einschätzung, daß der Imperialismus seit der Konferenz von Helsinki alle Formen seiner subversiven Tätigkeit gegen die sozialistischen Staaten weiter vervollkommnet und wesentlich intensiviert hat«. Die Sorgen der Staatssicherheit über den KSZE-Prozeß haben sich in den achtziger Jahren eher gemehrt denn gemindert. So sprach Mielke in einer Vorlesung an der Parteihochschule der SED am 16. November 1984 von einem »langfristigen Erosionsprozeß in den sozialistischen Ländern« gemäß einer Stratgie des »Wandels durch offensive Entwicklung«. Die Ursachen innerer Konflikte erblickte er »in den zunehmenden Aktivitäten der offenen und verdeckten Einmischung in die inneren Angelegenheiten unserer Länder, im Mißbrauch der Schlußakte von Helsinki, des Madrider Abschlußdokumentes, der abgeschlossenen Verträge, Abkommen und Vereinbarungen«[9].

Während so die Aufgaben der Staatssicherheit komplizierter wurden, wuchs mit der Bedeutung des MfS als innerem Sicherungsinstrument auch seine Bedeutung als Instrument verdeckter Kampfführung nach außen, denn ungeachtet aller Bekundungen der Friedfertigkeit seitens der DDR-Regierung wurde die Spionagetätigkeit des MfS unter Ausnutzung der mit der westöstlichen Entspannungspolitik erweiterten Möglichkeiten zur Kontaktanbahnung forciert – was kein Argument gegen die Entspannungspolitik sein kann, was aber ins Kalkül zu ziehen ist.

Erst beides zusammengenommen, die Abwehr- und Sicherungsfunktion im Innern und die Offensivfunktion nach außen, machen das MfS zu dem Herrschaftsinstrument der SED, das es tatsächlich ist. Seine besondere Gefährlichkeit liegt in der Bündelung seiner öffentlich unkontrollierten Befugnisse als politische Geheimpolizei, als Untersuchungsorgan in politischen Strafsachen, speziell bei Staatsverbrechen, und als geheimer Nachrichtendienst. Selbst anhand DDR-offiziöser und -offizieller Quellen ist diese Bündelung zu dokumentieren. Es muß daher als eine in dieser Hinsicht zweifelsfreie Aussage gewertet werden, wenn der Staatssicherheitschef selber seinem Ministerium die umfassende Aufgabe zuweist, »unter der Führung der SED gemeinsam mit den anderen staatlichen Organen und bewaffneten Kräften und in enger Verbundenheit mit den Werktätigen die Arbeiter-und-Bauern-Macht und die revolutionäre Entwicklung zuverlässig gegen jede konterrevolutionäre Tätigkeit äußerer und innerer Feinde der DDR zu schützen sowie die innere Sicherheit und Ordnung allseitig zu gewährleisten«[10]. Nicht weniger unverhohlen ist die Rolle der Staatssicherheit in Herrschaft und Gesellschaft der DDR von Erich Honecker umrissen worden: »Für die Angehörigen der Organe des Ministeriums für Staatssicherheit und seines Wachregiments ›Feliks Dzierzynski‹ gilt es, sich künftig noch gründlicher mit dem Marxismus-Leninismus zu beschäftigen und die Beschlüsse der Partei schöpferisch anzuwenden. Es gilt, stets gründlich und sorgfältig von der Einschätzung der Situation im Klassenkampf durch unsere Partei auszugehen und die entsprechenden Schlußfolgerungen zu ziehen. Es gilt, alle feindlichen Machenschaften aufzudecken und die lückenlose Aufklärung der gegen die

Deutsche Demokratische Republik gerichteten feindlichen Pläne, Maßnahmen, Mittel und Methoden zu sichern. Es gilt schließlich, alle gesellschaftlichen Potenzen für den Kampf gegen den Feind zielstrebig zu nutzen, die Bürger der Deutschen Demokratischen Republik verstärkt einzubeziehen und neue Patrioten für den Kampf an der unsichtbaren Front im Lager des Gegners zu gewinnen«[11]. Auch im Gewand eines politisch-moralischen Forderungskatalogs läßt diese Aufgabenstellung die umfassende Bedeutung der Staatssicherheit für die SED ermessen.

Durch ein DDR-Lehrbuch zum Staatsrecht wird dieses Rollenverständnis der Staatssicherheit in vollem Umfang bestätigt, wenn in einem übrigens auffällig kurzen Abschnitt über die »Organe der Staatssicherheit« gesagt wird: »Hauptaufgaben dieses Ministeriums und seiner Organe sind:

– Aufklärung und Entlarvung der gegen den Frieden und die Gestaltung der entwickelten sozialistischen Gesellschaft in der DDR gerichteten Pläne und Maßnahmen der imperialistischen Kräfte und der verbrecherischen Aktionen (Spionage, Diversion, Sabotage u. a.) der imperialistischen Geheimdienste und ihrer Helfer gegen die DDR und andere sozialistische Länder;

– Unterbindung jeder staatsfeindlichen Tätigkeit gegen die politischen und ökonomischen Grundlagen der Arbeiter-und-Bauern-Macht;

– Aufdeckung und Mitwirkung bei der Überwindung von feindlichen Einflüssen und anderen Bedingungen und Umständen, die Staatsverbrechen und andere, die sozialistische Entwicklung hemmende Handlungen begünstigen«[12].

Gesetzliche Bestimmungen dieser Aufgabenstellung der Staatssicherheit werden auch in dem Kompendium aus Ost-Berlin nicht zitiert. Überhaupt ist bislang nur eine einzige veröffentlichte Rechtsvorschrift nachweisbar, in der Befugnisse des MfS niedergelegt werden – das Volkspolizeigesetz vom 11. Juni 1968, das in § 20 folgenden Passus enthält: »Die Angehörigen des Ministeriums für Staatssicherheit sind ermächtigt, die in diesem Gesetz geregelten Befugnisse wahrzunehmen«[13]. Mitarbeitern der Staatssicherheit steht demnach dieselbe Exekutivgewalt zu wie der Polizei in der DDR, obschon ihre Befugnisse diejenigen der Polizei weit übertreffen, versteht sich. Schließlich hat der Minister für Staatssicherheit wiederholt erklärt, daß »die Anwendung spezieller Mittel und Methoden bei der Bekämpfung der Feinde« erforderlich sei. »Es war notwendig, offensiv in die Konspiration der Gegner einzudringen, ihre Absichten rechtzeitig zu erkennen, die feindlichen Pläne dort zu erkennen, wo sie geschmiedet werden, eine wirksame Abwehrarbeit zu gewährleisten und feindliche Kräfte im Innern aufzuspüren und unschädlich zu machen«[14]. Die Konsequenzen daraus waren und sind präventiv-überwachende und repressive Aufgaben des MfS DDR-intern sowie die Fortdauer jenes heimlichen Krieges DDR-extern, der mit Spionage im herkömmlichen Sinne nur bedingt übereinstimmt, wenngleich er sie natürlich einbegreift.

Im Verständnis der SED schließt die Politik der friedlichen Koexistenz Spionage in der Tat nicht aus. Auch nach Inkrafttreten des Grundlagenvertrages hat sich an dieser Haltung nichts geändert. Nach der Entlarvung Günter Guillaumes als Spion im Bonner Kanzleramt wies ein Ostberliner Leitartikler nicht ohne Süffisanz die Kritik an den bedenkenlosen Praktiken des MfS mit der Feststellung zurück, »daß die Existenz des Nachrichtendienstes der DDR und des Bundesnachrichtendienstes der BRD, deren Zielstellungen bekanntlich prinzipiell verschieden sind, nichts an den Grundvoraussetzungen für das Verhältnis der beiden deutschen Staaten ändert. Bei Abschluß des Vertrages über die Grundlagen der Beziehungen zwischen der DDR und der BRD war ihre Existenz ja bekannt, und der Vertrag enthält keinerlei Bestimmungen, die etwa ihre Abschaffung vorsähen«[15].

Formell ist daran nicht zu deuteln. Ein Freibrief für den Ausbau und die Verstärkung der geheimen Aufklärungsarbeit des MfS gegen die Bundesrepublik ist der Grundlagenvertrag hingegen auch nicht – und eben sie, Ausbau und Verstärkung, sind für die siebziger Jahre und achtziger Jahre nachzuweisen. Denn »so lange der Imperialismus existiert, bleibt die Tätigkeit sozialistischer Kundschafter eine unabdingbare Notwendigkeit«[16]. Jede Spekulation auf ein vernünftiges Einlenken wäre unrealistisch. Letztlich durchdringen sich Abwehr und Aufklärung in den Aktivitäten des MfS, defensive und offensive Arbeit bedingen und ergänzen sich, denn die Staatssicherheit hat beides zu sein: Schild und Schwert der Partei – ein konstitutives Herrschaftsinstrument, mit dem sie ihre Politik durchsetzen will, im Innern wie nach außen.

Führende Männer der DDR-Staatssicherheit haben diese Einschätzung auch in den achtziger Jahren wiederholt und bekräftigt – zum Beispiel auf einer Delegiertenkonferenz der Kreisorganisation der SED im MfS am 18. Februar 1984, als deren 1. Sekretär, Generalmajor Dr. Horst Felber, das Ministerium für Staatssicherheit »als zuverlässiges Machtinstrument der Partei« charakterisierte, in zweiter Linie erst auch »des Arbeiter-und-Bauern-Staates«, während Mielke die Aufgabe des MfS dahin umschrieb, »die strategische Linie der Partei offensiv durchzusetzen. Die Beschlüsse der Partei sind der Maßstab unserer tschekistischen Arbeit«[17]. Deutlicher kann kaum formuliert werden, was die DDR-Staatssicherheit sein will.

Vom Aufstand des 17. Juni 1953 einmal abgesehen, der ein eklatantes Versagen der Staatssicherheit manifest gemacht hat, wußte die SED ihre Macht mit Hilfe des MfS zu jeder Zeit zu sichern, indem sie nicht nur jede Opposition, jeden Widerstand früher oder später zerschlagen ließ, sondern durch die latente Drohung mit der Staatssicherheit auch den Nimbus ihrer Allmacht und Allgegenwärtigkeit schuf, der viele Menschen in der Furcht vor möglichen Konsequenzen zu loyalem, systemkonformem Verhalten in der DDR veranlaßt hat und bis heute veranlaßt. Zum Beispiel die Liquidierung »revisionistischer Zirkel« und die Zerschlagung der studentischen Opposition 1956/57 – durch einen »Offenen Brief an die Angehörigen des Lehrkörpers und die Studentenschaft der Humboldt-Universität zu Berlin«[18] vom MfS geradezu provokativ angekündigt – oder die unsäglich brutale Vollendung der Kollektivierung der Landwirtschaft 1960 oder die Sozialisierung aller bis 1972 noch privaten oder halbstaatlichen Unternehmen wären ohne das Eingreifen der Staatssicherheit oder ohne die Furcht vor ihrem möglichen Eingreifen kaum durchsetzbar gewesen. »Weit eher potentieller als virtueller Terror hält die Gesellschaft in Schach«[19], hat Ernst Richert 1964, bezogen auf die DDR, festgestellt. Als politische Potenz wirkt Terror jedoch nur, wo er im Konfliktfall keine leere Drohung bleibt. Wenn es vom Machtinteresse her notwendig erschien, hat die SED nie gezögert, den Terror der Staatssicherheit virtuell werden zu lassen.

Zudem hat die SED mit der Staatssicherheit auch Politik nach außen gemacht, »im Lager des Gegners«, wobei man nicht unbedingt an den Kanzleramtsspion denken muß, den das MfS so lange »vor Ort« beließ, bis er festgenommen war – weil nur so aller Welt demonstriert werden konnte, wie die Bundesrepublik bis in die Regierungsspitzen hinein unterwandert ist. Nur so konnte der Sturz Willy Brandts als Kanzler manipuliert werden. Aus Gründen der politischen Räson mußte Guillaume ins Gefängnis, die Gelegenheit, ihn vorher zurückzurufen, wurde ungenutzt gelassen[20].

Daß das MfS auch unmittelbar die Politik demokratischer Parteien zu lenken versucht, ist durch mehrere entlarvte Einflußagenten gerichtsnotorisch geworden, wenngleich es sich aus der Natur der Sache erklärt, daß Beweise in solchen Fällen nur unter Schwierigkeiten beizubringen sind. Nicht von ungefähr sind in rund vier Jahrzehnten MfS-Aktivitäten rechtskräftige Urteile gegen politische Einflußagenten nur in zwei Fällen ergangen[21]. Umgekehrt riskiert das MfS allemal die eigene Dekonspiration, wenn es die Öffentlichkeit aufsucht, zum Beispiel durch gezielte Desinformationsmanöver und Enthüllungskampagnen, die ebenfalls zum Repertoire seiner offensiven Aktionen gegen bundesdeutsche Parteien und Politiker gehören.

Die Gefährlichkeit des MfS als politisches Instrument der SED liegt ungeachtet seines eigenen Rollenverständnisses als Schild und Schwert der Partei in der absoluten Entschlossenheit ihrer Führung, die Staatssicherheit eben dies sein zu lassen. Gewiß führt eine Auffassung in die Irre, die in der DDR schlechthin »die Diktatur des Staatssicherheitsdienstes«[22] zu erkennen vermeint. Ebensowenig kann die Meinung des Regimekritikers Rolf Henrich überzeugen, der den Apparat des MfS als »Staat im Staate« begreift und bezweifelt, daß die SED die Staatssicherheit unter Kontrolle hält. Sein Argument, »auch der deutsche Staatssozialismus hat keinerlei Kontrollmechanismen institutionalisiert, die Extratouren politisch ambitionierter Tschekisten verhindern könnten«[23], unterschätzt die Zuverlässigkeit der politischen Kontrolle des MfS »von unten«, nämlich durch die in seinem Apparat etablierten Grundorganisationen und Gruppen der SED. Vielmehr ist die Existenz des Staatssicherheitsdienstes in der DDR zugleich Bedingung und Folge einer Parteidiktatur, die sich gern als Diktatur des Proletariats darstellt und die daher folgerichtig, wenn auch in absonderlicher Verquickung des Marxschen Begriffes, das MfS als »ein spezielles Organ der Diktatur des Proletariats«[24], als »ein zuverlässiges Machtinstrument der Diktatur des Proletariats zur Sicherung und zum Schutz des ersten sozialistischen Staates auf deutschem Boden«[25] zu charakterisieren wagt. Sicherung gegen wen – Schutz vor wem? Sollte der Hauptfeind gemeint sein, der im eigenen Land steht?

Entstehungsgeschichte und Entwicklung des MfS

Nach einem von DDR-Kommunisten gern und viel zitierten Wort Lenins ist eine Revolution »nur dann etwas wert, wenn sie sich zu verteidigen versteht«[1]. Aus diesem Blickwinkel betrachtet war es erstaunlich, daß ein Staatssicherheitsministerium nicht unmittelbar bei Proklamierung der DDR geschaffen wurde, sondern erst vier Monate danach – durch Gesetz vom 8. Februar 1950 über die Bildung eines Ministeriums für Staatssicherheit[2]. Hatten Stalin und seine deutschlandpolitischen Berater, als sie Mitte September 1949 gemeinsam mit Walter Ulbricht, Otto Grotewohl, Wilhelm Pieck, Hermann Matern und Fred Oelßner in Moskau über die Gründung des zweiten deutschen Staates und seine Regierungsbildung berieten[3], noch zuviel politische Skrupel gehabt, als daß sie das MfS offen zu gründen wagten? Oder hatten sich die deutschen Kommunisten aus Rücksicht auf die öffentliche Meinung in Deutschland vorläufig gegen die Schaffung eines Staatssicherheitsapparates nach sowjetischem Beispiel entschieden?

Der Verzicht hatte nicht nur deshalb überrascht, weil in der DDR die erforderlichen institutionellen und personellen Voraussetzungen für die Bildung eines Ministeriums für Staatssicherheit längst erfüllt waren, sondern auch, weil die militär- und sicherheitspolitische Zusammenarbeit zwischen den deutschen Kommunisten und den Machthabern in Moskau auf Traditionen zurückblicken konnte, die bis in die Anfänge der Weimarer Republik zurückgehen. Denn unter sowjetischer Anleitung und mit sowjetischer Finanzierung hatte die KPD schon in den frühen zwanziger Jahren entsprechend den Leitlinien der Kommunistischen Internationale mit dem Aufbau eines »illegalen Apparates« begonnen. »Fast in allen Ländern Europas und Amerikas tritt der Klassenkampf in die Phase des Bürgerkrieges ein«, dekretierte die Komintern 1920 in einem Beschluß. »Unter derartigen Verhältnissen können die Kommunisten kein Vertrauen zu der bürgerlichen Legalität haben. Sie sind verpflichtet, überall einen parallelen illegalen Organisationsapparat zu schaffen, der im entscheidenden Moment der Partei behilflich sein wird, ihre Pflicht gegenüber der Revolution zu erfüllen«[4]. Die Handschrift Lenins in diesem Komintern-Beschluß ist unverkennbar.

Das Erbe der »illegalen Arbeit«

Die deutschen Kommunisten kannten, als es um die Verwirklichung dieses Beschlusses ging, kein Zögern. In Deutschland entstand ein sogenannter illegaler Apparat der KPD für politische Sonderaktionen sowie zur Vorbereitung und Durchführung des bewaffneten Aufstandes, der ursprünglich in einen M-Apparat (Militär-Apparat) und einen N-Apparat (Nachrichten-Apparat) geteilt war. Unbeschadet seiner Unterstellung unter die Zentrale der KPD wurde er von Moskau finanziert und gesteuert[5]. Die führenden Männer des illegalen Apparates, dessen Geschichte noch zu schreiben bleibt, wurden in der Metropole der Weltrevolution geschult, in Moskau, und nicht wenige von ihnen fanden sich dereinst wieder unter den Kadern des MfS: Wilhelm Zaisser, Ernst Wollweber, Erich Mielke, Richard Stahlmann – um ein paar Namen zu nennen.

In den späten zwanziger Jahren gliederte sich der illegale Apparat in ein Sekretariat und in Abteilungen wie Nachrichtendienst-offensiv, Nachrichtendienst-defensiv (Abwehr), Zersetzung Polizei/Reichswehr, Zersetzung politischer Parteien mit entsprechenden Informationssträngen und Kontakten, weiterhin umfaßte er den Parteiselbstschutz und die Abteilung »Literatur«, letztere bestimmt zur Herstellung und zum Vertrieb illegaler Schriften zur Taktik und Technik des revolutionären Kampfes und des bewaffneten Aufstands. Aus Tarnungsgründen führte der M-Apparat ab 1928 die Bezeichnung »AM-Apparat« (»Antimilitaristischer Apparat«). Freilich war auch ein qualitativer Wandel eingetreten: »Während der M-Apparat von 1923 – trotz der russischen Instrukteure und des sowjetischen Geldes – im Grunde ein deutscher kommunistischer Apparat blieb, der in erster Linie den Zielen der deutschen Revolution dienen sollte, wurden die Geheimapparate der KPD (sowie der anderen Komintern-Parteien) nach 1928 in immer stärkerem Maße bloße Auslandsabteilungen der sowjetischen Geheimdienste der IV. Abteilung (beim Generalstab) der Roten Armee und der GPU, die ausschließlich den Zielen des Sowjetstaates dienten«[6]. Die Ziele des Sowjetstaates aber wurden zu dieser Zeit bereits von Stalin bestimmt. Bei der Einschätzung der Haltung, die führende Männer der Staatssicherheit dereinst gegenüber Moskau bezogen haben oder beziehen sollten, darf dieser Aspekt nicht übersehen werden.

Mit der Machtergreifung Adolf Hitlers, namentlich nach der Provokation des Reichstagsbrandes, wurde mit der legalen Organisation der KPD auch deren illegaler Apparat von der Gestapo zerschlagen. »Die KPD, die so lange Illegalität ›geübt‹ hatte, erwies sich im entscheidenden Augenblick als unfähig, organisierten Widerstand zu leisten. Doch nach dem ersten Schock der kampflosen Niederlage entstanden überall illegale Widerstandsgruppen. Es gelang in relativ kurzer Zeit, wieder eine zentrale Leitung mit Verbindung zu den Bezirken aufzubauen«, resümiert Hermann Weber. »Trotz großer Opfer ging die alte KPD 1933 und in den folgenden Jahren unter. Die Stalinisierung der Partei hatte zu ihrem Untergang beigetragen: Die KPD war ein unbeweglicher Koloß auf tönernen Füßen, zur Abwehr und zur Überwindung des Faschismus ebensowenig fähig wie die übrigen deutschen Parteien«[7]. Mit Hilfe von Instrukteuren und Kurieren, die die Exil-KPD von Paris und Moskau aus ins Reich entsandte, ebenso von Stützpunkten in Prag, Berlin, Amsterdam und Stockholm, gelang es allmählich, ein Netz illegaler Widerstandsgruppen zu knüpfen[8].

Unabhängig davon entstand nach 1933 eine illegale Organisation für Schiffssabotage mit dem Führungszentrum in Kopenhagen. Aufgebaut und gesteu-

18

ert wurde sie von Ernst Wollweber. »Neben seinen Aufgaben als Mitglied des Westeuropäischen Büros der Komintern in Kopenhagen sollte er einen Zersetzungsapparat (Z-Apparat) aufziehen, für den er Agenten aus der Seemannsinternationale zu gewinnen hatte und der hauptsächlich in Deutschland und Japan, den potentiellen Feindländern der Sowjetunion, operieren sollte. Der Apparat durfte mit keiner kommunistischen Partei in Berührung kommen; seine Mitglieder durften keinerlei Mitgliedskarten von irgendeiner Zweitorganisation der Komintern besitzen, er durfte in gar keiner Weise, nicht einmal finanziell, mit der KPD zusammenhängen. Der Apparat wurde von den ›Zersetzungs‹-Abteilungen der sowjetischen Regierung unterstützt und finanziert«[9]. Mit dem Einmarsch deutscher Truppen in Dänemark und Norwegen war das Ende der Wollweber-Organisation eingeläutet. Der Chef flüchtete im Mai 1940 nach Schweden, wo er und mehrere Mitarbeiter seiner Organisation ein Jahr später verhaftet wurden.

Eine neue Situation trat für die deutschen Kommunisten mit dem Ausbruch des Bürgerkrieges in Spanien ein. Die Leitung der KPD zögerte nicht, alle militärisch ausgebildeten Emigranten zum aktiven Kampf gegen Francisco Franco aufzurufen – und etliche tausend deutscher Genossen folgten dem Ruf. Im Verein mit französischen und italienischen Kommunisten sowie mit Freiwilligen aus zahlreichen anderen Ländern Europas formierten sie sich in Gestalt der Internationalen Brigaden zu einem kampfstarken Kontingent. Unter ihren Kommandeuren und Kämpfern, Stabschefs und Politkommissaren finden sich auch die Namen von Wilhelm Zaisser, Erich Mielke, Richard Stahlmann . . . Wenn die Staatssicherheit der DDR Jahrzehnte später den Kampf der Interbrigadisten in ihre revolutionären Traditionen einbeziehen sollte, geschah es nicht ohne historische Legitimation.

Der Abschluß jenes fatalen Nichtangriffspaktes zwischen Berlin und Moskau, der als Hitler-Stalin-Pakt in die Geschichte einging, stieß die illegalen Gruppen der KPD im antifaschistischen Kampf naturgemäß in eine tiefe Krise. Nicht anders erging es Zehntausenden deutscher Kommunisten in den Konzentrationslagern und Gefängnissen Hitlers und Heinrich Himmlers. Die Folgen waren Desorientierung und Demoralisierung. Erst der militärische Überfall auf die Sowjetunion am 22. Juni 1941 brachte ihr politisches Weltbild wieder ins Lot. Und in den folgenden Jahren erfuhr die illegale Arbeit der KPD allerdings starke Impulse – ihre Formen reichten von politischer Agitation über Solidaritätsaktionen zugunsten kriegsgefangener Russen bis zur Spionage für Moskau und Sabotage in der Kriegsrüstung[10]. Selbst der Einsatz von Fallschirmspringergruppen, wahrer Todeskommandos, hinter den deutschen Frontlinien ist im Osten gewagt worden – ein opferreicher, letztlich aber wohl ergebnisarmer Einsatz. Einer dieser Männer damals, Martin Weikert, leitete später die Bezirksverwaltung Erfurt des MfS, zuletzt als Generalleutnant der Staatssicherheit[11].

Okkupationsmacht und innere Sicherheit

Als 1945 die Stunde Null schlug, da fanden sie sich wieder bereit – die Männer des illegalen Apparates, soweit sie überlebt hatten. Fortan freilich sollten sie ihre Erfahrungen auf der anderen Seite der Barrikade nutzen, bei der Abwehr nunmehr »konterrevolutionärer« Widerstandsarbeit: Sie wurden zum Aufbau deutscher Polizei- und Sicherheitsorgane herangezogen. Dabei ist zu bedenken, daß nach dem Zusammenbruch der Nazi-Diktatur die innere Sicherung des sowjetischen Okkupationsregimes in Deutschland ursprünglich ureigene Sache der sowjetischen Besatzungsmacht und ihrer politischen Polizei- und Sicherheitsorgane war. Bekanntlich wurden mit dem zügigen Aufbau einer Sowjetischen Militäradministration in Deutschland und ihren Landes- beziehungsweise Provinzialverwaltungen auf allen Ebenen auch Dienststellen der sowjetischen Polizei- und Sicherheitsorgane eingerichtet, deren zentrale Leitung von Berlin-Karlshorst aus erfolgte, dem Sitz der SMAD, wo die »Verwaltung für innere Angelegenheiten« bestand. Ihr nach außen wie intern abgeschirmter Apparat, der auch gegenüber den übrigen Verwaltungen und dem Chef der SMAD selbst weitgehend unabhängig war, unterstand unmittelbar den Zentralen des Volkskommissariats/Ministeriums für innere Angelegenheiten (NKWD/MWD) sowie des Volkskommissariats/Ministeriums für Staatssicherheit (NKGB/MGB) in Moskau.

Gleichwohl begann die sowjetische Besatzungsmacht zu ihrer Unterstützung frühzeitig mit dem Aufbau deutscher Polizeikräfte, die nach anfänglicher Dezentralisierung rund ein Jahr nach Kriegsende durch einen im Wortlaut nie veröffentlichten Befehl der SMAD vom 30. Juli 1946 in der Deutschen Verwaltung des Innern (DVdI) bereits eine straff zentralisierte Leitung unter sowjetischer Kontrolle erhielten. »Erich Reschke war der erste Präsident der Deutschen Verwaltung des Innern. Seine Stellvertreter waren Kurt Wagner, verantwortlich für die Schutz-, die Kriminal- und Wasserschutz- und die Feuerschutzpolizei, Erich Mielke, verantwortlich für Personalfragen, und Willi Seifert, verantwortlich für die Verwaltung und Organisation«[12]. Für die ersten Jahre der Deutschen Volkspolizei[13] bildeten sie, die alle vier aus der KPD hervorgegangen waren, die Führungsspitze, bis es im Jahre 1948 zu einem weitreichenden Revirement kam. Am 11. Juli wurde Reschke von der SMAD als Präsident der DVdI abgelöst[14] und durch Kurt Fischer ersetzt. »Die DVdI konzentrierte sich in ihrer Tätigkeit auf die generelle Sicherung der revolutionären Errungenschaften. Dazu gehörten der weitere Ausbau und die politische Stärkung der Polizeiorgane sowie die Sicherung der Zonengrenzen; der energische Kampf gegen die subversive Tätigkeit, gegen Wirtschaftssabotage, Schieber und Schwarzhändler; und nicht zuletzt die systematische Schulung aller Mitarbeiter der Deutschen Verwaltung des Innern und aller Mitarbeiter der staatlichen Verwaltung«[15]. Eben dies waren bereits Kompetenzen, wie sie später das Ministerium für Staatssicherheit übertragen bekam. Während Mielke hier reüssierte, machte Wagner in den fünfziger Jahren Karriere in den Streitkräften der DDR, wohingegen Seifert in seiner Funktion verblieb. Später stieg er zum Stellvertreter des Innenministers im Range eines Generalleutnants der Volkspolizei auf. Man kann den deutschen Kommunisten vieles nachsagen – Mangel an kaderpolitischer Planung gewiß nicht.

Richard Stahlmann wurde genauso »verplant«. Nach Jahren im sowjetischen Exil 1945 wieder in Berlin, beteiligte er sich zunächst am Wiederaufbau der KPD. Seine neue Aufgabe sah die Organisierung eines Verbindungsnetzes vor, das die KPD/SED in dem in vier Besatzungszonen aufgeteilten Reich zur Steuerung und Kontrolle zusammenfassen sollte. Als das Zerwürfnis unter den vier Mächten der Anti-Hitler-Koalition virulent wurde, verfügten die SED in der sowjetischen Zone und die KPD in den drei westlichen Zonen bereits wieder über eine enge Kommunikation, deren Zentrum in Ost-Berlin in Gestalt der »Westkommission« beim Parteivorstand beziehungsweise, von 1950 an, beim Zentralkomitee der SED bestand; sie wurde offenbar frühzeitig auch zur Beschaffung geheimer Informationen im Zusammenwirken mit dem Geheimdienst der sowjetischen Besatzungsmacht genutzt.

In der sowjetischen Besatzungszone vollzog sich derweil, unmerklich fast, aber konsequent, der Aufbau einer zentralistisch organisierten Polizei. Nach Erlaß von Befehl Nr. 201 der SMAD vom 16. August 1947, der Richtlinien zur beschleunigten Durchführung der Entnazifizierung in der sowjetischen Besatzungszone enthielt[16], trat eine entscheidende Wende in dieser Entwicklung ein. Diesem Befehl gemäß sollte einerseits die Entnazifizierung in der sowjetischen Besatzungszone zu einem baldigen Ende gebracht, andererseits aber sollten Kriegsverbrecher sowie Mitglieder der »verbrecherischen Naziorganisation« und »führende Persönlichkeiten des Hitler-Regimes« gerichtlich zur Verantwortung gezogen werden. Dieser Befehl und die ihn ergänzenden Ausführungsbestimmungen[17] übertrugen der Volkspolizei bis dahin ausschließlich der Besatzungsmacht vorbehaltene Aufgaben und Befugnisse als Ermittlungs- und Untersuchungsorgan. »Die beauftragten Organe der Polizei hatten nicht nur die polizeilichen Ermittlungen zu führen, sondern darüber hinaus staatsanwaltliche Aufgaben und Befugnisse. Die Zusammenstellung der Anklageschrift, die bei den sonstigen Gerichtsverfahren zu den Aufgaben des Vertreters der Anklage gehört, wurde von den Untersuchungsorganen gefertigt. Zugleich mit der Aufnahme der gerichtlichen Verfolgung einer bestimmten Person war das Untersuchungsorgan verpflichtet, alle erforderlichen Maßnahmen zur vorläufigen Inhaftierung des Verbrechers und zur Sicherung seines Eigentums zu ergreifen«[18]. Damit waren der Volkspolizei Vollmachten übertragen, die ihre Aufgaben als politische Polizei erheblich erweitern sollten, wenn sich auch ihre Zuständigkeit vorläufig nur auf politisch Beschuldigte aus der Hitler-Zeit beschränkte. Entscheidend war das Prinzip: »Durch Befehl Nr. 201 wurde die Stellung der Untersuchungsorgane gestärkt und (. . .) die bisherige strafprozessuale Stellung der Polizei als ›Hilfsorgan der Staatsanwaltschaft‹ überwunden«[19]. Die Volkspolizei leitete unverzüglich die erforderlichen organisatorischen Maßnahmen ein.

MfS-Vorläufer »K 5«

In Ausführung des Befehls Nr. 201 wurde bei allen Polizeidienststellen auf Länder- und Kreisebene der sowjetischen Besatzungszone jeweils ein spezielles Kommissariat mit der Bezeichnung »5« gebildet. Seine Tätigkeit bestätigte schon bald früh gehegte Befürchtungen. »Das neugebildete Kommissariat 5 (K 5), das diese Aufgaben übertragen erhielt, wurde ausschließlich mit von den sowjetischen Sicherheitsorganen eigens auf seine politische Zuverlässigkeit gründlich überprüftem Personal besetzt. Die leitenden Stellen blieben erprobten Kommunisten vorbehalten, die in den Schulen des MGB in der Sowjetunion eine Spezialausbildung genossen hatten. In der allgemeinen Polizeiverwaltung nahm die neue Abteilung, obgleich offiziell ein Teil der Kriminalpolizei, eine absolute Sonderstellung ein, die einmal durch einen eigenen Instanzenzug, aber auch durch besondere Geheimhaltung gekennzeichnet war, der ihre Arbeit unterlag. Das erschien notwendig, weil die Sowjets den Aufgabenkreis dieser Abteilung bald über den ursprünglich gesetzten Rahmen hinaus auszuweiten begannen, indem sie ihr auch Fälle zur Bearbeitung zuwiesen, die mit der Entnazifizierung nichts mehr zu tun hatten. In den Vordergrund der Arbeit trat immer mehr die Überwachung und Bekämpfung der ›Gegner des demokratischen Aufbaues‹«[20]. Genau besehen übte K 5 alsbald ähnliche Repressivfunktionen aus wie die sowjetischen Sicherheitsorgane in der UdSSR – erheblich eingeschränkt allerdings durch die Kontroll- und Exekutivbefugnisse, die sich die sowjetischen Sicherheitsorgane in der damaligen sowjetischen Besatzungszone weiterhin vorbehalten hatten – nicht zuletzt gegenüber »K 5« selbst.

Parallel zum Aufbau von K 5 wurde in der sowjetischen Besatzungszone ein zweiter Sicherheitsapparat errichtet, als durch Beschluß des Sekretariats der Deutschen Wirtschaftskommission vom 5. Mai 1948 ein Ausschuß zum Schutz des Volkseigentums geschaffen wurde. Ihm wurde fortan »die Durchführung einer administrativen Kontrolle des gesamten Volkseigentums in allen Verwaltungszweigen und auf allen Verwaltungsebenen«[21] übertragen.

Zielsetzung dieses Apparates war die Sicherung des sogenannten Volkseigentums, der beschlagnahmten und enteigneten Banken und Betriebe also, deren Schutz vor Mißbrauch und Sabotage. Der Vorsitzende dieses Ausschusses, dem Landes- und Kreisausschüsse unterstellt waren, hieß – Erich Mielke. Seine Funktion übte er unter Beibehaltung seines Amtes als Vize-Präsident der Deutschen Verwaltung des Innern aus.

Unabhängig davon und von dem inneren Polizei- und Sicherheitsapparat im damaligen sowjetischen Besatzungsgebiet streng getrennt, begann schließlich Ernst Wollweber, der 1945 aus Moskau nach Berlin zurückgekehrt war, eine neue Organisation zum alten Zweck aufzubauen. Nach Bekundungen eines seiner langjährigen Mitarbeiter gliederte sich die Organisation in die Operativ-Gruppen »Seehäfen«, »Binnenhäfen«, »Eisenbahn- und Transportwege« und »Alliierte Nachschublinien«. Ihre Mitarbeiter erhielten Aufklärungsaufträge erteilt, und es wurden Vorbereitungen für Sabotageakte getroffen[22]. Eine Reihe von Schiffsunfällen und Sabotageakten auf britischen Schiffen und in französischen Häfen, die Anfang der fünfziger Jahre internationales Aufsehen erregten, sind aller Wahrscheinlichkeit nach auf das Wirken der neuen Wollweber-Organisation zurückzuführen. Indes hat ihre Existenz offenbar die frühen fünfziger Jahre nicht überdauert.

Denn zwischenzeitlich vollzogen sich tiefgreifende Umstellungen, bedingt durch die Gründung der Deutschen Demokratischen Republik am 7. Oktober 1949. Mit der Bildung der Provisorischen Regierung in Ost-Berlin wurde der Ausschuß zum Schutz des Volkseigentums dem Ministerium des Innern eingegliedert[23]. Beim MdI bestand daher einerseits die Hauptverwaltung Deutsche Volkspolizei als Spitze aller Polizeikräfte der DDR, andererseits die Hauptverwaltung Schutz der Volkswirtschaft. Die Leitung des Innenministeriums hatte damals ein ehemaliger Sozialdemokrat inne, Dr. Carl Steinhoff, der gewiß nicht der Mann war, der den politischen Polizei- und geheimen Sicherheisapparat eines kommunistisch regierten Staates auf die Dauer zu lenken und zu kontrollieren imstande war. Schon bald ergab sich für die SED wie für die Sowjets als praktische Notwendigkeit die Bildung eines eigenen Ministeriums für Staatssicherheit.

Die agitatorisch-propagandistische Vorbereitung der Macht- und Kompetenzverlagerung in der Provisorischen DDR-Regierung ließ nicht lange auf sich warten. Schwarz auf weiß gedruckt konnte sie jedermann am 28. Januar 1950 in den Ostberliner Zeitungen nachlesen. Gezeichnet von Erich Mielke, Generalinspekteur der Hauptverwaltung zum Schutze der Volkswirtschaft, veröffentlichten sie einen »Bericht über die verstärkte Tätigkeit von Spionen, Saboteuren und Agenten«[24]. Mielke hatte ihn gemeinsam mit dem Vorsitzenden der Zentralen Kommission für Staatliche Kontrolle[25] und dem Chef der Hauptverwaltung Deutsche Volkspolizei für eine zwei Tage zuvor abgehaltene Sitzung des Kabinetts Grotewohl erarbeitet. In dem Bericht wurden »kriminelle Verbrecher im Dienst des amerikanischen und britischen Geheimdienstes« zahlreicher Diversions- und Sabotageakte sowie umfangreicher Spionagetätigkeit beschuldigt und ebenso propagandistisch zugespitzt wie pauschal formuliert folgender »Umtriebe« bezichtigt:
– Systematische Terrorakte gegen führende Funktionäre der deutschen politischen Parteien und der demokratischen Organisationen der Republik;
– Durchführung von Diversionsakten in Schächten und Betrieben, unter Benutzung von Sprengstoff;
– Sammlung von Spionagematerial auf dem Gebiete der Republik.
In einem gleichzeitig veröffentlichten Beschluß[26] der Regierung vom 26. Januar 1950 wurde behauptet, »daß mit dem Aufstieg unserer Wirtschaft, der Festigung der demokratischen Ordnung und dem Wachsen der Friedensfront sich die Tätigkeit der Agenten, Spione und Saboteure verschärft« habe. Erwiesen sei, »daß die Sabotagefälle die ideologische Vorbereitung gefunden haben durch die verstärkte Propaganda, durch Hetznachrichten des Rias und der anderen feindlichen Sender, durch die Verbreitung von illegalen Flugblättern, durch offene und geheime Feinde unserer demokratischen Ordnung, die im Bereich unserer Republik wohnen und zum Teil sogar in Staatsstellungen tätig sind«. Daher müßten »die Organe der Sicherheit unseres Staates« unbedingt befähigt werden, »der verstärkten Tätigkeit der Feinde« zu begegnen. »Durch die ständige Instruktion und Schulung für alle Volkspolizisten müssen diese zu ersten Mahnern zur Wachsamkeit werden. Keine Maßnahme des Feindes, keine Propagandamaßnahme darf unbeachtet bleiben. Der Chef der Hauptverwaltung Deutsche Volkspolizei hat gemeinsam mit dem Chef der Hauptverwaltung zum Schutze der Volkswirtschaft das Berichtssystem über vorkommende Fälle von Sabotage, Spionage usw. derart zu organisieren, daß in Verbindung mit der Feindpropaganda von außen und der Tätigkeit der Agenten im Lande ständig ein Gesamtüberblick über den Stand der Feindtätigkeit zu ersehen ist. Hieraus müssen dann die operativen Maßnahmen getroffen werden.« Die Gründung des MfS war programmiert.

Die Bildung des Ministeriums für Staatssicherheit

Als die Abgeordneten der Provisorischen Volkskammer am 8. Februar 1950 in Ost-Berlin zu ihrer 10. Sitzung zusammentraten, betraf Punkt 4 der Tagesordnung die Beratung und Beschlußfassung über ein Gesetz über die Bildung eines Ministeriums für Staatssicherheit. Der nur zwei Paragraphen umfassende Gesetzentwurf, dessen Wortlaut in der Drucksache Nr. 41 vorgelegt war, sah in dürren Worten lediglich die Umbildung der bis dahin dem Ministerium des Innern unterstellten Hauptverwaltung zum Schutze der Volkswirtschaft zu einem selbständigen Ministerium für Staatssicherheit vor. Eine Definition der Aufgaben und Zuständigkeiten des neuen Ministeriums enthielt das Gesetz nicht[27]. Innenminister Steinhoff, der den Gesetzentwurf im Plenum zu begründen hatte, begnügte sich mit einigen vagen Ausführungen: »Die hauptsächlichsten Aufgaben dieses Ministeriums werden sein, die volkseigenen Betriebe und Werke, das Verkehrswesen und die volkseigenen Güter vor Anschlägen verbrecherischer Elemente sowie gegen alle Angriffe zu schützen, einen entschiedenen Kampf gegen die Tätigkeit feindlicher Agenturen, Diversanten, Saboteure und Spione zu führen, einen energischen Kampf gegen Banditen zu führen, unsere demokratische Entwicklung zu schützen und unserer demokratischen Friedenswirtschaft eine ungestörte Erfüllung der Wirtschaftspläne zu sichern«[28].

Auch Steinhoff, der sich unmittelbar auf Mielkes Bericht über »westliche Agententätigkeit« bezog, rechtfertigte die Bildung des MfS, indem er »die Tätigkeit verbrecherischer Elemente im Auftrage und unter direkter Anleitung durch die englisch-amerikanischen Imperialisten und ihre Handlanger« beschwor: »Die verbrecherische Tätigkeit dieser Elemente richtet sich gegen alle wahrhaften Kämpfer der Nationalen Front, denen der Friede und eine glückliche Zukunft unseres deutschen Vaterlandes am Herzen liegen. Die Spionage-, Diversions- und Sabotageakte gefährden aber nicht nur den wirtschaftlichen und politischen Aufschwung der Deutschen Demokratischen Republik, sondern sie sind auch geeignet, den Frieden zu gefährden, dadurch, daß sie direkt oder indirekt Anlaß für neue kriegerische Verwicklungen bieten können. Sie sind deshalb in jedem Sinne gegen unsere demokratische Ordnung, gegen den Wirtschaftsplan, gegen das Bestehen der Deutschen Demokratischen Republik und gegen die Friedenspolitik gerichtet. Die Deutsche Demokratische Republik bedeutet die Basis zur Schaffung eines einheitlichen demokratischen Deutschlands. Die Deutsche Demokratische Republik vertritt konsequent die vaterländischen Interessen aller wahrhaft deutschen Patrioten. Die Regierung kann daher eine Lage nicht zulassen, die gegen die erdrückende Mehrheit des deutschen Volkes gerichtet ist. Sie trägt die Verantwortung nicht nur für das Wohl und Wehe der Bürger der Deutschen Demokratischen Republik in der Zone, sondern gemäß ihrem Auftrag für ganz Deutschland«[29]. Es überrascht nicht, daß nach Eröffnung der Aussprache über das Gesetz in der Volkskammer keinerlei Wortmeldungen erfolgten. Volkskammerpräsident Johannes Dieckmann schloß danach die Beratung (!) und ließ über das Gesetz abstimmen. »Keine Stimmenthaltungen und keine Gegenstimmen. Auch dieses Gesetz hat die einstimmige Annahme durch die Volkskammer erfahren«[30]. Die DDR hatte ein Ministerium für Staatssicherheit erhalten. Zum Minister wurde am 20. Februar 1950 Wilhelm Zaisser berufen, zu seinem Staatssekretär Erich Mielke ernannt. Die Formierung des neu gebildeten Ministeriums und seines administrativen Unterbaus konnte verhältnismäßig kurzfristig abgeschlossen werden. Die Zentrale erhielt ihren Sitz in der Ostberliner Normannenstraße, im Gebäude eines früheren Finanzamtes, im Stadtbezirk Lichtenberg. In den damaligen fünf Ländern der DDR wurden Verwaltungen des MfS für Brandenburg in Potsdam, für Mecklenburg in Schwerin, für Sachsen in Dresden, für Sachsen-Anhalt in Halle/Saale und für Thüringen in Weimar eingerichtet. Für Ost-Berlin schuf das MfS in der Prenzlauer Allee die »Verwaltung Groß-Berlin«; und in Siegmar-Schönau etablierte sich eine besondere »Verwaltung Wismut« zur Abschirmung des Uranerzbergbaus. Die Landesverwaltungen des MfS, bei denen auch eigene Untersuchungsgefängnisse eingerichtet wurden, stützten sich auf Kreisdienststellen in den Stadt- und Landkreisen sowie auf Objektdienststellen, die ihrerseits auf Stützpunkten und Beauftragten in Großbetrieben aufbauten.

Personell rekrutierte sich die Staatssicherheit in den ersten Jahren hauptsächlich aus den Kadern von K 5. Ihre Kompetenzen, wiewohl nicht gesetzlich bestimmt, umfaßten die Abschirmung des Regimes und die Überwachung der Bevölkerung, was die Organisation eines eigenen »Informationsnetzes« bedingte, eines Spitzel- und Kontrollsystems in allen staatlichen, gesellschaftlichen und (womöglich) privaten Bereichen; ferner die Durchführung von Ermittlungen und Untersuchungen bei politischen Verbrechen im Sinne des DDR-Strafrechts sowie den Personen- und Objektschutz durch ein frühzeitig aufgebautes Wachregiment des MfS.

Mehr Kompetenzen für das MfS

Nach Steinhoffs Ausführungen in der Volkskammer waren die Aufgaben des neuen Ministeriums für Staatssicherheit zunächst im wesentlichen auf innere Herrschaftssicherung abgestellt und beschränkt. Diese Eingrenzung schloß auch in den fünfziger Jahren schon politische Aktionen DDR-extern nicht aus, aber sie erklärte, warum sich die DDR 1951 einen geheimen Auslandsnachrichtendienst schuf, der, als »Institut für Wirtschaftswissenschaftliche Forschung« getarnt, nicht der Zuständigkeit des MfS, sondern des Ministeriums für Auswärtige Angelegenheiten unterstand. Hier war der damalige Staatssekretär Anton Ackermann, zugleich Kandidat des Politbüros der SED, für das IWF verantwortlich[31]. Zu den Schlüsselfiguren des IWF zählten von Anbeginn an Markus Wolf, Gerhard Heidenreich und Richard Stahlmann, die hernach alle im MfS und seinem Aufklärungsdienst Hauptrollen spielen sollten.

Nach einem Organisationsplan, den 1953 der geflüchtete Abteilungsleiter Johann Krauss enthüllt hat, gliederte sich das IWF in vier Hauptabteilungen, nämlich für politische und militärische Spionage, für Wirtschaftsspionage, für zentrale Auswertung aller Nachrichten und für allgemeine Verwaltung, ferner in zwei selbständige »operative Abteilungen« für Spionageabwehr und für Spionage auf dem Gebiete der Wissenschaft und Technik sowie in die Kaderabteilung. Sein Informationsnetz in West-Berlin und dem Bundesgebiet hatte das IWF durch Gründung von Ost-West-Handelsfirmen zu tarnen versucht. Einer seiner geheimen Mitarbeiter, der Leiter des in der Main-Metropole Frankfurt von der DDR unterhaltenen Büros für innerdeutschen Handel, Ludwig Weis, wurde schon frühzeitig entlarvt. Am 22. August 1952 wurde er festgenommen und am 4. März 1954 vom Bundesgerichtshof zu vier Jahren Zuchthaus verurteilt. »Er hatte seine Stellung dazu benutzt, um selber geheime Nachrichten über die wirtschaftliche, politische und militärische Situation im Bundesgebiet zu sammeln und um weitere Quellen, die sich bewußt oder gutgläubig ihm zur Verfügung stellten, für seine Spionagetätigkeit zu gewinnen«[32]. Allzu lange sollte sich das IWF seiner Selbständigkeit gegenüber dem Ministerium für Staatssicherheit freilich nicht rühmen dürfen. –

Zu Strukturveränderungen und Kompetenzverlagerungen innerhalb des MfS ist es in den fünfziger Jahren mehrfach gekommen, wenn auch aus höchst unterschiedlichen Gründen. Einen ersten Machtzuwachs erfuhr der Minister für Staatssicherheit, als ihm am 16. Mai 1952, sowjetischem Beispiel folgend, die Grenzpolizei unterstellt wurde[33], die bis dahin der Hauptverwaltung Deutsche Volkspolizei unterstand, mithin dem Minister des Innern. Und zehn Tage später nur wurden dem MfS erneut erweiterte Aufgaben übertragen. Durch Verordnung vom 26. Mai 1952 – also nicht durch ein Gesetz, das von der Volkskammer zu beschließen gewesen wäre – wurde das MfS beauftragt, »unverzüglich strenge Maßnahmen zu treffen für die Verstärkung der Bewachung der Demarkationslinie zwischen der Deutschen Demokratischen Republik und den westlichen Besatzungszonen, um ein weiteres Eindringen von Diversanten, Spionen, Terroristen und Schädlingen in das Gebiet der Deutschen Demokratischen Republik zu verhindern«[34]. Auf der Basis dieser Verordnung erließ der Minister für Staatssicherheit am selben Tage eine Polizeiverordnung über die Einführung einer besonderen Ordnung an der Demarkationslinie[35], durch die gemäß § 1 ein 10-Meter-Kontrollstreifen, ein 500-Meter-Schutzstreifen und eine 5-Kilometer-Sperrzone entlang der Demarkationslinie zwischen beiden deutschen Staaten mit diversen Beschränkungen und Verboten für die Grenzbevölkerung geschaffen wurden. Sie trat am 27. Mai 1952 in Kraft. § 2 hob die Bestimmungen über den bis dahin geduldeten kleinen Grenzverkehr auf. Zwei Wochen danach, am 9. Juni 1952, beschloß die Regierung eine zweite Verordnung über weitere Maßnahmen zum Schutz der Deutschen Demokratischen Republik[36], die die bis dahin geltenden Bestimmungen zum Grenzregime noch einmal verschärfte. § 1 erweiterte den Auftrag an das Ministerium für Staatssicherheit »dahingehend«, wie es hieß, »daß die von diesem Ministerium zu ergreifenden Maßnahmen sich generell auf die Verhinderung des Eindringens von Diversanten, Spionen und Terroristen in das Gebiet der Deutschen Demokratischen Republik zu erstrecken« hätten.

Bei der Durchsetzung des neuen Grenzregimes, das auch für die an West-Berlin grenzenden Gebiete der DDR galt, ging das Ministerium für Staatssicherheit im Verein mit örtlichen Polizeidienststellen und unter Einsatz der seiner Befehlsgewalt unterstellten Grenzpolizei mit rücksichtsloser Härte und Brutalität vor – vor allem bei der Evakuierung »unsicherer Elemente« aus dem grenznahen Raum. Mitte Juni war die Evakuierungsaktion beendet.

»Die Zahl der zur Evakuierung vorgesehenen Personen belief sich nach vorsichtigen Schätzungen auf etwa 8000. Die Zahl derjenigen, die dann wirklich aus dem Heimatort im Grenzgebiet in das Innere der DDR abtransportiert worden sind, liegt entsprechend der Fluchtstärke niedriger. Etwa 40 Prozent derjenigen, die einen Ausweisungsbescheid erhalten hatten, vermochten sich in das Bundesgebiet abzusetzen«[37]. Die reibungslose Durchführung der Aktion bewies ihre sorgfältige Planung und langfristige Vorbereitung. Auch die kurz zuvor verfügte Unterstellung der Grenzpolizei unter das MfS erwies sich nun im nachhinein als eine langfristig vorbereitete Entscheidung.

Gleichzeitig mit der Ausweitung seiner Kompetenzen vollzog sich die Aufwertung des MfS in der Öffentlichkeit. Sein Image sollte um jeden Preis verbessert werden. Erstmals wurden auf dem IV. Parlament der Freien Deutschen Jugend zu Pfingsten 1952 in Leipzig Hochrufe auf das Ministerium für Staatssicherheit ausgebracht. Der FDJ-Sekretär des MfS erhielt das Wort zu einer scharfmacherischen Rede – und in einer Entschließung wurden die Mitglieder der FDJ darauf verpflichtet, »einen entschlossenen Kampf gegen alle Feinde des Volkes zu führen«, der »eine allseitige Hilfe« einschloß, die »den Organen der Staatssicherheit bei der Entlarvung von Saboteuren, Spionen, Schädlingen und anderen Feinden des Volkes zu erweisen«[38] war.

Nach der durch Gesetz vom 23. Juli 1952 verfügten Verwaltungsreform[39] in der DDR wurden die Landesverwaltungen des Ministeriums für Staatssicherheit aufgelöst. Gleichzeitig entstanden in den vierzehn neu gebildeten Bezirken entsprechende Bezirksverwaltungen des MfS. In Ost-Berlin blieb es bei der »Verwaltung Groß-Berlin« des MfS, außerdem wurde die »Verwaltung Wismut« des MfS von Siegmar-Schönau nach Chemnitz (seit 1953: Karl-Marx-Stadt) verlegt.

Gemäß Ministerratsbeschluß vom 17. Juli 1952 wurde in jedem DDR-Ministerium als »beratendes Organ des Ministers« ein Kollegium gebildet, das sich aus dem Minister, dem Staatssekretär und den Leitern der wichtigsten Hauptverwaltungen sowie besonders berufenen Experten zusammensetzen sollte[40]. Ein solches Kollegium wurde auch beim Ministerium für Staatssicherheit geschaffen[41], ohne daß über seine Errichtung oder Zusammensetzung allerdings jemals eine offizielle Mitteilung ergangen wäre.

Die Staatssicherheit in der Krise

Weitere Strukturveränderungen hatten in den folgenden Jahren personelle Veränderungen in der Spitze des MfS zur Voraussetzung. Sie resultierten zu einem Gutteil aus Machtverschiebungen innerhalb der Ostberliner Regierung, die es in den fünfziger Jahren wiederholt gegeben hat. Auch Rivalitäten zwischen dem Minister des Innern und dem Minister für Staatssicherheit sind nicht auszuschließen. Endlich waren die Strukturveränderungen auch Ausdruck innerer Krisen. Hatten 1952 die radikalen Beschlüsse der 2. Parteikonferenz der SED, die mit dem sogenannten Aufbau des Sozialismus in der DDR zugleich die »Verschärfung des Klassenkampfes« sanktionieren sollten, auch die Stellung des MfS im Herrschaftsgefüge gestärkt, so erlebte es seine erste tiefreichende Krise, als es am 16. und 17. Juni 1953 in Ost-Berlin und wichtigen Industriezentren der DDR zu Streiks, Demonstrationen und Aufruhr kam. Das Versagen des MfS war in eklatanter Weise zutage getreten. Die Staatssicherheit hatte den Aufstand weder voraussehen noch verhindern können – was übrigens ein Indiz für seine Spontaneität bedeutet.

In der Konsequenz erfuhr das Ministerium für Staatssicherheit nicht nur einen personellen Wechsel in der Spitze, sondern auch einen institutionellen Eingriff: »Der Ministerrat hat am 23. Juli 1953 gemäß § 7 des Gesetzes vom 23. Mai 1952 über die Regierung der Deutschen Demokratischen Republik beschlossen, das Ministerium für Staatssicherheit als Staatssekretariat in das Ministerium des Innern einzugliedern, und hat zur Leitung dieses Staatssekretariats den Staatssekretär Herrn Ernst Wollweber unter Entbindung von seiner Funktion als Leiter des Staatssekretariats für Schiffahrt zum Stellvertreter des Ministers des Innern ernannt«[42]. Das war einem Schreiben von Ministerpräsident Otto Grotewohl an den Präsidenten der Volkskammer zu entnehmen, in dem weiterhin mitgeteilt wurde, daß Wilhelm Zaisser »im Zusammenhang mit dieser Eingliederung« von seiner Funktion als Minister für Staatssicherheit entbunden worden war.

Warum nach seiner Ablösung das Ministerium für Staatssicherheit seine Selbständigkeit hatte einbüßen müssen und dem Ministerium des Innern als Staatssekretariat eingegliedert wurde, ist sachlich kaum zu erklären. Sollte die administrativ-organisatorische Maßnahme seine Kontrolle wirksamer gewährleisten? Nahe liegt die politische Erklärung, daß man sich in einer Zeit, in der die DDR ohnehin wesentlich stärker und unmittelbarer unter sowjetischer Kontrolle stand, in Ost-Berlin Nutzen davon versprach, wenn man sich dem Beispiel in Moskau anglich. Dort aber war das MGB (Ministerium für Staatssicherheit) nach dem Tode Stalins durch Beschluß des Obersten Sowjets vom 15. März 1953 aufgelöst und als Hauptverwaltung für Staatssicherheit dem MWD (Ministerium des Innern) unter L. P. Berija eingegliedert worden. Ein Dreivierteljahr nach dessen Sturz, durch Beschluß vom 3. März 1954, wurde die Hauptverwaltung für Staatssicherheit erneut verselbständigt – in der bis heute bestehenden Gestalt des Komitees für Staatssicherheit, russisch abgekürzt KGB.

Als in Ost-Berlin die Umbildung des MfS zum Staatssekretariat beschlossen wurde, hieß der Minister des Innern bereits Willi Stoph, der seinen Amtsvorgänger Steinhoff im Zuge einer umfassenden Regierungsumbildung am 23. Mai 1952 abgelöst[43] hatte. Mit der Eingliederung der Staatssicherheit in das Ministerium des Innern unterstand dem späteren Vorsitzenden des Ministerrates – er wurde 1953 auf dem 15. Plenum des Zentralkomitees der SED auch zum Mitglied des Politbüros gewählt, ohne zuvor Kandidat gewesen zu sein – ein mächtiges Überministerium, das über das Melde- und Paßwesen, die Polizei, den Staatssicherheitsdienst und den Strafvollzug, über die kasernierten Verbände der Volkspolizei und über die Grenzpolizei gebot. Stoph freilich war ungeachtet aller Macht nie mehr als ein unbedingt loyaler »Durchführer«, so daß Ulbricht kein Risiko einging, als er ihm das MdI mit dieser Kompetenzenbündelung überantwortete.

Das 15. Plenum den Zentralkomitees erlebte zudem die große politische Abrechnung mit Wilhelm Zaisser, der bezichtigt wurde, gemeinsam mit dem Chefredakteur des »Neues Deutschland«, Rudolf Herrnstadt, eine »partei-

feindliche Fraktion mit einer defätistischen, gegen die Einheit der Partei gerichteten Linie« gebildet und »eine die Partei verleumdende, auf die Spaltung der Parteiführung gerichtete Plattform«[44] vertreten zu haben. In der Tat hatte die Zaisser-Herrnstadt-Fraktion die Generallinie der SED revidieren und die Führung der Partei erneuern wollten. Ihre Opposition richtete sich unmittelbar gegen Walter Ulbricht, der seinem Gegenspieler nunmehr offen Versagen vorwarf, ein Vorwurf, der nach dem Aufstand vom 17. Juni ja auch nicht von der Hand zu weisen war. Die Kritik an Zaisser aber traf die Staatssicherheit selbst: »Genosse Zaisser hat gesagt, es habe die Absicht bestanden, im gegebenen Moment die feindlichen Gruppen zu liquidieren. Es war eine solche Orientierung bei der Staatssicherheit, diejenigen Feinde, die sie ausfindig gemacht haben, sozusagen zu studieren, um sie dann später zum gegebenen Moment, wie Genosse Zaisser sagte, zu verhaften. Zum gegebenen Moment waren eben die Feinde schneller, und sie haben dann die Provokationen organisiert«[45]. Zaisser wurde gestürzt, einige seiner leitenden Mitarbeiter in die Provinz versetzt, in untergeordnete Positionen bei den Bezirksverwaltungen. In den Bezirksverwaltungen der Staatssicherheit in Erfurt, Halle, Leipzig und Magdeburg sowie in der Kreisdienststelle Eisenach wurden etwa 30 Offiziere nach dem Juni-Aufstand festgenommen. Der stellvertretende Leiter der Bezirksverwaltung Erfurt, Oberstleutnant Walter Dekker, verübte Selbstmord durch Erschießen, um seiner Verhaftung zu entgehen[46].
Im Ergebnis dieser Auseinandersetzungen und Konflikte erfuhr die Kontrolle der Staatssicherheit durch die Partei eine institutionell und personell abgesicherte Stärkung, die für alle Zukunft verhindern sollte, daß sich ähnliches wiederholen und der Chef der Staatssicherheit gegen Nummer eins der Partei aufbegehren könnte. Willi Stoph, dem wie dargelegt die politische Verantwortung über das Staatssekretariat für Staatssicherheit übertragen worden war, zog 1954 auf dem IV. Parteitag der SED ebenso kurz wie bündig sein Fazit: »In den Organen für Staatssicherheit wurden die notwendigen Lehren aus den ernsten Erfahrungen, die vor dem 17. Juni 1953 gemacht wurden, gezogen, und die Kritik des Zentralkomitees unserer Partei hat zu einer Verbesserung der Arbeit geführt«[47]. Westliche Analysen stimmen damit durchaus überein. Hermann Weber zieht in einer Untersuchung über die DDR die für das Verhältnis Staatssicherheit und Partei entscheidende Zäsur im Jahre 1953. Seinem Resümee, der Staatssicherheitsdienst sei »zeitweilig das mächtigste Organ« im Staat der SED gewesen, folgt für die Zeit fünf Jahre danach die Feststellung: »Diese Machtposition nimmt er heute nicht mehr ein. Das Sicherheitsbedürfnis der führenden Parteiclique hat den SSD in jene Position gedrängt, in der er ihr selbst nicht mehr gefährlich werden kann. Heute ist der SSD ein Instrument der SED-Bürokratie zur Aufrechterhaltung ihrer Macht und nicht mehr ein Organ, das sie selbst zu fürchten hat«[48]. Es wird noch eingehend darzustellen sein, wie die Partei ihre Kontrolle über die Staatssicherheit zurückerobert hat und gewährleistet. –
Eine der Lehren, die Willi Stoph aus der Zaisser-Affäre gezogen hatte, bestand darin, den geheimen Auslandsnachrichtendienst der DDR der Zuständigkeit des Außenministeriums zu entziehen, von dem er bis dahin gesteuert und kontrolliert worden war. Vorerst wurde er dem Apparat der Staatssi-

cherheit als Hauptabteilung XV eingegliedert[49]. Das Institut für Wirtschaftswissenschaftliche Forschung verschwand sang- und klanglos von der Bildfläche. Im wesentlichen hatte dies seine heillose Diskreditierung durch die »Aktion Vulkan« bewirkt – jene spektakuläre Aktion, bei der, ausgelöst durch die Flucht des IWF-Abteilungsleiters Johann Krauss, am 9. April 1953 insgesamt 38 Personen in Hamburg, Düsseldorf, Frankfurt/Main, Mannheim und Stuttgart unter Spionageverdacht festgenommen wurden[50]. Zwar erwiesen sich hernach die meisten der Verhafteten als unbelastet, einer der Beschuldigten nahm sich in der Untersuchungshaft das Leben, während nur drei im folgenden Jahr vom Bundesgerichtshof zu Gefängnisstrafen verurteilt wurden[51], aber das IWF war decouvriert, sein getarntes Informationsnetz bloßgelegt und zerrissen, auf jeden Fall unbrauchbar geworden. Zum anderen bot sich die Eingliederung des Spionagedienstes in den Apparat der Staatssicherheit auch aus Gründen der Gleichstellung mit dem Moskauer Modell an. Und schließlich kam ein personeller Aspekt hinzu: Anton Ackermann, der als Staatssekretär im Außenministerium seine Hand über dem IWF gehalten hatte, war als Sympathisant der Zaisser/Herrnstadt-Opposition inzwischen selber in die Schußlinie geraten.

Der Wechsel zur »Offensivtaktik«

Ernst Wollweber schlug in der operativ-taktischen Arbeit der Staatssicherheit ohne Zögern einen gänzlich neuen Weg ein. Anders als bei seinem geschaßten Vorgänger war sein taktisches Konzept offensiv angelegt. Es glich fast einer »Flucht nach vorn«. Der neue Chef der Staatssicherheit wollte der Partei um jeden Preis Erfolge präsentieren, spektakuläre Erfolge möglichst, von denen er sich eine generell abschreckende Wirkung und gleichermaßen seine politische Selbstaufwertung versprochen haben dürfte. Dazu mag die Überlegung gekommen sein, auf diese Weise die nach Stalins Tod allmählich auch auf die DDR zulaufende »Entstalinisierung«, wie sie im Frühjahr 1956 die 3. Parteikonferenz der SED mit ihren Beschlüssen einzuleiten schien, frühzeitig zu konterkarieren. Wie auch immer sich die Sache verhalten haben mag, die Ära Wollweber stand allemal im Zeichen einer massiven Agitation. Was zu Zaissers Zeiten unvorstellbar gewesen wäre, wurde nunmehr üblich: Der Chef der Staatssicherheit sprach in Großbetrieben zu Arbeitern und auf Parteikongressen zu den Delegierten, auf wohlbereiteten Pressekonferenzen wurden Enthüllungen über »westliche Agentenzentralen« ausgebreitet, und nicht nur die Medien der DDR gefielen sich in fragwürdigen Kolportagen und politischen Legenden.
Freilich war nicht alles purc Propaganda, was die Staatssicherheit zu vermelden hatte. Als Wollweber am 5. November 1953 vor vierzehnhundert Betiebsangehörigen des VEB Siemens-Plania in Ost-Berlin von der Festnahme von »Agenten« in der DDR in einer Zahl berichtete, die »bedeutend größer« als bei der Durchführung ähnlicher Operationen« gewesen wäre, da beruhte das auf Tatsachen[52]. In der Nacht zum 1. November 1953 hatte die Staatssicherheit in einer Blitzaktion mehrere Dutzend Personen in der DDR festnehmen können. »Wenn man zuschlägt, muß man richtig treffen«, lautete Woll-

webers Devise. »Daß die Richtigen getroffen wurden, beweist, daß der weitaus größte Teil der Verhafteten bereits unmittelbar nach der Verhaftung umfassende Geständnisse abgelegt hat, die vollkommen bestätigten, was die Organe der Staatssicherheit schon vor der Verhaftung dieser Agenten wußten.« Dem Appell zur Wachsamkeit folgte die Drohung: »Natürlich ergeben sich aus den Vernehmungen neue Spuren. Selbstverständlich ist klar, daß jeder Agent damit rechnen muß, daß er von den Organen der Staatssicherheit mit Hilfe der Wachsamkeit der Bevölkerung unschädlich gemacht wird . . . Es ist an der Zeit, daß diejenigen, die Agenten kennen, ohne selbst welche zu sein, sich klar werden über ihre Pflicht, diese Agenten den Staatsorganen mitzuteilen, weil sie sich sonst strafbar machen.« Das war eine neue, psychologisch nicht ungeschickte Taktik, die in der resignativen Stimmung der Bevölkerung nach dem Scheitern des Juni-Aufstandes nicht ohne Resonanz blieb.

Die Hintergründe der Festnahmeaktion, die Wollweber so beredt verklärt hatte, wurden am 9. November 1953 aufgehellt, als sich Hans-Joachim Geyer, ein Mann von damals 52 Jahren, Verfasser von Kriminalromanen und anderthalb Jahre lang Doppelagent in der »Organisation Gehlen«[53] in West-Berlin, Journalisten aus Ost und West in einer Pressekonferenz in Ost-Berlin präsentierte. »Mit dem heutigen Tage habe ich mit meiner verbrecherischen Tätigkeit gebrochen und mich an die Regierung der Deutschen Demokratischen Republik gewandt und um Aufnahme in dem Gebiet der DDR gebeten«, hieß es in einer von ihm abgegebenen Erklärung[54] über »die Spionagetätigkeit« des in Pullach domizilierenden Geheimdienstes. Nicht alles, was Geyer alias Grell vorbrachte, war so haltlos wie der Vorwurf, der Gehlen-Dienst würde Sabotage und Schädlingsarbeit, Ankauf und Abzug technischer und wissenschaftlicher Fachkräfte, Diversionsakte und bewaffnete Gruppen in der DDR organisieren. Als Mitarbeiter einer Westberliner Außenstelle hatte Geyer die Namen von in der DDR gewonnenen V-Leuten der Organisation Gehlen ermitteln und verraten können. Sein Wechsel nach Ost-Berlin am 29. Oktober 1953, ausgelöst von der Furcht vor einer drohenden Festnahme, veranlaßte Wollweber zu seiner Blitzaktion. Leider reklamierte der neue Chef der Staatssicherheit den Erfolg zu Unrecht für sich: Der Doppelagent war schon zu Zaissers Zeiten »umgedreht« worden[55].

Indes verriet die Offensivtaktik ihren Urheber. Wollwebers Handschrift ließ auch die vom DDR-Ministerrat am 12. April 1955 beschlossene Erklärung[56] erkennen, »daß die Organe des Staatssekretariats für Staatssicherheit mit Unterstützung aus breitesten Kreisen der Bevölkerung in den letzten Tagen eine größere Anzahl von Spionage- und Terrorgruppen, die in der Deutschen Demokratischen Republik ihre volksfeindliche Tätigkeit ausübten, unschädlich gemacht« hätten. »Es wurden 521 Agenten amerikanischer und englischer Geheimdienststellen, der Spionageorganisation Gehlen und verschiedener Westberliner Hilfsorgane der genannten Geheimdienste, wie der sogenannten ›Kampfgruppe gegen Unmenschlichkeit‹ (KgU)[57], des sogenannten ›Untersuchungsausschusses Freiheitlicher Juristen‹, des RIAS, der Ostbüros Westberliner Parteien und anderer verhaftet«, behauptete die Regierung in Ost-Berlin. »Aus den Aussagen der verhafteten und freiwillig erschienenen Agenten und den sichergestellten Beweismaterialien geht eindeutig hervor, daß die Besatzungsmächte der USA, Englands und Frankreichs Westberlin in das Hauptzentrum ihrer Spionage- und Diversionstätigkeit gegen die Deutsche Demokratische Republik verwandelt haben.« – Die Regierungserklärung als Pamphlet! Ein weiteres Mal hatten die Verantwortlichen in Ost-Berlin der Versuchung maßloser propagandistischer Übertreibung nicht widerstehen können.

Wollweber betrieb, indem er vermeintliche und tatsächliche Erfolge der Staatssicherheit so lärmend publik machen ließ, handfeste Hausmachtpolitik. Am 24. November 1955 hatte er sein Ziel erreicht. Die Eingliederung des Staatssicherheitsdienstes in das Ministerium des Innern wurde nach zweieinhalb Jahren rückgängig gemacht. Der Ministerrat in Ost-Berlin beschloß erneut Strukturänderungen des Regierungsapparates, darunter auch folgende: »Das Staatssekretariat für Staatssicherheit wird in ein Ministerium für Staatssicherheit umgewandelt«[58]. Die Spitze der Staatssicherheit hatte ihre Eigenständigkeit wiedererrungen. Wollweber figurierte nun als Minister, Mielke wieder als Staatssekretär mit Generalleutnantsrang. Beide hatten, obschon politisch für zahlreiche Gesetzesverletzungen durch die Staatssicherheit verantwortlich, die Fährnisse einer durchaus bescheidenen Entstalinisierung in der DDR unbeschädigt überstanden. Alles, was Wollweber 1956 an Selbstkritik auf der 3. Parteikonferenz der SED hatte zugestehen mögen, schrumpfte im Grunde genommen auf einen Satz zusammen: »Einige Fehler, die gemacht wurden, ändern nichts an der Tatsache, daß die Organe der Staatssicherheit nach strengen Richtlinien über die Einhaltung der Gesetzlichkeit arbeiten«[59]. Das sprach aller Realität hohn, wie es unübertroffen dreist war, wenn Wollweber die Vielzahl ungerechtfertigter Festnahmen durch die Organe der Staatssicherheit als »einige Ausnahmen« zu bagatellisieren wagte. Selbst eine vom Zentralkomitee der SED eingesetzte Kommission zur Überprüfung der Angelegenheiten von ehemaligen Parteimitgliedern plädierte drei Monate später öffentlich für die Notwendigkeit, »die Praxis der Festnahmen und Verhaftungen in bedeutsamer Weise zu verändern«[56]. Ohne schwerwiegende Mißgriffe, speziell unter Wirtschafts- und Wissenschaftskadern, die bei Betriebsstörungen und Betriebsunfällen kurzerhand in Haft genommen waren, wäre ein solches Plädoyer kaum erforderlich gewesen. »In Zukunft wird vom Minister für Staatssicherheit mit mehr Sorgfalt und Umsicht geprüft werden, bevor Sabotage und Schädlingstätigkeit als gegeben erachtet werden«[61]. Sonst freilich hielt sich auch die Kommission des ZK in ihrer Kritik zurück. Und am wenigsten verhinderte die damalige Entstalinisierungsdiskussion in der DDR den personellen Ausbau der Staatssicherheit. Die Zahl der hauptamtlichen Mitarbeiter stieg von etwa 4000 im Jahre 1952 auf über 9000 Ende 1955 – worin zweifellos eine Konsequenz aus den Erfahrungen des 17. Juni 1953 erblickt werden muß[62]. Schließlich erfolgte im MfS eine wichtige Reorganisation, als im Sommer 1956 die für Spionage zuständige Hauptabteilung XV zu einer Hauptverwaltung Aufklärung umgewandelt wurde[63], was ihrer eigentlichen Bedeutung allerdings angemessen war.

Unter dem 3. Mai 1956 erließ der Ministerrat eine Verordnung zur Erleichterung und Regelung von Maßnahmen an der Grenze zwischen der Deutschen Demokratischen Republik und der Deutschen Bundesrepublik, die bei gleichzeitig bedingtem Zugeständnis eines »kleinen Grenzverkehrs« an der

Demarkationslinie eine Verschärfung der Überwachung im Grenzgebiet brachte[64]. Es ist die einzige Verordnung, die Ministerpräsident Grotewohl und Staatssicherheitsminister Wollweber gemeinsam unterzeichnet haben. Eine erste Einbuße an Macht mußte der Minister für Staatssicherheit hinnehmen, als ihm durch Bildung eines »Kommandos der Deutschen Grenzpolizei« am 1. März 1957 die Befehlsgewalt über die DDR-Grenzsicherungsorgane entzogen und in das Ministerium des Innern zurückverlagert wurde. »Dieser Schritt gehörte zum Komplex der Maßnahmen, die Deutsche Grenzpolizei entsprechend den Erfordernissen der militärpolitischen Lage zu einer Grenztruppe zu entwickeln«[65]. Fortan verfügte das MfS nur noch in seinem Wachregiment über eigene kasernierte Streitkräfte.

Wollwebers Tage als Minister für Staatssicherheit waren aber zu diesem Zeitpunkt bereits gezählt. Unter dem 1. November 1957 meldeten die Zeitungen der DDR überraschend, er habe darum gebeten, »ihn aus Gesundheitsrücksichten von seiner Funktion zu entbinden«[66]. Nur gute drei Monate später machte das 35. Plenum des Zentralkomitees der SED öffentlich, von welchen Rücksichten seine Bitte bestimmt worden war. Wollweber hatte zu büßen bekommen, daß er sich einer Anti-Ulbricht-Opposition um Politbüro-Mitglied und ZK-Sekretär Karl Schirdewan zugewandt hatte. Wie hernach die Delegierten des V. Parteitages der SED, der vom 10. bis 16. Juli 1958 in Ost-Berlin abgehalten wurde, staunend erfahren sollten, hatte die oppositionelle Konzeption dieser Fraktion Wollweber zu einer »falschen und schädlichen Orientierung« der Staatssicherheit verleitet: »Auf Grund dessen gab es im Ministerium vorübergehend eine Unterschätzung der mit der verstärkten Militarisierung verbundenen Aktivitäten der imperialistischen Geheimdienste und Untergrundorganisationen in der Deutschen Demokratischen Republik. Die Tätigkeit konterrevolutionärer Elemente gegen die Deutsche Demokratische Republik wurde nicht genügend beachtet und die neuen Methoden der Sabotage des sozialistischen Aufbaus und der Diversion durch die imperialistischen Agenturen nicht rechtzeitig erkannt und bekämpft«[67]. Diese Vorwürfe im Rechenschaftsbericht des Zentralkomitees an den Parteitag besiegelten endgültig das Ende von Wollwebers politischer Karriere. Im Kern lauteten sie nicht anders, als sie auch schon gegen seine Amtsvorgänger Zaisser erhoben waren: Unterschätzung des »Klassenfeindes«!

Konsolidierung und Aufwertung der Staatssicherheit

In kaderpolitisch folgerichtiger Entscheidung war nunmehr Erich Mielke an die Spitze des MfS gestellt worden, seit 1959 ausstaffiert mit dem Rang eines Generaloberst. Er kannte den Apparat wie kein zweiter, in seiner Person hatte ohnehin längst die Kontinuität der Staatssicherheit geruht, außerdem war er auch im KGB »persona grata«; schließlich hatte er bis 1945 jahrelang in Moskau gelebt und Aufgaben wahrgenommen, die seinem Namen längst zu Glanz und Nimbus in den sowjetischen Sicherheitsorganen verholfen hatten.

Mielke hat die Staatssicherheitsorgane der DDR ohne innere Turbulenzen und politische Konflikte durch die risikoreichen sechziger und siebziger Jahre geführt. Unter seiner Leitung trug das MfS wesentlich dazu bei, die Gefahr einer inneren Krise der DDR vor und nach dem 13. August 1961, dem Stichtag für den Berliner Mauerbau, zu bannen. »In der Zeit vom Januar 1960 bis Juni 1961 wurden von den Sicherheitsorganen der DDR über 4000 konterrevolutionäre Elemente unschädlich gemacht«[68]. Wieviel allein in den folgenden achtzehn Monaten »unschädlich gemacht« wurden, in einer Zeit radikalisierter politischer Verfolgung, darüber schwieg und schweigt das MfS bis heute.

Gleichzeitig bewies die Staatssicherheit die Fähigkeit zu flexibler Reaktion, zu politischer Imagepflege und wirksamer Öffentlichkeitsarbeit bis hin zu dem Kuriosum »öffentlicher Sprechstunden«. Zum Beispiel ließ die MfS-Bezirksverwaltung Suhl am 12. Juni 1961 mitteilen: »Auf Grund des Erlasses des Staatsrates der DDR über die Eingabe der Bürger und die Bearbeitung durch die Staatsorgane vom 27. Februar 1961 werden ab sofort in der Bezirksverwaltung Suhl sowie in allen Kreisdienststellen des Ministeriums für Staatssicherheit regelmäßig am Dienstag von 9.00 bis 14.00 Uhr und Freitag von 9.00 bis 18.00 Uhr Sprechstunden durchgeführt[69].« Zwar scheinen diese Sprechstunden nicht sonderlich besucht worden zu sein, eine ähnliche Mitteilung ist dem Verfasser auch niemals wieder in der DDR-Publizistik aufgefallen, aber sie war dennoch typisch für die letztlich gewiß vergeblichen Bemühungen der Staatssicherheit, sich von dem stalinistischen Odium der fünfziger Jahre zu reinigen.

Auch die »dritte Justizreform« 1963/68 mit der relativen Festigung der »sozialistischen Gesetzlichkeit« überstand das MfS politisch unangefochten – mehr noch: Seine zeitweiligen Irritationen über die »Entstalinisierung« wurden alsbald überwunden. Der Staatssicherheitchef gab sich zunehmend selbstsicher. So ergriff auf einer Sitzung des Staatsrates, die unter Ulbrichts Leitung am 4. April 1963 Fragen der Strafjustiz zu behandeln hatte, auch Mielke das Wort und versicherte, auf den zur Beratung vorliegenden Entwurf eines Erlasses zur Rechtspflege eingehend: »In Versammlungen und Schulungen wurden an Hand des Entwurfes zur Verbesserung der Arbeit des Ministeriums für Staatssicherheit, insbesondere der Untersuchungsorgane, Auseinandersetzungen geführt. Der Erlaßentwurf war in den Diensteinheiten und Leitungen Anlaß dazu, die Probleme unserer Arbeit neu zu durchdenken, kollektiv zu beraten und unverzüglich Maßnahmen zur Erreichung einer höheren Qualität der Arbeit einzuleiten«[70].

Solche Äußerungen ließen kaum mehr auf Verunsicherung beim Staatssicherheitsminister schließen – und 1967 auf dem VII. Parteitag der SED riskierte er sogar schon wieder ausgesprochen militante Töne[71]: »Die Bonner Machthaber haben ein umfassendes System der Feindtätigkeit aufgebaut und setzen alle Potenzen des staatsmonopolistischen Systems in Westdeutschland zielgerichtet gegen die DDR ein. Durch die aktive Mitarbeit der sozialdemokratischen Führer wurde die Skala der Formen und Methoden des feindlichen Vorgehens erweitert. Sie sind nicht nur Erfüllungsgehilfen der Monopolbourgeoisie, sondern sie leisten eigene konkrete Beiträge«. Zugleich meinte ausgerechnet Mielke, sich gegen den »Mißbrauch verwandtschaftlicher und anderer persönlicher Beziehungen sowie des Reiseverkehrs zwischen beiden deutschen Staaten und Westberlin für die Anwerbung neuer

Agenten, für die Abschöpfung von Spionageinformationen, für den Menschenhandel, für die Organisierung der Störtätigkeit und für die Herstellung dieses Zieles dienender Kontakte« verwahren zu müssen. Seine Polemik gegen die »demagogischen Forderungen nach ›innerdeutscher Entspannung‹, ›geregeltem Nebeneinander‹, ›Erleichterung und Erweiterung innerdeutscher Begegnungen und menschlicher Beziehungen‹« waren nicht nur an Zynismus kaum zu übertreffen, sie offenbarten auch überdeutlich die Obstruktionspolitik, die Mielke im Vorfeld der Normalisierung der Beziehungen zwischen Bonn und Ost-Berlin betrieb, gewiß mit Ulbrichts Einverständnis. Am 15. Dezember 1967 wurde dem MfS-Wachregiment »in Anerkennung zuverlässiger Pflichterfüllung und hoher Einsatzbereitschaft« der Traditionsname »Feliks Edmundowitsch Dzierzynski« verliehen[72]. Durch Verordnung vom 16. Dezember 1969 wurde die mit einer Geldprämie verbundene Verleihung des Ehrentitels »Verdienter Mitarbeiter der Staatssicherheit« beschlossen[73]. Das »spezielle Machtorgan der Diktatur des Proletariats« bedurfte der politischen Aufwertung, offenbar sollten seine Generale, Offiziere, Unteroffiziere und Zivilbeschäftigten auf ein Mehr an gesellschaftlichem Prestige und öffentlicher Ehrung nicht verzichten müssen.
Tendenziell hatte sich dieses Bestreben schon ein paar Jahre früher abzuzeichnen begonnen, als die Medien der DDR, zögernd erst, danach forsch, dazu übergingen, die Aktivitäten der Staatssicherheit zu heroisieren. Die Staatssicherheit war vorzeigbar geworden, selbst ihre Spionage gegen die Bundesrepublik, die anderthalb Jahrzehnte mit dem Mantel des Schweigens umhüllt war, geriet fortan zum »heldenhaften Kampf«, die »Kundschafter an der geheimen Front« wurden zu »Patrioten« hochstilisiert[74], der sowjetische Meisterspion Dr. Richard Sorge avancierte zu einer Symbolfigur in der Traditionspflege des MfS.
Am 3. Mai 1971 bat Walter Ulbricht auf dem 16. Plenum des Zentralkomitees darum, »ihn aus Altersgründen von der Funktion des Ersten Sekretärs des Zentralkomitees der SED zu entbinden, um diese Funktion in jüngere Hände zu geben«[75]. Spätere Umstände lieferten handfeste Indizien dafür, daß Ulbricht nicht freiwillig zurückgetreten war[76]. Aus diesem Grunde erscheint anmerkenswert, daß die Spitze der Staatssicherheit die Wachablösung nicht nur ohne politische Beschädigung überstanden hat. Im Zeichen einer immerhin denkbaren Verunsicherung, die nach dem Wechsel Ulbricht/ Honecker hätte eintreten können, scheint der Chef der Staatssicherheit dem Nachfolger rechtzeitig unbedingte Loyalität zugesichert zu haben. Jedenfalls würde so eine für die Chronik des MfS politisch wichtige Zäsur ihre Erklärung finden – die Einbeziehung des Ministers für Staatssicherheit in die Führungsspitze der Partei. Auf dem 1. Plenum des ZK 1971, das noch während des VIII. Parteitages zusammentrat, ist Mielke zum Kandidaten des Politbüros[77] gewählt worden – und fünf Jahre später, nach dem IX. Parteitag, trat er in den Status eines Mitgliedes des Politbüros[78] ein, in dem er sich auch nach den folgenden zwei Parteitagen behaupten sollte. Der Chef der Staatssicherheit erhielt damit wieder direkten Zugriff auf alle Entscheidungen der Parteiführung. Gleichzeitig wurde er öffentlicher Ehrungen teilhaftig, die erkennen ließen, wie Honecker die Staatssicherheit hofieren wollte. Gleich bei seiner Stiftung am 1. Dezember 1975 wurde Mielke mit dem mit 20 000 Mark

dotierten Titel »Held der Deutschen Demokratischen Republik« ausgezeichnet – und am 1. Februar 1980 folgte seine Beförderung vom Generaloberst zum Armeegeneral. Solche Vorgänge entbehren zwar nicht der protokollarischen Komik, aber gerade im Falle der DDR reflektiert das Protokoll interne Kräfteverhältnisse.

Macht und Prestige des MfS in den achtziger Jahren

Außer Zweifel steht, daß die DDR-Staatssicherheit in den achtziger Jahren so viel Macht und Einfluß wie nie zuvor in ihrer Geschichte besessen hat. Nur ein neuer Konflikt zwischen Parteiführung und MfS-Spitze könnte daran etwas ändern, aber ein solcher Konflikt ist nicht in Sicht, im Gegenteil, die führenden Männer der SED und des MfS demonstrierten, wo immer sich dazu eine Gelegenheit bot, Schulterschluß. Exemplarisch dafür war ein sogenanntes Kampfmeeting im Ostberliner Palast der Republik zum 35jährigen Bestehen des Ministeriums, auf dem Honecker die Festansprache hielt. Er beschloß sie mit einer öffentlichen Ehrung: »Auf Vorschlag des Politbüros des Zentralkomitees der SED und des Präsidiums des Ministerrates der DDR verleihe ich dem Ministerium für Staatssicherheit in Anerkennung und Würdigung seiner hervorragenden Verdienste um die allseitige Stärkung der Deutschen Demokratischen Republik und den zuverlässigen Schutz des Sozialismus den Karl-Marx-Orden und ein rotes Ehrenbanner des Zentralkomitees der Sozialistischen Einheitspartei«[79]. Man mag derlei Rituale belächeln, aber sie drücken auf kommunistische Manier Anerkennung und Dank für Leistungen der Staatssicherheit in der »operativen Arbeit« aus, die ihr wohl auch für die achtziger Jahre zu bescheinigen sind. Eine amtliche Mitteilung wie die, vom 1. Januar 1984 bis zum 30. Juni 1985 wären in der DDR 168 »BRD-Spione« festgenommen, »die die Aufgabe hatten, durch ihr verbrecherisches Wirken dem sozialistischen Aufbau und der Verteidigungskraft des Warschauer Paktes im Raum der DDR Schaden zuzufügen«[80], entzieht sich zwar jeglicher Nachprüfung, aber sie ist deshalb auch nicht zu widerlegen.

Der Generalsekretär der SED hat seine Zufriedenheit mit dem MfS denn auch zu Protokoll gegeben, als er auf dem XI. Parteitag (17. bis 21. April 1986) erklärte: »Das Ministerium für Staatssicherheit trägt durch sein entschlossenes und vorbeugendes Handeln dazu bei, die Macht der Arbeiter und Bauern zuverlässig zu schützen. Entscheidende Aufgabe ist es, Überraschungen durch den Gegner auszuschließen und seine subversiven Angriffe gegen die verfassungsmäßigen Grundlagen unseres Staates zu durchkreuzen. In enger Zusammenarbeit mit den Werktätigen erfüllt das sozialistische Sicherheitsorgan seine revolutionäre Pflicht«[81]. Festzustellen bleibt indes, daß die Staatssicherheit in Erfüllung ihrer »revolutionären Pflicht« bis heute allzu häufig jede Verhältnismäßigkeit der Mittel vermissen ließ und durch ihr rüdes Vorgehen etwa gegen Mitarbeiter der Umweltbibliothek in der Ostberliner Zionskirchengemeinde am 25. November 1987 oder gegen politisch Andersdenkende während des traditionellen Liebknecht-Luxemburg-Gedenkmarsches am 17. Januar 1988 in Ost-Berlin nur bewirkt hat, daß der DDR nach wie vor der fatale Ruch eines poststalinistischen Polizeistaates anhaftet.

Das MfS
und die sowjetischen Sicherheitsorgane

Enge Beziehungen zwischen dem MfS und den sowjetischen Sicherheitsorganen liegen bei den gegebenen Herrschafts- und Abhängigkeitsverhältnissen auf der Hand. Sie sind im Fall des MfS aus der historischen Entwicklung nur allzu erklärlich, obschon sie für die Sicherheitsdienste der anderen kommunistisch beherrschten Staaten Osteuropas ebenfalls zutreffen. »Die Sicherheitsorgane der sozialistischen Staaten haben von den sowjetischen Tschekisten gelernt, wie man den Feind schlagen muß«, bekannte Erich Mielke zur 50jährigen Wiederkehr der Gründung der Tscheka. »Diese Erfahrungen sind auch aus der Arbeit des Ministeriums für Staatssicherheit der DDR nicht mehr wegzudenken«[1].

In der Tat gleicht die Staatssicherheit der DDR in Aufbau und Arbeitsweise wesentlich den sowjetischen Sicherheitsorganen. Sie ist nicht nur nach deren Strukturprinzipien organisiert, sie hat auch deren praktische Erfahrungen übernommen – bis hin zu Regeln der konspirativen Arbeit und zu Vernehmungstechniken, bis hin zu Bedingungen und Regime in Untersuchungsgefängnissen.

Sie hat auch aus den Fehlern der »sowjetischen Freunde« gelernt – aus jenen Verletzungen der sozialistischen Gesetzlichkeit, deren Kritik seit dem XX. Parteitag der Kommunistischen Partei der Sowjetunion auch im Osten nicht mehr tabu ist. Soweit die Führungskader des MfS nicht selbst an Schulen der sowjetischen Sicherheitsorgane ausgebildet wurden – was übrigens ausnahmslos für alle bisherigen Minister für Staatssicherheit der DDR gilt –, so daß ihnen die sowjetische Arbeitsweise durchaus nicht fremd war, hatten von Anfang an sowjetische Instrukteure, später sowjetische Berater, dafür gesorgt, daß diese Erfahrungen weitergegeben wurden. Gleichzeitig behielten sie allerdings den Apparat des MfS unter Kontrolle, sie konnten also auch seine politischen und militärischen Erkenntnisse für sich nutzbar machen.

Gelegentlich ist das von offizieller Stelle sogar mehr oder minder unverblümt ausgesprochen und anerkannt worden, auch von Erich Honecker, dem als Sekretär des Zentralkomitees für die Militär- und Sicherheitspolitik seinerzeit die Aufgabe zugefallen war, die Leistungen des MfS zu dessen 20jährigem Bestehen zu würdigen. In einer Feier bestätigte er den Kadern der Staatssicherheit, daß sie »von den sowjetischen Tschekisten lernten«, daß Voraussetzung ihrer Arbeit »die Aneignung spezieller tschekistischer Kenntnisse und Fähigkeiten« gewesen wäre[2]. Staatssicherheitsminister Mielke hob bei derselben Gelegenheit »die selbstlose Hilfe und Unterstützung der sowjetischen Sicherheitsorgane bei der Entwicklung sozialistischer Sicherheitsorgane der Deutschen Demokratischen Republik« hervor; und wenn er in diesem Zusammenhang den Mitarbeitern der Staatssicherheit attestierte, sie »nutzten die jahrelangen wertvollen Erfahrungen der Sicherheitsorgane der Sowjetunion«, sie hätten »von den sowjetischen Tschekisten« gelernt, »wie man den Feind aufspürt und wie man ihn schlagen muß«[3] – eine häufig wiederkehrende Floskel –, so muß man darin nicht einfach eine verbale Verbeugung gen Moskau erblicken.

Zum 25jährigen Bestehen des MfS ist Mielke noch deutlicher geworden. »Eine unschätzbare Hilfe beim Aufbau und bei der Entwicklung der Organe für Staatssicherheit der DDR und im gemeinsamen Kampf gegen die Feinde des Sozialismus leisteten die Angehörigen der sowjetischen Sicherheitsorgane«, bekannte er in der ideologisch maßgeblichen Monatsschrift der SED. »Die Mitarbeiter des MfS haben von den Tschekisten, die über reiche Erfahrungen verfügen, gelernt, wie der Kampf zu führen ist. Die sowjetischen Genossen haben einen hervorragenden Anteil an der ständigen Erhöhung der Schlagkraft und der Wirksamkeit der Tätigkeit des MfS. Ohne ihre Hilfe wären unsere Erfolge undenkbar«[4]. Darin liegt viel Wahrheit, auch wenn anhand von DDR-Quellen bis heute nicht näher zu belegen ist, wie die sowjetischen Sicherheitsorgane den deutschen Genossen konkret ihre unschätzbare Hilfe angedeihen ließen.

Zur Rolle der sowjetischen Sicherheitsorgane in der Nachkriegszeit

Um Licht in dieses Verhältnis zu bringen, bedarf es eines kurzen Blickes auf die Kompetenzen und Aktivitäten der sowjetischen Sicherheitsorgane im Deutschland der Nachkriegszeit. 1945, als die Nazi-Diktatur in Deutschland zerbrach, existierten in der Sowjetunion das Volkskommissariat für innere Angelegenheiten (NKWD), dem die Polizei und die Zwangsarbeitslager unterstanden; sowie das Volkskommissariat für Staatssicherheit (NKGB). Beide Volkskommissariate, die im März 1946 in Ministerien umgewandelt wurden, errichteten zur inneren Sicherung und Abschirmung des Okkupationsregimes im sowjetisch besetzten Teil Deutschlands ein Sicherungssystem, das nach ähnlichen Prinzipien funktionierte wie ihr System in der Sowjetunion. »Gesteuert und kontrolliert wurde dieser konspirativ organisierte und abgeschirmte ›Apparat‹ von der Verwaltung für innere Angelegenheiten bei der SMAD in Berlin-Karlshorst. Ihr unterstanden Abteilungen für innere Angelegenheiten in den Sowjetischen Militärverwaltungen auf Landes- beziehungsweise auf Provinzialebene, die sich ihrerseits auf Bevollmächtigte der Sicherheitsorgane bei den Militärkommandanturen der Roten Armee in den Bezirken, Städten und Kreisen der sowjetischen Zone stützten; wie diese verfügten die Dienststellen auch der mittleren Ebene über ein eigenes konspiratives Überwachungssystem«[5]. Im Westen ist dieser Apparat frühzeitig zur Kenntnis genommen worden. Schon 1952 wies der Geheimdienstexperte David J. Dallin darauf hin, daß »der ursprünglichen Funktion dieses weitausgebauten Apparates, nämlich der Entnazifizierung, bald andere Aufgaben zugefügt wurden, wie zum Beispiel allgemeine Überprüfung von Parteien, Gewerkschaften und politischen Persönlichkeiten, Sowjetisierung der Zone, Schaffung eines vergleichbaren deutschen Apparates und schließlich Beschaffung von Informationen über den Westen – Spionage im eigentlichen Sinne«[6]. Zudem oblag den sowjetischen Sicherheitsorganen die politische Überwachung der SMAD selbst sowie die Abschirmung der in Mittel- und Ostdeutschland stationierten sowjetischen Streitkräfte.

Unabhängig von diesem Polizei- und Sicherheitsapparat existierte in den Einheiten und Truppenteilen der Gruppe der sowjetischen Besatzungstruppen in Deutschland ein eigener Sicherheitsapparat, dessen Zentrale sich beim Hauptstab im Raum Wünsdorf/Zossen befand. Dieser Zentrale waren bei den Hauptstäben der Armeekorps sowie bei den Brigade- und Divisionsstäben besondere Abwehrabteilungen nachgeordnet, denen ihrerseits besondere Sicherheitsoffiziere in Regiments- und Bataillonsstäben unterstellt waren. Die Abwehrabteilungen beim Hauptstab der Gruppe der sowjetischen Besatzungstruppen in Deutschland sowie bei den Armeekorps unterhielten ebenfalls eigene operative und administrative Abteilungen[7].

Mit der Bildung des MfS und seinen nachgeordneten Verwaltungen und Dienststellen auf Landes- und Kreisebene beziehungsweise auf Bezirksebene seit der Verwaltungsneugliederung vom 23. Juni 1952 wurden dem Apparat der Staatssicherheit auf allen Ebenen sowjetische Instrukteure[8] beigegeben, die nicht nur – wie in westlichen Darstellungen meist recht einseitig behauptet wird – die Mitarbeiter des MfS überwachen und kontrollieren sollten. Sie hatten sie vor allem auch zu »instruieren«, zu schulen und zu unterweisen. So bestanden enge Beziehungen zwischen dem MfS und dem Stab des MWD/MGB in Berlin-Karlshorst sowie zwischen den Dienststellen der sowjetischen Sicherheitsorgane auf Landes- und Kreisebene zu den Landesverwaltungen und Kreisdienststellen des MfS. Auch nach der Verwaltungsneugliederung änderte sich daran vorerst nichts. Wie zuvor waren die Verwaltungen und Dienststellen der Staatssicherheit den sowjetischen Dienststellen der entsprechenden Ebene nicht nur auskunftspflichtig, sondern auch an deren Weisungen gebunden, sie durften bestimmte Aktionen nur im Einverständnis mit den »sowjetischen Freunden« durchführen. Aufs Ganze gesehen wurden kontrollierende, beratende und anleitende Funktionen wirksam. Weder nach der Eingliederung des MGB als Hauptverwaltung für Staatssicherheit in das MWD durch Beschluß vom 7. März 1953 noch nach seiner definitiven Verselbständigung und Reorganisation als KGB gemäß Beschluß vom 13. März 1954 sollte sich grundsätzlich etwas ändern an diesem Verhältnis zum MfS, wenn auch der Einfluß der sowjetischen Instrukteure auf Kreisebene Mitte der fünfziger Jahre abgebaut wurde. Nach Meinung westlicher Experten haben die Instrukteure des KGB stets einen höheren Rang gehabt als die von ihnen »instruierten« Offiziere des MfS. »In jeder Abteilung des MfS ist wenigstens einer dieser Instrukteure tätig. Aber auch im Bezirksbereich sind sie zahlreich vertreten, denn nicht nur die Leiter jeder Bezirksverwaltung werden von einem ›Chefinstrukteur‹ kontrolliert, auch die Arbeit der meisten ›operativen‹ Abteilungen wird von den Sowjets bis in die Einzelheiten des täglichen Dienstbetriebes überwacht und angeleitet«[9]. Wohlgemerkt – diese Darstellung gilt nur für die Zeit bis 1954/55.

In dieser Zeit reichte die Zusammenarbeit bis zur unmittelbaren Kooperation in politischen Strafsachen, zum Beispiel in Form gemeinsam durchgeführter Vernehmungen, wie Aussagen ehemaliger politischer Häftlinge bele-

gen. Der frühere LDPD-Generalsekretär Günter Stempel, der am 8. August 1950 von MfS-Angehörigen wegen seiner Opposition gegen die geplante Verschiebung eines auf das Einheitslistenprinzip orientierten Wahlgesetzes in der Volkskammer überraschend festgenommen und in das Ostberliner Untersuchungsgefängnis des MfS eingeliefert worden war, berichtet zum Beispiel:»In der Nacht vom 8. zum 9. August 1950 begannen meine Vernehmungen . . . Mein erster ›Untersuchungsrichter‹ vom Staatssicherheitsdienst war ein ausgesprochen primitiver Typ . . . Die Vernehmung drehte sich im Kreis, der Untersuchungsoffizier verriet mir, daß er Arbeiter sei und nicht die geringste Ahnung von der Durchführung eines sinnvollen Untersuchungsverfahrens habe. Am Abend des zweiten Hafttages, als ich wieder zum Verhör geführt wurde, erschien ein sowjetischer Offizier. Er trug Zivilkleidung und sprach ausgezeichnet Deutsch. Er nahm an den Verhören teil, schaltete sich ein und brachte zugleich einen derart rüden Ton in die Untersuchung, daß ich nunmehr überzeugt war, daß man böse Dinge gegen mich im Schilde führte. Dieser sowjetische Offizier blieb auch in fast allen späteren Vernehmungen zugegen, er übernahm zum Teil selbst die Vernehmungen, beschimpfte mich, ohne mich jedoch physisch zu mißhandeln... Nach einiger Zeit wechselte der ›Untersuchungsrichter‹, doch blieb es weiterhin ein Offizier des SSD, während die Vernehmungen im wesentlichen von dem sowjetischen Offizier gesteuert und kontrolliert wurden. Mir wurde schließlich ›angeraten‹, zu überlegen, ob ich ein ›Geständnis‹ ablegen wolle oder nicht, da man mir sonst ›Luftveränderung‹ verordnen würde. Ich erklärte kategorisch, daß ich nichts zu gestehen hätte, blieb danach drei Tage ohne Vernehmung – und wurde dann am Abend des 20. September 1950 in einer schwarzen Linousine von sowjetischen Offizieren abgeholt und in das sowjetische Untersuchungsgefängnis in Berlin-Hohenschönhausen überführt«[10]. Hier verblieb Günter Stempel rund sechs Monate. Am 6. März 1951 wurde er in ein neu errichtetes Untersuchungsgefängnis nach Berlin-Karlshorst verbracht – in das ehemalige St.-Antonius-Krankenhaus, dem Sitz der Ostberliner Niederlassung des KGB, wo er bis zu seiner Verurteilung durch ein sowjetisches Militärtribunal am 7. Januar 1952 verblieb. Die wegen sogenannter Spionage und Sabotage über ihn verhängten 25 Jahre Zwangsarbeit bedeuteten für ihn Deportation nach Workuta. Aus sowjetischer Haft im Dezember 1955 der DDR als vermeintlicher Hauptkriegsverbrecher übergeben, wurde er am 28. April 1956 aus dem Zuchthaus Bautzen entlassen[11].
Ähnliche Erfahrungen sollte Leo Bauer sammeln, dessen Schicksal geradezu paradigmatisch zu nennen ist: Jahrgang 1912, Mitglied der KPD seit 1931, Emigrant, Landtagsabgeordneter der KPD und zuletzt Chefredakteur des Deutschlandsenders, wurde er am 23. August 1950 von MfS-Offizieren festgenommen, nachdem ihn das Politbüro in einem Beschluß wegen Abweichung von der Parteilinie aus der SED ausgeschlossen hatte. Leo Bauer wurde zur Untersuchungshaft in das damalige Gefängnis der Verwaltung Groß-Berlin des MfS in der Schumannstraße eingeliefert. »Wochen vergingen«, berichtete er Jahre später[12]. »Täglich und stündlich wartete ich auf meine Überführung in ein Gefängnis der Sowjets. Nichts dergleichen geschah. Die Sowjets besuchten mich im deutschen Untersuchungsgefängnis, bis zum April 1951 in der Schumannstraße und anschließend im Kellergefängnis in

Hohenschönhausen. Die ersten Vernehmungen waren zermürbend, aber langweilig...« Nichts tat sich. Vermutlich waren sich die Spitze der SED und die Staatssicherheit uneins, wie der Fall Leo Bauer behandelt werden sollte. »Bis August 1952 verblieb ich noch in Hohenschönhausen«, so Leo Bauer weiter. »Zum Teil wurde die Untersuchung gemeinsam von sowjetischen und deutschen Untersuchungsrichtern geführt. Dann war man sich anscheinend klar, daß trotz meines Geständnisses an einen Schauprozeß endgültig nicht zu denken war, und ich wurde in das sowjetische Untersuchungsgefängnis, in die berüchtigte Hölle von Karlshorst, überführt. Dort wurde endlich im Dezember 1952 die Untersuchung abgeschlossen« – abgeschlossen mit einer Verurteilung zum Tode. Erst durch Gnadenakt wurde die Todesstrafe nach Stalins Tod in eine Zwangsarbeitsstrafe umgewandelt. Nach mehrjähriger Sowjethaft kehrte er am 20. Oktober 1955 in die Bundesrepublik heim, wo er sich bis zu seinem Tode am 18. September 1972 journalistisch und politisch für die deutsche Sozialdemokratie engagiert hat.

Zwei konkrete Fälle von ungezählt vielen, die die enge Kooperation zwischen den sowjetischen Sicherheitsorganen und den Untersuchungsorganen des MfS vor Augen führen. Zahlreiche Beispiele könnten sie ergänzen. Zur Rundung des Bildes ist hier der Fall des früheren KPD-Vizevorsitzenden Kurt Müller einzubringen. Sein Fall ist besonders exemplarisch, weil sich an ihm demonstrieren läßt, daß sich die sowjetischen Sicherheitsorgane auch zur Beilegung innerparteilicher Auseinandersetzungen in der KPD nicht zu schade waren – was für die SED mit dem Fall Leo Bauer schon erwiesen war.

Kurt Müller, geboren 1903 in Berlin, KPD-Mitglied seit 1920, während der Weimarer Republik führend in der kommunistischen Jugendbewegung tätig, 1931 Vorsitzender des Zentralkomitees des Kommunistischen Jugendverbandes Deutschlands, 1934 Gestapohaft, Verurteilung wegen »Vorbereitung zum Hochverrat« zu sechs Jahren Zuchthaus, nach Strafverbüßung in Kassel Häftling im Konzentrationslager Sachsenhausen und hier von der Roten Armee befreit. Kurt Müller war nach dem Zusammenbruch der Nazi-Diktatur zunächst Landesvorsitzender der KPD in Niedersachsen geworden, zugleich Landtagsabgeordneter, 1948 Zweiter Vorsitzender der KPD nach Max Reimann und schließlich 1949 auch Mitglied des Deutschen Bundestages. Am 22. März 1950 wurde er nach einer Dienstfahrt in die DDR als »verschollen« gemeldet. Nach zweimonatigem Schweigen ließ das Ministerium für Staatssicherheit der DDR mitteilen, daß Kurt Müller am 22. März 1950 festgenommen war[13]. In einem Beschluß über die Lehren des Slansky-Prozesses vom 20. Dezember 1952 beschuldigten ihn das Zentralkomitee und die Zentrale Parteikontrollkommission der SED, »Trotzkist« sowie »Agent des englischen und amerikanischen Geheimdienstes« gewesen zu sein[14]. Zu dieser Zeit befand sich Kurt Müller längst in sowjetischem Gewahrsam: Nach dreijähriger Untersuchungshaft wurde er durch ein sogenanntes Fernurteil einer Sonderkommission des MWD, also ohne Gerichtsverhandlung, durch ein administratives Verfahren zu 25 Jahren Zwangsarbeit verurteilt und in das Gefängnis Wladimir überführt. Von hier ist er am 13. Oktober 1955 in die Bundesrepublik entlassen worden. Auch sein Fall ist für das Zusammenspiel zwischen MWD und MfS signifikant.

Von der Subordination zur Kooperation

Mitte der fünfziger Jahre zog das KGB seine Instrukteure aus dem MfS allmählich zurück, ein Vorgang, der mit der formellen Zuerkennung der Souveränität an die DDR durch die Moskauer Erklärung vom 30. März 1954 und durch Vertrag vom 20. September 1955 in Zusammenhang zu sehen ist. Diese »Verselbständigung« konnte ohne Risiko erfolgen, denn inzwischen hatte sich der Apparat des MfS institutionell und personell gut entwickelt und auch erste Erfolge aufweisen können – sowohl bei der inneren Sicherung des Regimes als auch in der »offensiven Arbeit« nach außen. Mit guten Gründen konnten sich die sowjetischen Sicherheitsorgane fortan auf Berater beschränken, die es freilich nicht zuletzt im Spionagesektor der Staatssicherheit gab, in der Hauptverwaltung Aufklärung. Ein ehemaliger HV A-Offizier, der 1959 übergetretene Hauptmann Max Heim, hat nach seinem Frontwechsel bestätigt, daß das KGB »alle Schritte, die von der HV A unternommen werden, durch sowjetische Berater kontrolliert und beeinflußt«. Und er fügte hinzu: »Die Referats- und Abteilungsleiter sprechen alle wesentlichen Maßnahmen mit ihnen ab. Es geschieht nichts, wozu die Offiziere des sowjetischen Geheimdienstes nicht ihr Einverständnis gegeben haben«[15]. Die bundesdeutschen Abwehrbehörden haben nach Heims Flucht einen seine Aussagen zusammenfassenden Bericht veröffentlicht, aus dem hervorging, daß seinerzeit »der sowjetische Beraterstab bei der Hauptverwaltung Aufklärung aus einem Chefberater im Generalsrang und vier Obersten« bestand, »die im Dienstgebäude der HV A untergebracht sind. Sie nehmen auf die Arbeit dieser Spionagezentrale des MfS intensiven Einfluß. Da ihnen Formblatt- und Berichtsdurchschriften routinemäßig zugehen, kennen sie die vollständigen Personalien aller geworbenen oder für eine Werbung vorgesehenen Agenten der operativ tätigen HV A-Referate, alle periodisch erstellten Arbeitsanalysen über tätige Agenten und alle wesentlichen Berichte der Auswertungsabteilung. Über Besprechungstermine werden sie durch Vorlage der wöchentlichen Arbeitspläne der Hauptverwaltung Aufklärung in Kenntnis gesetzt. In den Dienstbesprechungen des Staatssicherheitsdienstes besitzen ihre Anregungen nach wie vor Befehlskraft«[16]. Dies entsprach den Gegebenheiten der fünfziger Jahre, in denen gleichwohl die »Sowjetniki« in den Reihen der Staatssicherheit, in welchem Bereich auch immer, durchaus nicht nur als Aufpasser gesehen werden konnten. Zwar sollte gewiß nichts ohne ihr Wissen geschehen – das hat sich in den sechziger Jahren hernach wohl gewandelt –, aber zugleich sollten sie eben ihren deutschen Genossen auch sowjetische Erfahrungen vermitteln, »spezielle tschekistische Kenntnisse und Fähigkeiten«, um Honeckers Äußerung zu wiederholen. Dabei war das sowjetische Vorbild nicht nur sakrosankt, es hatte auch überzeugt, weil es das MfS zu Erfolgen in seiner Arbeit befähigt hatte – wie umgekehrt gemutmaßt werden kann, daß in der Staatssicherheit tatsächlich niemals gegen sowjetische Interessen gearbeitet worden ist. In keinem Machtwinkel der DDR hat man die Notwendigkeit zu ehrlicher Zusammenarbeit mit den »sowjetischen Freunden« besser begriffen und verinnerlicht als in den Reihen der Staatssicherheit. Ein besonderes Vertrauensverhältnis resultierte nicht nur aus der Tatsache, daß sowohl die bisherigen Minister als auch viele Generale und

Oberste der Staatssicherheit einst in sowjetischer Emigration gewesen waren, wo sie häufig im sowjetischen Geheimdienst gestanden hatten; andere, jüngere wiederum wurden in der Sowjetunion geschult. Auch von daher verstehen sich enge Bindungen, die zudem auf gemeinsamer Ideologie beruhen, und hinzu kommt wohl auch eine Art Kameraderie, die Offiziere des KGB und des MfS miteinander verbindet. Damals wie heute.

Genau läßt sich nicht abgrenzen, seit welcher Zeit die Beziehungen zwischen dem KGB und dem MfS nur noch durch einen Stab von Verbindungsoffizieren in der Zentrale wahrgenommen wurden, aber der Tatbestand selbst steht außer Zweifel. Werner Stiller, ein ehemaliger Oberleutnant der HV A, der am 19. Januar 1979 in die Bundesrepublik gekommen ist, hat Aussagen auch über die Beziehungen seiner Dienststelle zum KGB zu Protokoll gegeben. Dem zuständigen Verbindungsoffizier seien danach regelmäßig »durchnumerierte Listen mit Angaben über alle eingegangenen Materialien vorzulegen. Wenn Informationen den Sowjets interessant erscheinen, erhalten die sogenannten Materialbegleitlisten den Stempelaufdruck ›SU‹. Dies bedeutete, daß fortan alle entsprechenden Spionageerkenntnisse automatisch an die KGB-Zentrale gehen«[17]. Originale solcher Materialbegleitlisten mit entsprechendem Vermerk legte der Ex-Geheimdienstler zum Beweis vor.

Ungeachtet dieses Zusammenspiels unterhält das KGB bis in die Gegenwart hinein in der DDR auch einen eigenen Spionage- und Abwehrdienst, den größten sowjetischen Apparat außerhalb des Territoriums der UdSSR. Seine Existenz erklärt sich einmal aus der Nachkriegsgeschichte, aus der Rolle der Sowjetunion als Okkupationsmacht, aber sie hat auch einen sich stets aktualisierenden Grund: Auch die Abschirmung der Gruppe der Sowjetischen Streitkräfte in Deutschland war und ist Sache des KGB. Schließlich wird von hier aus natürlich auch Spionage gegen die Bundesrepublik betrieben. Das schon erwähnte St.-Antonius-Hospital im sowjetischen Sperrgebiet von Karlshorst blieb, was es schon in den fünfziger Jahren war: »Eine vorgeschobene Führungsstelle des KGB. Sie bearbeitet alle wesentlichen Aufgaben, durch die der gesamte Dienst gekennzeichnet ist, und zwar den Auslandsnachrichtendienst, die offensive und defensive Spionageabwehr, die Bearbeitung der russischen Emigration, die nachrichtendienstliche Aufklärung von wissenschaftlichen und technischen Forschungseinrichtungen, die persönliche Sicherung der Sowjetbürger in der DDR, die Führung besonders wichtiger Auslandsagenten... Zu den Aufgaben des KGB gehört auch die Sicherheit der Streitkräfte. Hierfür ist eine vorgeschobene Führungsstelle des Hauptdirektoriats 3 des KGB mit Sitz in Potsdam zuständig... Die Größe der Apparate der in und um Berlin stationierten sowjetischen Nachrichtendienste vermittelt eine Vorstellung von dem Ausmaß der von dieser Seite gegen die Bundesrepublik und West-Berlin gerichteten Operationen. Die vorliegenden Erkenntnisse über die Personalstärken der einzelnen Dienste ergeben folgendes Bild: Das Hauptquartier des KGB in Ost-Berlin verfügt über etwa 800 Mitglieder..., das 3. Hauptdirektoriat mit einer Sonderabteilung über etwa 750 Mitarbeiter«[18]. Dazu kommen etwa 250 Mitarbeiter des Militärischen Nachrichtendienstes mit dem Stab in Wünsdorf.

In einer 1960 in Bonn veröffentlichten Denkschrift über Ost-Berlin als Operationsbasis der östlichen Spionagedienste wird über die Dienststelle des »Bevollmächtigten des KGB in Deutschland« im St.-Antonius-Krankenhaus unter anderen ausgeführt, daß »der personelle und materielle Umfang dieser im folgenden ›Residentur‹ genannten Dienststelle« einer Bedeutung entspricht, die den Schluß rechtfertigt, »daß von sowjetischer Seite der Spionage-Ausgangsbasis in Ost-Berlin zumindest derselbe Rang im Rahmen des gesamten sowjetischen Auslandsnachrichtendienstes beigemessen wird wie dem früheren Westbüro der Komintern in Berlin.

Dem weitgesteckten Operationsraum trägt die Organisation der KGB-Residentur Karlshorst durch eine Gliederung Rechnung, die – mit gewissen Einschränkungen – als verkleinertes Abbild der Moskauer Zentrale gesehen werden kann. Die Residentur ist mit Vollmachten und Mitteln ausgestattet, die in diesem Ausmaß keiner anderen geheimen Auslandsvertretung der sowjetischen Spionagedienste zur Verfügung stehen«[19]. Wirtschaftlich und administrativ ist die KGB-Residentur Karlshorst den diplomatischen und anderen amtlichen Sowjetvertretungen eingegliedert; gegenüber allen anderen Dienststellen des Sperrgebietes ist sie sicherheitsmäßig hermetisch abgeschirmt.

KGB-Offiziere, die in den Westen übergelaufen sind, bestätigen immer wieder die Bedeutung der KGB-Residentur in Ost-Berlin. Der ehemalige KGB-Oberleutnant Jewgenij Runge, übergetreten 1967, in einem Rundfunkinterview: »Nach den Äußerungen von hohen Offizieren des KGB und meinen eigenen Beobachtungen ist der KGB-Apparat in Karlshorst die größte Spionagezentrale Europas außerhalb der Sowjetunion. Von dort aus werden Agenten in großer Zahl im gesamten Westen betreut. Der Grund dafür sind die für diesen Zweck besonders günstigen geographischen und politischen Verhältnisse. Hinzu kommt, daß in jeder größeren Stadt der DDR offizielle KGB-Filialen der Zentrale in Karlshorst bestehen. Alle diese Stellen nutzen die Möglichkeit, besonders Besuche von Westdeutschen in der DDR, aus, um Agenten für ihre Zwecke anzuwerben. Dabei wird jedes Mittel, von der ideologischen Beeinflussung bis zur Erpressung, angewandt«[20]. Aleksei Myagkow, ein KGB-Offizier, der sich 1974 auf die westliche Seite schlug, nach fünfjährigem Einsatz in der DDR, über seine Beobachtungen und Erkenntnisse aus seiner Zeit in der DDR: »Die ›Operateure‹ genießen auf ostdeutschem Boden fast die gleichen Rechte wie in der Sowjetunion, mit der einzigen Ausnahme, daß sie keine DDR-Bürger verhaften dürfen.« Seinen Aussagen nach zu urteilen ist das KGB nach wie vor berechtigt, »DDR-Bürger zum Zwecke der politischen Überwachung der DDR-Bevölkerung anzuwerben, sie für Zwecke der Spionage und Spionageabwehr einzusetzen«[21]. Erst recht gilt das für die Anwerbung von Bundesbürgern bei Besuchen in der DDR – eine Zielstellung, auf die laut Myagkow das KGB in speziellen Befehlen mehrmals orientiert hat. So zitiert der ehemalige Offizier den als »streng geheim« gekennzeichneten KGB-Befehl Nr. 0039 vom 28. April 1970 mit der Weisung, »besondere Bemühungen um die Anwerbung von Agenten in der Bundesrepublik zu unternehmen«[22]. In dem KGB-Befehl Nr. 0042 vom 8. Mai 1973 soll diese Weisung erneuert und bekräftigt worden sein. Die in der DDR tätigen Mitarbeiter des KGB wurden insbesondere angewiesen, »die vermehrte Zahl der Besucher von deutschen Bundesbürgern für ihre Zwecke zu nutzen«[23].

Die enge Kooperation zwischen dem KGB und dem MfS dauert auch und gerade im Bereich der operativen Spionage an. Als der von einem Führungsoffizier der Hauptverwaltung Aufklärung des MfS zur Spionage geworbene Westberliner Fotograf Heinz Sütterlin sich zu »entwickeln« begann und das besondere Vertrauen seiner Auftraggeber gewonnen hatte, nachdem er die Sekretärin Elenore Heinz im Auswärtigen Amt in Bonn für seine Zwecke gewonnen hatte, wurde er dem MfS ausgespannt. Fortan hieß sein Führungsoffizier Leonid Prochorow, offiziell Zweiter Sekretär der Sowjetischen Botschaft Unter den Linden in Ost-Berlin. Aus dem HV A-Agenten war ein KGB-Agent geworden – ein Wechsel, der ohne enge, fortwährende Kooperation des MfS mit den »sowjetischen Freunden« unerklärlich wäre[24].

Wandlungen dieser Beziehungen im Laufe der Zeit sind gewiß nicht auszuschließen. Mit dem Abbau der sowjetischen Instrukteure und Berater und mit der Beschränkung auf einen Stab von Verbindungsoffizieren in der Zentrale veränderte sich auch das Verhältnis KGB/MfS – die Subordination wandelte sich zur Kooperation, zumal nach dem Beitritt der DDR zur Warschauer-Pakt-Organisation, zumal nach den Spionageerfolgen der deutschen Genossen, die den Russen fraglos Respekt abnötigen. Im übrigen soll das KGB seit Mitte der sechziger Jahre »den Satellitendiensten« gestatten, untereinander »manche Informationen auszutauschen und bei gemeinsam interessierenden Problemen direkt zusammenzuarbeiten. Aber die Moskauer Zentrale entscheidet, wie wichtige Informationen weitergeleitet werden, und koordiniert alle Geheimdienstoperationen des Ostblocks«[25].

Den Wandel im Verhältnis KGB/MfS signalisiert auch das gestärkte Selbstbewußtsein der deutschen Genossen. Von daher gesehen verdient es Beachtung, wenn Erich Mielke in einer Würdigung zum 30jährigen Bestehen des MfS nicht mehr von der »unschätzbaren Hilfe« sprach, die einst die »sowjetischen Freunde« geleistet hätten, sondern wenn er auf ein partnerschaftliches Verhältnis abhob. »In den drei Jahrzehnten des Wirkens des MfS hat sich eine enge Kampfgemeinschaft mit den Angehörigen der Staatssicherheitsorgane der UdSSR, den sowjetischen Tschekisten, und der Bruderorgane anderer sozialistischer Staaten herausgebildet«, konstatierte er in einem Grundsatzartikel, in dem er an anderer Stelle noch einmal die »neue, höhere Stufe der Zusammenarbeit«[26] unterstrich, die inzwischen erreicht worden wäre.

Ungeachtet dessen war ein Tagesbefehl[27] bezeichnend, den der DDR-Staatssicherheitsminister erließ, als Ju. W. Andropow gestorben war. Am 10. Februar 1984, einen Tag nach dem Tode des vormaligen KGB-Vorsitzenden und nachmaligen Generalsekretärs der KPdSU, verlieh Mielke darin seiner »tiefen Anteilnahme« Ausdruck und hob nach einer Würdigung des »teuren Toten« besonders dessen »unvergängliche Verdienste« beim Schutz des Sozialismus und bei der Zusammenarbeit von MfS und KGB hervor: »Als langjähriger Vorsitzender des Komitees für Staatssicherheit der UdSSR und treuer Fortsetzer des Werkes des Begründers der Tscheka, Feliks Edmundowitsch Dzierzynski, hat er einen hohen persönlichen Anteil an der unverbrüchlichen Freundschaft und festen Waffenbrüderschaft zwischen den sozialistischen Staatssicherheitsorganen der UdSSR und der DDR. Alle Tschekisten der DDR fühlen sich in dieser schweren Stunde aufs engste mit der KPdSU und dem Sowjetvolk, mit ihren sowjetischen Klassenbrüdern verbunden.« Und der Verklärung folgte die Verpflichtung, »an der Seite unserer sowjetischen Freunde und Genossen die Anstrengungen zur Verteidigung des Friedens, zur Stärkung der Macht des Sozialismus, zur Gewährleistung der staatlichen Sicherheit der DDR, zur Durchkreuzung aller antisozialistischen Pläne und Machenschaften zu verstärken«.

Die enge Kooperation von MfS und KGB zumindest bis zum Tode Andropows war damit wohl realistisch umschrieben. Hingegen mag sich in der zweiten Hälfte der achtziger Jahre, seit dem Machtantritt M. S. Gorbatschows am 25. März 1985, manches geändert haben. Im Zeichen von »Glasnost« und »Perestrojka« die auch den Apparat des KGB erfaßt und zu einer gewissen »Verrechtlichung« seiner inneren Aktivitäten geführt haben, zur Kontrolle seines Budgets durch eine Kommission des Obersten Sowjets, das alles dürfte in der Spitze der DDR-Staatssicherheit politische Verunsicherung und wachsendes Mißtrauen gegenüber den sowjetischen Tschekisten hervorgerufen haben. Dennoch ist auch unter V. M. Tschebrikow, KGB-Chef vom 17. Dezember 1982 bis zum 30. September 1988, die bilaterale Zusammenarbeit zwischen MfS und KGB fortgeführt worden. In einem Artikel für die theoretische Zeitschrift der KPdSU hat er 1985 ausdrücklich betont, daß das KGB »in engem Kontakt mit den Sicherheitsorganen der sozialistischen Gemeinschaft« zusammenarbeite und daß diese Zusammenarbeit in Zukunft »noch größere Bedeutung erlangen« werde; die Verbindungen zwischen den östlichen Sicherheitsorganen würden »auf der Grundlage entsprechender Abkommen«[28] gefestigt.

Diese Aussage ist nicht nur als Propaganda zu werten. Mit Recht verweist die Ostforscherin Astrid von Borcke auf die »internationale Fraternität« der Männer der Staatssicherheit im Ostblock – »eine Fraternität, die neben Partei und Militär eine der Hauptsäulen des sowjetischen Imperiums bildet: Schließlich haben sich die Polizeiapparate dieser Regime von allen Machtapparaten am wenigsten anfällig für jegliche Form von ›Revisionismus‹ und ›Nationalismus‹ gezeigt«[29]. Inhaltlich dürften die von Tschebrikow erwähnten Abkommen den Austausch militärischer Erkenntnisse über die NATO vorsehen, zum anderen wohl die gegenseitige Unterstützung der Sicherheitsdienste, soweit sie die inneren Sicherheitsinteressen des jeweils anderen Landes erfordern. Im MfS ist die Hauptabteilung X für die Koordinierung der Verbindungen zu den Sicherheitsdiensten der Warschauer-Pakt-Staaten zuständig.

Demgegenüber muß die DDR-Staatssicherheit unter dem Eindruck des inneren Wandels, der einige östliche Staaten in der zweiten Hälfte der achtziger Jahre erfaßt hat, zu eigener nachrichtendienstlicher Aufklärung dort übergegangen sein, namentlich in der Volksrepublik Polen[30]. Ein solcher Einsatz läge durchaus in der Logik Erich Mielkes, der den Reformprozeß im Osten auf die »imperialistische strategische Zielstellung« zurückführt, »auf einen langfristigen Erosionsprozeß in den sozialistischen Ländern« hinzuarbeiten, um sie »von innen heraus zu destabilisieren und so Voraussetzungen für konterrevolutionäre Veränderungen herbeizuführen«[31].

46

Struktur und Einordnung des MfS in die Staats- und Rechtsverfassung

Aus den veröffentlichten gesetzlichen Bestimmungen läßt sich die Frage, wo das MfS in der Staats- und Rechtsverfassung der DDR zu verorten ist, nicht beantworten. Das Gesetz vom 8. Februar 1950 über die Bildung eines Ministeriums für Staatssicherheit[1], das nach wie vor gesetzliche Grundlage seiner Existenz ist, bietet keinerlei Aufschluß. Es definiert, wie anderweitig schon erwähnt, nicht einmal die Aufgaben des Ministeriums. Die Ausführungen, die Innenminister Carl Steinhoff zur Begründung des Gesetzes seinerzeit in der Provisorischen Volkskammer gemacht hat, enthielten keinerlei konkrete Angaben, sieht man einmal von der pauschalen Rechtfertigung ab, die Bildung des MfS wäre erforderlich geworden, um in der DDR »einen entschiedenen Kampf gegen die Tätigkeit feindlicher Agenturen, Diversanten, Saboteure und Spione zu führen«[2]. Über die rechtliche Stellung und die Aufgaben des Ministeriums für Staatssicherheit verlautete keine Silbe, ebenso wenig über seine Organisation und Struktur – ausgenommen Steinhoffs Hinweis auf die Verwaltungen des Ministeriums in den damaligen fünf Ländern der DDR.

Bezeichnenderweise ist das Gesetz über die Bildung des MfS weder formell geändert noch überhaupt erwähnt worden, als das Ministerium für Staatssicherheit durch Ministerratsbeschluß vom 23. Juli 1953 als Staatssekretariat dem Ministerium des Innern eingegliedert[3] beziehungsweise das Staatssekretariat für Staatssicherheit knapp zweieinhalb Jahre später, durch Ministerratsbeschluß vom 24. November 1955, erneut zu einem Ministerium verselbständigt[4] wurde. Gleichwohl hatte der Ministerrat in Ost-Berlin keineswegs selbstherrlich gehandelt, als er seine Beschlüsse über die Spitze der Staatssicherheit faßte. In beiden Fällen machte er von der ihm durch Gesetz zugeschriebenen Ermächtigung Gebrauch, seine Struktur sich wandelnden Erfordernissen »durch eigene Entschließungen anzupassen«[5].

Das MfS – ein Organ des Ministerrates?

In den zahlreichen Gesetzen, die in der DDR seit 1950 über die Zusammensetzung der Regierung oder, wie man später sagte, des Ministerrates ergingen[6], ist das Ministerium für Staatssicherheit zwar genannt oder die Zugehörigkeit des Ministers für Staatssicherheit zum Ministerrat ausdrücklich festgestellt worden, aber nähere Bestimmungen dazu wurden wiederum nicht veröffentlicht. Ein Statut, nach dem das MfS gewiß arbeitet, ist ebenso wenig publik gemacht worden. Durch Analogieschluß aus den Statuten anderer

DDR-Ministerien kann gefolgert werden, daß auch im Statut des MfS eine Bestimmung niedergelegt sein dürfte, wonach das Ministerium für Staatssicherheit »vom Minister nach dem Prinzip der Einzelleitung und kollektiven Beratung der Grundfragen geleitet« wird. »Der Minister trägt für die gesamte Tätigkeit des Ministeriums die persönliche Verantwortung gegenüber der Volkskammer und dem Ministerrat der Deutschen Demokratischen Republik«[7]. Mehr als formale Bedeutung wäre einer solchen Bestimmung im Statut des MfS freilich nicht zuzuerkennen.

Nach der Rolle befragt, die »die Organe der Staatssicherheit« in der DDR spielten, leitete deren Chef seine Antwort mit der Feststellung ein: »Das Ministerium für Staatssicherheit ist ein Organ des Ministerrates der Deutschen Demokratischen Republik«[8]. Ähnlich wird das MfS in einem DDR-Staatslexikon, das als halbamtliche Publikation anzusehen ist, als »ein Organ des Ministerrates« definiert, »dem spezielle Sicherheits- und Rechtspflegeaufgaben für den zuverlässigen Schutz der sozialistischen Staats- und Gesellschaftsordnung gegen feindliche Anschläge auf die Souveränität und territoriale Integrität der DDR, auf die sozialistischen Errungenschaften und das friedliche Leben des Volkes übertragen wurden«[9]. Eine gesetzliche Vorschrift, die diesen Auftrag begründet, wird nicht nachgewiesen. Oder sollte den beamteten Autoren das Statut des MfS zugänglich gewesen sein? Ein von der Potsdamer Akademie für Staats- und Rechtswissenschaft herausgegebenes Lehrbuch zum DDR-Staatsrecht bewegt sich auf derselben Linie, obschon auch hier als Rechtsgrundlage des MfS lediglich das Gesetz vom 8. Februar 1950 genannt wird. Die Verfasser, ausnahmslos einflußreiche Partei- und Staatsjuristen, kennzeichnen das MfS nicht einmal mehr als Organ des Ministerrates, sondern stellen es in einen Kontext, der »die Organe der Landesverteidigung und der Sicherheit und Ordnung«[10] betrifft. Sie dachten damit insoweit logisch, als die Charakterisierung des MfS als Organ des Ministerrates der Realität im Staat der SED in der Tat kaum gerecht wird. Faktisch wird das MfS bis in die Gegenwart hinein weithin in »eigener Verantwortung« tätig, wie der frühere Vize-Ministerpräsident Otto Nuschke einmal eingeräumt hat, als er das MfS »eine Behörde eigener Verantwortung« hieß – niemand sonst als »gegenüber sich selbst verantwortlich«[11].

Unter diesen Voraussetzungen mutete es eher blauäugig an, wenn Ministerpräsident Otto Grotewohl in seiner Kritik an der Arbeit des MfS unmittelbar nach dem Aufstand vom 17. Juni 1953 dem Ministerium für Staatssicherheit Bestrebungen vorhielt, »sich von der Bevölkerung und Partei zu isolieren«, wenn er es gar als ein Ministerium abqualifizierte, »das seine eigene Form angenommen hat und in dieser eigenen Form versucht, sich durchzusetzen«[12]. Von einem Apparat, dessen Aufgabenstellung »die Anwendung spezieller Mittel und Methoden erfordert«[13], kann nichts anderes erwartet werden. Die Kritik des Ostberliner Regierungschefs geriet zur Groteske, als er in derselben Rede fortfuhr: »Das Ministerium für Staatssicherheit hat es in der Vergangenheit auch nicht immer nötig gehabt, die von der Regierung beschlossenen gesetzlichen Vorschriften, Verordnungen und Fristen einzuhalten«; daß Grotewohls Rüge nur auf die Vergangenheit zu beschränken gewesen wäre, mochte schon damals niemand glauben, aber seine Äußerungen verdienen zitiert zu werden, weil er daran die Überlegung knüpfte, auch dies habe »dazu geführt, Unsicherheit in der Bevölkerung hervorzurufen und die Rechtssicherheit in der Deutschen Demokratischen Republik zu gefährden«; und »diese schlechte Arbeit der Staatssicherheit« habe überdies »viel dazu beigetragen, die Deutsche Demokratische Republik bei den westdeutschen Werktätigen zu diskreditieren«[14].

Eine Garantie, daß solche Fehlentwicklungen – so es solche waren – für die Zukunft ausgeschlossen sein würden, konnte Grotewohl nicht geben. Daß fortan das MfS der Anleitung und Kontrolle durch den Ministerrat unterlag, ist unter den gegebenen politischen Voraussetzungen kaum vorstellbar. Eher kontrollierte und kontrolliert das MfS umgekehrt die übrigen Ministerien und den Ministerrat – sei es quasi amtlich, sei es durch Inoffizielle Mitarbeiter, die natürlich auch in den Ministerien geworben und eingesetzt werden. Dazu paßt, »daß das MfS zu den Mitarbeitern der ›Inspektionsgruppen‹ des Ministerrates in den Ministerien freien Zugang hat«[15]. Erkenntnisse, die von diesen Inspektionsgruppen erarbeitet werden, sind für das MfS allemal von Belang.

Unrealistisch wäre auch die Auffassung, das MfS unterläge einer wirksamen – nicht nur formalen – Kontrolle durch die Volkskammer der DDR. Sie verfügt nicht einmal über einen ständigen Ausschuß, wie ihn der Deutsche Bundestag im Innenausschuß besitzt, der dafür zuständig sein könnte – es sei denn, man wollte diese Zuständigkeit dem Verfassungs- und Rechtsausschuß der Volkskammer zuschreiben. Indes ist bislang nicht bekannt geworden, daß die Tätigkeit des MfS jemals Gegenstand einer seiner Beratungen gewesen wäre.

Einer gesetzlich bestimmten Aufsicht sind nur die Untersuchungsorgane des MfS unterworfen: »Insoweit« das Ministerium für Staatssicherheit und seine Organe »auch Funktionen von Ermittlungsorganen im Strafprozeß ausüben«, was bei der Untersuchung von Staatsschutzdelikten im Sinne des DDR-Strafrechts ohne Ausnahme zutrifft, »unterliegen sie der Aufsicht der Staatsanwaltschaft«[16]. Über seine formale Bedeutung hinaus ist dieses Aufsichtsrecht kaum relevant, wie praktische Erfahrungen ehemaliger politischer Häftlinge bestätigen. Letztlich nimmt das MfS in der Staats- und Rechtsverfassung nach wie vor eine Sonderstellung ein, die im Vergleich zu anderen Ministerien eine politisch wie rechtlich »spezifische« Qualität bedingt. Ein Kenner des DDR-Staatsapparates, Peter Joachim Lapp, resümiert in seiner Studie über Arbeitsweise und Struktur der anderen deutschen Regierung, daß das MfS »nach wie vor nur formell Teil des DDR-Ministerrats«[17] ist.

Budget und Personalbestand

Niemand kann bei der gegebenen konspirativen Abschirmung erwarten, daß das MfS in der DDR Veröffentlichungen über sein Budget zuläßt. Es bleibt Staatsgeheimnis. Seine finanziellen Mittel werden im Staatshaushalt nicht ausgewiesen. Die einschlägigen Gesetze enthalten seit 1968 zwar Angaben über die »für nationale Verteidigung und Sicherheit« bereitgestellten Milliarden, seit 1977 werden diese Ausgaben sogar unterschieden nach solchen, die für »nationale Verteidigung«, und solchen, die für »öffentliche Sicherheit, Rechtspflege und Sicherung der Staatsgrenze« eingeplant sind. Im Staatshaushaltsplan für 1989 ist die Unterscheidung erstmals noch weiter differenziert, insofern die entsprechenden Posten im Etatgesetz unter den drei Titeln »nationale Verteidigung«, »öffentliche Sicherheit und Rechtspflege« sowie »Sicherung der Staatsgrenze« ausgewiesen sind. Wieviel Wahrheitsgehalt den amtlichen Angaben beigemessen werden kann, bleibt allerdings fraglich[18]. Dagegen ist davon auszugehen, daß auch die für das Budget des MfS bestimmten finanziellen Mittel in diesen drei Titeln enthalten sind. Nicht nur fallen wesentliche Aufgaben aus den Bereichen »öffentliche Sicherheit und Rechtspflege« sowie »Sicherung der Staatsgrenze« in die Zuständigkeit des MfS, seine Organe werden auch dem »System der Landesverteidigung« zugerechnet, »soweit sie Aufgaben im Interesse der Landesverteidigung erfüllen«[19]; und genau dies trifft auf viele Aufgaben der Staatssicherheit zu, von der politisch-operativen Abwehrarbeit in der Nationalen Volksarmee bis zur Militärspionage.

Die Schlußfolgerung, daß dem MfS finanzielle Mittel aus den erwähnten Budgettiteln zufließen, ist demnach zwingend – und die in den einschlägigen Haushaltsplangesetzen ausgewiesenen Summen erlauben daher auch Rückschlüsse auf den Etat des MfS. Die Gesetze über den DDR-Staatshaushaltsplan weisen Summen aus, die von 5787 Millionen Mark für 1968 auf 22 425 Millionen Mark für 1989 gestiegen sind[20]. Innerhalb gut zweier Jahrzehnte sind folglich die Aufwendungen der DDR für die äußere und innere Sicherheit sowie für die Grenzsicherung um rund 400 Prozent gestiegen.

Zwar kann aus den in den Gesetzen über den Staatshaushalt veröffentlichten Jahresbudgets nicht auf die absolute Größe des Etats für die Staatssicherheit geschlossen werden, aber die Zuwachsrate, die Jahr um Jahr steigende Tendenz aufweist und die lediglich für 1989 eine von Erich Honecker angekündigte Minderung der Verteidigungslasten um zehn Prozent erfahren soll, legt die Wahrscheinlichkeit nahe, daß sich die für das MfS bereitgestellten Mittel in dem umrissenen Zeitraum mindestens ebenfalls vervierfacht haben. Schätzungen, die das Budget des MfS in den späten achtziger Jahren auf jährlich gut zwei Milliarden Mark veranschlagen, halten westliche Experten eher für zu niedrig als zu hoch gegriffen. Allein die Aufwendungen der Staatssicherheit an Devisen zur Finanzierung ausländischer Agententätigkeit, subversiver Auslandsaktivitäten und organisatorischer Entwicklungshilfe bezifferte der Währungsexperte Paul-Gunter Schmidt 1985 bereits auf annähernd 100 Millionen US-Dollar jährlich[21].

Dieser Expansion des Etats entspricht der Ausbau des Personalbestands, zu dem offizielle Angaben selbstverständlich ebensowenig vorliegen. Nach westlichen Veröffentlichungen, die im Regelfall auf Aussagen von Flüchtlingen und Überläufern beruhen, hat sich der Personalbestand des MfS seit den Jahren der Aufbauphase bis zu den frühen achtziger Jahren mit hoher Wahrscheinlichkeit verfünffacht. Während für 1952 etwa 4000 hauptamtliche Mitarbeiter der Staatssicherheit genannt[22] werden, wird ihre Zahl Ende 1955 bereits auf über 9000 beziffert[23]. Eine solche personelle Verstärkung ist als Konsequenz aus den Beschlüssen der 2. Parteikonferenz der SED sowie aus den Erfahrungen des Aufstands vom 17. Juni 1953 durchaus denkbar. Für

1959 ist ein Personalbestand von rund 13 000 Offizieren, Unteroffizieren und Zivilbeschäftigten zuverlässig verbrieft[24]. Er bleibt offenkundig für längere Zeit konstant, denn für 1969 wird abermals die Zahl von 13 000 geschätzt[25]. Nach weiteren zehn Jahren, dem Stand vom Sommer 1979 entsprechend, wird der Personalbestand der Staatssicherheit auf 17 000 Offiziere, Unteroffiziere und Zivilbeschäftigte beziffert[26]. Ein solcher Zuwachs wäre mit den schwieriger gewordenen Aufgaben des MfS in den siebziger Jahren plausibel erklärt. Die Zahl der hauptamtlichen Mitarbeiter in den achtziger Jahren dürfte noch höher liegen. Experten beziffern sie auf mindestens 20 000. Allerdings verstehen sich sämtliche Zahlenangaben ohne die Angehörigen des MfS-Wachregiments, das ebenfalls einen Ausbau seines Personalbestandes erfahren hat. Für 1952 ist in westlichen Quellen seine Stärke mit 2500 Mann nachzuweisen[27]. Ende 1963 wird eine Stärke von 4000 Mann vermeldet[28], eine Zahl, die offenbar lange Zeit konstant bleibt; noch für 1969 wird sie in westlichen Quellen genannt[29]. Zehn Jahre später, auf den Stand von 1979 bezogen, schwanken die Zahlenangaben in verschiedenen Quellen[30] zwischen 4000 und 6000, während 1988 sogar von 9000 Mann gesprochen wurde. Ein Wachregiment in Divisionsstärke?

Ähnlich den für die Nationale Volksarmee geltenden Bestimmungen wird auch bei hauptamtlichen Mitarbeitern zwischen »Angehörigen des MfS im Dienstverhältnis Berufssoldat« beziehungsweise »Berufsunteroffizier« und »Berufsoffizier« sowie »Zivilbeschäftigten« unterschieden; die Angehörigen des Wachregiments können Dienst auf Zeit leisten, wobei sich die Mindestdauer auf drei Jahre beläuft. Soweit Wehrpflichtige Dienst bei der Staatssicherheit tun, ist er dem Wehrdienst gleichgestellt, seitdem in der DDR durch Gesetz vom 24. Januar 1962 die allgemeine Wehrpflicht eingeführt wurde. Bei dieser Regelung blieb es auch nach einem neuen, am 25. März 1982 ergangenen Wehrdienstgesetz, zu dem die gleichzeitig erlassene Einberufungsordnung[31] in § 21 Absatz 1 festlegt: »Die Einstellung von Wehrpflichtigen in den Dienst des Ministeriums für Staatssicherheit ist eine Einberufung zum Wehrdienst.« Umgekehrt können Wehrpflichtige nicht einfach zum Dienst in der Staatssicherheit oder ihrem Wachregiment einberufen werden. Sie müssen sich freiwillig dazu verpflichten. »Die Auswahl der Wehrpflichtigen für den Dienst des Ministeriums für Staatssicherheit und die Einstellung erfolgen durch die Dienststellen des Ministeriums für Staatssicherheit in eigener Zuständigkeit«, besagt Absatz 2 des genannten Paragraphen, der überdies in Absatz 3 vorschreibt: »Die Dienststellen des Ministeriums für Staatssicherheit übergeben dem zuständigen Wehrkreiskommando nicht später als am Tage der Einstellung schriftlich die Namen der eingestellten Wehrpflichtigen.« Analoge Bestimmungen hatten schon seit der Musterungsordnung vom 30. Juli 1969 gegolten[32].

Dem Charakter der Staatssicherheit gemäß wurden – wahrscheinlich zum 1. Oktober 1952 – die bis dahin üblichen Polizeidienstgrade in militärische Dienstgrade umgewandelt. Dem Dienstgrad des Hauptwachtmeisters entsprach fortan der Dienstgrad des Unteroffiziers, der Polizeikommissar wurde zum Leutnant, der Polizeirat zum Hauptmann, der Oberrat zum Major und der Inspekteur zum Oberst. Es dauerte nicht lange, bis die Staatssicherheit auch ihre Generäle vorzeigen konnte.

Hierarchie und Organisation der Staatssicherheit folgen militärischen Strukturprinzipien, wobei gewisse Tendenzen zur Bürokratisierung unverkennbar sind. Generell gilt auch für das MfS der Grundsatz der Einzelleitung in persönlicher Verantwortung durch den Minister bei kollektiver Beratung der Grundfragen durch ein Kollegium, das wie bei jedem DDR-Ministerium auch im MfS besteht. Auf seine Zusammensetzung und Arbeitsweise wird zurückzukommen sein.

Laut einer vom Ministerium für Auswärtige Angelegenheiten in Ost-Berlin herausgegebenen Protokoll-Liste[33] wies die Führungsspitze der Staatssicherheit im Jahre 1988 folgende Zusammensetzung auf:

– Minister für Staatssicherheit:
  Armeegeneral Erich Mielke
– Stellvertreter des Ministers:
  Generaloberst Rudi Mittig
  Generalleutnant Dr. Gerhard Neiber
  Generalleutnant Dr. Wolfgang Schwanitz
  Generalleutnant Werner Großmann

Mit dem Minister und seinen vier Stellvertretern verfügt das MfS im vierten Jahrzehnt seiner Existenz personell über eine Stärke, die nicht nur quantitativ, sondern auch qualitativ belegt, welche politische Aufwertung die Staatssicherheit in Staat und Gesellschaft der DDR erfahren sollte – eine Schlußfolgerung, die dadurch noch erhärtet wird, daß der Minister für Staatssicherheit zugleich Mitglied des Politbüros des ZK der SED ist, während zwei seiner Stellvertreter, Mittig und Schwanitz, dem ZK als Mitglied beziehungsweise als Kandidat angehören.

Überschaut man die kaderpolitische Entwicklung der Führungsspitze des MfS seit 1950, so kann zweierlei festgestellt werden: Erstens wurde sie personell mehr und mehr erweitert; wo ursprünglich ein Minister und sein Staatssekretär genügten, da bedurfte es hernach eines Ministers und seiner vier Stellvertreter, alle in hohen Generalsrängen. Und zweitens heißt das charakteristische Merkmal der Kaderpolitik auch auf höchster Ebene Kontinuität, wie aus nachstehender Übersicht[34] hervorgeht:

Minister für Staatssicherheit	Geburtsjahrgang	Amtszeit
– Wilhelm Zaisser	1893	1950 bis 1953
– Ernst Wollweber[35]	1898	1953 bis 1957
– Erich Mielke	1907	seit 1957
Stellvertreter des Ministers		
– Bruno Beater	1914	1955 bis 1982 (verstorben)
– Werner Großmann	1925	seit 1987
– Otto Last	1906	1955 bis 1959 (? 1964)
– Erich Mielke	1907	1950 bis 1957 (danach Minister)
– Rudi Mittig	1925	seit 1975

Stellvertreter des Ministers	Geburts-jahrgang	Amtszeit
– Dr. Gerhard Neiber	1926	seit 1980
– Alfred Scholz	1921	1975 bis 1978 (verstorben)
– Fritz Schröder	1915	1964 bis 1975
– Dr. Wolfgang Schwanitz	1930	seit 1987
– Otto Walter	1902	1955 bis 1963
– Markus Wolf	1923	1960 bis 1987

Von bisher insgesamt drei Ministern für Staatssicherheit und elf Minister-Stellvertretern (von denen einer zum Minister aufstieg) verblieben oder befinden sich bislang fünf zehn und mehr Jahre in ihrer Funktion, aber ihre Dienstzeit in der Staatssicherheit dauerte wie die der übrigen Minister-Stellvertreter sogar wesentlich länger: Die Jahre vor ihrer Bestellung zu Minister-Stellvertretern sind zu berücksichtigen. Sie belaufen sich zum Teil auf mehrere Jahrzehnte. Mielke, Mittig und Großmann zum Beispiel sind seit 1950 im Apparat der Staatssicherheit tätig.

Zweifellos spiegelt sich in dieser Kontinuität nicht nur ein beachtliches Beharrungs- und Behauptungsvermögen dieser Männer in einem politisch so sensiblen Apparat wie dem MfS. Zu bedenken sind wohl auch sicherheitspolitische Gründe. Jede personelle Veränderung schließt ein politisches Risiko für die Führung der SED insofern ein, als sich neue Führungskader im MfS aus der Sicht der Parteispitze erst politisch bewähren müssen. Wechsel unter Führungskadern der Staatssicherheit werden mithin minimalisiert. Aus demselben Grunde dürfte sich auch der Aufstieg zu Minister-Stellvertretern ausnahmslos aus Kadern, die aus dem MfS-eigenen Reservoir kamen, die sich also schon bewährt hatten, erklären.

Um jedoch auf die personelle Zusammensetzung des Kollegiums beim Ministerium für Staatssicherheit zurückzukommen – sie ist Staatsgeheimnis. Die Entscheidung darüber trifft der Minister. Zwar besitzt er de jure nur ein Vorschlagsrecht, während der Vorsitzende des Ministerrates die Zusammensetzung des Kollegiums zu bestätigen hat, aber de facto entscheidet der Minister, zumal im MfS. Nach der einschlägigen Verordnung[36] setzt sich das Kollegium, das bei jedem DDR-Ministerium besteht, aus dem Minister selbst, dem Staatssekretär, den Leitern der wichtigsten Hauptverwaltungen und zentralen Abteilungen sowie »besonders qualifizierten Mitarbeitern« zusammen. Im Falle des MfS dürften dem Kollegium außer dem Minister selbst seine Stellvertreter angehören, ferner der 1. Sekretär der Kreisleitung der SED im MfS, der Leiter der Hauptabteilung Kader und Schulung sowie die Chefs anderer zentraler Abteilungen. In dem Bericht einer führenden DDR-Zeitung über die Gratulationscour zum 25jährigen Jubiläum des MfS im Jahre 1975 wurden der Minister für Staatssicherheit sowie »die Mitglieder des Zentralkomitees, Generalleutnant Bruno Beater und Generalmajor Gerhard Heidenreich«, also der damalige 1. Stellvertreter des Ministers und der damalige 1. Sekretär der Kreisleitung der SED im MfS, »sowie weitere Mitglieder des Kollegiums des Ministeriums für Staatssicherheit« genannt, und im Protokoll des XI. Parteitages der SED ist Generalleutnant Schwanitz, seinerzeit Leiter der Bezirksverwaltung des MfS in Ost-Berlin, als Mitglied des Kollegiums des MfS ausgewiesen[37]. Sonstige Hinweise auf die personelle Zusammensetzung des MfS-Kollegiums waren in der DDR-Publizistik nicht auffindbar.

Die horizontale Struktur des MfS

Wie Budget und Personalbestand, so ist auch die Struktur des MfS Staatsgeheimnis. Sicher ist, daß sie sich in den mehr als vier Jahrzehnten seiner Existenz weniger gewandelt als vielmehr erweitert hat – nicht zuletzt nach den beiden Wachablösungen in der Spitze des MfS, nach den Revirements Zaisser/Wollweber und Wollweber/Mielke. Nach westlichen Quellen[38] ergibt sich für die achtziger Jahre eine Struktur – siehe auch Schaubild 1 –, aus der drei große Aufgaben- und Zuständigkeitsbereiche des MfS hervortreten: erstens die zum »Abwehrflügel« gehörigen Hauptabteilungen und Abteilungen; zweitens die Hauptverwaltung Aufklärung und drittens die Hauptverwaltung Bewirtschaftung – die sämtlich unter der einheitlichen Leitung einer politisch-administrativen Spitze stehen. Diese Spitze setzt sich aus dem Minister für Staatssicherheit einschließlich des bei ihm bestehenden »Büros der Leitung« und den Stellvertretern des Ministers zusammen, wobei dem 1. Stellvertreter des Ministers eine besondere administrative Funktion zukommt. Grundsätzliche Fragen werden im übrigen im Kollegium des MfS erörtert, das zwar als »beratendes Organ des Ministers« keine Entscheidungen zu treffen vermag, aber Entscheidungsprozesse durchaus beeinflußt.
Die eigentliche politische Leitung liegt außer beim Minister selbst beim Sekretariat der Kreisleitung der SED im MfS, dessen 1. Sekretär zugleich Mitglied des Kollegiums des MfS ist. Auf der Ebene der Leitung des MfS ist außerdem der Verbindungsstab des KGB angesiedelt, der zumindest lange Zeit Zugriff auf Entscheidungen der Leitung des MfS hatte.
Die im »Abwehrflügel« zusammengefaßten Hauptverwaltungen, Haupt- und selbständigen Abteilungen vereinen in sich die auf die innere Sicherung von Herrschaft und Gesellschaft der DDR ausgerichteten Aufgaben und Zuständigkeiten: Abschirmung und Überwachung, Ermittlungen und Untersuchungen, Personen- und Objektschutz. Soweit recherchierbar, weist die Zentrale des MfS in Ost-Berlin in der Hauptverwaltung Sicherheit mit hoher Wahrscheinlichkeit folgende horizontale Struktur auf:
– Hauptabteilung I: Abschirmung und Sicherung der Nationalen Volksarmee und der Grenztruppen, ferner »Grenzaufklärung feindwärts«;
– Hauptabteilung II: Spionageabwehr;
– Hauptabteilung III: Vorbereitung von Sabotage (?);
– Hauptabteilung IV: 1953 in Hauptabteilung I eingegliedert (vormals Spionageabwehr);
– Hauptabteilung V: Zuständigkeit unbekannt (möglicherweise nicht mehr existent);
– Hauptabteilung VI: Sicherung des Reiseverkehrs und Kontrolle der Touristik;
– Hauptabteilung VII: Sicherung der Hauptverwaltung Deutsche Volkspolizei und Abschirmung des Strafvollzugs;

Schaubild 1:
Strukturschema des MfS

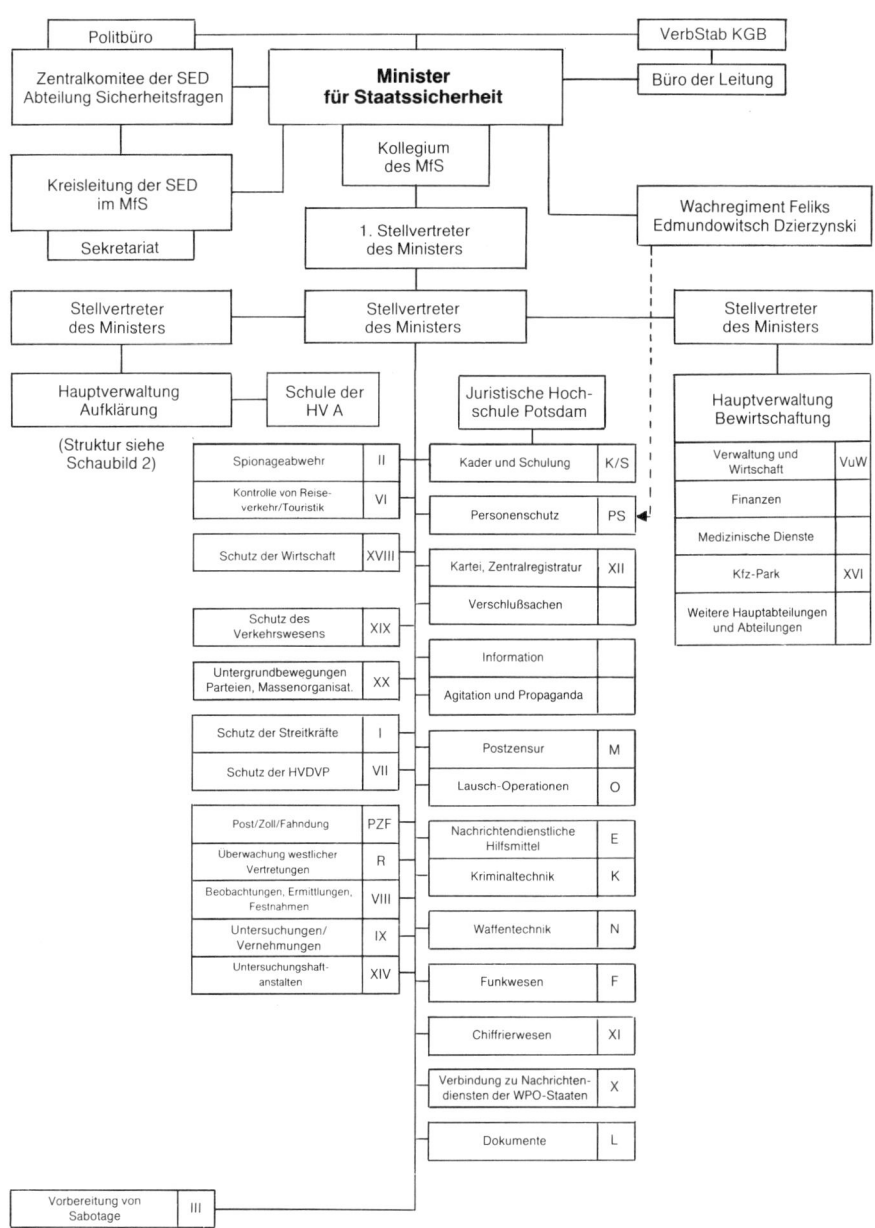

- Hauptabteilung VIII: Beobachtungen, Ermittlungen, Festnahmen;
- Hauptabteilung IX: Untersuchungen und Vernehmungen;
- Hauptabteilung X: Verbindungen zu den Sicherheitsdiensten der Warschauer-Pakt-Staaten;
- Hauptabteilung XI: Chiffrierwesen;
- Hauptabteilung XII: Zentralregistratur, Kartei, Aktenverwaltung;
- Hauptabteilung XIII: Zuständigkeit unbekannt (möglicherweise nicht mehr existent)
- Hauptabteilung XIV: Sicherung, Verwaltung und Versorgung der Untersuchungshaftanstalten;
- Hauptabteilung XV: ursprünglich für Spionage zuständig – 1955 in Hauptverwaltung Aufklärung umgewandelt;
- Hauptabteilung XVI: Kraftfahrzeug-Park des MfS;
- Hauptabteilung XVII: Zuständigkeit unbekannt;
- Hauptabteilung XVIII: Sicherung der Wirtschaft;
- Hauptabteilung XIX: Sicherung des Verkehrswesens;
- Hauptabteilung XX: Überwachung von Parteien, Massenorganisationen und oppositionellen Bewegungen;
- Hauptabteilung PS: Personenschutz;
- Hauptabteilung K/S: Kader und Schulung; ihr untersteht auch die »Juristische Hochschule«, die zentrale Ausbildungsstätte des MfS in Potsdam;
- Abteilung E: Nachrichtendienstliche Hilfsmittel;
- Abteilung F: Funkbetrieb;
- Abteilung K: Kriminaltechnik;
- Abteilung L: Dokumentenverwaltung;
- Abteilung M: Überwachung der Briefpost;
- Abteilung N: Waffentechnik (?);
- Abteilung O: Einsatz technischer Mittel, Überwachung des Fernsprechverkehrs, technische Sicherung von »Lauschoperationen«;
- Abteilung PZF: Post/Zoll/Fahndung (?);
- Abteilung Agitation und Propaganda: Schulung;
- Abteilung Information: Presse- und Öffentlichkeitsarbeit.

Ungeachtet mancher Umgliederungen ist die horizontale Struktur des MfS dem Prinzip nach jahrzehntelang unverändert geblieben – ein Sachverhalt, der nicht zuletzt auf der Einsicht beruht, daß jede größere Umstrukturierung Störungen im Gefüge und im Funktionsablauf des Apparates zur Folge haben kann und deshalb besser vermieden wird.

Der zweite große Aufgabenkomplex des MfS ist in der Hauptverwaltung Aufklärung zusammengefaßt – in der HV A, wie die Abkürzung im dienstlichen Sprachgebrauch lautet. Der Hauptverwaltung Aufklärung obliegt die »offensive Arbeit« der Staatssicherheit, im wesentlichen also die Beschaffung und Auswertung geheimer Informationen aus der Bundesrepublik und West-Berlin sowie aus dem »nichtsozialistischen Ausland«; sie ist ferner für die Anwerbung und Ausbildung von Agenten zuständig, sie betreibt Gegenspionage und Desinformation, sie unterstützt »revolutionäre Bewegungen« in Drittländern und leistet »spezielle« Entwicklungshilfe, sie dürfte nicht zuletzt für die Ausarbeitung von Plänen für Sabotageunternehmen im »feindlichen Operationsgebiet« zuständig sein.

Horizontal gliedert sich die Hauptverwaltung Aufklärung in Abteilungen und Referate, die von einem Stab geleitet werden. An der Spitze der HV A steht seit 1987 Generalleutnant Werner Großmann[39]. Er löste in dieser Funktion Generaloberst Markus Wolf ab, der sie seit ihrer Bildung geleitet hatte. Vor Wolfs Ausscheiden aus dem aktiven Dienst war Großmann lange Jahre bereits in Führungsfunktionen der HV A tätig gewesen. Nach jüngsten Erkenntnissen umfaßt die HV A mehr als zwanzig Abteilungen, die sich ihrerseits in Referate untergliedern[40]. Ihre Struktur ist in Schaubild 2 schematisch dargestellt. Die Zahl der hauptamtlichen Mitarbeiter dürfte in den achtziger Jahren bei 2000 gelegen haben[41]. Funktional unterscheiden sich die Abteilungen nach Beschaffung von Informationen, deren Auswertung sowie nach Verwaltungsaufgaben. So gehört die Ausspähung von Bundesministerien und -behörden in die Zuständigkeit einer Abteilung; in die Kompetenz einer anderen Abteilung fällt die Beobachtung von Parteien, Gewerkschaften und Unternehmerverbänden in der Bundesrepublik; einer dritten Abteilung ist die »Bearbeitung« der in Ost-Berlin akkreditierten West-Diplomaten vorbestimmt; die von diesen drei Abteilungen beschafften Informationen werden jedoch in ein und derselben Auswertungsabteilung erfaßt, analysiert, zu Berichten zusammengestellt und dem Stab der Hauptverwaltung Aufklärung zugeleitet.

Weitere Abteilungen der HV A sind auf Militärspionage sowie auf die Auskundschaftung von Wissenschaft und Technik eingestellt; letztere obliegt den zum »Sektor Wissenschaft/Technik« zusammengefaßten Abteilungen, dem eine mit Fachwissenschaftlern besetzte Auswertungsabteilung zugeordnet ist, so daß eine sachkundige Auswertung aller eingehenden Informationen und möglichenfalls ihre Nutzbarmachung für die Industrie der DDR gewährleistet sind. Wie Peter Joachim Lapp in seiner Studie über den DDR-Ministerrat hervorhebt, sind auch mehrere Abteilungen des Ministeriums für Wissenschaft und Technik in Ost-Berlin mit der Beobachtung und Ausspähung westlicher Industriestaaten befaßt – und er macht darauf aufmerksam, »daß diese Mitarbeiter besonders enge Kontakte mit den entsprechenden Abteilungen des MfS unterhalten«[42]. Einer besonderen Abteilung ist die Gegenspionage vorbehalten. Sie ist für das aktive Eindringen eigener Agenten in gegnerische Nachrichtendienste zuständig. Und schließlich ist einer Abteilung eine spezielle Funktion zugewiesen, die im Sprachgebrauch des MfS mit dem Stichwort »aktive Maßnahmen« umschrieben wird. Ihre Zielsetzung umfaßt die Einflußnahme auf die öffentliche Meinung durch planmäßige Information und Desinformation.

Im übrigen verfügt die HV A über mehrere Abteilungen, die unterstützende Aufgaben in der »operativen Arbeit« wahrzunehmen haben – so zum Beispiel die illegale Einschleusung oder scheinlegale Übersiedlung von Agenten in die Bundesrepublik, die Fertigung falscher Pässe, die Bereitstellung »operativer Technik« wie sogenannter Container zum getarnten Transport von Spionagematerial, Spezialkameras, Abhörmikrophone, Funkgeräte und anderer Utensilien des Metiers. Schließlich gehören zur HV A administrative Abteilungen (Registratur, Kartei, Archiv, »Rückwärtige Dienste«) und die Abteilung Kader/Schulung, der auch die wichtigste Ausbildungsstätte der Hauptverwaltung Aufklärung in Belzig untersteht.

Schaubild 2:
Strukturschema der Hauptverwaltung Aufklärung

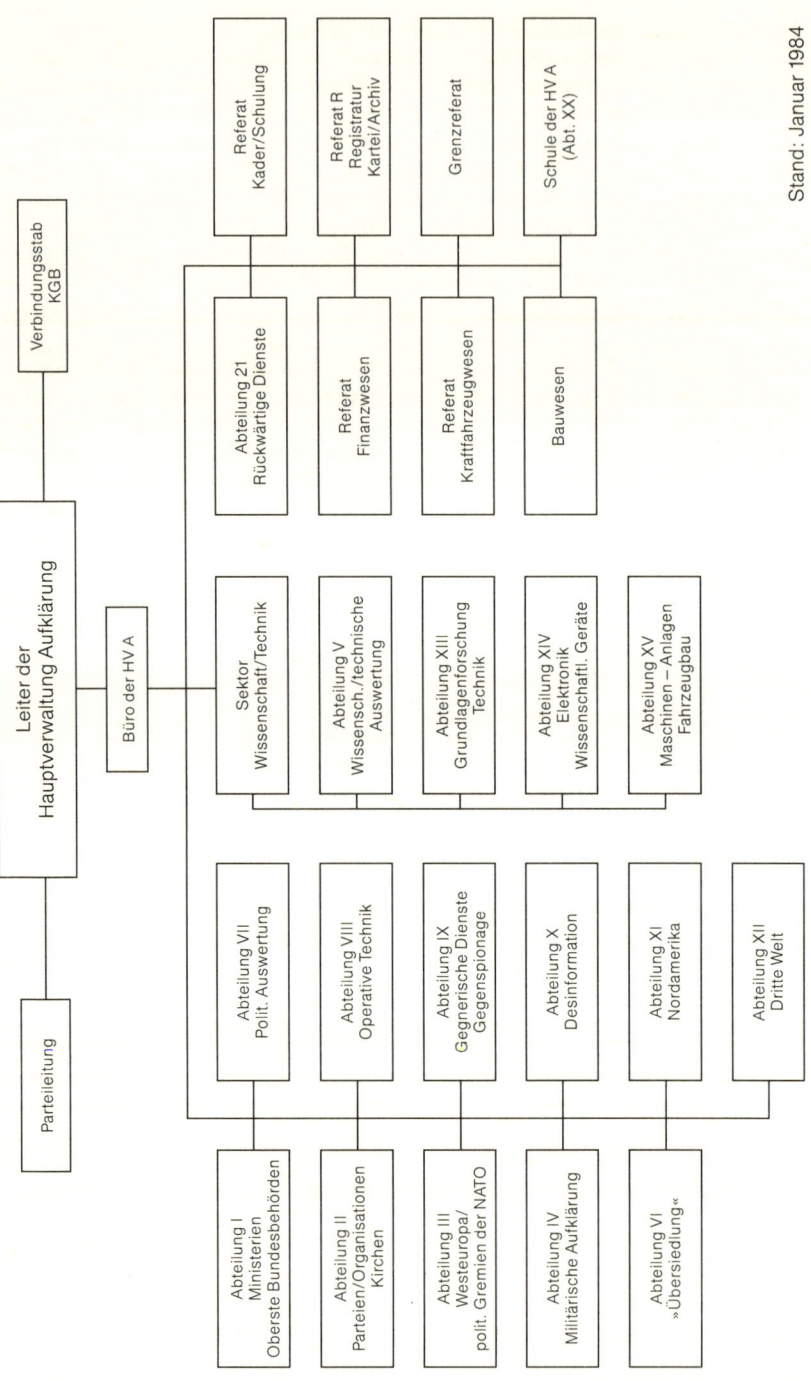

Parteileitung

Leiter der Hauptverwaltung Aufklärung

Verbindungsstab KGB

Büro der HV A

Abteilung I
Ministerien
Oberste Bundesbehörden

Abteilung II
Parteien/Organisationen
Kirchen

Abteilung III
Westeuropa/
polit. Gremien der NATO

Abteilung IV
Militärische Aufklärung

»Abteilung VI
»Übersiedlung«

Abteilung VII
Polit. Auswertung

Abteilung VIII
Operative Technik

Abteilung IX
Gegnerische Dienste
Gegenspionage

Abteilung X
Desinformation

Abteilung XI
Nordamerika

Abteilung XII
Dritte Welt

Sektor
Wissenschaft/Technik

Abteilung V
Wissensch./technische
Auswertung

Abteilung XIII
Grundlagenforschung
Technik

Abteilung XIV
Elektronik
Wissenschaftl. Geräte

Abteilung XV
Maschinen – Anlagen
Fahrzeugbau

Abteilung 21
Rückwärtige Dienste

Referat
Finanzwesen

Referat
Kraftfahrzeugwesen

Bauwesen

Referat
Kader/Schulung

Referat R
Registratur
Kartei/Archiv

Grenzreferat

Schule der HV A
(Abt. XX)

Stand: Januar 1984

In der Hauptverwaltung Bewirtschaftung – kurz HV B genannt – sind im MfS verschiedene administrative Hauptabteilungen und Abteilungen zusammengefaßt, so die Hauptabteilung Verwaltung und Wirtschaft sowie die Abteilungen Finanzen, Medizinische Dienste und andere.

Seinen Dienstsitz erhielt der Minister für Staatssicherheit 1950 in einem ehemaligen Finanzamt im Stadtbezirk Berlin-Lichtenberg, Normannenstraße 22, zugewiesen, wo er im Laufe der Jahre zu einem mächtigen Gebäudekomplex erweitert wurde. »Die Zeiten sind lange vorbei, in denen die Postanschrift Normannenstraße 22 fast deckungsgleich war mit dem gesamten Gebäudekomplex des MfS. Ursprünglich reichte das ehemalige Finanzamtsgebäude in jener Ostberliner Straße zur Unterbringung der Leitstellen des Staatssicherheitssystems aus. Aber bereits bis zu Beginn der sechziger Jahre hatte sich das Gelände des MfS in umliegende Wohngebäude entlang der angrenzenden Magdalenenstraße sowie bis an die Frankfurter Allee ausgedehnt. Auffällig ist, daß innerhalb des Häuserblocks, der durch Magdalenenstraße, Frankfurter Allee, Ruschestraße und Normannenstraße begrenzt wird, neue, zum Teil unterirdische Gebäude errichtet worden sind, während die entmieteten Wohngebäude entlang der betroffenen Straßenseiten nur durch zugemauerte Haustüren und vergitterte Fenster als Dienstgebäude der Staatssicherheit ausgemacht werden können«[43]. Die räumliche Ausdehnung der Zentrale des MfS dauerte auch in den siebziger Jahren fort. »Das MfS reicht heute bis an die Gotlindestraße, einem ehemaligen Kleingartengelände . . . Es befinden sich dort u. a. abgesperrte und nicht einsehbare Parkplätze, um die Kennzeichen der Besucher- und Mitarbeiter-Pkw vor neugierigen Blicken zu schützen.

Ein besonders auffälliges Haus in diesem neuen Teil des MfS hat einen Hubschrauberlandeplatz auf dem Dach. Hinter dem Stadtbezirksgericht Lichtenberg befindet sich, nur durch die Magdalenenstraße vom Stasi-Hauptquartier getrennt, mit diesem jedoch durch einen Tunnel verbunden, das berüchtigte Untersuchungsgefängnis des MfS«[44]. Dieser Schilderung eines früheren Anrainers ist nur hinzuzufügen, daß die räumliche Expansion des MfS seinen personellen Ausbau gleichsam augenfällig macht. Denn soweit sie im Ministerium für Staatssicherheit unmittelbar Dienst tun, sind seine Generale, Offiziere, Unteroffiziere und Zivilbeschäftigten in ihrer übergroßen Mehrheit hier in diesem Gebäudekomplex tätig. Lediglich die Mitarbeiter einiger spezieller Hauptabteilungen haben ihren Dienstsitz außerhalb der Zentrale – so die für die Abschirmung und Sicherung der Nationalen Volksarmee zuständige Hauptabteilung I, deren Sitz sich in Berlin-Niederschöneweide befindet, in unmittelbarer Nachbarschaft zum Ministerium für Nationale Verteidigung. Die Hauptabteilung XIV hat ihren Sitz in Berlin-Hohenschönhausen, in unmittelbarer Nähe des Zentralen Untersuchungsgefängnisses des MfS, das sich dort in der Großen Leegestraße befindet.

Entsprechend dem allgemeinen Verwaltungsaufbau der DDR im Jahre 1950 gliederte sich der bürokratisch-organisatorische Unterbau des Ministeriums für Staatssicherheit damals in fünf Landesverwaltungen für Brandenburg, Mecklenburg, Sachsen, Sachsen-Anhalt und Thüringen mit Dienstsitz in der jeweiligen Landeshauptstadt sowie in die Verwaltung Groß-Berlin. Innenminister Steinhoff äußerte sich dazu, als er am 8. Februar 1950 den Gesetzentwurf über die Bildung des MfS in der Volkskammer einbrachte, mit nur einem Satz: »Zur Durchführung dieser (von ihm zuvor umrissenen) Aufgaben bildet das Ministerium in den Ländern Verwaltungen für Staatssicherheit, die dem Ministerium unmittelbar unterstellt sein werden«[45]. Sie sollten ihm wohlgemerkt »unmittelbar unterstellt sein«, also unabhängig von der allgemeinen Verwaltung der DDR existieren, analog dem Aufbau und der Organisation der Volkspolizei. »Ministerium für Staatssicherheit/Verwaltung Brandenburg«[46] lautete, als Beispiel genommen, die amtliche Bezeichnung einer solchen MfS-Verwaltung auf Landesebene. Unmittelbar nach Bildung des MfS ergab sich folgende vertikale Struktur und Spitzenbesetzung[47]:

– Verwaltung Groß-Berlin
  Berlin, Prenzlauer Allee 63–77
  Leitung: Karl Kleinjung
– Verwaltung Brandenburg
  Potsdam, Bauhofstraße
  Leitung: Hermann Gartmann
– Verwaltung Mecklenburg
  Schwerin, Geschwister-Scholl-Straße
  Leitung: Otto Last
– Verwaltung Sachsen
  Dresden, Königsbrücker Straße 125
  Leitung: Joseph Gutsche
– Verwaltung Sachsen-Anhalt
  Halle/Saale, Robert-Franz-Ring
  Leitung: Martin Weikert
– Verwaltung Thüringen
  Weimar, Kurt-Straße
  Leitung: Rudolf Menzel

Sie haben übrigens später ausnahmslos Karrieren im Generalsrang gemacht – die ersten MfS-Landeschefs[48]: Karl Kleinjung, Jahrgang 1912, wurde 1952 von der Verwaltung Groß-Berlin zur MfS-Verwaltung Wismut versetzt, die er leitete, bis er 1956 zum Chef der Hauptabteilung I in der Zentrale ernannt wurde; als Generalleutnant ging er in den späten siebziger Jahren in Pension. Hermann Gartmann, Jahrgang 1903, übernahm 1952 das Kommando der Deutschen Grenzpolizei, avancierte 1958 zum Militärattaché der DDR-Botschaft in Moskau und leitete zuletzt als Generalmajor eine Offiziersschule der Nationalen Volksarmee. Otto Last, Jahrgang 1906, wurde nach dem Sturz Zaissers in die Zentrale berufen, wo er seit 1955 als einer der Minister-Stellvertreter fungierte, bis er im Rang eines Generalmajors in Pension ging. Ähnlich verlief die Karriere von Joseph Gutsche, Jahrgang 1895, der von

Dresden nach Ost-Berlin wechselte, wo er zuletzt als Generalmajor Führungsaufgaben im MfS innehatte. Martin Weikert, Jahrgang 1914, übernahm, von Halle wechselnd, die Leitung der MfS-Bezirksverwaltung Erfurt, wo er es bis zum Generalleutnant brachte. Und Rudolf Menzel schließlich, Jahrgang 1910, stieg bis zum Stellvertreter des Ministers für Nationale Verteidigung und Generalleutnant auf, zuständig für den Bereich Rückwärtige Dienste. –

Die durch Gesetz vom 23. Juli 1952 in der DDR verfügte Neugliederung der Verwaltung, die auf die Beseitigung der Länder und die Zentralisierung der Administration abzielte, wurde auch in der Staatssicherheit wirksam. Die fünf bis dahin bestehenden Landesverwaltungen des MfS wurden aufgelöst und analog der Verwaltungsgliederung in vierzehn Bezirke durch vierzehn Bezirksverwaltungen des MfS ersetzt. »Ministerium für Staatssicherheit/Bezirksverwaltung Suhl«[49] – so wurde fortan beispielsweise die MfS-Verwaltung im kleinsten DDR-Bezirk bezeichnet. In Ost-Berlin blieb es vorerst bei der »Verwaltung Groß-Berlin«. Je nach Größe und Struktur des jeweiligen Bezirks liegt der Personalbestand einer Bezirksverwaltung heute in einer Größenordnung zwischen 400 und 500 hauptamtlichen Mitarbeitern, wobei einzelne Bezirksverwaltungen wie die Bezirkszentralen in Leipzig oder Rostock auch mehr hauptamtliche Mitarbeiter haben. Der Chef einer MfS-Bezirksverwaltung ist kraft seiner staatlichen Funktion zumeist auch Mitglied der Bezirksleitung der SED. Aus den Mitteilungen über die Zusammensetzung der Parteibezirksleitungen nach den sogenannten Parteiwahlen und anhand anderer Veröffentlichungen in den Bezirkszeitungen[50] der SED ließ sich bis auf eine Ausnahme mühelos recherieren, wer zum Stichtag 1. April 1989 jeweils an der Spitze einer Bezirksverwaltung des MfS stand:

- Bezirksverwaltung Berlin[51]
  1136 Berlin, Straße der Befreiung 60
  Leitung: N. N.
- Bezirksverwaltung Cottbus
  Cottbus, Am Nordrand
  Leitung: Generalmajor Horst Fitzner
- Bezirksverwaltung Dresden
  Dresden, Bautzener Straße 111–116
  Leitung: Generalmajor Horst Böhm
- Bezirksverwaltung Erfurt
  Erfurt, Andreasstraße 38
  Leitung: Generalmajor Dr. Josef Schwarz
- Bezirksverwaltung Frankfurt
  Frankfurt/Oder, Otto-Grotewohl-Straße 53
  Leitung: Generalmajor Heinz Engelhardt
- Bezirksverwaltung Gera
  Gera, Rudolf-Diener-Straße 4
  Leitung: Generalmajor Dieter Lehmann
- Bezirksverwaltung Halle
  Halle/Saale, Gimritzer Damm
  Leitung: Generalmajor Dr. Heinz Schmidt

- Bezirksverwaltung Karl-Marx-Stadt
  Karl-Marx-Stadt, Dr.-Richard-Sorge-Straße 35
  Leitung: Generalmajor Siegfried Gehlert
- Bezirksverwaltung Leipzig
  Leipzig, Dittrichring 24
  Leitung: Generalmajor Manfred Hummitzsch
- Bezirksverwaltung Magdeburg
  Magdeburg, Kroatenweg 56–57
  Leitung: Oberst Wilfried Müller
- Bezirksverwaltung Neubrandenburg[52]
  Neubrandenburg, Leninstraße 120
  Leitung: Oberst Dr. Peter Koch
- Bezirksverwaltung Potsdam
  Potsdam, Hegelallee 8
  Leitung: Generalmajor Helmut Schickart
- Bezirksverwaltung Rostock
  Rostock, August-Bebel-Straße 15
  Leitung: Generalmajor Rudolf Mittag
- Bezirksverwaltung Schwerin
  Schwerin, Demmlerplatz 1–2
  Leitung: Generalmajor Dr. Werner Korth
- Bezirksverwaltung Suhl
  Suhl, Hölderlinstraße 1
  Leitung: Generalmajor Gerhard Lange

Neben den fünfzehn Bezirksverwaltungen (einschließlich der Bezirksverwaltung Berlin) hat das MfS von Anbeginn eine besondere »Verwaltung Wismut« gebildet, die in besonders enger Zusammenarbeit mit den sowjetischen Abwehrorganen für die Abschirmung und Sicherung des Uranerzbergbaus in Sachsen und Thüringen zuständig war und ist. Ihre Bezeichnung erhielt die MfS-Verwaltung Wismut von der nach dem Krieg geschaffenen Sowjetischen Aktiengesellschaft (SAG) Wismut, die die verfügbaren Uranerzvorkommen ausbeutete; ihr Verwaltungssitz befand sich in Siegmar-Schönau, wo das MfS zunächst auch seine Objektverwaltung Wismut einrichtete. Als die SAG Wismut 1954 durch Kapitalbeteiligung der DDR in die Sowjetisch-Deutsche Aktiengesellschaft (SDAG) Wismut umgewandelt wurde und ihren Sitz in Karl-Marx-Stadt nahm, wechselte auch die Objektverwaltung dorthin. Sie wurde allerdings nicht der dortigen Bezirksverwaltung angegliedert, sondern blieb der Zentrale unterstellt.

Die innere Struktur einer Bezirksverwaltung entspricht der horizontalen Struktur des Ministeriums für Staatssicherheit insoweit, als die Hauptabteilungen und selbständigen Abteilungen des MfS auf Bezirksebene als analoge Abteilungen und Referate ihre Entsprechung haben, ausgenommen solche Hauptabteilungen und Abteilungen, deren Funktionen auf Bezirksebene entfallen[53]. Auch in den Bezirksverwaltungen werden die hauptamtlichen Mitarbeiter zu Diensteinheiten zusammengefaßt – die »Diensteinheit Spionageabwehr« der MfS-Bezirksverwaltung Karl-Marx-Stadt zum Beispiel wurde ihrer Leistungen wegen öffentlich belobigt[54]. Selbst der Hauptverwaltung Aufklärung ist in jeder Bezirksverwaltung eine entsprechende Abtei-

Schaubild 3:
Vertikale Organisationsstruktur des MfS

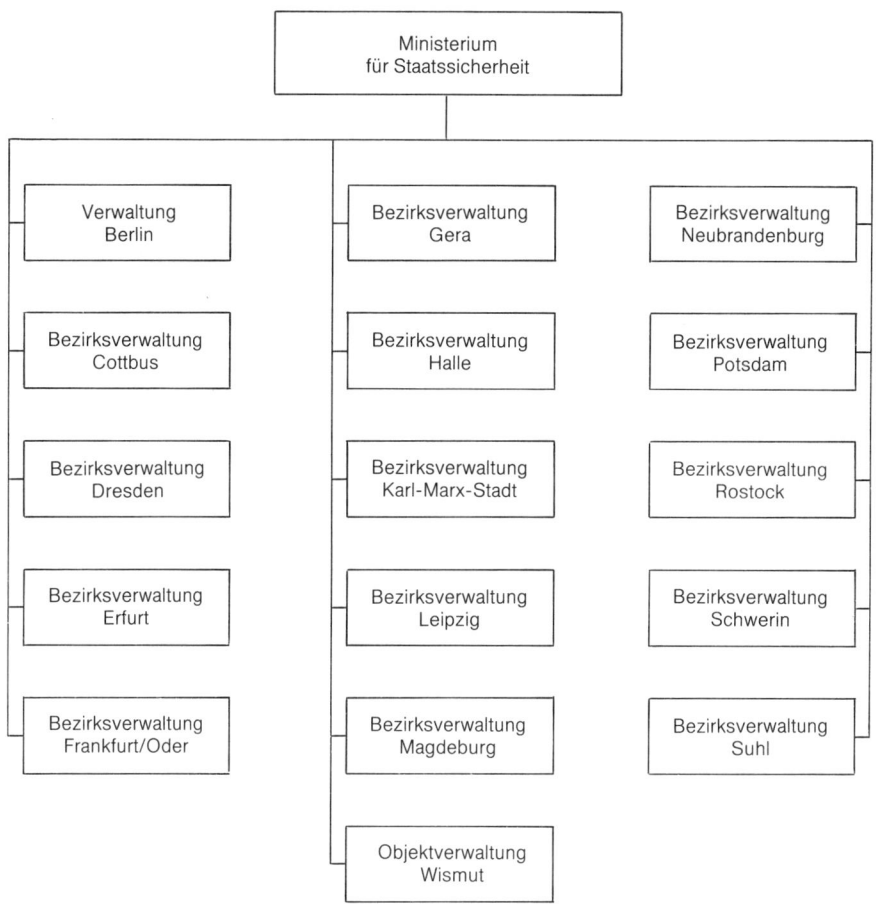

ca. 250 Kreis- und Objektdienststellen

lung zugeordnet. In der Tat gehen auch von den Bezirksverwaltungen Spionageaktivitäten im »Operationsgebiet« Bundesrepublik und West-Berlin aus, wobei jeweils bestimmte Bezirksverwaltungen ihre regionale Zuständigkeit zugewiesen bekommen haben – die MfS-Bezirksverwaltung Leipzig zum Beispiel die Zuständigkeit für Nordrhein-Westfalen, Rostock für Schleswig-Holstein.

Bei jeder Bezirksverwaltung besteht zudem eine besondere Wacheinheit – bei der Bezirksverwaltung Karl-Marx-Stadt zum Beispiel die Wacheinheit »Fritz Schmenkel«[55], bei der Bezirksverwaltung Magdeburg die Wacheinheit »Robert Korb«[56] –, der Aufgaben des Objektschutzes übertragen sind, ähnlich wie dem Wachregiment des MfS, dem die Wacheinheiten jedoch nicht nachgeordnet sind. Offenkundig handelt es sich um selbständige Einheiten, die der Befehlsgewalt des jeweiligen Leiters einer Bezirksverwaltung unterliegen. Gelegentliche Zeitungsberichte etwa von der öffentlichen Vereidigung solcher »Soldaten des Ministeriums für Staatssicherheit« lassen darauf schließen. In Suhl beispielshalber wurden am 5. November 1981 auf dem Gelände der Dr.-Richard-Sorge-Oberschule Angehörige der dortigen Wacheinheit mit militärischem Zeremoniell öffentlich vereidigt. »Zuvor hatte der Leiter der Bezirksverwaltung des Ministeriums für Staatssicherheit, Oberst Gerhard Lange, die Soldaten zu ihrem Entschluß beglückwünscht, ihrer Heimat an dieser Kampffront gegen den Imperialismus treu zu dienen«[57]. Vom Wachregiment »Feliks Dzierzynski« war in diesem Zusammenhang keine Rede. Wenn der Bezirkschef der Staatssicherheit die Soldaten übrigens »zu ihrem Entschluß« beglückwünschte, »an dieser Kampffront zu dienen«, so weist dies auf die Freiwilligkeit ihrer Entscheidung hin, in den MfS-Wacheinheiten Dienst zu tun; er ist bekanntlich dem Wehrdienst gleichgesetzt.

An der Spitze jeder Bezirksverwaltung stand, das ergab die Übersicht, 1989 ausnahmslos ein Oberst oder ein Generalmajor der Staatssicherheit. In den fünfziger und sechziger Jahren bildete der Rang eines Generals für den Chef einer Bezirksverwaltung noch eine Ausnahme. Die Regel war der Rang eines Oberstleutnants oder Oberst. Die Verschiebung in höhere Ränge erklärt sich hauptsächlich aus der kaderpolitischen Kontinuität in der Staatssicherheit. Je mehr Dienstjahre ein Leiter hinter sich brachte, desto höher stieg er im Rang. Wie eine Analyse[58] ergab, kam es innerhalb von drei Jahrzehnten in verschiedenen Bezirksverwaltungen, so in Cottbus, Dresden, Erfurt und Rostock, nur zu jeweils einem Wechsel in der Leitung. Erst in den achtziger Jahren sollte sich das ändern, Revirements in den Spitzen der Bezirksverwaltungen blieben nun nicht mehr aus, das Alter forderte seinen Tribut, eine neue Generation von Obristen und Generalen rückte aus dem MfS-eigenen Kaderreservoir nach.

Den Landesverwaltungen des MfS, die bis 1952 bestanden, und den Bezirksverwaltungen des MfS, wie sie seither bestehen, waren beziehungsweise sind Dienststellen auf Kreisebene nachgeordnet – in einigen Großstädten wie in Ost-Berlin und Leipzig auch Dienststellen auf Stadtbezirksebene – sowie Objektdienststellen in Großbetrieben der Industrie, des Bau- und Verkehrswesens. Ihre innere Struktur und ihr Personalbestand sind jeweils auf die Größe sowie die politische und sozialökonomische Beschaffenheit des Krei-

Das Hauptgebäude des Ministeriums für Staatssicherheit in Berlin-Lichtenberg, Normannenstraße 22

Wilhelm Zaisser

Ernst Wollweber

Erich Mielke

Markus Wolf

ses, Stadtbezirks oder Objekts zugeschnitten. Auch in den Bezirksstädten, in denen das MfS jeweils eine Bezirksverwaltung unterhält, ist die Kreisdienststelle des MfS von dieser räumlich getrennt. In Karl-Marx-Stadt zum Beispiel befindet sich die Bezirksverwaltung in der Dr.-Richard-Sorge-Straße 35, die Kreisdienststelle hat ihr Domizil in der Kurt-Berthel-Straße 17, die Objektverwaltung Wismut aber wurde in einem Gebäude in der Jagdschänkenstraße 56 untergebracht. Auch in anderen Bezirksstädten ist diese Trennung offenbar aus Gründen der konspirativen Abschirmung streng gewahrt.

Die Personalstärke einer Kreisdienststelle schwankt zwischen 20 und 30 hauptamtlichen Mitarbeitern. In kleineren Industrie- und Verkehrsbetrieben, die die Einrichtung einer Objektdienststelle nicht rechtfertigen, stützen sich die Kreisdienststellen auf Beauftragte des MfS, die im Betrieb offiziell als Vertreter der Staatssicherheit in Erscheinung treten, die im Gegensatz zu den Inoffiziellen Mitarbeitern also nicht konspirativ abgeschirmt tätig sind. Analog den Chefs der Bezirksverwaltungen des MfS dürften auch die Leiter der Kreisdienststellen den jeweiligen Kreisleitungen der SED als Mitglieder angehören. Einen Beleg für diese Folgerung hat der Chronist allerdings nicht finden können.

Entscheidungswege und interne Kommunikation

Die internen Entscheidungsstrukturen der Staatssicherheit sind an den Weisungsformen militärischer Hierarchien und politischer Bürokratien gleichermaßen orientiert. Gestaffelt nach ihrer Bedeutung sind zu unterscheiden:
– Befehle des Ministers;
– Dienstanweisungen des Ministers oder seines 1. Stellvertreters, die häufig unter Bezugnahme auf Befehle oder auf deren Grundlage erlassen werden;
– Durchführungsbestimmungen, die zu Befehlen oder Dienstanweisungen ergehen; sie werden in der Regel von einem Minister-Stellvertreter oder einem Hauptabteilungsleiter erlassen;
– Anordnungen.
Alle Befehle, die nachfolgenden dienstlichen Bestimmungen und sonstigen Weisungen sind entsprechend bezeichnet, sie tragen eine Nummer mit Jahreszahl und enthalten eine Ortsangabe (im Regelfall Berlin) und das Datum des Tages, an dem sie erlassen wurden. Die Numerierung ist augenscheinlich nicht fortlaufend. Vermutlich aus Gründen konspirativer Tarnung ist ihr offenbar ein anderes, dem Außenstehenden nicht zu entschlüsselndes Prinzip zugrunde gelegt. Auf dem Deckblatt tragen Befehle und Dienstanweisungen des MfS den Kopf »Ministerrat der Deutschen Demokratischen Republik/ Ministerium für Staatssicherheit/Der Minister«[59]. Jede einzelne Ausfertigung wird ihrem dienstlichen Geheimhaltungsgrad gemäß klassifiziert – meist als »Geheime Verschlußsache« – und zusätzlich für jeden Empfänger gesondert numeriert, so daß über ihren Verteilerschlüssel jederzeit die Übersicht gewährleistet ist. Aus konspirativen wie aus sachlichen Gründen werden Befehle, Dienstanweisungen und sonstige Anordnungen in der Re-

gel nur einem begrenzten Mitarbeiterkreis zugänglich gemacht – leitenden Kadern und solchen Diensteinheiten des MfS, deren Aufgaben- und Verantwortungsbereich davon betroffen ist. Selbst einer Rede des Ministers vor propagandistischen Kadern der Staatssicherheit war ein so »hoher Vertraulichkeitsgrad« zuerkannt, daß die darin »enthaltenen Aussagen zu spezifischen politisch-operativen Problemen und Aufgaben nur jenen Angehörigen zur Kenntnis gegeben werden« durften, »die diese unmittelbar für die Lösung der ihnen übertragenen Aufgaben benötigen«[60]. Befehle und sonstige Anordnungen, die ihre Gültigkeit verlieren, werden formell außer Kraft gesetzt. Ihre Ausfertigungen sind von ihren Empfängern termingebunden an die Dokumentenverwaltung beim Büro der Leitung des MfS zurückzusenden – vermutlich zu dem Zweck, daß ihre Geheimhaltung auch nach ihrer Außerkraftsetzung gewährleistet bleibt und der Text nicht in unbefugte Hände fällt. Im Zeitalter vollendeter Ablichtungstechnik mutet diese Bestimmung eher anachronistisch an.

Vielfach wird in Befehlen, Dienstanweisungen und sonstigen Anordnungen des MfS der Begriff der »Linie« verwendet. Der Befehl Nr. 21/74 zum Beispiel betraf »Aufgaben der Linie VIII bei der politisch-operativen Sicherung von Vertretungen anderer Staaten, internationaler zwischenstaatlicher Organisationen, bevorrechteter Personen und Korrespondenten«[61]. In der Dienstanweisung Nr. 2/75 zu politisch-operativen Aufgaben des MfS im Strafvollzug werden die »Diensteinheiten der Linie IX«[62] angesprochen. Als Linie ist in diesem Zusammenhang die vertikale Struktur im Apparat der Staatssicherheit zu verstehen, gleichsam der innere Dienstweg von einer Hauptverwaltung oder Hauptabteilung in der Zentrale zu den nachgeordneten Abteilungen, Referaten, Dienstbereichen oder Diensteinheiten in den Bezirksverwaltungen und Kreis- beziehungsweise Objektdienststellen. Die »Linie VIII« beispielshalber führt von der Hauptabteilung VIII im MfS, die für Ermittlungen, Beobachtungen und Festnahmen zuständig ist, zu den ihr sachlich zugeordneten Abteilungen VIII in den Bezirksverwaltungen sowie den entsprechenden Referaten oder Diensteinheiten in den Kreis- und Objektdienststellen. Die »Linie IX« betrifft den internen Dienstweg der Hauptabteilung IX des MfS (»Untersuchungen und Vernehmungen«) zu den Untersuchungsabteilungen der Bezirksverwaltungen. Analoges gilt für andere Linien in diesem Sinne, wobei es die Aufgabenstellung erforderlich machen kann, daß die Diensteinheiten mehrerer Linien zusammenwirken. So ist in Befehl Nr. 21/74 etwa ein abgestimmtes Vorgehen der Linie VIII bei der Realisierung der ihr übertragenen politisch-operativen Aufgaben mit der Linie II ausdrücklich festgelegt – was bei der konspirativen Abschirmung verschiedener Dienstbereiche des MfS intern wohl auch der besonderen Festlegung bedarf.

Die Arbeitsteilung und das vertikale Zusammenwirken der Diensteinheiten in der Linie VII machen die Bestimmungen der Dienstanweisung Nr. 2/75 über die »politisch-operativen Aufgaben« der Staatssicherheit im DDR-Strafvollzug exemplarisch. Danach trägt die Hauptabteilung VII im MfS die Verantwortung für die Abschirmung und Überwachung der Verwaltung Strafvollzug im Ministerium des Innern sowie für die »schwerpunktmäßige Anleitung und Kontrolle der Abteilungen VII der Bezirksverwaltungen« des

MfS, »insbesondere bei der Entwicklung und qualifizierten Bearbeitung operativer Vorgänge«. Außerdem ist sie für die fachliche Qualifizierung der im Strafvollzug tätigen Diensteinheiten des MfS sowie für die »zweckentsprechende Koordinierung politisch-operativer Maßnahmen mit anderen Diensteinheiten, insbesondere mit den Hauptabteilungen IX, XVIII und XIX«, zuständig. Die politisch-operative Sicherung der bei den Bezirkspolizeibehörden bestehenden Abteilungen oder Arbeitsgruppen Strafvollzug fällt dagegen in den Aufgabenbereich der bei den Bezirksverwaltungen/Verwaltungen des MfS bestehenden Abteilungen VII, denen in der Hauptsache die Abschirmung und Überwachung der in ihrem Bezirk bestehenden Strafvollzugseinrichtungen und der ihnen nachgeordneten Untersuchungshaftanstalten obliegt, »einschließlich der inneren und äußeren politisch-operativen Objektsicherung der Vollzugseinrichtungen und der Organisation des vorbeugenden Geheimnisschutzes«. Als weitere Funktion ist ihnen die Anleitung und Kontrolle der Kreisdienststellen übertragen, soweit sie Vollzugseinrichtungen in eigener Verantwortung zu sichern haben. Für die Abschirmung und Überwachung der in der DDR existierenden Strafvollzugsanstalten, Strafvollzugskommandos, Haftkrankenhäuser, Jugendstrafanstalten und Militärstrafvollzugskommandos sind also die Bezirksverwaltungen und Kreisdienststellen des MfS zuständig – ausgenommen die Strafvollzugsanstalt Bautzen II –, während der Hauptabteilung VII die Entscheidung über operative Maßnahmen, die Anleitung und Kontrolle der Bezirksverwaltungen und Kreisdienststellen vorbehalten ist, und zwar jeweils nur der Abteilungen und Referate, die zur »Linie VII« gehören.
Eine solche hierarchische Geschlossenheit setzt ein gut funktionierendes internes Informationssystem voraus: »Die Auswertungs- und Informationstätigkeit hat auf der Grundlage meines Befehls Nr. 299/65 zu erfolgen und ist konsequent auf die Lösung der in dieser Dienstanweisung gestellten politisch-operativen Aufgaben zu richten. Operativ bedeutsame Vorkommnisse und Hinweise sind sofort an die Hauptabteilung VII zu melden«, und zwar durch »schriftliche Sofortmeldung«[63].
Als Beispiel solcher »operativ bedeutsamen Vorkommnisse« werden unter anderen »alle Hinweise auf geplante, vorbereitete sowie erfolgte Desertionen« von Strafvollzugsangehörigen genannt, ferner Selbsttötungen oder Selbsttötungsversuche, Waffen- und Munitionsverluste.
Die Nachrichtenverbindung zwischen der MfS-Zentrale in Ost-Berlin und den Bezirksverwaltungen und Verwaltungen der Staatssicherheit wird nach den vorliegenden Erkenntnissen durch vom öffentlichen Netz unabhängige Fernsprech- und Fernschreibleitungen sowie durch Funkverkehr aufrechterhalten. In dem Befehl Nr. 21/74 werden unter anderem folgende Verbindungen unterschieden:
– drahtgebundene Nachrichtenverbindungen, worunter sowohl Fernsprech- als auch Fernschreibkommunikationen zu verstehen sind;
– UKW-Simplex-Sprechfunkverkehr, also einseitiger Sprechfunkverkehr, in dem Weisungen übermittelt werden können;
– UKW-Duplex-Sprechfunkverkehr, womit zweifellos eine Wechselsprechfunkverbindung gemeint ist.
Innerhalb eines Bezirks stehen den Kreis- und Objektdienststellen des MfS

ähnliche Nachrichtenmittel zur Verfügung. Außerdem unterhält der MfS einen eigenen Kurierdienst, der nicht nur von der Zentrale aus eingesetzt wird, sondern der auch innerhalb eines Bezirks die Kommunikation zu den Kreis- und Objektdienststellen sicherzustellen hat.

Die Verwaltungen und Dienststellen des MfS auf Bezirks- und Kreisebene sind gegenüber den Verwaltungen der Räte auf Bezirks- und Kreisebene unabhängig und weithin abgeschirmt. Es bestehen lediglich kooperative und konsultative Beziehungen. »In Fragen der staatlichen Sicherheit arbeiten die Räte der örtlichen Volksvertretungen mit den zuständigen örtlichen Organen des Ministeriums für Staatssicherheit zusammen«, heißt es in dem schon zitierten Staatsrechtskompendium; demzufolge kommt es auf Bezirks- und Kreisebene zu »regelmäßigen Beratungen aller Organe, die Aufgaben auf dem Gebiet von Ordnung und Sicherheit zu erfüllen haben . . . An diesen Beratungen nehmen teil: das zuständige Mitglied des Rates des Bezirks bzw. der Leiter der Abteilung Innere Angelegenheiten, der Bezirks- und Kreisstaatsanwalt, der Bezirks- bzw. Kreisgerichtsdirektor, leitende Mitarbeiter der Bezirksbehörde der Volkspolizei bzw. des Volkspolizeikreisamtes sowie der Bezirks- bzw. Kreisverwaltung des Ministeriums für Staatssicherheit. In diesen Beratungen wird das Wirken der genannten Organe koordiniert«[64]. Selbst wenn die Theorie der Praxis entsprechen sollte, was zweifelhaft ist, bleibt die Sonderstellung der Staatssicherheit in dieser Koordinierung unberührt.

Das MfS und der Nationale Verteidigungsrat

Bei der Geheimhaltung, der alle Militär- und Sicherheitsbelange in der DDR unterliegen, können konkrete Aussagen über des Verhältnis des MfS zum Nationalen Verteidigungsrat hier kaum geboten werden. Zuverlässig steht nur fest, daß selbstverständlich der Nationale Verteidigungsrat auch für den Fall des inneren Notstands entscheidungsbefugt ist, nicht nur für den Fall eines Angriffs von außen – und daß diese Entscheidungen auch für das MfS verbindlich sind.

Der Nationale Verteidigungsrat der DDR ist zehn Jahre jünger als das Ministerium für Staatssicherheit. Durch Gesetz vom 10. Februar 1960 wurde er zu dem erklärten Zweck gebildet, »eine einheitliche Leitung der Sicherheitsmaßnahmen der Deutschen Demokratischen Republik zu schaffen«[65]. Nach dieser Bestimmung fallen zweifellos auch Angelegenheiten der inneren Sicherheit in seine Kompetenz, zumal die Aufgabe des Nationalen Verteidigungsrates in § 1 des Gesetzes dahin umrissen war, »den Schutz des Arbeiter- und-Bauern-Staates und der sozialistischen Errungenschaften der Werktätigen zu organisieren und zu sichern sowie die sich daraus ergebenden Maßnahmen festzulegen.« Über seine personelle Zusammensetzung hieß es lediglich, daß der Verteidigungsrat »aus dem Vorsitzenden und mindestens 12 Mitgliedern« besteht. Durch das am 20. September 1961 – sechs Wochen nach Errichtung des »antifaschistischen Schutzwalles« in Berlin! – beschlossene DDR-Verteidigungsgesetz[66] wurden die Kompetenzen des Nationalen Verteidigungsrates präzisiert. »Ihm obliegt die einheitliche Leitung der Verteidigungs- und Sicherheitsmaßnahmen«, besagte § 2. »Er organisiert in Zusammenarbeit mit den anderen staatlichen Organen die Verteidigung des Arbeiter-und-Bauern-Staates und den Schutz der sozialistischen Errungenschaften und bestimmt die dazu erforderlichen Maßnahmen.« Hier ist deutlich auf die Erfordernisse der inneren Sicherheit abgehoben. Bei diesen Kompetenzen ist es im wesentlichen auch nach der Neukodifizierung des DDR-Verteidigungsgesetzes am 13. Oktober 1978 geblieben[67]. Zudem beließ es das neue Verteidigungsgesetz bei der Vorschrift, wonach der Nationale Verteidigungsrat aus dem Vorsitzenden und mindestens 12 Mitgliedern besteht, ohne daß seine Zusammensetzung näher bestimmt worden wäre. Freilich kann vernünftigerweise nicht daran gezweifelt werden, daß jedenfalls auch der Minister für Staatssicherheit Mitglied des Nationalen Verteidigungsrates ist.

Exkurs über die »Verwaltung Aufklärung« des MfNV

Die Abkürzung MfNV steht in der DDR für Ministerium für Nationale Verteidigung. Bei ihm liegt die Führung der in der Nationalen Volksarmee zusammengefaßten Streitkräfte und der Grenztruppen der DDR. Zu Zwecken der Militärspionage unterhält das MfNV einen eigenen geheimen Nachrichtendienst, der von der Hauptverwaltung Aufklärung im MfS administrativ und operativ abhängig tätig ist. Seine Kompetenz beschränkt sich augenscheinlich auf die Beschaffung militärtaktischer und rüstungstechnischer Informationen aus der Bundesrepublik und dem westlichen Ausland. »Bei der Militärspionage liegt ein Schwergewicht der gegnerischen Aktivitäten nach wie vor in der Truppenaufklärung. Die Spionageaufträge zielen hierbei insbesondere darauf ab, Stärke und Ausrüstung der Bundeswehr und der in der Bundesrepublik Deutschland stationierten ausländischen Streitkräfte zu erkunden«[68]. Hingegen ist die politisch-operative Sicherung der Streitkräfte in der DDR einschließlich der Grenztruppen – die militärische Abwehr – nicht Sache des vom MfNV gesteuerten Nachrichtendienstes. Dafür ist die »Verwaltung 2000« des MfS zuständig.

Die Spitze des militärischen Nachrichtendienstes bildet die »Verwaltung Aufklärung« im Verteidigungsministerium, aber sie hat ihren Sitz nicht in Strausberg bei Berlin, wo sich sein Domizil befindet, sondern in Berlin-Oberschöneweide. Nach allem, was man darüber weiß, gliedert sich die Verwaltung Aufklärung in drei operative Hauptabteilungen sowie in eine Hauptabteilung Auswertung. Operative Stützpunkte sollen in Schwerin, Magdeburg, Leipzig und Karl-Marx-Stadt existieren. »Die Zahl der hauptamtlichen Mitarbeiter ist von 550 Offizieren während der letzten drei Jahre auf inzwischen 800 bis 1000 gestiegen«[69], was dem gegenwärtigen Stand entspricht.

Über Praktiken und Personal des militärischen Aufklärungsdienstes der DDR ist die bundesdeutsche Abwehr frühzeitig und umfassend unterrichtet worden. 1958 wechselte mit Oberstleutnant Siegfried Dombrowski eine zentrale Figur in den Westen. Zuvor hatte er zwei Jahre lang für den Bundesnachrichtendienst »gearbeitet« und ein nahezu lückenloses Bild übermittelt.

Sein Tapetenwechsel war ein Fiasko ohnegleichen für den militärischen Nachrichtendienst der DDR, der 1952 als »Verwaltung Aufklärung« beim Stab der Kasernierten Volkspolizei im Ministerium des Innern gegründet wurde. Sein erster Chef, Oberstleutnant Herbert Scheibe, machte später Karriere als Chef des Stabes der Luftstreitkräfte/Luftverteidigung der Nationale Volksarmee und als Leiter der Abteilung für Sicherheitsfragen im Zentralkomitee der SED.

Name und Leitung der Verwaltung Aufklärung wechselten in den Folgejahren mehrfach. Nachdem 1956 die NVA aus der KVP hervorgegangen war, wurde sie nacheinander in »Verwaltung 19«, »Verwaltung für Koordinierung« und »XII. Verwaltung« umbenannt, wohl auch mehrfach reorganisiert. Zu ihren Chefs wurden ursprünglich gestandene Altkommunisten eingesetzt: Männer wie Karl Linke, Willi Sägebrecht, Arthur Franke und Theo Gregori, dem übrigens die frustrierende Erfahrung eines gegnerischen »Maulwurfs« im eigenen Dienst ebenfalls nicht erspart blieb. Einer seiner führenden Kader, Konteradmiral Winfried Zakrzowski alias Winfried Baumann, Leiter der Abteilung Bundeswehr, hat mehrere Jahre für den BND gewirkt. Im Gegensatz zu Dombrowski, der seinen Häschern entkam, wurde der Konteradmiral 1979 bei dem Versuch, gemeinsam mit seiner Lebensgefährtin, der Ostberliner Fachärztin Dr. Christa-Karin Schumann, in den Westen zu flüchten, verhaftet. Er wurde zum Tode verurteilt und hingerichtet[70].

1988 wurde Generalleutnant Alfred Krause als Leiter der Verwaltung Aufklärung bekannt[71]. Mit ihm übernahm erstmals ein Truppenführer den militärischen Nachrichtendienst in Ost-Berlin. Krause, Geburtsjahrgang 1930, bereits mit sechzehn Jahren Mitglied der SED geworden, kam über die Volkspolizei zu seiner Offizierslaufbahn in der KVP/NVA. Lange Jahre war er Kommandeur der 11. Mot. Schützen-Division in Halle/Saale. Als Chef der Militärspionage muß er sich erst noch beweisen.

Staatssicherheit und Staatspartei

Die Schwierigkeiten, das MfS in der formellen Staats- und Rechtsverfassung der DDR eindeutig auszumachen, führt letztlich zu der Erkenntnis, daß die Rolle der Staatsssicherheit allein durch ihr Verhältnis zur Staatspartei bestimmbar ist. Macht man die offizielle Selbstdarstellung des MfS zum Ausgangspunkt einer Analyse seines Verhältnisses zur SED, so steht sein Selbstverständnis als unabdingbares Herrschaftsinstrument der Partei außer jedem Zweifel. An entsprechenden Bekenntnissen und Bekundungen bis hin zu dem Gelöbnis: »Wir Mitarbeiter des Ministeriums für Staatssicherheit sind jederzeit bereit, alle Aufträge von Partei und Regierung bedingungslos und mit schöpferischer Initiative in Ehren zu erfüllen«[1] hat es nie gefehlt. Auf der anderen Seite hat die Führung der Partei ihren Führungsanspruch immer wieder hervorgehoben oder bekräftigt. Als Erich Honecker, damals für die Militär- und Sicherheitspolitik der SED verantwortlicher Sekretär des Zentralkomitees, zum 20jährigen Bestehen des MfS dessen Erfolge würdigte, führte er sie »in erster Linie« darauf zurück, »daß sich unsere Genossen der Staatssicherheit stets von den Beschlüssen der Partei leiten lassen und sie konkret auf ihre verantwortungsvolle Tätigkeit anwenden«[2]. Umgekehrt führte Walter Ulbricht, als er nach dem Aufstand vom 17. Juni 1953 mit Wilhelm Zaisser vor dem Plenum des Partei-Zentralkomitees abrechnete, dessen Fehler und Versagen darauf zurück, »daß in der Führung der Staatssicherheit die Unterschätzung der Parteiarbeit vorhanden war«. Selbst »Tendenzen der Überheblichkeit der Mitarbeiter der Staatssicherheit gegenüber der Partei« glaubte der damalige Chef der SED rügen zu sollen[3].

Tatsächlich hat Zaisser, dessen Konflikt mit Ulbricht noch ausführlich zu erörtern sein wird, niemals solche Lobgesänge auf die Partei für nötig befunden, wie sie seine Nachfolger im Amt für unumgänglich hielten und halten. Die Zeiten des hohlen Pathos, in denen das MfS »ein scharfes Schwert« sein wollte, »mit dem unsere Partei den Feind unerbittlich schlägt, gleichgültig, wo er sich festgesetzt hat«[4], kamen erst mit Ernst Wollweber. Sie liegen zwar lange zurück, aber das Verhältnis von Partei und Staatssicherheit war und blieb stets durch Unterwerfung charakterisiert. »Von Anbeginn organisiert das Ministerium für Staatssicherheit seine Arbeit unter Führung der Sozialistischen Einheitspartei Deutschlands«, konstatierte Mielke in sonderbarem Gebrauch des Präsenz rückschauend zum 30jährigen Bestehen seines Ministeriums. »Durch die schöpferische Auswertung der Beschlüsse und Dokumente der Partei werden die Mitarbeiter des MfS befähigt, die Klassenkampfsituation allseitig einzuschätzen, die sich daraus ergebenden Sicherheitserfordernisse zu erkennen und sie in ihrer praktischen Tätigkeit zu berücksichtigen«[5]. Nachgerade geriet die Treuebekundung zum politischen Credo: »Die Angehörigen des MfS haben sich stets bemüht, jeden Auftrag der marxistisch-leninistischen Partei gewissenhaft zu erfüllen. Die wichtigste Voraussetzung dafür ist die Durchsetzung der führenden Rolle der Partei im MfS«[6]. Und als letztes Beispiel eine Äußerung Mielkes im Vorfeld des 1981 abgehaltenen X. Parteitages der SED: »Der großen Verantwortung für die Sicherung des Sozialismus und des Friedes auch in den achtziger Jahren gerecht zu werden, das setzt voraus, die führende Rolle der Partei im MfS als Unterpfand aller unserer Erfolge weiterhin konsequent zu verwirklichen, die Kampfkraft der Parteikollektive zu stärken und die Aktivität jedes einzelnen Kommunisten in unserem Organ weiter zu erhöhen«[7]. Längst ist das Bekenntnis zur Partei zur Formelsprache des politischen Rituals verkümmert – was nicht ausschließen muß, daß es irrationale Bindungen der MfS-Angehörigen schaffen kann, politische Gläubigkeit bis zum Fanatismus, der sich in unbedingten Gehorsam umsetzt.

Das MfS und die Führung der SED

Wie der uneingeschränkte Führungsanspruch der Partei gegenüber dem MfS zu realisieren ist und ob die SED ihre führende Rolle in der Staatssicherheit tatsächlich immer durchsetzen konnte – diese Fragen lassen sich am ehesten durch Beschreibung beantworten.

Nach dem Statut der SED soll das Zentralkomitee zwischen den Parteitagen »das höchste Organ der Partei« sein und nicht zuletzt »die Vertreter der Partei in die höchsten leitenden Organe des Staatsapparates« entsenden. Daher interessiert auch hier speziell sein Verhältnis zum MfS, mit dem sich das Zentralkomitee auf seinen Plenartagungen wiederholt auseinandergesetzt hat[8]. Schon auf den ersten Blick ergibt sich, daß der Minister für Staatssicherheit seit Bestehen des MfS Mitglied des Zentralkomitees der SED gewesen ist. Das läßt seinen politischen Stellenwert in der Hierarchie der Macht ermessen, obschon man ihn nicht überschätzen sollte, denn im Laufe der Zeit hat das Zentralkomitee selbst eine Minderung seiner politischen Bedeutung erfahren. Seit Jahren bereits wird es im Durchschnitt nur noch zweimal im Jahr einberufen. Längst sind das Politbüro und das Sekretariat des Zentralkomitees die eigentlichen Entscheidungszentren der SED geworden.

Das MfS und das Zentralkomitee

Der Aufstieg des Staatssicherheitsministers in das Zentralkomitee ist merkwürdigerweise bisher stets die Folge einer Karriere im MfS gewesen – nicht umgekehrt. Als Wilhelm Zaisser zum Minister für Staatssicherheit berufen wurde, bekleidete er in Sachsen das Amt des Innenministers, ohne daß er in der Partei besonderen Einfluß besessen hätte. Er war zu diesem Zeitpunkt auch nicht Mitglied des Parteivorstandes der SED. Erst nach der Berufung in sein neues Ministeramt, die möglicherweise auf Weisung aus Moskau, zumindest nicht ohne Moskauer Billigung geschehen war, wurde er schleunigst als Mitglied des Parteivorstands kooptiert. Nachdem 1950 der III. Parteitag der SED durch Statutenänderung die Umwandlung des Parteivorstands in ein Zentralkomitee beschlossen hatte, was der historischen Tradition der KPD und dem Beispiel der KPdSU entsprach, kam es auch zu einer »ordentlichen« Wahl Zaissers als Mitglied des Zentralkomitees durch den Parteitag. Sein gleichzeitig mit ihm ernannter Staatssekretär Erich Mielke avancierte bei dieser Gelegenheit ebenfalls zum Mitglied des Zentralkomitees – dem Parteivorstand der SED hatte er zuvor nicht angehört. Wie Zaisser hatte auch Mielke bis dahin keine Parteiämter inne. Seine Mitgliedschaft im Zentralkomitee folgte aus seiner Funktion als »zweiter Mann« des MfS.

Wenige Wochen nach dem Aufstand vom 17. Juni 1953 verlor Zaisser sein Ministeramt. Gleichzeitig wurde er durch Beschluß des 15. Plenums des Zentralkomitees, das vom 24. bis 26. Juli 1953 tagte, aus dem ZK ausgeschlossen. Gemeinsam mit Rudolf Herrnstadt und anderen Gleichgesinnten hatte er eine »parteifeindliche Fraktion« gebildet, die »mit einer defätistischen, gegen die Einheit der Partei gerichteten Linie aufgetreten«[9] war. Ein halbes Jahr später, durch Beschluß der 17. Tagung des Zentralkomitees vom 23. Januar 1954, wurde er gemeinsam mit Herrnstadt aus der SED ausgeschlossen.

Zaissers Nachfolge als Staatssicherheitschef trat Ernst Wollweber an, damals Leiter des Staatssekretariats für Schiffahrt, der zum Zeitpunkt seiner Ernennung ebenfalls nicht dem Zentralkomitee der SED angehörte. Erst 1954, nach neun Monaten Amtszeit, wurde er auf dem IV. Parteitag der SED zum Mitglied des ZK gewählt – wenn auch nur für knapp vier Jahre: überraschend war am 1. November 1957 sein Rücktritt vom Ministeramt »aus Gesundheitsgründen«[10] gemeldet worden. Ein paar Monate später wurde offenbar, welche Krankheit ihn befallen hatte. Wollweber wurde durch Beschluß des 35. Plenums vom 6. Februar 1958 aus dem Zentralkomitee ausgeschlossen[11]. Abermals schied ein Minister für Staatssicherheit aus dem Zentralkomitee aus, weil er sich einer innerparteilichen Opposition zugewandt hatte.

Mielkes Bestallung als neuer Minister für Staatssicherheit ersparte der Partei kaderpolitische Probleme: Seit 1950 war er Mitglied des Zentralkomitees – und als solches ist er denn bisher auf allen folgenden Parteitagen immer wieder bestätigt worden.

In einem weiteren Fall folgte der Karriere im MfS der Aufstieg in das ZK: Bruno Beater, von 1955 bis zu seinem Tode 1982 Stellvertreter des Ministers, davon fünfzehn Jahre lang 1. Stellvertreter, fand erst spät in das Zentralkomitee: Auf dem VI. Parteitag 1963 wurde er zum Kandidaten des ZK gewählt, ebenso auf den folgenden zwei Parteikongressen, bis er durch Beschluß des 10. Plenums vom 10. Oktober 1973 als Mitglied des ZK kooptiert wurde[12]. Auf dem IX. und auf dem X. Parteitag 1976 und 1981 kam es jeweils zu seiner Wiederwahl als Mitglied des ZK.

Der X. Parteitag der SED wählte auch den langjährigen Stellvertreter des Ministers für Staatssicherheit, Rudi Mittig, als Kandidaten in das Zentralkomitee[13] – einen Mann, der ebenfalls nur dank seiner Karriere im MfS den Sprung in das Zentralkomitee schaffte. Fünf Jahre später, auf dem XI. Parteitag der SED, stieg Mittig vom Kandidaten zum Mitglied des ZK auf, das heißt, er wurde stimmberechtigt in diesem Gremium[14]. Sein Aufstieg qualifizierte seinen Status in der Hierarchie des MfS.

Nicht minder klar liegen die Dinge bei der Zugehörigkeit des 1. Sekretärs der Parteiorganisation im MfS zum Zentralkomitee der SED. Im Falle des langjährigen MfS-Parteichefs Gerhard Heidenreich ging seiner Staatssicherheitskarriere eine Tätigkeit im Apparat der FDJ und der SED voraus. Erst danach begünstigte seine Tätigkeit im MfS seine Wahl als Kandidat/Mitglied des ZK, dem er bis 1981 angehörte[15]. Bei seinem Nachfolger als Parteichef des MfS, Generalmajor Dr. Horst Felber, bestätigte sich dagegen wieder der Grundsatz, daß die Bewährung in der Staatssicherheit dem Karriereaufstieg in der Partei förderlich ist, nicht umgekehrt: Seit dem X. Parteitag ist der Mitglied des ZK[16]. Ähnlich erklärt sich die Wahl von Generalleutnant Dr. Wolfgang Schwanitz zum Kandidaten des ZK durch den XI. Parteitag der SED[17]. Auch er hatte sich zuvor rund drei Jahrzehnte um die DDR-Staatssicherheit verdient gemacht, zuletzt als Chef der Bezirksverwaltung Ost-Berlin des MfS, bis er zu einem der Stellvertreter des Ministers aufstieg.

Gleichwohl ist zu vermerken, daß zwar das Verhältnis zwischen dem MfS und dem ZK ein wichtiges Kriterium für den politischen Stellenwert der Staatssicherheit darstellt, daß aber das Bild schärfere Konturen erst im Spiegel der Beziehungen erhält, die zwischen dem Ministerium für Staatssicherheit und dem Politbüro des ZK der SED auszumachen sind.

Das MfS und das Politbüro

Nach dem Statut der SED wählt das Zentralkomitee »zur politischen Leitung der Arbeit des Zentralkomitees zwischen den Plenartagungen das Politbüro«. Im allgemeinen tagt es wöchentlich einmal, und zwar in aller Regel dienstags, und entscheidet konkret über die Politik der Partei. Aus diesem Gesichtspunkt heraus ist es mehr als aufschlußreich, daß die Männer an der Spitze des Ministeriums für Staatssicherheit zu dem eigentlichen Macht- und Entscheidungszentrum der SED nicht immer Zutritt gehabt haben – im Gegenteil, in den vier Jahrzehnten, die das MfS besteht, war dem Minister von 1953 bis 1971 der Zugang zum Politbüro verwehrt.

Wilhelm Zaisser war auf dem III. Parteitag der SED nicht nur in das Zentralkomitee, sondern von diesem auch in das Politbüro gewählt worden. Fortan zählte er also zu jener »strategischen Führungsgruppe«, die unter Leitung des Ersten Sekretärs beziehungsweise des Generalsekretärs des ZK der SED über die Generallinie und die Politik der Partei befindet. Gleichermaßen war er über alle inneren Vorgänge in der Parteispitze informiert, was ihm als Minister für Staatssicherheit ein politisch unüberschätzbarer Vorteil sein mußte. Ob Zaissers Einzug in das Politbüro nun die Ausbalancierung der Macht im Führungskern der SED hatte gewährleisten sollen oder ob die Sowjets darauf gedrungen hatten – auch im Politbüro der KPdSU war die Staatssicherheit der UdSSR zu dieser Zeit personell vertreten, nämlich durch L. B. Berija –, das vermag der Außenstehende nicht mit Gewißheit zu sagen. Dagegen dürfte es gewiß eine der schockierendsten Erfahrungen Ulbrichts gewesen sein, daß er ausgerechnet den Minister für Staatssicherheit gegen sich hatte aufbegehren sehen müssen. Der Chef der SED reagierte denn auch nicht nur mit der unverzüglichen Entfernung seines Widersachers, der mit dem Ausschluß aus dem Zentralkomitee zugleich seinen Sitz im Politbüro räumen mußte – Ulbricht hat, solange er Nummer eins der SED blieb, auch niemals mehr die Rückkehr des Staatssicherheitsministers in die Führungsspitze der Partei zugelassen. Nach dem Sturz Zaissers verweigerte er dem Minister für Staatssicherheit die Zugehörigkeit zum Politbüro achtzehn Jahre lang – bis zu seinem eigenen Sturz: Von tiefem Mißtrauen erfüllt, fürchtete Ulbricht neue Konflikte im ständigen Kampf um die Macht in der Spitze der Partei.

Zugleich ist Ulbrichts Abrechnung mit Zaisser eine der politisch aufschlußreichsten Episoden in der Geschichte der SED. Auf dem entscheidenden 15. Plenum des Zentralkomitees hatte er sich in bitteren Worten darüber beklagt, daß die um Zaisser gruppierte Opposition »mit den Methoden des Nachrichtendienstes, der sogenannten aktiven Aufklärung, innerhalb der Parteiführung gearbeitet hat und versuchte, einen Genossen gegen den anderen auszuspielen«[18]. Solche Eingeständnisse sind selten. »Im Politbüro gab es also einen Minister für Staatssicherheit, der geglaubt hat, er könne die Mitglieder des Politbüros unter Druck setzen. Ich frage: Ist das die Methode, wie sich ein Politbüromitglied verhält«[19]? Die Antwort darauf hat Ulbricht zeit seines Lebens nicht mehr vergessen.

Im einzelnen warf Ulbricht Zaisser Führungsschwäche und bürokratischen Arbeitsstil vor. »Das Politbüro hat festgestellt, daß die Leitung des Ministeriums für Staatssicherheit versagt hat«, leitete der Parteichef seine Anklage ein, wobei er sich wohlgemerkt auf eine Feststellung des Politbüros berief. »Das Ministerium für Staatssicherheit hat sich nicht auf die Hauptaufgabe, auf den Kampf gegen die faschistische Untergrundbewegung, konzentriert. Es hat die Initiative und Verantwortlichkeit der Mitarbeiter nicht entwickelt; es hat Tendenzen der Überheblichkeit gegenüber der Partei gefördert und eine formal-bürokratische administrative Arbeit geduldet. Die Leitung des Ministeriums hat auch ihre Mitarbeiter in den Kreisen und Betrieben nicht zu einer verantwortlichen Arbeit erzogen. Praktisch waren sie in den meisten Fällen von der Arbeiterklasse isoliert«[20]. Schließlich übte Ulbricht Selbstkritik: »Ich will dem Genossen Zaisser nicht unrecht tun . . . Er ist ein Administrator, und unser Fehler war der, daß man ihn eingesetzt hat«[21].

Dieser Fehler wurde durch Zaissers Entmachtung korrigiert. Zugleich sorgte Ulbricht dafür, daß er sich unter seiner Ägide niemals wiederholen konnte: Solange er das Sagen in der SED hatte, kamen die Minister für Staatssicherheit über die Mitgliedschaft im Zentralkomitee nicht mehr hinaus.

Ulbrichts Vorsicht sollte sich sogar als nur allzu begründet erweisen, denn vier Jahre nach dem Sturz Zaissers hatte sich der Minister für Staatssicherheit abermals zu einer Anti-Ulbricht-Fronde geschlagen: Geführt von Karl Schirdewan, damals Mitglied des Politbüros und für die Kader- und Organisationspolitik verantwortlicher Sekretär des Zentralkomitees, hatte die Opposition »den Weg der Gruppenbildung« beschritten, »um mit fraktionellen Methoden die Führung der SED und des Staates an sich zu reißen«[22]. Zu dieser Opposition war auch Ernst Wollweber gestoßen, der sich, wohl in Fehleinschätzung der Entstalinisierung, für die um Schirdewan gruppierten Kräfte entschieden hatte. Immerhin blieb Wollweber im Gegensatz zu Zaisser der Ausschluß aus der Partei erspart.

Inwieweit die 1956 beschlossene Bildung einer Sicherheitskommission beim

Zentralkomitee der SED von Erwägungen der Parteiführung bestimmt war, eine zusätzliche Kontrolle über das Militär und die Staatssicherheit zu installieren, kann nur gemutmaßt werden. Tatsächlich hat eine solche Kommission bis 1960 bestanden. Ihre Notwendigkeit erübrigte sich offenbar nach Schaffung des Nationalen Verteidigungsrates der DDR[23].

Zu Wollwebers Nachfolger wurde wie erwähnt Erich Mielke bestellt, vormals sein Stellvertreter, damals im Rang eines Generalleutnants stehend. Obwohl er sich durch seine langjährige Zugehörigkeit zum MfS wie durch seine ebenso langjährige Zugehörigkeit zum Zentralkomitee der SED durchaus als politisch verläßlich im Sinne der Parteiführung erwiesen hatte, hielt Ulbricht ihn dem »innersten Zirkel der Macht« fern. Selbst das Vorbild der KPdSU konnte ihn nicht umstimmen in seiner Entschlossenheit, dem Minister für Staatssicherheit den Zugang zum Politbüro zu verbauen. In dieser Hinsicht war das Beispiel der KPdSU für die SED lange Zeit nicht präjudizierend.

In Moskau waren zwar nach dem Sturz L. P. Berijas die Vorsitzende des Komitees für Staatssicherheit (KGB) lange Zeit ebenfalls nicht im Politbüro der KPdSU präsent, aber als Ju. W. Andropow 1967 zum KGB-Chef berufen wurde, änderte sich das umgehend. Nach einem Monat schon wählte ihn das ZK der KPdSU zum Kandidaten des Politbüros. 1973 wurde er Mitglied dieses obersten Parteigremiums – was er während der fünfzehn Jahre seiner Amtszeit als Vorsitzender des KGB ununterbrochen blieb. Von L. I. Breshnew zwischenzeitlich für ein halbes Jahr noch zum Sekretär des ZK gemacht, übernahm er 1982 nach Breshnews Tod die Spitzenposition des Generalsekretärs des ZK der KPdSU: Ein sowjetischer Staatsparteichef mit Geheimpolizeimeriten – das darf wohl als paradigmatisch gelten.

Auch M. S. Gorbatschow, Generalsekretär des ZK der KPdSU seit 1985, hat zur Absicherung seiner Herrschaft und zur Stützung seines auf »Perestrojka«, auf Umgestaltung, gerichteten politischen Kurses von Anfang an das Bündnis mit dem KGB gesucht. W. A. Krjutschkow, seit 1988 Vorsitzender des KGB, ist zwar seit dem XXVII. Parteitag der KPdSU Mitglied des Zentralkomitees, aber ein Sitz im Politbüro ist ihm nicht beschieden, was politisch allerdings dadurch kompensiert wird, daß W. M. Tschebrikow, sein Vorgänger als KGB-Chef, unter Gorbatschow nicht nur zum Mitglied des Politbüros aufstieg, sondern in seiner neuen Rolle als Sekretär des ZK von Gorbatschow mit der Kontrolle und Reform des sowjetischen Rechtswesens betraut wurde. Tschebrikow hat wiederholt öffentlich betont, für wie wichtig er die Rolle des KGB in der Gegenwart hält, damit der »revolutionäre Prozeß«, den Gorbatschow eingeleitet habe, »vor allen subversiven Machenschaften sicher geschützt«[24] wird.

Zurück indes zur SED, wo sich eine ähnliche Veränderung vollzog: Auf dem 16. Plenum des ZK der SED am 3. Mai 1971 wurde Ulbricht als Parteichef durch Honecker ersetzt[25]. Sechs Wochen später bereits sorgte der Nachfolger dafür, daß Erich Mielke als Kandidat des Politbüros gewählt wurde[26]. 1976 avancierte er zum Mitglied[27]. Dabei blieb es auch nach den folgenden Parteitagen. Somit zog der Staatssicherheitsminister in der Ära Honecker erneut in die Führung der SED ein, was in der Sache bedeutete, daß er Zugriff auf die gesamte Politik der Partei erhielt, daß er vor allem bei ihrer Entscheidungsfindung in sicherheitspolitischen Belangen seinen Einfluß unmittelbar geltend machen konnte und kann.

Die Gründe, die Honecker bewogen haben mögen, den Staatssicherheitschef wieder in den engsten Führungszirkel der Partei aufzunehmen, sind naheliegend. Wollte sich oder besser: mußte sich der Nachfolger nach der Ablösung Ulbrichts der politischen Schützenhilfe des Ministers für Staatssicherheit versichern? Das wäre denkbar, zumal Honecker aus der Zeit, in der er als Sekretär des Zentralkomitees für die Militär- und Sicherheitspolitik der SED verantwortlich war, zu Mielke enge Beziehungen unterhalten haben dürfte. Denkbar ist auch, daß Honecker – der sich stets »sowjetischer als die Sowjets« gab – die Führung der SED dem Vorbild der KPdSU angleichen wollte. Wie auch immer – seitdem er an der Spitze der SED steht, ist der Staatssicherheitsminister in der Parteiführung wieder präsent, was ohne Frage eine politische Aufwertung der Staatssicherheit bewirken sollte und bewirkt hat. Auch die Auszeichnung Mielkes mit dem Ehrentitel »Held der Deutschen Demokratischen Republik« am 1. Dezember 1975 und seine Beförderung zum Vier-Sterne-General, zum Armeegeneral, aus Anlaß des 30jährigen Bestehens des MfS müssen in diesem Sinne gedeutet werden.

Zu fragen bleibt schließlich auch, ob die Einbeziehung des Staatssicherheitschefs in die Führung der Partei von dem Gedanken mitbestimmt worden sein mag, damit eine zusätzliche politische Kontrolle der Staatssicherheit durch die Führung der Partei zu gewährleisten. Die Frage ist nicht einfach zu beantworten. Wer kontrolliert wen? Einem allzu engen Verhältnis des Sicherheits- und Geheimdienstapparates zu den Entscheidungsträgern des Regimes haftet allemal das Risiko an, seine Arbeit aus politischer Rücksichtnahme zu beeinträchtigen. »Dabei kann geringe Distanz zu einer Scheinloyalität pervertieren, die erreicht ist, wenn der Nachrichtendienst nur liefert, was die politische Führung zur Rechtfertigung der eigenen Linie hören will«[28]. Die Konsequenzen dieses Risikos sind für totalitär verfaßte Herrschafts- und Gesellschaftssysteme, deren Führer weithin isoliert leben, gewiß noch schwerer wiegend als in demokratischen Systemen.

Das MfS und das Sekretariat des ZK

Laut Statut der SED wählt das Zentralkomitee »zur Leitung der laufenden Arbeit, hauptsächlich zur Durchführung und Kontrolle der Parteibeschlüsse und zur Auswahl der Kader«, ein Sekretariat. Seine Mitglieder, in der Regel zehn bis zwölf Sekretäre des Zentralkomitees[29], gehören in Personalunion meist gleichzeitig dem Politbüro als Mitglieder oder Kandidaten an. Jedes Mitglied des ZK-Sekretariats ist für einen bestimmten politischen Sach- und Verantwortungsbereich zuständig.

Nach dem Führungswechsel Ulbricht/Honecker hieß der für die Militär- und Sicherheitspolitik der SED zuständige Sekretär des Zentralkomitees für zwölf Jahre Paul Verner, der damit ein »Ressort« übernahm, für das vordem Erich Honecker zuständig gewesen war. Mit Paul Verner hatte einer der härtesten Männer im Führungskern der SED Einfluß auf die Militär- und Sicherheitspolitik der SED erhalten – wobei übrigens seine Zuständigkeit parteiamtlich niemals mitgeteilt worden war; sie ergab sich statt dessen aus ungezählten Nachrichten über seine Tätigkeit.

Paul Verners biographische Daten brauchen hier nicht ausführlich ausgebreitet zu werden. Geburtsjahrgang 1911, Mitglied der KPD seit 1929, Rotspanienkämpfer, Mitglied des Politbüros der SED von 1963 bis 1984, 1986 in Ost-Berlin verstorben[30] – das mag genügen.

Verners Nachfolge war schon drei Jahre vorher kaderpolitisch vorbereitet: Auf der 7. Tagung des ZK am 24./25. November 1983 bereits war Egon Krenz zum Mitglied des Politbüros und Sekretär des Zentralkomitees der SED gewählt worden[31]. In seine Zuständigkeit für die Militär- und Sicherheitspolitik fällt seither auch die politische Kontrolle der Staatssicherheit.

Seine Voraussetzungen dafür schienen nach Kriterien der SED günstig: Egon Krenz, 1937 in Kolberg geboren, von Beruf ursprünglich Lehrer, Reserveoffizier der Nationalen Volksarmee, Absolvent eines Dreijahresstudiums an der Parteihochschule der KPdSU in Moskau, konnte als 1. Sekretär des Zentralrates des FDJ von 1974 bis 1983 umfangreiche politische und organisatorische Erfahrungen sammeln und personelle Beziehungen aufbauen. In seiner Schlüsselfunktion, die er seither in der Führung der SED ausübt, kommen sie ihm ebenso zugute wie ein enges Vertrauensverhältnis zu Erich Honecker. Ob Prognosen eintreffen, wonach ihn Krenz eines Tages auch als Generalsekretär der Partei ablösen wird, wie er als FDJ-Chef ehedem und nun als ZK-Sekretär für Sicherheitsfragen Aufgaben hatte und hat, die auch Honecker einmal wahrzunehmen hatte, muß der Zukunft überlassen bleiben. Einstweilen kontrolliert er Armee, Polizei und Staatssicherheit.

In seiner laufenden Arbeit stützt sich das Sekretariat des Zentralkomitees auf einen umfangreichen bürokratischen Apparat von schätzungsweise zweieinhalbtausend hauptamtlichen Mitarbeitern, der sich in Abteilungen, Sektoren und Arbeitsgruppen gliedert. »Er schafft die Voraussetzung dafür, daß im Politbüro und im Sekretariat überhaupt Entscheidungen getroffen werden und diese Gremien ihre Aufgaben erfüllen können. In ihm werden nicht nur Vorschläge ›zur Klärung herangereifter Probleme und zur Neufassung gesetzlicher Bestimmungen als Grundlagen für die Entscheidungen der Parteiführung‹ erarbeitet, die Abteilungen und Arbeitsgruppen sind zudem die unmittelbaren Kontaktstellen der Organisationen und Instanzen außerhalb des Parteiapparates. Sie erfüllen in dieser Hinsicht eine doppelte Funktion. Zum einen stellen sie das Instrument dar, mit dem der jeweilige zuständige ZK-Sekretär in die einzelnen Bereiche eingreifen, also seine Anleitungs- und Kontrollfunktionen wahrnehmen kann. Auf der anderen Seite sind die Abteilungen jene Stellen im Parteiapparat, an denen staatliche Stellen oder andere Institutionen ansetzen, um ihre Interessen in die Entscheidungsfindung der Partei einzubringen«[32]. Für die Abteilung Sicherheitsfragen, die im Apparat des Zentralkomitees für die Anleitung und Kontrolle auch des Ministeriums für Staatssicherheit zuständig ist, dürften diese Wechselbeziehungen insoweit von besonderer Natur sein, als der Minister für Staatssicherheit als Mitglied des Politbüros die Interessen des MfS in der Entscheidungsfindung der SED selber unmittelbar vertreten kann und der Apparat der Staatssicherheit der Anleitung und Kontrolle durch die Abteilung für Sicherheitsfragen weithin entzogen ist, schon wegen der Erfordernisse konspirativer Abschirmung.

Die ZK-Abteilung für Sicherheitsfragen

Seine Vorläuferin besaß das Ressort für Sicherheitsfragen beim Zentralkomitee in der Abteilung Schutz des Volkseigentums beim Parteivorstand der SED, die geschaffen wurde, um die innere Sicherung der Herrschaft der SED politisch zu kontrollieren[33]. Mit der Abschaffung des Parteivorstandes und seiner Ersetzung durch ein Zentralkomitee wurde sie in die Abteilung Sicherheitsfragen umgebildet – im Parteijargon häufig auch als »Abteilung S« betitelt. Ihr sind außer der Anleitung und Kontrolle des Ministeriums für Staatssicherheit heute die Anleitung und Kontrolle des Ministeriums des Innern einschließlich der Polizeikräfte der DDR, der Kampfgruppen der Arbeiterklasse, der Gesellschaft für Sport und Technik und der Organisation der Zivilverteidigung sowie (seit 1956) des Ministeriums für Nationale Verteidigung übertragen. Dabei sind Anleitung und Kontrolle eher Synonyme für die Steuerung der Parteiarbeit in den »bewaffneten Organen«. Hinzu kommt ferner, daß die Abteilung Sicherheitsfragen für das Politbüro und das ZK-Sekretariat Informationen sammelt und auswertet, Richtlinien zur Militär- und Sicherheitspolitik entwirft und Beschlußvorlagen ausarbeitet.

Aus der Entwicklung der Abteilung für Sicherheitsfragen kann gefolgert werden, daß sie stetig ausgebaut und aufgewertet wurde. Genügte ursprünglich der Rang eines Obersten, seit 1963 der Rang eines Generalmajors für ihren Leiter, so war es seit 1972 ein Generaloberst, der schließlich auch selber Mitglied des ZK wurde. Erst unter Egon Krenz änderte sich dies. Er machte mit Dr. Wolfgang Herger erstmals einen Zivilisten zum Abteilungschef. Nachstehend biographische Daten aller bisherigen Abteilungschefs für Sicherheitsfragen[34]: Gustav Röbelen, Walter Borning, Herbert Scheibe und eben Herger.

Jahrgang 1905, Mitglied der KPD seit 1929, nahm Gustav Röbelen nach Jahren des Exils in England am Spanischen Bürgerkrieg teil, wo er im Range eines Majors der Internationalen Brigaden als Adjutant im Bataillon »Hans Beimler« eingesetzt war. Nach dem Ende des Bürgerkrieges emigrierte er in die Sowjetunion, wo er während des Zweiten Weltkrieges in Bjelorußland aktiv an Partisanenkämpfen teilnahm. Im Herbst 1945 kehrte er nach Deutschland zurück, wo er von der KPD/SED als Chef der Sequester-Kommission in Ost-Berlin bestellt wurde. In dieser Funktion hatte Röbelen die in der Nachkriegszeit eingeleiteten Enteignungsaktionen politisch zu überwachen. Später tauchte sein Name im Zusammenhang mit dem Ausschuß zum Schutz des Volkseigentums auf, dessen Chef Erich Mielke hieß. Seit 1950 leitete Röbelen die Abteilung Schutz des Volkseigentums beim Parteivorstand der SED, die 1950 zur Abteilung für Sicherheitsfragen beim ZK umgewandelt wurde. Röbelen leitete sie bis 1958. Im Jahre 1967 ist er verstorben.

Mit Walter Borning wurde ein Nachfolger Röbelens bestellt, dessen Biographie nur lückenhaft bekannt ist. Erwiesen ist, daß er, Geburtsjahrgang 1920, seit 1956 stellvertretender Leiter der Abteilung Sicherheitsfragen gewesen war, ehe er zwei Jahre später die Leitung selbst übernahm; er hatte sie bis 1972 inne – bis zu seiner Ablösung durch Herbert Scheibe. Im Laufe seiner Karriere im Apparat des ZK wurde Walter Borning vom Oberst zum Generalmajor und schließlich zum Generalleutnant der Nationalen Volksarmee befördert. Seit 1975 war er als Generaldirektor der »Häuser der Deutsch-Sowjetischen Freundschaft« in der DDR tätig. Im Alter von 63 Jahren ist er 1983 verstorben.

Herbert Scheibe, von 1972 bis 1985 Abteilungschef für Sicherheitsfragen im ZK der SED, wurde 1914 als Sohn eines Arbeiters geboren. Ursprünglich Schriftsetzer von Beruf, Mitglied des Kommunistischen Jugendverbandes Deutschlands seit 1929, in der nationalsozialistischen Zeit wegen illegaler Widerstandstätigkeit Häftling im Konzentrationslager Buchenwald, fand Herbert Scheibe 1945 den Weg zur KPD/SED. 1947 entschied er sich für den Eintritt in die Volkspolizei. 1949 wechselte er zu den kasernierten Einheiten, aus denen 1952 die Kasernierte Volkspolizei hervorging – seit 1956 also die Nationale Volksarmee. In den fünfziger Jahren leitete er, inzwischen Oberstleutnant, im Stab der KVP/NVA die Verwaltung Aufklärung, das heißt den militärischen Nachrichtendienst der DDR[35]. Nach Absolvierung der Generalstabsakademie der Sowjetunion in Moskau 1957 bis 1959 wurde Herbert Scheibe Chef des Stabes der Luftstreitkräfte/Luftverteidigung im Range eines Generalleutnants.

Im April 1972 übertrug Erich Honecker ihm die Leitung der Abteilung Sicherheitsfragen unter gleichzeitiger Beförderung zum Generaloberst. Auch politisch machte der General Karriere: 1967 als Kandidat des Zentralkomitees gewählt, wurde er 1975 Mitglied – eine Aufwertung, die seinen beiden Vorgängern Gustav Röbelen und Walter Borning nicht zuteil geworden war.

Auch Wolfgang Herger, seit 1985 Leiter der Abteilung für Sicherheitsfragen, gehört zugleich dem ZK als Mitglied an. Geboren 1935 in Rudolstadt/Thüringen, Sohn einer Arbeiterfamilie, Diplom-Philosoph mit Promotion zum Dr. phil. an der Universität Jena, Mitglied der SED seit 1957 – das ist sein biographischer Hintergrund. Hergers Karriere begann in der FDJ, als Sekretär der Grundorganisation im VEB Jenaer Glaswerke, hernach als 2. Sekretär der FDJ-Organisation seiner Universität. Zeitweilig FDJ-Chef von Jena, erreichte ihn schließlich der Ruf nach Ost-Berlin, wo er jahrelang Führungsfunktionen im FDJ-Zentralrat ausübte – zuletzt als Stellvertreter von Egon Krenz. 1976 übernahm Herger im Apparat des ZK die Abteilung Jugend bei gleichzeitiger Wahl zum Mitglied des Zentralkomitees. Seine Bestellung zum Leiter der Abteilung für Sicherheitsfragen wurde lediglich durch eine Protokollnotiz bekannt[36]. Sein Stellvertreter Generalmajor Fritz Renckwitz ist Leiter des Sektors Staatssicherheit in der Abteilung.

Im Gegensatz zur Anleitung und Kontrolle »normaler« Ministerien durch die jeweils zuständigen Abteilungen im Apparat des Zentralkomitees dürfte sich die Abteilung für Sicherheitsfragen darauf beschränken, dem Ministerium für Staatssicherheit allgemeine Arbeitsrichtlinien und kaderpolitische Weisungen zu übermitteln sowie die Durchführung seiner Beschlüsse routinemäßig zu kontrollieren, soweit das bei den Erfordernissen konspirativer Abschirmung überhaupt denkbar ist. Diese Schlußfolgerung ergibt sich aus den realen Machtverhältnissen. Seit der Zugehörigkeit des Ministers für Staatssicherheit zum Politbüro ist ein Subordinationsverhältnis, wie es üblicherweise zwischen den Abteilungen des Zentralkomitees und den einzelnen Ministerien besteht, noch weniger als vorher vorstellbar. Insoweit kann möglicherweise sogar unterstellt werden, daß die politische Kontrolle des MfS unter Honeckers Ägide weniger wirksam ist als zu Ulbrichts Zeiten.

Der Generalsekretär des Zentralkomitees der SED und Vorsitzende des DDR-Staatsrates, Erich Honecker, übermittelt dem Minister für Staatssicherheit, Armeegeneral Erich Mielke, Glückwünsche zum 30jährigen Bestehen des MfS. Hinter Honecker Ministerratsvorsitzender Willi Stoph.

Staatssicherheitsminister Erich Mielke beim Abschreiten der Front des MfS-Wachregiments »Feliks Dzierzynski« am 15. Dezember 1967 zum Appell aus Anlaß der Namensverleihung an das Wachregiment.

Die Parteiorganisation des MfS

Wie in Kapitel 4 schon dargelegt, verfügt die Staatssicherheit der DDR über einen Personalstand von ca. 20 000 hauptamtlichen Mitarbeitern auf allen Ebenen – Generale, Offiziere, Unteroffiziere und Zivilbeschäftigte. Dazu kommen die Angehörigen des Wachregiments »Feliks Dzierzynski«, dessen Ist-Stärke auf 7000 bis 9000 Mann geschätzt wird. Daß die meisten, aber keineswegs sämtliche Mitarbeiter der Staatssicherheit Mitglieder der SED sind, geht nicht nur aus Aussagen ehemaliger MfS-Mitglieder hervor. Auch Äußerungen, in denen ausdrücklich »die Kommunisten im MfS«[37] angesprochen werden, weisen darauf hin. Und wenn der frühere Kommandeur des Wachregiments »Feliks Dzierzynski«, Generalmajor Heinz Gronau, 1967 als Ausweis »guter Ergebnisse in der gesellschaftlichen Arbeit« hervorhebt, daß »im letzten Ausbildungsjahr zahlreiche Angehörige des Regiments den Antrag (stellten), Kandidat bzw. Mitglied der Partei zu werden«[38], so bestätigt er damit, daß nicht alle Angehörigen des Wachregiments das Mitgliedsbuch oder die Kandidatenkarte der SED unter dem Uniformrock tragen. Zwar ist das Wachregiment in seiner politisch-sozialen Zusammensetzung nicht repräsentativ für die Staatssicherheit insgesamt, der Grad der politischen Organisiertheit ihrer Angehörigen in der SED liegt generell höher, aber er ist gewiß nicht gleich hundert. In ihren Reihen sind auch »parteilose Kommunisten«. Im Offizierskorps der Staatssicherheit dürfte die Mitgliedschaft in der Partei allerdings gleich hundert Prozent sein.

Die Angehörigen der Staatssicherheit, die in der SED organisiert sind, bilden eine besondere Parteiorganisation des Ministeriums für Staatssicherheit[39]. Einerseits ist sie einer Kreisparteiorganisation gleichgestellt, weshalb in Zeitungsberichten gelegentlich auch von der Kreisleitung der SED im MfS zu lesen ist[40]; andererseits tagt die statutenmäßig mindestens zweimal zwischen zwei Parteitagen fällige Delegiertenkonferenz der Parteiorganisation im MfS im Zuge der sogenannten Parteiwahlen stets zu dem Zeitpunkt, an dem die Delegiertenkonferenzen der SED auf Bezirksebene und in der Nationalen Volksarmee fällig sind, nicht also gemeinsam mit den Kreisdelegiertenkonferenzen, die jeweils in einer vorausgehenden Etappe der Parteiwahlen durchgeführt wurden. Demnach kann gefolgert werden, daß die Parteiorganisation der SED im MfS ihrem politischen Stellenwert nach über dem Status einer »normalen« Kreisparteiorganisation rangiert. Wenn sie diesen Status dennoch behielt, so vermutlich aus einem rein quantitativen Grund: Tatsächlich kann die Parteiorganisation im MfS ihrem Personalbestand nach nur mit einer Kreisparteiorganisation verglichen werden. Wie auch immer, sie arbeitet jedenfalls ähnlich den Parteiorganisationen in anderen bewaffneten Organen »nach besonderen, vom Zentralkomitee bestätigten Instruktionen«[41]; das ZK legt auch den Strukturplan des Sekretariats der Kreisleitung im MfS fest. An seiner Spitze steht der 1. Sekretär der Kreisleitung der SED im MfS, ferner gehören ihm ein 2. Sekretär an sowie weitere Sekretäre, darunter der Sekretär für Agitation und Propaganda. Kraft ihrer Funktion dürften der 1. Stellvertreter des Ministers für Staatssicherheit, ferner der Vorsitzende der Parteikontrollkommission im MfS sowie der 1. Sekretär der FDJ-Organisation im MfS ebenfalls Mitglieder des Sekretariats der MfS-Kreisleitung sein.

Zwar ist nicht belegbar, daß die Parteiorganisation in der Staatssicherheit sowohl eine eigene Parteikontrollkommission als auch eine eigene Revisionskommission besitzt, ihre Existenz aber ist nicht fraglich. Während über die Zusammensetzung der Parteikontrollkommission im MfS die Kreisleitung der SED in der Staatssicherheit entscheidet, dürften die Mitglieder und Kandidaten der Revisionskommission der SED im MfS von der Delegiertenkonferenz der Parteiorganisation im MfS »gewählt« werden.

Vertikal gliedert sich die Parteiorganisation der SED in der Staatssicherheit in Grundorganisationen, Abteilungsparteiorganisationen sowie Parteigruppen entsprechend der vertikalen Struktur des MfS, wobei Grundorganisationen und Abteilungsparteiorganisationen sowie Parteigruppen sowohl auf zentraler Ebene als auch in den Bezirksverwaltungen und Kreisdienststellen existieren, gegliedert jeweils nach Dienstbereichen und Diensteinheiten.

Disziplinierung durch Schulung und Kontrolle

Über die Parteiorganisation der SED im MfS übt das Sekretariat des Zentralkomitees seine Anleitung und Kontrolle zur politisch-ideologischen Disziplinierung der Staatssicherheit aus. Deren Notwendigkeit ist wiederholt betont, deren Mangel des öfteren kritisiert worden. »Anläßlich der letzten Konferenz der Funktionäre der Staatssicherheit habe ich den Genossen gesagt, daß die Staatssicherheit ohne Kontrolle arbeitet, daß die Partei keine wirklich ernsthafte Kontrolle hat«[42]. Walter Ulbricht konstatierte dies 1953 auf dem 15. Plenum des Zentralkomitees. Bei gleicher Gelegenheit fordert er, daß die Parteiorganisation »besser angeleitet werden« muß, »damit sie ihre Aufgaben voll erfüllt. Mit Hilfe der Entfaltung der Kritik und Selbstkritik sind in der Parteiorganisation der Staatssicherheit die bestehenden Fehler und Mißstände zu überwinden«[43]. Die Zaisser vorgehaltene und vorgeworfene »Unterschätzung der Parteiarbeit« konnte nur eintreten, laut Ulbricht, »weil die Parteiorganisation im Ministerium für Staatssicherheit sich in einem ideologisch und organisatorisch vernachlässigten Zustand befindet. Von den leitenden Funktionären des Ministeriums wurde die Parteiarbeit gehemmt und als eine nebensächliche Angelegenheit behandelt. Die Kritik und Selbstkritik, die auch in der Parteiorganisation des Ministeriums für Staatssicherheit notwendig ist, wurde vielfach unterdrückt«[44]. Alles dies schrieb Ulbricht Zaisser ins Stammbuch, wobei er seine Kritik freilich auf den vormaligen Minister beschränkte und dessen Mitarbeiter ausdrücklich davon ausnahm: »Ich habe bewußt formuliert, daß die Leitung des Ministeriums versagt hat. Ich habe nicht von den Funktionären des Apparates für Staatssicherheit gesprochen. Warum nicht? Wir wissen, daß die Mitarbeiter dieses Apparates gute, erprobte Genossen sind, die treu zur Partei stehen. Die Arbeit der Führung des Ministeriums ist jedoch eine solche, daß auch die guten Funktionäre nicht in den Stand gesetzt wurden, die Aufgaben zu erfüllen, die ihnen gestellt waren. Der Apparat für Staatssicherheit ist ein Apparat, der aus guten Genossen besteht. Es sind nur einige wenige, die am 17. Juni versagt haben. Aber die Führung hat versagt«[45]. Ulbricht nahm kein Blatt vor den Mund. Zaisser hatte sich seiner Kontrolle entzogen.

Hermann Matern, seinerzeit Vorsitzender der Zentralen Parteikontrollkommission, hat ein knappes Jahr später diese Vorwürfe bekräftigt. In seinem Bericht an die Delegierten des IV. Parteitages der SED, der vom 30. März bis 6. April 1954 abgehalten wurde, setzte er als »bekannt« voraus, »daß es im Ministerium für Staatssicherheit starke Tendenzen gab, sich über die Partei zu stellen. Dabei wurden ebenfalls die Parteisekretäre diskreditiert. Das trat in solchen Äußerungen in Erscheinung, ›daß es viele Kreissekretäre der Partei gibt, die für die Arbeit in der Staatssicherheit nicht bestätigt würden‹[46].«

Joachim Schultz zitiert in seiner Untersuchung zur Kaderpolitik und Bürokratisierung der SED den Adjutanten des damaligen Chefs der MfS-Landesverwaltung Thüringen, Rudolf Menzel, einen Mann namens Koch, der am 10. März 1951 unverblümt geäußert hatte, die Staatssicherheit würde »über der SED stehen«, sie besäße über zahlreiche führende SED-Funktionäre Akten und müsse sich »unter Umständen gegen die SED stellen«, weil es »angesichts der innerparteilichen Lage der SED« außer dem Staatssicherheitsdienst »kein zuverlässiges Instrument gebe«[47]. Durch die Auseinandersetzung mit der Zaisser/Herrnstadt-Fraktion sind solche Grundstimmungen voll und ganz bestätigt worden.

Demgegenüber fehlte es nach Zaissers Sturz nicht an Loyalitätsbekundungen aus den Reihen der Staatssicherheit gegenüber der Parteiführung. Auf einer Parteiaktivtagung des Oderbezirks Frankfurt am 30. Juli 1953 zum Beispiel verband ein Genosse aus der Bezirksverwaltung sein Bekenntnis zum Zentralkomitee der SED mit dem selbstkritischen Eingeständnis von Fehlern: »Ein Vertreter der Parteiorganisation des Staatssicherheitsdienstes im Bezirk Frankfurt versicherte, daß alle Mitarbeiter sich hinter das Zentralkomitee stellen und die Haltung Zaissers aufs tiefste verurteilen. Die Parteiaktivtagung des bisherigen Ministeriums für Staatssicherheit hat bewiesen, daß Zaisser sich keine Plattform im Ministerium schaffen konnte. Aus der Feststellung des Zentralkomitees über die Arbeit des Staatssicherheitsdienstes ergibt sich aber die Notwendigkeit einer gründlichen Erkenntnis der Fehler, die zu einer Isolierung des Staatssicherheitsdienstes von den Massen führte und zu dem Bestreben, sich über die Partei zu stellen«[48]. Ähnliches trug sich auf der Parteiaktivtagung des Bezirks Gera zu: »Auf der Parteiaktivtagung trat – zum erstenmal – ein Genosse aus dem Bezirksorgan des staatlichen Sicherheitsdienstes auf und legte Rechenschaft über die geleistete Arbeit und begangene Fehler ab. Er berichtete, wie schwierig sich die Arbeit der Genossen unter dem Genossen Zaisser gestaltete, der die Parteiarbeit im Ministerium lähmte und die Mitarbeiter von der Bevölkerung isolierte. Der Genosse fand vollen Beifall, als er darauf hinwies, daß die Mitarbeiter unserer Sicherheitsorgane ihre schwere Arbeit nicht allein durchführen können, daß sie die Unterstützung der Werktätigen brauchen, daß vor allem jeder Genosse ein treuer Freund und Helfer unserer Sicherheitsorgane sein muß«[49]. Das Auftreten von Mitarbeitern der Staatssicherheit auf Parteiaktivtagungen der SED war bis dahin offenbar gänzlich unüblich gewesen – freilich in der Hauptsache aus konspirativen Gründen.

Nicht zuletzt auf Grund solcher Erfahrungen hat es die SED in späteren Jahren wiederholt für unerläßlich gehalten, ihren Führungsanspruch gegenüber der Staatssicherheit anzumahnen. Auch gerade 1956, in der Zeit des »politischen Tauwetters« nach dem XX. Parteitag der KPdSU und der 3. Parteikonferenz der SED, erinnerte Walter Ulbricht an die Weisung des Politbüros, »daß die Bestimmungen der Partei über die innerparteiliche Demokratie, über die Kritik und Selbstkritik auch in der Parteiorganisation in der Staatssicherheit eingehalten werden müssen. Die Bezirksleitungen wurden verpflichtet, entsprechend zu helfen und zu kontrollieren. Die Staatssicherheit hat besondere und sehr verantwortungsvolle Aufgaben. Deshalb müssen die leitenden Parteiorgane sich mit dieser Frage beschäftigen und auch mithelfen bei der Erziehung der Parteifunktionäre, die Mitarbeiter der staatlichen Sicherheitsorgane sind«[50]. Namentlich in der politischen »Tauwetter«-Periode dürfte Ulbricht die Kontrolle der Partei über die Staatssicherheitsorgane aus Gründen der Herrschaftssicherung für besonders wichtig gehalten haben.

Zaissers Nachfolger Ernst Wollweber hatte sich schon 1954 auf dem IV. Parteitag der SED beeilt, den Forderungen der Partei nachzukommen mit der Versicherung, »daß die Genossen in den Organen der Staatssicherheit in jeder Situation standhaft sein und treu zur Partei stehen müssen«, das sei geradezu »eine der Voraussetzungen für eine wirklich erfolgreiche Arbeit der Staatssicherheit«[51]. Auf der 3. Parteikonferenz zwei Jahre später erneuerte er sein Treuebekenntnis zur Partei. »Die Erfüllung der vom Ministerium für Staatssicherheit zu lösenden Aufgaben unter den veränderten Bedingungen, wie sie durch die 3. Parteikonferenz und die großen Lehren des XX. Parteitages der KPdSU festgestellt werden, verlangt eine Verbesserung der Arbeitsmethoden, insbesondere eine Verstärkung auf dem Gebiet der politischen und fachlichen Qualifizierung der Mitarbeiter . . . Die Genossen in der Staatssicherheit sehen es daher als ihre höchste Pflicht gegenüber der Partei und der Arbeiterklasse an, die Mitarbeiter im Leninschen Geist zu erziehen, ehrlich und gewissenhaft für die Partei der Arbeiterklasse ihren Dienst zu versehen und immer nach den Gesetzen, die sich der Arbeiter-und Bauern-Staat gegeben hat, zu handeln. Zur Verbesserung der Arbeit, insbesondere auch der Erziehung, ist es notwendig, daß die Parteiorganisationen in den Staatssicherheitsorganen der Bezirke und Kreise besser von den Bezirks- und Kreissekretären unterstützt werden. Die Beseitigung der Hemmnisse bei der Entfaltung von Kritik und Selbstkritik als einer wichtigen Waffe bei der Durchsetzung der Aufgaben in den Parteiorganisationen der Organe der Staatssicherheit wird mit Recht vom Zentralkomitee unserer Partei gefordert«[52]. Sollte sich die Staatssicherheit wie drei Jahre zuvor der Kontrolle durch die Partei abermals entzogen haben? Wollwebers Sturz anderthalb Jahre später ist die Antwort auf diese Frage.

Nach dem Gesagten muß es mehr als nur eine politische Pflichtübung des derzeitigen Staatssicherheitsministers sein, die Kontroll- und Erziehungsfunktion der SED im MfS immer wieder zu beschwören und zu bekräftigen. »Die Mitarbeiter der Staatssicherheit sind von der Partei der Arbeiterklasse nach den Leninschen Prinzipien der Parteilichkeit und der kompromißlosen Bekämpfung der Feinde erzogen«, versicherte er 1960. »Sie studieren ständig und systematisch die Beschlüsse von Partei und Regierung«[53]. Und 1967, auf dem VII. Parteitag der SED, plädierte Mielke erneut für »die weitere Qualifizierung der Parteierziehung im Ministerium für Staatssicherheit«[54]. Wenige Wochen vor dem IX. Parteitag 1976 hob er abermals darauf ab: »Die gesamte Parteiarbeit ist darauf ausgerichtet, die Angehörigen des MfS auf die neuen Aufgaben einzustellen und sie zu qualifizieren, daß sie noch besser allen Anforderungen gerecht werden«[55]. Zitat an Zitat ließe sich dazu aneinanderreihen. Immer wieder bekräftigt Mielke »die unablässige Stärkung der Kampfkraft der Parteiorganisation durch eine kontinuierliche politisch-ideologische und parteierzieherische Arbeit«[56] bis hin zu dem makaber-zynisch anmutenden Gelöbnis: »Auch für die Tschekisten der DDR kann die Antwort auf die Beschlüsse der 12. Tagung des ZK der SED nur lauten: ›Das Beste zum X. Parteitag‹. Alles zum Wohle des Volkes«[57]. Erziehung ist die bestimmende Komponente der Parteiarbeit in der Staatssicherheit. Ihr Ziel heißt Disziplinierung durch Schulung und Kontrolle. In einer Direktive des Zentralkomitees der SED für die Durchführung der Parteiwahlen 1980/81 wurde den Parteiorganisationen im MfS folgende Orientierung gewiesen: »Die Parteiorganisationen im Bereich des Ministeriums für Staatssicherheit verstärken ihren Einfluß auf die politisch-ideologische Erziehung und Befähigung der Mitarbeiter, die Lage in ihrem Verantwortungsbereich umsichtig einzuschätzen und die gegen die DDR gerichteten konterrevolutionären Pläne und Absichten unserer Feinde mit hohem persönlichen Einsatz rechtzeitig aufzudecken und zu vereiteln«[58]. Was die Parteierziehung in der Staatssicherheit bezweckt, ist damit treffend umrissen.

Grundlage der Schulung innerhalb der Parteiorganisation im MfS sind nicht nur die Werke der »Klassiker« sowie die üblichen Materialien und Dokumente, also Beschlüsse von Parteitagen, des Zentralkomitees und seiner leitenden Organe, ferner Reden des Generalsekretärs und anderer führender Funktionäre, sondern auch die Aufsätze und Reden des Ministers. Zum Beispiel ist ein Referat, das Erich Mielke am 16. Oktober 1978 auf einer internen propagandistischen Veranstaltung zur Eröffnung des Parteilehrjahres 1978/79 hielt, einen Tag danach den Leitern aller Diensteinheiten »zur differenzierten Auswertung in der politisch-ideologischen und parteierzieherischen Arbeit im Parteikollektiv und für die Ableitung und Umsetzung der sich daraus ergebenden Schlußfolgerungen für die politisch-operative bzw. fachliche Tätigkeit«[59] zugeleitet worden. Kurioserweise war das Referat, ein Manuskript von 120 Seiten, als »vertrauliche Verschlußsache« klassifiziert worden, die »nur jenen Angehörigen zur Kenntnis gegeben werden« durfte, »die diese unmittelbar für die Lösung der ihnen übertragenden Aufgaben benötigen«. Dem »hohen Vertraulichkeitsgrad« sei in der Auswertung Rechnung zu tragen. Schließlich hatte die Rücksendung des Referats bis zum 1. März 1979 »an das Büro der Leitung, Dokumentenverwaltung, zu erfolgen«[60].

In diesem Referat – einer Grundsatzrede zum Thema »Die Aufgaben zur Stärkung der Kampfkraft der Partei als entscheidende Voraussetzung für die weitere erfolgreiche Verwirklichung der Beschlüsse des IX. Parteitages der SED« – unterstrich Mielke, für wie wichtig er die Zirkel und Seminare im Rahmen des Parteilehrjahres für die fachliche Qualifizierung aller DDR-»Tschekisten« hält: »Durch ein intensives Selbststudium der Parteibeschlüsse in enger Verbindung mit den Werken der Klassiker sowie mit theoretisch anspruchsvollen, praxisverbundenen und lebendigen Zirkeln und Seminaren ist dazu beizutragen, die Standfestigkeit aller Mitarbeiter weiter zu festigen und einheitliche ideologische Standpunkte als unabdingbare Voraussetzung eines einheitlichen und geschlossenen Handelns der Kollektive, der weiteren Festigung unserer Reihen zu erarbeiten.

Es kommt darauf an, das politisch-operative Einschätzungsvermögen der Genossen zu vervollkommnen und ihre Fähigkeit zur Ableitung der notwendigen Schlußfolgerungen für die eigene Arbeit, zum selbständigen politisch und operativ richtigen Handeln in jeder Situation weiter auszuprägen. Die Zirkel und Seminare sind eng mit den sich aus der internationalen Klassenauseinandersetzung und der Entwicklung der politisch-operativen Lage im Innern der DDR für das jeweilige Kollektiv entsprechend seiner spezifischen Verantwortung aktuell ergebenden Anforderungen und Aufgaben zu verbinden. Damit ist zu sichern, daß ein maximaler Beitrag zur allseitigen, qualitäts- und termingerechten Erfüllung der Plan- und Kampfaufgaben der jeweiligen Diensteinheiten geleistet wird«[61]. Das Zitat erhellt den Zusammenhang zwischen politisch-ideologischer Erziehung und »fachlich-operativer Arbeit« in der Staatssicherheit überzeugender als jeder Kommentar.

Laut Statut der SED haben die Parteiorganisationen in den Ministerien eine an der inneren Struktur des Apparates orientierte Gliederung. In Hauptabteilungen, Abteilungen und Sektoren gliedern sie sich je nach Größe in Grundorganisationen, Abteilungsparteiorganisationen oder Parteigruppen. Das ist auch im MfS der Fall, obschon hier als Besonderheit hinzukommt, daß Grundorganisationen, Abteilungsparteiorganisationen und Parteigruppen auch in den Bezirksverwaltungen, Kreis- und Objektdienststellen des MfS existieren, die vertikal angeleitet und kontrolliert, das heißt, den regional zuständigen Bezirks- und Kreisleitungen der SED nicht unterstellt, sondern von ihnen lediglich »unterstützt« werden. Natürlich sind es Gründe der konspirativen Abschirmung, aus denen sich dieses Organisationsprinzip erklärt.

Realisiert wird ein »Zusammenwirken« mit den regionalen Parteileitungen. Soweit bekannt, wird diese horizontale Zusammenarbeit von den 1. Sekretären der Bezirks- und Kreisleitungen wahrgenommen. Sie kommen regelmäßig mit den jeweiligen Leitern der Bezirksverwaltungen und Kreisdienststellen des MfS beziehungsweise mit den Sekretären der Parteiorganisationen der Staatssicherheit auf Bezirks- und Kreisebene zu Beratungen zusammen. Umgekehrt werden regelmäßig die Leiter der Bezirksverwaltungen und Kreisdienststellen des MfS, Generale und Offiziere der Staatssicherheit, kraft ihrer Funktion zu Mitgliedern der Bezirks- bzw. Kreisleitungen der SED »gewählt«. Insoweit findet horizontal eine personelle Verflechtung der MfS-Dienststellen und Parteileitungen gleicher Ebenen statt.

Wie im Parteistatut festgelegt, haben die Parteiorganisationen in den DDR-Ministerien das Recht, »die Kontrolle über die Tätigkeit des Apparates bei der Verwirklichung der Beschlüsse der Partei und Regierung, bei der Einhaltung der sozialistischen Rechtsnormen auszuüben«. Unter Beachtung konspirativer Regeln gilt das auch für die Parteiorganisation des MfS. Ein 1959 geflüchteter Hauptmann der Staatssicherheit berichtete über Parteiversammlungen, daß sie »vorher immer mit den fachlichen Leitern, sowohl der

Hauptabteilungen wie auch der Abteilungen und Referate, abgesprochen« wurden. »Bei diesen Absprachen wurde jeweils festgelegt, was man mit der zur Frage stehenden Parteiversammlung bei den Mitgliedern erreichen sollte. Hauptziel solcher Parteiversammlungen war immer wieder, die Mitglieder der angesprochenen Abteilungen oder Referate von der politischen Seite her davon zu überzeugen, wie wichtig es für die Partei und den Staat sei, die gestellten Schwerpunktaufgaben nach besten Kräften zu lösen«[62]. Daran hat sich auch in späteren Jahren nichts geändert. Statutengemäß werden von den Parteiorganisationen der SED im MfS regelmäßig zweimal monatlich Versammlungen für alle Genossen abgehalten. »In den Versammlungen auf der Ebene von Parteigruppen – identisch mit dem Personal eines Referats, nur der Abteilungsleiter trat jeweils noch dazu – wurden zumeist Probleme erörtert, die mit der Nachrichtenarbeit zusammenhingen, so zum Beispiel die Auswirkungen der europäischen Sicherheitskonferenz auf das Westnetz, die politische Erziehung der Inoffiziellen Mitarbeiter oder die politische Lage in der Bundesrepublik. Auf der Abteilungsebene dagegen bestanden die Versammlungen nur aus einem verkrampften Zeremoniell. Man bestimmte einen Mitarbeiter, über ein angesetztes Thema zu referieren, und vier weitere Genossen – aus jedem Referat einer –, die Diskussion zu bestreiten. Auch der Ablauf der Diskussion wurde vorher festgelegt«[63]. So ein ehemaliger Abteilungsparteisekretär der HV A im MfS. Dazu kommen die auch sonst in der SED üblichen Seminare und Zirkel im Rahmen des Parteilehrjahres, wobei die Propagandisten und Schulungsleiter zumeist aus dem Kaderreservoir der Staatssicherheit stammen dürften.

Auch die im Vorfeld des XI. Parteitages beschlossene Mitgliederüberprüfung durch »vertrauensvolle individuelle Gespräche« mit jedem Genossen fand in den Parteiorganisationen der Staatssicherheit statt. Ihr Fazit: »In den Gesprächen bei den Genossen des Ministeriums für Staatssicherheit ging es vor allem um die weitere Qualifizierung des tschekistischen Kampfes zur rechtzeitigen Aufklärung und Durchkreuzung der Angriffe des Gegners«, hieß es in einer Analyse[64]. Die Ritualisierung des »Parteilebens« in der Staatssicherheit soll emotionale Bindungen schaffen.

Um »die einheitliche Orientierung der Parteikräfte« zu sichern und »für eine rasche Information der Parteiorganisation über grundlegende Beschlüsse der Partei und deren Durchführung in ihrem Bereich« zu sorgen, wie das Statut besagt, werden Parteiaktivtagungen des Ministeriums für Staatssicherheit auf zentraler Ebene einberufen und abgehalten. Parteiaktivtagungen finden statt nach wichtigen Plenartagungen des Zentralkomitees sowie alljährlich zur Eröffnung des Parteilehrjahres[65]. Auf ihnen werden nicht nur die Propagandisten in der Staatssicherheit auf ihre aktuellen Aufgaben »eingestellt«, sondern auch die Sekretäre der Grundorganisationen sowie die Parteigruppenorganisatoren mit den jeweiligen Schulungsschwerpunkten vertraut gemacht. Abermals bestätigt sich hier eine spezifische Erziehungsfunktion der Partei in der Staatssicherheit.

Die Parteierziehung soll, jedenfalls nach den Vorstellungen der Staatssicherheit, auch bei den Genossen nicht vernachlässigt werden, die als Offiziere im besonderen Einsatz oder als Illegale Residenten im Bundesgebiet oder im Ausland operativ tätig sind. Freilich beschränkt sie sich im wesentlichen auf die Einbehaltung des Parteibeitrages. Dabei trägt ein besonderer Beauftragter des Parteibüros der Hauptverwaltung Aufklärung die Verantwortung dafür, daß schon in der Vorbereitungsphase eines operativen Einsatzes die sogenannte Parteiummeldung so umsichtig und sorgfältig geregelt wird, daß daraus keine »Konspirationsverletzungen« entstehen können[66]. Ein 1977 enttarnter und umgedrehter MfS-Offizier im Westeinsatz sagte aus, daß der Parteibeitrag während seines Aufenthalts »im Operationsgebiet« von seinem in der DDR weitergezahlten Gehalt einbehalten worden wäre[67].

Während es kaum überrascht, daß die hauptamtlichen Mitarbeiter des MfS im Westeinsatz weiterhin in den Mitglieder- und Beitragslisten der Partei geführt werden, überrascht es allerdings, daß auch MfS-Agenten und Spione, die niemals Bürger der DDR waren, sondern sich in der Bundesrepublik als Inoffizielle Mitarbeiter hatten gewinnen lassen, ebenfalls die Mitgliedschaft der SED erwerben können. Solche Genossen werden unter Decknamen in den Beitragslisten der Partei geführt. Zum Beispiel war der ehemalige Einflußagent Hanns-Heinz Porst Mitglied der SED[68].

Parteiwahlen in der Staatssicherheit

Nach allem versteht sich von selbst, daß in der Parteiorganisation der SED im MfS auch das politische Ritual sogenannter Parteiwahlen praktiziert wird – jene Überprüfung und Erneuerung der Parteileitungen auf allen Ebenen durch formelle Wieder- oder Neuwahl der Kader, und zwar jeweils zweimal in der Zeit zwischen zwei Parteitagen. Allerdings sind die Parteiwahlen in der Staatssicherheit nach besonderen Bestimmungen durchzuführen: »Die Wahl der Leitungen und Delegierten in den Parteiorganisationen der bewaffneten Organe erfolgt nach besonderen Richtlinien des Zentralkomitees«[69]. Gleichwohl sucht die Parteiorganisation im MfS den Stil der Parteiwahlen in »normalen« Parteikollektiven in einer Weise zu kopieren, die zuweilen schon zur politischen Groteske geraten kann. So fand vor dem IX. Parteitag der SED die übliche Delegiertenkonferenz der Parteiorganisation des MfS statt unter der Losung: »Mit hohen tschekistischen Leistungen vorwärts zum IX. Parteitag der SED«[70]. Ähnlich lautete die Losung der Delegiertenkonferenz der Parteiorganisationen des MfS vor dem X. Parteitag: »Kampfkurs X. Parteitag! Mit besten tschekistischen Leistungen – Alles zum Wohle des Volkes!«[71] Was aber sind »tschekistische Leistungen«? Werden die geplant? Haben sie Normen, an denen sie meßbar sind? Nach dem bei solchen Gelegenheiten üblicherweise erstatteten Rechenschaftsbericht der Leitung der Parteiorganisation im MfS sind diese Fragen durchaus nicht ironisch gestellt; in einem solchen Bericht hieß es beispielsweise wörtlich: »In allen Parteikollektiven wurden und werden große Anstrengungen unternommen, um mit der qualitäts- und termingerechten Erfüllung der gestellten Plan- und Kampfaufgaben einen würdigen Beitrag zur Vorbereitung des IX. Parteitages zu leisten, tief in den Inhalt der veröffentlichten Dokumentenentwürfe unserer Partei und der Dokumente des XXV. Parteitages der KPdSU einzudringen und erste sich daraus ergebende Schlußfolgerungen für die Arbeit des Ministeriums für Staatssicherheit abzuleiten. Die gesamte Parteiarbeit ist darauf ausgerichtet, die Angehörigen des MfS auf die neuen Aufgaben einzustellen und sie so zu qualifizieren, daß sie noch besser allen Anforderungen gerecht werden«[72]. Als die Parteidelegiertenkonferenz des MfS vor dem X. Parteitag zusammentrat – sie wählte die Kreisleitung der Parteiorganisation sowie die Delegierten zum Parteitag –, da wurde das Resümee der Parteiwahlen wie folgt zusammengefaßt: »Die Parteiwahlen in der Parteiorganisation haben erneut gezeigt, daß die Mitarbeiter der Staatssicherheit entschlossen und fähig sind, jeden Befehl der Arbeiter-und-Bauern-Macht bedingungslos zu erfüllen. Sie beziehen eine eindeutige Kampfposition zu den Anforderungen der achtziger Jahre«[73]. Auf dieser Konferenz wurde ihnen erneut »eine erfolgreiche Bilanz der allseitigen Erfüllung ihres Klassenauftrages« bescheinigt: »Mit ihren Leistungen reihen sie sich würdig in die große Volksinitiative zur Vorbereitung des X. Parteitages ein«[74]. Als Achim Böhme, Parteichef im Chemiebezirk Halle, zum 32. Jahrestag des MfS den Mitarbeitern der Hallenser Bezirksverwaltung auf einem Kampfmeeting Grüße und Glückwünsche überbrachte, nahm er zugleich eine Selbstverpflichtung entgegen: »Der Sekretär der Parteiorganisation der Bezirksverwaltung, Lothar Brändel, berichtete dem Mitglied des Zentralkomitees, daß alle Kollektive der Bezirksverwaltung zielklare und abrechenbare Kampfprogramme für 1982 beschlossen haben, um die an sie gestellten tschekistischen Aufgaben in hoher Qualität zu erfüllen«[75]. Derlei Zitate belegen vor allem dies: den psychologisch motivierten Versuch, den »Tschekisten« im Staat der SED durch moralische und gesellschaftliche Gleichstellung mit den Arbeitern in der Produktion politisches Selbstbewußtsein einzuflößen und ihre Disziplinierung durch Selbstverpflichtungen ideologisch abzustützen.

Für die auch sonst häufig nachweisbare kaderpolitische Kontinuität im MfS war es charakteristisch, daß ein und derselbe Mann rund ein Vierteljahrhundert lang ununterbrochen an der Spitze der Parteiorganisation im MfS stand – ein Mann im Generalsrang, der auf Grund seiner Funktion zugleich dem Kollegium des Ministeriums für Staatssicherheit angehörte[76]: Gerhard Heidenreich. Sein Karriereweg[77] vermittelt in vieler Hinsicht Aufschlüsse für die Personalpolitik der SED. Geboren 1916 in Breslau, ursprünglich Ofensetzer von Beruf, war Gerhard Heidenreich – seit 1926 »Jungpionier«, seit 1931 Jungkommunist im KJVD – schon als junger Mensch in den antifaschistischen Widerstand eingetreten. 1934 wurde er dafür zu zwei Jahren Gefängnis verurteilt. 1945/46 Mitglied der KPD/SED, wie sich für ihn von selbst verstand, engagierte er sich in Plauen/Vogtland auch als Mitbegründer des Antifa-Jugendausschusses, dessen Leiter er wurde. Damit war sein Weg zur FDJ programmiert: Seit November 1946 Org-Sekretär in der FDJ-Landesleitung Sachsen, die damals von Robert Bialek[78] geleitet wurde, vollzog sich sein Aufstieg in der »Kampfreserve der Partei« folgerichtig Schritt um Schritt. Von 1947 bis 1954 war Heidenreich Mitglied des Zentralrats der FDJ; er muß also in dieser Zeit eng mit Erich Honecker zusammengearbeitet haben, der damals als Vorsitzender an der Spitze der FDJ stand. Seit Juni 1949 sodann 2. Sekretär des FDJ-Zentralrats – zuständig für Organisationsfragen –, wechselte Heidenreich im November 1950 als Sektorenleiter in die Kaderabteilung des Zentralkomitees der SED. Von 1950 bis 1954 war er zudem Abgeordneter der Volkskammer in der Fraktion der FDJ.

Mit seinem Eintritt in das Institut für Wirtschaftswissenschaftliche Forschung

1952 entschied er sich für eine politische Karriere im Apparat der Staatssicherheit, in den er – bis dahin stellvertretender Chef des IWF – im Juli 1953 mit dem Rang eines Obersten wechselte. Seit 1955 stand er als 1. Sekretär an der Spitze der Kreisleitung der SED im MfS. Sein politisches Prestige ließ sich nicht zuletzt daran abschätzen, daß er dem Zentralkomitee der Partei seit 1950 als Kandidat, seit 1963 als Mitglied angehört hatte, bis er 1981 auf dem X. Parteitag der SED nicht wieder in dieses Gremium der Partei gewählt wurde. Hatte sein Ausscheiden politische Gründe?

Schon im Vorfeld des X. Parteitages war Heidenreich von der politischen Szene verschwunden. Bei der am 21./22. Februar 1981 durchgeführten Delegiertenkonferenz der Parteiorganisation im MfS war sein Name öffentlich nicht mehr erwähnt worden. Statt dessen war einer Zeitungsmeldung zu entnehmen, als 1. Sekretär der Parteiorganisation des MfS sei Horst Felber »wiedergewählt«[79] worden. Dieser Formulierung nach hatte Felber Heidenreich also vorher schon abgelöst, aber die Veränderung war nicht öffentlich gemacht worden. Gleichwohl dürften nicht politische Gründe diesen Wechsel hervorgerufen haben, obwohl auch Heidenreich mit dem Seitenwechsel des ehemaligen MfS-Oberleutnants Werner Stiller, der am 19. Januar 1979 in den Westen übergetreten war, eine Niederlage hatte hinnehmen müssen – immerhin war der Überläufer nicht nur Führungsoffizier in der HV A gewesen, sondern auch Sekretär einer Abteilungsparteiorganisation. Indes ist bekannt, daß Heidenreich seit Jahren an einem Augenleiden laborierte – und aus der Tatsache, daß er auf dem X. Parteitag der SED zum Mitglied des Präsidiums des Parteitages gewählt worden war, als »Parteiveteran«[80], geht eindeutig hervor, daß er in Ehren aus den Reihen des MfS verabschiedet worden ist.

Sein Nachfolger Horst Felber stand, als seine Wahl zum 1. Sekretär der Kreisleitung der SED im MfS bekannt wurde, im Rang eines Generalmajors. Geburtsjahrgang 1929, offiziellen Angaben[81] zufolge Arbeiter und Oberstufenlehrer von Beruf, Mitglied der SED seit 1954, scheint er später ein Studium absolviert zu haben; jedenfalls weisen ihn seine Daten als »Dr. jur.« aus. Seine Wahl zum Nachfolger Heidenreichs entsprach insoweit jener kaderpolitischen Logik, deren Prinzip Kontinuität heißt, als er seit Jahren bereits Heidenreichs Stellvertreter war – als 2. Sekretär der Kreisleitung der SED im MfS. Mit Felbers Wahl zum Mitglied des Zentralkomitees auf dem X. Parteitag bestätigte sich außerdem die ungeschriebene Regel, daß der Chef der MfS-Parteiorganisation Sitz und Stimme im Zentralkomitee beanspruchen kann – wobei Felber der Sprung ins ZK ohne vorherige Kandidatenzeit gelang. Der politische Stellenwert des obersten Politruks im MfS ist daran ablesbar. Außer Frage dürfte ferner stehen, daß auch Felber wie sein Vorgänger dem Kollegium des Ministeriums für Staatssicherheit angehört. Neben dem Minister für Staatssicherheit und seinen Stellvertreter rechnet er zu den politisch einflußreichsten Schlüsselfiguren der Staatssicherheit.

Ergänzend zu ihrer erzieherischen Funktion haben die Parteikollektive der SED im MfS auch die Funktion einer inneren Kontrolle wahrzunehmen, eine Kontrolle »von unten«, selbstverständlich unter Beachtung jener »konspirativen Regeln«, die die interne Abschirmung erfordert. »Mit Unzulänglichkeiten und Fehlern in der Arbeit setzen sie sich konsequent auseinander«, schreibt das Statut der Partei vor. Im Apparat der Staatssicherheit unterliegt die Pflicht, »notwendige Hinweise und Vorschläge den zuständigen Parteiorganen beziehungsweise dem Zentralkomitee zu übermitteln«, natürlich gewissen Beschränkungen, die sich aus den »spezifischen Mitteln und Methoden« seiner Tätigkeit ergeben.

Die »Kampfreserve der Partei« im MfS

Ähnlich den anderen bewaffneten Organen ist der »Kampfreserve der Partei« auch im MfS das Recht auf eine eigene Organisation eingeräumt worden: der Freien Deutschen Jugend. Ihre Grundorganisationen und Gruppen in der Staatssicherheit sind nach denselben Organisationprinzipien aufgebaut und strukturiert, wie sie für die Organisation der SED im MfS gelten. Die Spitze der FDJ-Organisation im MfS bildet eine Kreisleitung, deren Sekretariat dem Zentralrat der FDJ unterstellt ist. Dort wird sie von der Abteilung Sicherheitspolitik angeleitet und kontrolliert. Innerhalb des Ministeriums für Staatssicherheit bestehen entsprechend seiner horizontalen und vertikalen Struktur Grundorganisationen und Gruppen. Der 1. Sekretär der FDJ-Organisation im MfS ist zugleich Mitglied des Sekretariats der Kreisleitung der SED im MfS.

Interessanterweise hat sich die FDJ schon frühzeitig in aller Offenheit zum MfS und seiner Zielsetzung bekannt. Auf dem IV. Parlament der FDJ, das zu Pfingsten 1952 in Leipzig zusammentrat, nahm der damalige FDJ-Sekretär des Ministeriums für Staatssicherheit, Günther Frost, das Wort, um »im Auftrage der FDJ-Organisation und der Mitarbeiter des Ministeriums für Staatssicherheit dem Parlament heiße Kampfesgrüße zu übermitteln«[82]. Es war ein bis dahin beispielloser Vorgang. In einer wiederholt von Beifall unterbrochenen Rede erläuterte Frost die »verantwortungsvolle und schwere Aufgabe« der Staatssicherheit, die Errungenschaften der DDR »vor Agenten, Spionen sowie Diversanten zu schützen, das heißt, die Banditen zu entlarven und zu vernichten, bevor sie ihre Verbrechen ausführen können«; und versicherte gleichzeitig: »Die Mitglieder unseres Verbandes sowie alle Mitarbeiter unseres Ministeriums sind aber bereit, alle Kraft zum Schutz unserer Heimat einzusetzen. Wir werden auch nicht zögern, unser Leben für die geliebte Heimat und unser Volk zu geben. Denn, liebe Freunde, wir sind Söhne unseres Volkes, sind Arbeiter und Bauern. Wir sind ein Teil unseres großen stolzen Millionenverbandes. Unsere FDJler erfüllen mit Stolz diese Aufgaben und sind sich der Ehre bewußt, Mitarbeiter des Ministeriums für Staatssicherheit zu sein«[83].

Für die politisch-kontrollierende und ideologisch-disziplinierende Funktion, die der Organisation der FDJ in der Staatssicherheit zugewiesen ist, war die Rede nicht weniger charakteristisch als das Plädoyer des MfS-FDJlers für verstärkte Wachsamkeit: »Tragen wir durch intensive Aufklärungsarbeit die Wachsamkeit unter die Werktätigen unserer Republik. Gestalten wir gemeinsam die Deutsche Demokratische Republik zu einem Hort des Friedens, aber zu einer Hölle für Agenten und Spione«[84].

Naturgemäß bedient sich die FDJ-Organisation im MfS ähnlich »jugendgemäßer« Formen der politisch-ideologischen Erziehungsarbeit, wie sie im DDR-Staatsjugendbund auch sonst üblich sind. Zeitungen haben zum Beispiel davon berichtet, daß »der FDJ-Grundorganisation der Bezirksverwaltung für Staatssicherheit Dresden« zum 25jährigen Bestehen des MfS »der Ehrenname des hervorragenden sowjetischen Kundschafters ›Oberst Dr. h. c. Rudolf I. Abel‹« verliehen wurde. »In einem Gelöbnis versicherten die FDJler der Bezirksverwaltung, getreu dem Vermächtnis ihres Vorbildes Oberst Dr. h. c. Rudolf I. Abel leidenschaftlich gegen Imperialismus und Militarismus zu kämpfen und den Sozialismus vor allen Anschlägen des Gegners zu schützen«[85]. Ob derlei Vorbilder der politisch-moralischen Selbstidentifikation der »jungen Tschekisten« förderlich sind, steht dahin.

Erwähnenswert erscheint, daß nicht zuletzt auch die FDJ für die militärische Ertüchtigung in der Staatssicherheit zu sorgen hat: »Die Parteiorganisation und die Leiter der Diensteinheiten, die FDJ und alle anderen gesellschaftlichen Kräfte in unserem Ministerium haben die Aufgabe, unsere Genossen in der steten Bereitschaft zu halten und sie so zu erziehen, daß sie jederzeit imstande und gewillt sind, dem Gegner auch militärisch entgegenzutreten, falls er den Weg einer militärischen Aggression gegen den Sozialismus beschreiten sollte.

Es ist zu sichern, daß die Mitarbeiter unseres Organs ständig physisch und psychisch bereit und in der Lage sind, unter allen Bedingungen zu kämpfen, auch mit der Waffe in der Hand, wenn die Lage es erfordert«[86].

Alle zweieinhalb Jahre werden in den FDJ-Organisationen der Staatssicherheit Verbandswahlen durchgeführt. Sie ähneln den Parteiwahlen der SED im MfS. Höhepunkt ist jeweils die Delegiertenkonferenz der FDJ-Organisation im MfS. »In völliger Einmütigkeit wurden die leitenden Organe gewählt«, erfährt man darüber etwa. »Die jungen Tschekisten bekräftigten, daß sie ihre Verbandsarbeit darauf konzentrieren, einen noch größeren Beitrag zur Gewährleistung der staatlichen Sicherheit und zur Vereitelung aller subversiven Machenschaften des Gegners in unverbrüchlicher Kampfgemeinschaft mit den sowjetischen Tschekisten sowie den Sicherheitsorganen der anderen sozialistischen Staaten zu leisten«[87]. Die enge Verbindung zwischen Jugendverband und Partei äußert sich unter anderem demonstrativ darin, daß jeweils eine Delegation des Sekretariats der SED-Kreisleitung des MfS bei der Delegiertenkonferenz der FDJ im MfS zu Gast ist.

»Auf der Delegiertenkonferenz der FDJ im Vorfeld des für 1981 einberufenen XI. Parlaments wurde Manfred Mängel als 1. Sekretär der Kreisleitung der FDJ im Ministerium für Staatssicherheit wiedergewählt«[88]. Als sein Nachfolger wurde vier Jahre später, auf dem XII. Parlament der FDJ, Christian Gaitzsch bekannt.

Daß Egon Krenz, ehemals 1. Sekretär des Zentralrates der FDJ, es 1981 für richtig hielt, auf dem Spektakulum im Palast der Republik zu Ost-Berlin sogar »den jungen deutschen Tschekisten« seinen Gruß zu entbieten, »nicht zuletzt auch den Kämpfern an der unsichtbaren Front, die Großes bei der Aufklärung und Abwehr des Feindes vollbringen«[89], ist demselben Geist zuzuschreiben, aus dem heraus bereits knapp drei Jahrzehnte zuvor alle FDJler in einer Entschließung des IV. Parlaments der Freien Deutschen Jugend den Organen der Staatssicherheit gegenüber zu »allseitiger Hilfe«[91] verpflichtet wurden.

Das MfS und die Zentrale Parteikontrollkommission

In einer totalitär verfaßten Partei, die wie die SED Staat und Gesellschaft ihrem uneingeschränkten Herrschaftsanspruch unterwirft, muß zwangsläufig jedes Opponieren gegen die Politik der Partei kriminalisiert werden. Der Parteifeind avanciert zum Staatsfeind. Aus diesem Zusammenhang ergibt sich logischerweise eine enge Kooperation zwischen den Staatssicherheitsorganen einerseits und den internen Parteikontrollorganen andererseits. Zwischen dem MfS und der ZPKK – der Zentralen Parteikontrollkommission der SED – liegt ein unmittelbares Zusammenwirken daher auf der Hand.

Die 1948 gebildeten Parteikontrollkommissionen der SED hatten seit ihrer Entstehung »die Sauberkeit der Partei zu sichern« und »den Kampf gegen die Tätigkeit feindlicher Agenten in der Partei zu führen«[91]. Das vom III. Parteitag der SED beschlossene Statut bekräftigte ihre Zuständigkeit »für die Einheit und Reinheit der Partei«[92]. Das 1954 vom IV. Parteitag beschlossene Statut erweiterte sogar die Ermächtigung der ZPKK: »Sie schützt die Einheit und Reinheit der Partei und trägt zur Entlarvung und Vernichtung feindlicher Agenturen in der Partei bei, kämpft gegen alle fraktionelle Tätigkeit und entfernt Verräter aus den Reihen der Partei«[93]. War indes die »Entlarvung« und »Vernichtung« sogenannter feindlicher Agenturen nicht ureigene Sache der Staatssicherheit? Schon aus der Zielsetzung ist die Notwendigkeit zur Kooperation zwischen dem MfS und der ZPKK zu folgern. Eine Frage konnte und kann nur die Kompetenzteilung sein. Überlagerungen sind denkbar. Allerdings hat Ernst Wollweber 1957 als Minister für Staatssicherheit dazu eine klare und genaue Antwort gegeben, die deutlich macht, daß die Zuständigkeit des MfS da eintritt, wo die Entlarvung »feindlicher Agenten« deren strafrechtliche Verfolgung ermöglicht oder erfordert. »Die spezielle Aufgabe der Sicherheitsorgane beginnt dort, wo nicht nur ideologische Abweichungen, sondern Merkmale einer feindlichen Tätigkeit und Verbindungen zu feindlichen Zentren festgestellt werden, weil die staatsfeindliche Tätigkeit in eventuell konspirativ abgedeckten Organisationen auch mit speziellen Methoden bekämpft werden muß«[94]. Von dieser Äußerung ist die Abgrenzung zwischen dem MfS und der ZPKK ziemlich genau abzuleiten. Zugleich zeigt sie auch das Risiko auf, das immer gegeben ist, wo der politischen Opposition von Staats wegen die legale Entfaltung genommen ist und jeder innerparteiliche Konflikt als von außen in die Partei hineingetragenes »Agentenwerk« diskriminiert wird.

Am politischen Schicksal der sogenannten Westemigranten in der Mitgliedschaft der SED – jener Altkommunisten also, die nach 1933 westliche Staaten zu ihrem Asyl gewählt hatten – läßt sich anschaulich machen, wie die Entscheidung darüber immer von politischem Opportunitätsdenken bestimmt worden ist.

Paul Merker, seit 1949 Mitglied des Politbüros der SED und Staatssekretär im Ministerium für Land- und Forstwirtschaft, war gleich anderen Westemigranten der KPD durch Beschluß des Zentralkomitees der SED vom 24. August 1950 wegen Verbindung zu dem »amerikanischen Agenten« Noel Haviland Field[95] unter Verlust aller Funktionen aus der Partei ausgeschlossen worden. Er blieb vorerst jedoch auf freiem Fuß. Im Gegensatz zu Paul Merker wurden Bruno Goldhammer, Mitglied der KPD seit 1922 und zuletzt Abteilungsleiter im Amt für Information, Leo Bauer, Mitglied der KPD seit 1928 und zuletzt Chefredakteur des »Deutschlandsenders«, und Willi Kreikemeyer, ebenfalls Altkommunist und Präsident der »Reichsbahn«, unter derselben Beschuldigung unmittelbar vor Veröffentlichung des Politbürobeschlusses festgenommen.

Einer von ihnen, Leo Bauer, hat später aufgeschrieben, wie er seine Festnahme am 23. August 1950 erlebte: »An diesem Tage wurde ich vormittags in meinem Büro im Rundfunkhaus – im Westsektor Berlins – angerufen und ersucht, nachmittags 15 Uhr zu einer Besprechung mit der Zentralen Parteikontrollkommission zu kommen. Im Büro von Hertha Geffke, der Vorsitzenden der Untersuchungskommission zur Feststellung der Verbindungen von deutschen Kommunisten zu dem angeblichen amerikanischen Spion Field, wurde mir jener Beschluß verlesen, der am 1. September 1950 im ›Neuen Deutschland‹ veröffentlicht wurde . . . Es wurde mir weiter mitgeteilt, ich sei aus der Partei ausgeschlossen, das ZK werde dies am nächsten Tag bestätigen, und mir stehe das Recht zu, bis zum nächsten Morgen eine Erklärung zu dem eben verlesenen Beschluß zu Händen des ZK abzugeben. Direkt nach Verlassen des Büros wurde ich einen Meter vor dem Parteihaus der SED in der Lothringer Straße von Agenten des SSD verhaftet und in das Gefängnis in der Schumannstraße gebracht. Damit war der Schlußstrich unter die Untersuchung der Partei gezogen, die seit dem Ende des Rajk-Prozesses im September 1949 lief und die darin bestand, daß ich von der Kontrollkommission ein einziges Mal, genau 50 Minuten, vernommen wurde und darüber hinaus drei Berichte über meine Verbindung zu Field liefern durfte«[96].

Hertha Geffke war seinerzeit stellvertretende Vorsitzende des ZPKK, ihr Vorsitzender Hermann Matern.

In der Vermutung, Opfer eines politischen Schauprozesses nach stalinistischem Muster zu werden, sollte Leo Bauer schon 48 Stunden nach seiner Verhaftung bestärkt werden: »Die Bestätigung dafür erhielt ich schon zwei Tage später«, berichtet er weiter. »Am 25. August 1950, gegen 22 Uhr, erhielt ich im Gefängnis den Besuch des Mitglieds des Zentralkomitees der SED, des Staatssekretärs im Staatssicherheitsministeriums der DDR, Mielke. Unumwunden teilte er mir in Gegenwart eines anderen Beamten mit, daß es die Absicht der Partei sei, spätestens im Februar 1951 gegen Merker, Ende, Kreikemeyer, Goldhammer und mich eine Schauprozeß analog zu den Prozessen gegen Rajk und Kostoff (Bulgarien) durchzuführen, und daß er von mir erwarte, daß ich der Partei keine Schwierigkeiten dabei machen würde[97].« Kann es nach dieser Schilderung Zweifel an der Zusammenarbeit zwischen MfS und ZPKK geben?

Die Kompetenzenteilung zwischen ZPKK und MfS wird auch im Schicksal Paul Merkers deutlich. Als er zwei Jahre nach seinem Parteiausschuß im Prager Prozeß gegen das »staatsfeindliche Verschwörerzentrum« Rudolf Slansky und andere von den Angeklagten Bedrich Geminder und Artur London »belastet« und als »deutscher Trotzkist« gebrandmarkt wurde, griff die Staatssicherheit zu. Am 20. Dezember 1952 faßte das Zentralkomitee der SED einen von der ZPKK vorbereiteten, auf ihren Untersuchungen basierenden Beschluß über die Lehren aus dem Slansky-Prozeß[98], in dem Merker

als »Zionist«, »amerikanischer Agent« und »Feind der deutschen Arbeiterklasse« verunglimpft wurde. Wenige Wochen zuvor war er festgenommen
worden. Die Untersuchung war aus der Zuständigkeit der ZPKK in die Zuständigkeit des MfS übergegangen – ein in sich folgerichtiger Vorgang, da das
MfS eben mit jener exekutiven Gewalt ausgestattet war und ist, die der
ZPKK fehlte und fehlt. Als das Zentralkomitee der SED auf dem 28. Plenum, das vom 27. bis 29. Juli 1956 tagte, »nach der Prüfung der Angelegenheit Paul Merker« durch Beschluß feststellte, »daß die ihm zur Last gelegten
Anschuldigungen in der Hauptsache politischer Natur sind, die eine strafrechtliche Verfolgung nicht rechtfertigen«[99], hatte er knapp vier Jahre politischer Haft hinter sich. Seine Rehabilitierung vollzog sich in den Folgejahren
etappenweise, ohne daß seiner Verfolgung wegen jemals eine Kritik an der
ZPKK oder am MfS laut geworden wäre[100].
Auch Bruno Goldhammer ist in aller Form rehabilitiert worden – nicht hingegen Leo Bauer, der am 20. Oktober 1955 in die Bundesrepublik entlassen
wurde. Auch Willi Kreikemeyer, der in sowjetischer Haft umgekommen ist,
wurde öffentlich nie rehabilitiert.
Rivalitäten zwischen der ZPKK und dem MfS hat es zumindest in den frühen
fünfziger Jahren gegeben. Sie werden belegt durch Ulbrichts Vorwurf an
Staatssicherheitsminister Zaisser, »daß der Kampf gegen den Genossen Matern geführt wurde, der als Vorsitzender der Kontrollkommission abgesetzt
und aus dem Politbüro entfernt werden sollte«[101]. Da die in anderem Zusammenhang bereits erörterte Anti-Ulbricht Opposition der Zaisser/Herrnstadt-
Fraktion unter anderem beschuldigt wurde, daß MfS der Kontrolle der Partei
entzogen zu haben, war logischerweise auch die Kooperation MfS-ZPKK gestört.
Umgekehrt scheint sich Hermann Matern in seiner Funktion als Vorsitzender der Zentralen Parteikontrollkommission mit Verve in die Untersuchung
der Zaisser/Herrnstadt-Opposition geworfen zu haben. »Entsprechend dem
Auftrag des Zentralkomitees hat die Zentrale Parteikontrollkommission den
ganzen Komplex der parteifeindlichen Fraktion Herrnstadt/Zaisser und die
damit zusammenhängenden Fragen untersucht«, teilte er 1954 dem IV. Parteitag der SED mit. »Was sind im wesentlichen die Ergebnisse der Untersuchungen?« In seiner Antwort auf die selbstgestellte Frage entzog sich Matern
einer klaren Stellungnahme. Statt dessen zitierte er aus der Entschließung
des 15. ZK-Plenums jene Passage, in der von einer »parteifeindlichen Fraktion« die Rede war, die »mit einer defätistischen, gegen die Einheit der Partei
gerichteten Linie« aufgetreten wäre und die »eine die Partei verleumdende,
auf die Spaltung der Parteiführung gerichtete Plattform« vertreten hätte. Dazu Matern: »Diese Charakterisierung wurde durch die Untersuchung voll
und ganz bestätigt. Wenn es auch keine Hinweise auf direkte Einwirkungen
des Verbrechers Berija gibt, so muß man doch die fraktionelle Tätigkeit von
Herrnstadt/Zaisser damit im Zusammenhang sehen. Die aus den Prozeßver-
öffentlichungen bekannten Tatsachen finden sich auch in der parteifeindlichen fraktionellen Tätigkeit von Herrnstadt/Zaisser. Sie haben auf lange
Sicht gearbeitet«[102].
Überzeugende Tatsachen konnte der seinerzeitige Großinquisitor der Partei
freilich nicht vorweisen. Mehr noch: Er offenbarte in seltsamer Unlogik seine

Unkenntnis. »Es ist möglich, daß die fraktionellen Vorbereitungen für den innerparteilichen Putsch nicht in allen Einzelheiten bekannt wurden«[103]. Mit diesem Eingeständnis räumte Matern zugleich ein, daß sich Zaisser und Herrnstadt während des Untersuchungsverfahrens weder reuig noch geständnisfreudig gezeigt hatten. Er bestätigte das sogar ausdrücklich: »Im allgemeinen möchte ich sagen, daß sich bei den Untersuchungen die Genossen sehr zurückhielten und erst auf direkte und konkrete Fragen zögernd Antwort gaben. Zaisser versuchte seine engen Mitarbeiter durch Zuwendungen aus Staatsmitteln zu korrumpieren und willfährige Werkzeuge aus ihnen zu machen. Die Genossen waren nicht genügend wachsam, um diese Absichten sofort zu durchschauen«[104]. Sein Verdikt fiel eindeutig aus: »Für Fraktionisten und Vertreter des Sozialdemokratismus ist in den Reihen der Partei kein Platz. Deshalb wurden Herrnstadt und Zaisser aus der Partei ausgeschlossen«[105]. Das Parteitagsprotokoll vermerkt an dieser Stelle des Maternschen Berichts Beifall.

Nach dem »politischen Tauwetter« des Jahres 1956, angezeigt durch die Beschlüsse des XX. Parteitages der KPdSU und der 3. Parteikonferenz der SED, wurde die ausgeuferte Macht der ZPKK und ihrer nachgeordneten Bezirks- und Kreiskontrollkommissionen stark eingedämmt. Einem Beschluß des Zentralkomitees vom 1. Februar 1957 zufolge sollten die Kontrollkommissionen der SED fortan nun mehr gegen Genossen vorgehen, »die feindliche Auffassungen in die Partei hineintragen, führende Genossen der Partei verleumden, eine fraktionelle Tätigkeit entfalten, die Durchführung der Parteibeschlüsse sabotieren und dadurch versuchen, die Einheit der Partei zu untergraben«[106]. Von »Verrätern« und »feindlichen Agenten« in den Reihen der SED ist seither keine Rede mehr. Die mit dieser Machteinbuße verbundene Minderung ihres politischen Einflusses dürfte auch die kooperativen Beziehungen der ZPKK zum MfS gelockert haben. Nach den Statuten der SED, wie sie 1963 auf dem VI. Parteitag und 1976 auf dem IX. Parteitag beschlossen wurden, hat die ZPKK übereinstimmend folgende Aufgabe: »Sie schützt die Einheit und Reinheit der Partei, kämpft gegen feindliche Einflüsse sowie gegen jede fraktionelle Tätigkeit. Sie befaßt sich mit den Mitgliedern und Kandidaten, die mit opportunistisch-revisionistischen Auffassungen oder durch dogmatisches, sektiererisches[107] Verhalten die Politik der Partei verfälschen oder entstellen«[108]. Damit reduziert sich ihre Funktion auf eine politisch-ideologische Kontrolle, die mit der früheren Rolle als »stalinistische Partei-Inquisition« kaum mehr vergleichbar ist.

Seit dem Tode Hermann Materns, der am 24. Januar 1971 überraschend starb, nimmt den Vorsitz der ZPKK Politbüro-Mitglied Erich Mückenberger ein – ein ehemaliger Sozialdemokrat. Anders als der Altkommunist Hermann Matern, der mit sämtlichen drei Staatssicherheitsministern aus gemeinsamer sowjetischer Emigrationszeit näher bekannt gewesen sein dürfte, können Erich Mückenberger keinerlei persönliche Beziehungen zu dem Mann an der Spitze des MfS nachgesagt werden. Auch dies muß in Betracht ziehen, wer heute die Beziehungen zwischen dem MfS und der ZPKK einschätzen will.

DDR-interne Aktionsfelder des MfS

Die innere Sicherung des DDR-Herrschafts- und Gesellschaftssystems – diese Feststellung bedarf kaum des Beweises – macht die Hauptaufgabe des Ministeriums für Staatssicherheit seit seiner Gründung aus. Schon Innenminister Carl Steinhoff hatte, als er das Gesetz über die Bildung des MfS in der Volkskammer begründete, darauf abgehoben. Generell wäre die Diktatur der SED ohne den »Apparat« und die »politisch-operative Arbeit« der Staatssicherheit niemals dauerhaft zu realisieren. Niemand kann die DDR-Spionage geringschätzen wollen, aber in ihrer Bedeutung rangiert sie weit hinter den Aktionsfeldern, in denen die Staatssicherheit DDR-intern operiert. Gewiß läßt sich letztlich die innere Sicherung des Regimes von den äußeren Aktivitäten des MfS nicht immer trennen, weil sich externe Aktionen aus seiner internen Aufgabenstellung ergeben können und umgekehrt. Zum Beispiel Menschenraubaktionen, in denen nach West-Berlin oder in die Bundesrepublik geflüchtete »Verräter« in die DDR zurückgeholt wurden, machen das exemplarisch. Auch das Eindringen von MfS-Agenten in westliche Fluchthelfer-Organisationen resultiert aus der internen Zielsetzung, jedwede Republikflucht zu unterbinden. Wenn ehemalige Spione des MfS mit Erkenntnissen aus dem Westeinsatz als Belastungszeugen in politischen Strafverfahren vor DDR-Gerichten erscheinen, so demonstriert auch dies, wie fließend die Übergänge zwischen externer und interner Aktion der Staatssicherheit sind. Außer Frage steht gleichwohl, daß die innere Sicherungsfunktion des MfS immer die bestimmende ist und bleibt, was sich übrigens auch daran ablesen läßt, daß der Abwehrsektor der Staatssicherheit einen weitaus größeren Personalbestand ausweist als ihr Aufklärungssektor. Grob überschlagen ist das Verhältnis vier zu eins.

Abschirmung und Überwachung

Grundbedingung für eine im Sinne der SED erforderliche Tätigkeit der Staatssicherheit DDR-intern ist und bleibt die Existenz eines weitverzweigten, dichten Überwachungs- und Spitzelsystems, das nicht nur potentiell oppositionelle Regungen und »klassenfeindliche Umtriebe« im Staat der SED frühzeitig erkennt und signalisiert, sondern das überhaupt die politischen Stimmungen und Strömungen in der Bevölkerung unter Kontrolle zu halten und realistisch einzuschätzen imstande ist. »Wichtigste Aufgabe des SSD ist die präventiv-überwachende Tätigkeit«[1]. Ministerpräsident Otto Grotewohl hat seinerzeit einmal ausdrücklich von einem Informationsnetz gesprochen, auf das sich das MfS in seiner Abwehr- und Aufklärungsarbeit zu stützen hätte: »Die Abwehr- und Aufklärungsarbeit der Organe des Ministeriums für Staatssicherheit steht auf einem äußerst niedrigen Niveau« – und er konkretisierte diese Kritik auf dem 15. Plenum des Zentralkomitees 1953 mit der Feststellung: »Das Informationsnetz des Ministeriums für Staatssicherheit ist sowohl hinsichtlich der Auswahl der Menschen als auch hinsichtlich ihrer Verteilung und ihres Einsatzes schlecht organisiert«[2].

Die personelle Basis dieses Informationsnetzes bildeten damals und bilden heute Kontaktpersonen und Verbindungsleute, Spitzel und Zuträger mannigfaltiger Art. »Anonyme Dunkelfiguren« nennt sie der 1969 geflüchtete Kreisratsvorsitzende von Osterburg, Werner Barm, »die niemand kennt, die aber selbst in den SED-Parteiorganisationen die Spreu vom Weizen sondieren«[3]. Er weiß aus eigener Anschauung, daß er nicht übertreibt, wenn er »von der allgemeinen Überwachung der Bevölkerung durch den SSD« spricht, die »natürlich ein umfassendes Bespitzelungssystem voraussetzt«, »ein dichtes Netz von ›Geheimen Mitarbeitern‹ und ›Geheimen Informanten‹ in allen fraglichen Bereichen und Strukturen«[4]. Im Dienstsprachgebrauch unterscheidet das MfS etwa seit Mitte der sechziger Jahre allerdings nicht mehr wie bis dahin zwischen Geheimen Mitarbeitern und Geheimen Informanten. Statt dessen wurden die Bezeichnungen »Inoffizieller Mitarbeiter« und »Gesellschaftlicher Mitarbeiter Sicherheit« eingeführt. Wie aus Befehlen, Dienstanweisungen und Schulungsmaterialien weiter zu ersehen ist, sind dafür vorzugsweise die Abkürzungen IM und GMS gebräuchlich. Gelegentlich wird ausdrücklich auch von IM- und GMS-Systemen gesprochen. In der Sache ist mit dieser terminologischen Änderung natürlich kein Unterschied gegeben.

Die Inoffiziellen Mitarbeiter werden von einem Führungsoffizier »operativ« eingesetzt, in allen gesellschaftlichen Bereichen, in allen staatlichen Strukturen, auf jeder Ebene. Dabei sind in der Staatssicherheit der siebziger Jahre Bemühungen erkennbar, die IM und GMS umsichtiger auszuwählen und in der praktischen Arbeit politisch-ideologisch zu erziehen, um ihre Leistung und ihre Zuverlässigkeit im Sinne des MfS zu »qualifizieren«. Zum Beispiel hat die Hauptabteilung Kader und Schulung dazu eigens ein wissenschaftliches »Schulungsmaterial für die Fachschulung zu psychologischen Problemen in der Arbeit mit Inoffiziellen Mitarbeitern«[5] erstellen lassen, in dem sich diese Tendenz deutlich abzeichnet. »Sozialistische Lebenseinstellungen« werden darin postuliert, »die sowohl das Persönlichkeitsbild des Tschekisten als auch das vieler IM und Kundschafter ausmachen« sollen. »Zu ihnen gehören z. B. Patriotismus und Internationalismus, Humanismus und Liebe zur Arbeiterklasse, Optimismus und Treue zur Sache, Aktivität und Einsatzbereitschaft und Opfermut«[6]. Der Spitzel als Überzeugungstäter!

Dienstlichen Unterlagen des MfS ist die mit »deutscher Gründlichkeit« erarbeitete Unterscheidung zahlreicher Kategorien von Inoffiziellen Mitarbeitern zu entnehmen. Im einzelnen stieß der Chronist auf Ermittlungs-IM, Führungs-IM, Leit-IM und IMP = Inoffizieller Mitarbeiter in leitender Position. Die Vielfalt demonstriert eigentlich nur, daß Inoffizielle Mitarbeiter tatsächlich allerorts »eingepflanzt« werden sollen.

Dementsprechend sind operative Mitarbeiter, die IM steuern und kontrollieren, auf allen Entscheidungsebenen der Staatssicherheit etabliert. Auf zentraler Ebene sind die hauptamtlichen Mitarbeiter des MfS nach Schätzungen von Experten etwa zur Hälfte als Führungsoffiziere tätig, ebenso in den Bezirksverwaltungen, während in den Kreis- und Objektdienststellen sogar die überwiegende Mehrheit aller hauptamtlichen Mitarbeiter Inoffizielle Mitarbeiter im Überwachungssystem steuern und »abschöpfen« dürfte. Jedenfalls entspricht dies den Erfahrungen der sechziger und siebziger Jahre. Es liegt in der Natur des Metiers, daß Zahlen darüber nicht mitgeteilt werden können. In den fünfziger Jahren wollten Schätzungen die Zahl der Spitzel in der DDR auf hunderttausend und mehr beziffert wissen[7]. Der frühere Pressesprecher des MfS, Oberst Gustav Borrmann, hat vor Studenten in Ilmenau einmal erklärt: »Wir wachen nicht allein. Mit uns wachen Hunderttausende von Augenpaaren«[8]. Als Beleg ist eine solche Äußerung zwar nicht überzubewerten, sie zielt eher auf Einschüchterung und Agitation, aber zu ignorieren ist sie ebensowenig.

Es gab Zeiten, da wurde die Spitzelei zur »gesellschaftlichen Verpflichtung« erhoben. Sowohl die 1952 als auch die 1955 beschlossenen Statuten der Freien Deutschen Jugend verpflichteten alle FDJler darauf, »wachsam gegenüber allen Anschlägen der imperialistischen Feinde zu sein« und »die staatlichen Sicherheitsorgane zu unterstützen«[9]. Das 1963 auf dem VI. Parteitag beschlossene Programm der SED enthielt sogar die Forderung, »daß alle Bürger eine hohe Wachsamkeit entwickeln, damit sie gemeinsam mit den bewaffneten Kräften des Staates, den Organen des Ministeriums für Staatssicherheit und den Kampfgruppen der Arbeiterklasse auch weiterhin den sozialistischen Aufbau, die Freiheit, das Leben und das Eigentum der Bürger der Deutschen Demokratischen Republik zuverlässig schützen«[10]. Aber selbst 1984 rechtfertigte Mielke unter ausdrücklicher Berufung auf Karl Marx die Spitzelei noch damit, daß »das Proletariat Sicherheitsorgane« brauche, »die im Auftrag und unter Führung seiner Partei, gestützt auf die werktätigen Massen und ihre Einbeziehung, die einmal eroberte politische Macht mit allen Mitteln, auch mittels revolutionärer Gewalt und konspirativer Methoden, zu sichern habe . . . Dazu sind wir nicht nur objektiv gezwungen, sondern auch moralisch berechtigt«[11].

Verwundert es da, wenn die Zahl der Inoffiziellen Mitarbeiter in den MfS-Überwachungssystemen der späten achziger Jahre – bezogen auf die Zahl der sie führenden operativen Mitarbeiter der Staatssicherheit – auf schätzungsweise achtzig- bis hunderttausend gesteigert wurde? Fraglos hat sich auch die Qualität der IM, ihre Zuverlässigkeit im Vergleich zu früher gebessert. Es ist nicht zuletzt die politisch-psychologische Erziehung, die Inoffiziellen Mitarbeitern seitens ihrer Führungsoffiziere zuteil wird, die diese Verbesserung hervorgebracht hat. Andererseits sind auch die Führungsoffiziere selbst fachlich qualifiziert und psychologisch geschult – wesentlich besser wenigstens als in den fünfziger und sechziger Jahren.

Das Informationsnetz der Staatssicherheit

Nach den Idealvorstellungen des MfS soll das Informationsnetz das staatliche und gesellschaftliche, womöglich auch das private Leben in der DDR in allen seinen Sphären umspannen, weshalb IM- und GMS-Systeme tatsächlich in allen politischen, wirtschaftlichen, militärischen und wissenschaftlich-kulturellen Strukturen zu vermuten sind, nicht zuletzt im Partei- und Staatsapparat selbst. In gewissen Schlüsselfunktionen erfolgt dabei sogar die konspirativ abgeschirmte Verwendung von »Offizieren im besonderen Einsatz/Abwehr«. In anderem Zusammenhang wird noch auszuführen sein, daß die Staatssicherheit überhaupt überall ihr Wort mitredet, wo wichtige kaderpolitische Entscheidungen zu treffen sind.

Von den Inoffiziellen Mitarbeitern der Staatssicherheit, die im allgemeinen einer beruflichen Tätigkeit nachgehen und für das MfS nur nebenher und konspirativ abgeschirmt tätig sind – allerdings gibt es auch hauptamtliche IM –, wird erwartet oder verlangt, daß sie sich nicht auf die Übermittlung regimekritischer und feindlicher Äußerungen und Verhaltensweisen beschränken, sondern allgemeine Stimmungsberichte abfassen, ebenso politische Einschätzungen und moralische Charakteristiken von Personen, auf die sie gezielt »angesetzt« werden, sei es routinemäßig, sei es, weil sie der Staatssicherheit negativ aufgefallen oder denunziert worden sind. »Bei einer obligatorischen Kontrollmaßnahme von Reisekadern wurde zu einem bisher als sehr zuverlässig eingeschätzten Menschen ein wichtiger operativer Hinweis erarbeitet«, heißt es etwa in MfS-Schulungsmaterialien; daraufhin wurde ein IM gezielt zu einer Überprüfung veranlaßt: »Beim Treff wurde er genau unterwiesen, daß die Notizbücher, Kalender, Briefschaften und andere Unterlagen der betreffenden Person konspirativ zu sichten und evtl. weitere Verdachtshinweise entsprechend zu sichern sind«[12].

Auf der Grundlage aller mittels der IM- und GMS-Systeme erreichten Informationen werden in den Bezirksverwaltungen und Kreisdienststellen des MfS regelmäßige Situationsanalysen über die Stimmung der Bevölkerung im Bezirk und Kreis erarbeitet, wobei die im Jargon sogenannte Feindarbeit »eingeschätzt« wird. »So entstehen zeitlich und räumlich parallel zueinander geheime Analysen, die in keinem Parteisekretariat bestätigt oder je bekanntgegeben werden. Selbst die 1. Parteisekretäre der Kreise und Bezirke werden über ihren oft schockierenden Inhalt im unklaren gelassen oder nur partiell informiert«[13]. Der schon erwähnte frühere Kreisratsvorsitzende Barm zitiert aus einer solchen, als »streng vertraulich« eingestuften »Einschätzung der Feindtätigkeit und die Feindtätigkeit begünstigender Erscheinungen im Kreisgebiet unter besonderer Berücksichtigung der Feindtätigkeit im Bereich der Staatsgrenze West«, die der Leiter der MfS-Kreisdienststelle Osterburg, seinerzeit ein Hauptmann namens Schwarzlose, unter dem 18. März 1969 »erstellte«. Ausgehend von Einflüssen westlicher Massenkommunikationsmittel auf die Bevölkerung, »insbesondere Rundfunk und Fernsehen«, stellte er fest: »Das relativ verbreitete Abhören derartiger Sendungen durch Bürger unseres Kreises wirkt sich insbesondere durch die Übernahme von Argumentationen aus diesen Sendungen aus und behindert die schnellere Entwicklung des sozialistischen Bewußtseins.

Als weitere Möglichkeiten werden vom Gegner genutzt die bestehenden verwandtschaftlichen und bekanntschaftlichen Kontakte zwischen DDR-Bürgern und Bürgern der Bundesrepublik und Westberlins, der Rentnerreiseverkehr und der Besucherverkehr aus Westdeutschland.« Freilich blieb die Analyse auf derlei pauschale Feststellung nicht beschränkt. Konkret wurden die Genossenschaftsbauern Buch und Friedrichs aus Wanzer denunziert, »die stark für westliche Argumente anfällig sind und bei verschiedenen politischen Anlässen immer wieder mit diesen Argumenten in Erscheinung treten«. Solche Feindarbeitsanalysen dürften auch in den achtziger Jahren gang und gäbe gewesen und für die sogenannte VSH-Kartei nutzbar gemacht worden sein, für die »Vorsorge-Sicherungs-Hinweis-Kartei«, die in der Zentrale wie in den Kreisdienststellen des MfS (für den jeweiligen Kreis) besteht. »Darin sind unter anderen erfaßt: Personen mit nachgewiesener oder ›begründet zu vermutender‹ Abneigung gegen das System der DDR, politische Straftäter, Sektenmitglieder, Nichtwähler, aufsässige Jugendliche, Bürger mit sehr intensiven Westbeziehungen und andere unsichere Kantonisten, schließlich auch Kriminelle. Bei innenpolitischen Schwierigkeiten oder außenpolitischen Krisen ist der Staatssicherheitsdienst anhand dieser Kartei in der Lage, schnell zuzugreifen«[14].

Staatssicherheit und Demoskopie

Gewiß stützt sich das MfS in seinen Situationsanalysen nicht nur auf konspirativ beschaffte Informationen. Ergänzt wird das Spitzelsystem durch die politische Medienanalyse und durch sozio-empirische Methoden der modernen Demoskopie, um die »an der Basis« erarbeiteten Erkenntnisse sinnvoll einzuordnen. In seinem letzten, postum erschienenen Buch über Mechanismen der Herrschaftssicherung hat Peter Christian Ludz auf die Umfrageforschung in der DDR als Instrument der Politik aufmerksam gemacht und ihre beiden Hauptfunktionen herausgearbeitet: »die Herrschenden zu informieren und die Beherrschten zu kontrollieren, zu manipulieren und zu mobilisieren. Umfrageforschung dient damit unter anderem der Loyalitätserkundung, der Führungskontrolle sowie schließlich als Krisenbarometer.« Und unter ausdrücklicher Bezugnahme auf die Staatssicherheit fügte er hinzu: »Zunächst ist die Umfrageforschung ein Lieferant von Informationen neben anderen, nämlich den zahlreichen Büros, Recherchiergruppen und Individuen, die im weitgespannten Netz des Staatssicherheitsdienstes arbeiten. Bis zu einem gewissen Grade mag die Umfrageforschung sogar an die Stelle des kruden Ausspionierens, wie es namentlich für die frühen Jahre der DDR-Geschichte typisch war, getreten sein. Gleichermaßen mißbraucht der Staatssicherheitsdienst soziologische Interviews für seine Zwecke«[15].
Das ist zweifellos richtig erkannt, obschon das eine das andere nicht zu ersetzen, sondern zu ergänzen hat. Nach wie vor ist das »krude Ausspionieren«, die Spitzelei, in der Übung, aber moderne Umfragemethoden erleichtern der Staatssicherheit das Herausarbeiten bestimmter Entwicklungen und Trends, sie vermag anhand demoskopischer Erhebungen in der DDR eher zu beurteilen, inwieweit politische Äußerungen und individuelle Verhaltensweisen einer kollektiven Grundstimmung oder sozialen Strömung entsprechen oder als Ausnahme von der Regel gelten können. Kann es danach überraschen, wenn demoskopische Erhebungen in der DDR als eine verfeinerte Art von Spionage betrachtet und die Ergebnisse sozio-empirischer Umfragen als geheime oder quasi-geheime Informationen behandelt werden? Im Sinne der

Logik folgerichtig ist denn auch eine telefonische Umfrage unter DDR-Bürgern, die der Axel-Springer-Dienst 1980 nach Erhöhung der Devisen-Mindestumtauschsätze für DDR-Besucher aus dem Westen veranstaltete, als »Spionage« gebrandmarkt[16] worden, obwohl sie nur der Fundierung eines Zeitungsartikels gedient hatte.

Von einem Bemühen, die wirkliche Meinung des Volkes zu eruieren, hat der in anderem Zusammenhang schon zitierte ehemalige Kreisratsvorsitzende von Osterburg, Werner Barm, in einem Aufsatz zur Kommunalpolitik und zu Kommunalwahlen in der DDR berichtet. Aus eigener Erfahrung notiert er darin nicht nur, wie bei der Auszählung der abgegebenen Stimmzettel und ihrer Wertung bei Kommunalwahlen manipuliert worden ist, um auf Ergebnisse von über 99 Prozent Ja-Stimmen zu kommen, sondern er teilte auch mit, daß nach erfolgter Auszählung die Stimmzettel bei den Vorsitzenden der Kreiswahlkommissionen deponiert wurden. Und »diese übergaben das Material noch in derselben Nacht der Kreis- oder Stadtdienststelle der Staatssicherheit. Hier wird dann das Material in mühevoller Nachtarbeit von den Offizieren und Mitarbeitern der Staatssicherheitsstelle noch einmal gesichtet und das tatsächliche Ergebnis festgestellt. Wenn das offizielle Wahlergebnis veröffentlicht wird, hat die Parteihierarchie in Ost-Berlin auch das reale Wahlergebnis auf dem Tisch und mit ihm eine stichhaltige Analyse des aus den Materialien erkennbaren Wählerwillens«[17]. Zwar sollte man die abgeänderten oder ungültig gemachten Stimmzettel in ihrem Aussagewert nicht überschätzen, denn das Einheitslisten-Prinzip und die Nötigung zu offener Stimmabgabe lassen vielen Bürgern bei Wahlen in der DDR von vornherein ablehnende oder oppositionelle Bekundungen untunlich erscheinen, aber Partei und Staatssicherheit erhalten gleichwohl Anhaltspunkte zur Analyse der politischen Situation im gegebenen Wahlkreis und damit die Möglichkeit, Rückschlüsse auf das regimekritische und -feindliche Potential zu ziehen. Im übrigen dürfte die »Nachzählung« durch die Dienststellen des MfS nicht nur bei Kommunalwahlen, sondern auch bei Wahlen zur Volkskammer und zu den Bezirkstagen gang und gäbe sein – und auch keineswegs beschränkt auf die sechziger Jahre, aus denen Barm berichtet. Die Praxis der achtziger Jahre wird, solange die Wahlergebnisse der DDR unverändert über 99 Prozent Ja-Stimmen ausweisen, nicht anders aussehen.

Werbung und Einsatz Inoffizieller Mitarbeiter

Den Erfordernissen des Metiers entsprechend werden bei der Gewinnung Inoffizieller Mitarbeiter der Staatssicherheit Personen bevorzugt, die durch ihren Beruf häufig oder dauernd Umgang mit Menschen pflegen – Funktionäre in Kaderabteilungen zumal, die in Betrieben und Verwaltungen, Genossenschaften und Instituten Zugang zu den Personalakten jedes Mitarbeiters haben. Die Kaderarbeit in der DDR ist selbst ein Kapitel für sich. Der aus der DDR stammende Soziologe Prof. Dieter Voigt hat schon 1972 darauf aufmerksam gemacht, »daß Wandlungen in der Machtausübung die SED zwingen, ihre Kontrolle über den einzelnen Bürger zu intensivieren. Um über die Kader, deren Kontaktpersonen und die gesamte Bevölkerung Informationen zu gewinnen, scheuen die Kaderabteilungen keinen Aufwand«[18]. Mit Recht hob er dabei hervor, daß die in der Staats- und Wirtschaftsbürokratie, in Parteien und Massenorganisationen, in den »bewaffneten Organen« usw. bestehenden Kaderabteilungen »ausschließlich mit linientreuen Genossen besetzt« sind. »Sie unterliegen geheimen Bestimmungen und kooperieren eng mit dem Staatssicherheitsdienst. Kaderleiter gehören aufgrund ihrer Vertrauens- und Schlüsselstellung zum Mitarbeiterkreis des MfS«[19]. Besondere Bedeutung kommt dabei dem in den Kaderabteilungen gebräuchlichen Personalfragebogen zu. 1977 hat der Verfasser einen ihm aus der DDR zugeschickten Fragebogen im Faksimile veröffentlicht[20]. Unter den 32 darin niedergelegten Fragen wurden bei weitem nicht nur die üblichen Daten zur Person erfragt, sondern umfassende Auskünfte über den Lebenslauf des Befragten eingeholt, ferner detaillierte Angaben über Ehepartner, Kinder, Eltern und Geschwister, »auch wenn verstorben«. Und erfragt wurden nicht nur Verwandtschaftsgrad, Name, Vorname und Geburtsdatum, sondern auch die Wohnanschrift, ferner die »Angabe des Jahres bei illegalem Verzug (kapitalistisches Ausland einschließlich BRD und WB)«, der Beruf (»wo als was beschäftigt«) und die Zugehörigkeit zu Parteien und Massenorganisationen. Wohlgemerkt – die Fragen bezogen sich auf alle Verwandten ersten Grades.

Dem DDR-Bürger wird selbst die geringste Respektierung seiner privaten und familiären Sphäre verweigert. Ein gesetzlich garantierter Datenschutz wie in der Bundesrepublik ist der DDR fremd. Die datenmäßige Erfassung des DDR-Bürgers ist total. Sie wird im Interesse der Staatssicherheit genutzt – ganz im Sinne jenes Wachsamkeitspostulats, das Ernst Wollweber 1954 auf dem IV. Parteitag der SED auf folgende Formel gebracht hat: »Die Menschen an den Schlüsselpunkten muß man sich betrachten, ihre politische Vergangenheit, die soziale Herkunft, ihre ganze Entwicklung, ihre persönlichen Verbindungen. Das alles muß man sich ansehen, das gehört zur Wachsamkeit«[21]. Viel hat sich seither nicht geändert, wie allein die schon mehrfach zitierte Rede Mielkes zur Eröffnung des Parteilehrjahres 1978/79 belegt. Im Zusammenhang mit der Umstrukturierung der DDR-Wirtschaftsleitung durch die Bildung von Kombinaten unterstrich der Staatssicherheitschef auch die neuen Aufgaben, die dem MfS aus seiner »sicherheitspolitischen Verantwortung« dabei erwachsen. »Der gesamte Prozeß der Kombinatsbildung und Profilierung stellt auch an die Leitung, Planung und Organisation unserer politisch-operativen Arbeit neue und höhere Anforderungen. Von außerordentlicher Bedeutung ist es dabei insbesondere, unter Nutzung unserer operativen Möglichkeiten entsprechenden Einfluß auf den Einsatz fachlich fähiger, überprüfter und politisch zuverlässiger Kader in den Leitungen der neu zu bildenden Kombinate auszuüben«[22].

Ohne Bestätigung nach »Abklärung« durch die Staatssicherheit hat in der DDR kein Kader eine Perspektive. Nach der Machtfrage »Wer wen?« lautet zumindest für den Minister für Staatssicherheit die zweitwichtigste Frage in der DDR noch allemal »Wer ist wer?«

Um aber zurückzukommen zur Spitzelwerbung – gefragt sind Inoffizielle Mitarbeiter in allen sozialen Schichten und politischen Gruppen, unter Industrie- und Bauarbeitern wie unter Genossenschaftsbauern, unter Soldaten wie unter Zivilbeschäftigten der bewaffneten Organe, in wissenschaftlichen Kreisen wie unter Studierenden, unter Verwaltungsangestellten in Staat und Gemeinde, Kultur und Kirche. Prinzipiell ist kein Bereich ausgespart. Nach allgemeiner Regel wird die Anwerbung eines »IM-Kandidaten« durch ein Werbungsgespräch eingeleitet. Zuvor prüft der als Führungsoffizier vorgesehene operative Mitarbeiter anhand verfügbarer Informationen, wie und mit welcher »Perspektive« der Kandidat ansprechbar ist. Aus internen MfS-Unterlagen[23] ist ersichtlich, daß sich der Führungsoffizier nicht nur eingehend über das von ihm ausgesuchte Opfer informiert, um etwaige Schwachpunkte zu ermitteln, sondern auch einen Werbungsplan schriftlich ausarbeitet, der durch den Dienstvorgesetzten zu genehmigen ist.

Voraussetzung dafür ist die gründliche Vorbereitung einer Werbung – sei es auf politisch-ideologischer Basis, auf materieller Grundlage oder auch durch schiere Nötigung – nach Rückfragen bei der Abteilung XII in der Zentrale. »Im MfS ist die Abteilung XII für die karteimäßige Erfassung aller Namen zuständig, die jemals ›positiv‹ oder ›negativ‹ aufgefallen sind, darunter Spitzel, Inoffizielle Mitarbeiter, Verdächtige oder auch nur Kolporteure politischer Witze. Ihre Personalien werden auf Karteikarten und mittlerweile auch auf dem Wege der elektronischen Datenverarbeitung mit modernsten Anlagen gespeichert, einschließlich eines Vermerks, welche Diensteinheit und welcher spezielle Mitarbeiter sich für die betreffende Person interessiert, sie bearbeitet, als Agenten führt oder auch über belastendes Material gegen sie verfügt. Der Abteilung XII angeschlossen ist das Archiv, in dem erledigte Akten im Original oder auf Mikrofilm aufbewahrt werden. Jeder Mitarbeiter, der sich für eine spezielle Person interessiert, kann auf einem kleinen Formblatt in der Abteilung XII anfragen, ob im MfS Informationen über sie vorliegen.« Ein ehemaliger Führungsoffizier, von dem diese Aussage stammt, schätzte die Zahl der in Karteien und Dateien des MfS erfaßten DDR-Bürger schon Ende der siebziger Jahre auf rund zwei Millionen. »Dazu kommen zahllose Westdeutsche, die irgendwann einmal mit dem MfS in Berührung gekommen sind oder über die Erkenntnisse vorliegen, und schließlich auch sehr viele Ausländer«[23]. Die Gründlichkeit ihrer Vorbereitung soll Werbungsversuche mit negativen Ergebnissen auf ein Minimum verringern.

Nicht ohne Zynismus berichtet ein in den Westen übergetretener Leutnant aus der operativen Arbeit des MfS, wie er Spitzel zu verpflichten versuchte. »Diese Werbungen habe ich unter den verschiedensten Aspekten durchgeführt. Ich appellierte an das politische und staatsbürgerliche Bewußtsein der anzuwerbenden Person. Das schloß natürlich ein, daß ich einen bestimmten ideologischen Druck ausübte. Es lief darauf hinaus, daß ich der Person klar machte, wenn sie zu der politischen Richtung der DDR positiv eingestellt sei, habe sie auch die Pflicht, zur Sicherung des Staates zu einer Mitarbeit im MfS bereit zu sein. Lag in der Vergangenheit ein dunkler Punkt vor, gleichgültig, ob er politischer oder krimineller Natur war, konnte ich die Werbung so durchführen, daß ich diese Person unmittelbar unter Druck setzte. Weigerte sie sich trotzdem, für das MfS zu arbeiten, drohte ich damit, die Polizei und die Gerichte würden sich mit diesem Kapitel eingehend befassen. Die nächste Möglichkeit der Anwerbung bestand darin, daß ich die zu werbende Person in materieller Hinsicht interessierte und ihr Vorteile und finanzielle Zuwendungen versprach. Das zog fast immer«[24]. Allerdings besteht der Lohn der Willfährigkeit heutzutage nur in Ausnahmefällen aus Geld. »Üblicher und begehrter sind berufliche Förderung und ein interessanter Arbeitsplatz, Hilfe in Examensnöten oder auch nur die Absicherung gegen die allgegenwärtige Gefahr, in das Zwielicht einer Untersuchung zu geraten – und manchmal auch das Abenteuer«[25].

Wie rigoros das MfS vorgeht, wird durch ein Lehrbeispiel dokumentiert, das in den schon erwähnten Schulungsmaterialien wie folgt beschrieben wird: »Z. B. wurde unter operativ günstigen Bedingungen ein Mitglied der Studentengemeinde als IM geworben, wodurch eine Reihe interessierender Auslandsverbindungen unter Kontrolle gebracht werden sollte. Der Kandidat, der sich dem Anliegen der Werbung auf Grund der Einstellung ›Gehorche der Obrigkeit‹ ohne Widerspruch fügte, ging zugleich von den ihm in der Familie und seiner Kirchengemeinde vordemonstrierten Verhaltensweisen aus, vor Gott und seinem ›Beichtvater‹ keinerlei Geheimnisse zu haben. Aus der ungewohnten Situation und der ihm bekannten Lebensweise von Autoritätspersonen heraus identifizierte er sich auch hier mit Normen und Verhaltensweisen seines Umgangskreises und dekonspirierte sich in der Beichte. Nur dem Umstand, daß der Vorgesetzte des ›Beichtvaters‹ ehrlich mit dem MfS zusammenarbeitete, war es zu danken, daß keine weiteren nachteiligen Konsequenzen eintraten«[26]. Zu fragen bliebe lediglich, ob die »ehrliche Zusammenarbeit« des Vorgesetzten mit dem MfS tatsächlich auf Loyalität beruht hatte oder aber auf der Überlegung, sich nur durch Offenlegen des Beichtgeheimnisses gegen eine mögliche Provokation der Staatssicherheit sichern zu können.

Aus einer Dienstanweisung des Ministers für Staatssicherheit vom 13. März 1975, auf die noch ausführlich zurückzukommen ist, geht die Orientierung auf »perspektivvolle Werbung« Inoffizieller Mitarbeiter selbst unter Strafgefangenen hervor.

Nach einem im Sinne der Staatssicherheit erfolgreichen Werbungsgespräch hat der Inoffizielle Mitarbeiter in spe eine schriftliche Verpflichtung, zuweilen zusätzlich auch eine Schweigeverpflichtung einzugehen, die er nach Diktat oder nach vorformuliertem Text eigenhändig zu schreiben und mit seinem Namen zu unterzeichnen hat. Eine feste Formel für die eigentliche Verpflichtung gibt es offenbar nicht, sie variiert von Fall zu Fall unwesentlich, aber sie lautet auch in den achtziger Jahren sinngemäß so, wie sie Fritz Schenk schon 1957 in seinem Erlebnisbericht festgehalten hat. Als persönlicher Referent des seinerzeitigen DDR-Planungschefs Bruno Leuschner in die politische Schußlinie geraten, war der nachmalige Journalist nach mehreren Verhören von einem MfS-Offizier »zur Zusammenarbeit« genötigt worden. »Er diktierte mir einen Text, den ich sofort mitschrieb«, erinnert er sich und gibt folgenden Wortlaut wieder: »Ich verpflichte mich, mit den Organen der Staatssicherheit der DDR auf das engste zusammenzuarbeiten. Ich bin bereit, alle Aufträge, die ich erhalte, gewissenhaft zu erledigen und darüber strengstes Stillschweigen zu bewahren. Ich verpflichte mich außerdem, gegenüber niemanden davon zu sprechen, daß ich dieses Verhältnis der Zusammenarbeit eingegangen bin«[27]. Es folgten Datum und Unterschrift. Wenige Tage danach, am 8. September 1957, flüchtete Fritz Schenk mit seiner Frau nach West-Berlin. Sein Fall ist nicht zuletzt deshalb erwähnenswert, weil er konkret belegt, daß die Staatssicherheit selbst in der engsten Umgebung hoher und höchster Partei- und Staatsfunktionäre Spitzel zu placieren sucht.

Weigert sich eine angesprochene Person, eine Verpflichtung zur »inoffiziellen Mitarbeit« einzugehen, so muß sie im Regelfall eine Schweigeverpflichtung unterschreiben. In den fünfziger Jahren war eine Verweigerung so gut wie undenkbar, ohne daß sie Konsequenzen nach sich gezogen hätte. Auch in den sechziger Jahren brachte der Versuch, sich der Staatssicherheit zu entziehen, noch Unbill und Nöte. Prof. Dietfried Müller-Hegemann, bis 1972 Chef des Ostberliner Wilhelm-Griesinger-Krankenhauses, der größten psychiatrischen Fachklinik in der DDR, berichtete von einer 26jährigen Angestellten, die an einer schweren phobischen Neurose litt. »Im Alter von 19 Jahren hatte sie einen jungen Mann, einen Ausländer, in einem Café kennengelernt. Er zeigte lebhafte Sympathie für sie, und nach einiger Zeit entwickelte sich ein intimes Verhältnis. Dieser Mann hatte offenbar den Eindruck, sie sei völlig von ihm abhängig, denn er eröffnete ihr, daß er sich stark für Betriebsgeheimnisse des volkseigenen Betriebes, in dem die Patientin Sekretärin war, interessierte. Die entsprechenden Materialien solle sie ihm zugänglich machen. – Diese Eröffnung stürzte die Patientin in einen Gewissenskonflikt, denn einerseits hing sie an diesem Mann, andererseits war sie im Geiste unbedingter Staatstreue erzogen worden. Nach inneren Kämpfen entschloß sie sich, diese Beziehung abzubrechen und ihn beim Stasi zur Anzeige zu bringen. Von der zuständigen Stelle des Stasi wurde sie sehr gelobt, ihr aber zugleich der Auftrag erteilt, die Beziehung zu dem jungen Mann aufrechtzuerhalten, um einiges Material zu übermitteln, das ihr für diesen Zweck übergeben wurde, und durch geschickte Erkundigungen auch dessen Hintermänner ausfindig zu machen. Nach schweren Bedenken führte sie diesen Auftrag dann auch erfolgreich durch«[28]. Damit war die Sache für die Angestellte nicht erledigt, im Gegenteil, kurze Zeit später wurde sie von MfS-Mitarbeitern aufgesucht, die ihr mitteilten, ihrer erfolgreichen Arbeit wegen sei sie zur ständigen Mitarbeiterin ausersehen. »Als sie auszuweichen versuchte, bekam sie zu verstehen, sie sei ja schon Mitarbeiterin geworden und habe jetzt keine Wahl. Sie werde auch manche Vorteile davon haben usw. Sie wurde kurzerhand auf den weiteren Dienst im Stasi verpflichtet und bekam nun ähnliche Aufgaben zugewiesen, dabei auch sexuelle Beziehungen zu verdächtigen Männern aufzunehmen, um dann von ihnen Informationen zu gewinnen«[29]. Als sich die Angestellte, nachdem sie eine Zeitlang entsprechende Aufträge für das MfS ausgeführt hatte, verweigern wollte, wurde sie massiv unter Druck gesetzt – mit dem Ergebnis, daß sie in eine extreme Angstsituation verfiel und sich psychiatrisch behandeln ließ. Dabei offenbarte sie sich dem Arzt.

Für den Aufbau des Informationsnetzes, aber auch für die Bürokratisierung der Arbeit im MfS gleichermaßen typisch ist die Tatsache, daß selbst für die Verpflichtung von Spitzeln nach Zahl und Zeit genau bestimmte Pläne ausgearbeitet werden. Auch die politisch-operative Arbeit hat ihr System – wie für die Schulung von MfS-Führungsoffizieren interessanterweise eigens ein »Wörterbuch für die politisch-operative Arbeit«[30] zusammengestellt wurde, das natürlich nur für den Dienstgebrauch bestimmt und im Buchhandel nicht erhältlich ist.

Der erste Auftrag eines Inoffiziellen Mitarbeiters nach seiner Verpflichtung beschränkt sich aus psychologischen Gründen meist auf einfache Aufgaben, auf das Einholen allgemeiner Stimmungsberichte aus seiner Umgebung, vom Arbeitsplatz, aus der Hausgemeinschaft, gelegentlich auch über öffentliche Veranstaltungen. Erst allmählich, behutsam wird ein neu geworbener Spitzel an seine eigentliche Tätigkeit herangeführt, bis die Aufträge nach im Sinne der Staatssicherheit positiven Erfahrungen zielgerichtet erweitert werden. Die politische Einschätzung von Arbeiskollegen etwa erfährt eine Ergänzung durch die Beobachtung bestimmter Personen oder durch das Anknüpfen von gesellschaftlichen Beziehungen zu »negativen Kreisen« und ähnliches mehr. Selbstverständlich ergibt sich der Einsatz jeweils aus den konkreten Bedingungen, unter denen ein Spitzel »arbeitet«. Seine Berichte hat er generell zu vereinbarten Terminen dem Führungsoffizier schriftlich zu übergeben. Zu diesem Zweck werden konspirativ getarnte Zusammenkünfte verabredet, sogenannte Treffs, die entweder in Cafés, Restaurants, Clubhäusern, Parkanlagen und ähnlich, in »konspirativen Zimmern« oder in »konspirativen Wohnungen« abgehalten werden. Aus Tarnungsgründen vermieden wird der Kontakt in Dienstgebäuden der Staatssicherheit.

Die Abschirmung und Überwachung von Industrie und wissenschaftlich-technischer Forschung

Besondere Schwerpunkte der Abwehrarbeit machen für das MfS bis in die Gegenwart hinein die Abschirmung und Überwachung der volkseigenen Industrie und der wissenschaftlich-technischen Forschung aus. Schon die Entstehungsgeschichte des MfS, seine Ursprünge im Ausschuß zum Schutze des Volkseigentums haben erkennen lassen, welche Bedeutung dieser Zielstellung stets beigelegt worden ist. Die Tatsache, daß seit Jahr und Tag mehrere Hauptabteilungen die Realisierung dieser Aufgaben institutionell zu gewährleisten haben – darunter die Hauptabteilung XVIII (»Sicherung der Wirtschaft«) und ihre Linie –, unterstreicht das ebenso deutlich wie die Schaffung spezieller Objektdienststellen des MfS in sozialistischen Konzernbetrieben. Ihre Erklärung findet diese Art von Wachsamkeit einerseits in der Erkenntnis, daß Industriespionage heute zu einem erheblichen Teil jedwede Geheimdienstaktivität bestimmt; die DDR-Nachrichtendienste selber haben das seit eh und je exerziert. Andererseits liegt die Abschirmung von Industrie und technologischer Forschung in einer geradezu manischen Furcht der DDR-Machthaber vor eben solcher Spionage, aber auch vor Sabotage begründet, wenn auch ihre hysterischen Auswüchse aus den fünfziger Jahren in der DDR allmählich überwunden wurden.

Damals freilich fehlte nicht viel zu dem folgenreichen Vorwurf der Sabotage und Schädlingstätigkeit, gerichtet an die technische Intelligenz oder an leitende Wirtschaftskader. Wenn immer es zu Störungen oder Unfällen in der Produktion gekommen war, hatten sie »imperialistische Agententätigkeit« zur Ursache – und der Zugriff der Staatssicherheit ließ nicht auf sich warten.

Gelegentlich sind dagegen selbst in der SED und im FDGB Proteste laut geworden, was Walter Ulbricht 1952 auf der 2. Parteikonferenz zu einer Rüge für »manche Partei- und Gewerkschaftsgruppen« veranlaßte, »die sich durch besondere Harmlosigkeit auszeichnen«. Er war auch flugs mit einem Beispiel zur Hand: »Als im Kombinat Espenhain durch Fehlschaltung bedeutender Schaden entstand und eine strenge Untersuchung eingeleitet wurde, die die Verhaftung einiger Personen notwendig machte, protestierten Parteigenossen und andere Belegschaftsangehörige. Ein solches Verhalten bedeutet eine Unterstützung der feindlichen Elemente. Anstatt die Belegschaft zur Wachsamkeit zu erziehen, besonders, da sie weiß, daß feindliche Agenten im Werk tätig sind, hat die Parteiorganisation versucht, eine gründliche Untersuchung ernster technischer Fehler aufzuhalten«[31]. Vier Jahre später, im Zuge einer mehr als schüchternen Entstalinisierung in der DDR, hat die Partei dieses Vorgehen selbst gerügt. »Bei der Behandlung der Intelligenz und der leitenden und verantwortlichen Mitarbeiter der Wirtschaft bedürfen die Methoden des Ministeriums für Staatssicherheit einer gründlichen Veränderung«, las man in der Erklärung einer vom Zentralkomitee eingesetzten Sonderkommission. »In der Vergangenheit wurden Fehler, die diesem Personenkreis in der Arbeit unterliefen, oft als Sabotage und Schädlingstätigkeit eingeschätzt, obwohl sie bei gründlicher Prüfung aller Umstände und der Personen in dieser Weise nicht zu qualifizieren gewesen wären. Durch diese Überspitzungen und der objektiven Wahrheit entgegenstehende Unterstellungen ist manch einem Techniker und Wissenschaftler die Lust am Experimentieren vergangen; die Entwicklung der Eigeninitiative wurde gelähmt«[32]. Nicht die Einsicht in die Unrechtmäßigkeit hatte einen Wandel bewirkt, sondern die Erkenntnis psychologisch schädlicher Auswirkungen.

Gleichwohl hat sich das Ministerium für Staatssicherheit seither zwar zurückhaltender gegeben, aber die Überwachung der Industrie und der wissenschaftlich-technischen Forschung hat es deshalb keineswegs eingeschränkt. Unzählig sind die aus der Staatssicherheit stammenden Aufrufe zur Wachsamkeit und zum Kampf gegen bürokratische Arbeitsweise. »Objektiv ist der Bürokrat unbewußt der beste Gehilfe des Agenten«, philosophierte Ernst Wollweber schon 1954; »denn infolge bürokratischer Arbeit ist der Agent schwer festzustellen, hat er bessere Tarnungsmöglichkeiten. Für tätige Agenten ist es dort am sichersten, wo ein Zustand der Verantwortungslosigkeit herrscht, wo die Verantwortungsbereiche nicht genau festgelegt sind, wo nicht genau kontrolliert werden kann, wer hat wann welche Entscheidungen zu treffen«[33]. Zwei Jahre später wiederum kritisierte er selber, »daß man dem Kampf gegen Schlamperei und Unordnung auszuweichen versucht, indem man einfach feststellt, daß es sich nur um Agententätigkeit handeln könne«[34]. Von da an ist zwar ein Zug zum Realismus erkennbar, aber immer wieder kam es auch zu Rückfällen in eben jene Mentalität, die eigenes Unvermögen ominösen Agentenumtrieben zuschrieb. 1967 wußte Mielke »dem Gegner« anzulasten, daß er »seine Konzeption umgestellt« habe. »Er hat sich ein ganzes System des Zusammenwirkens der westdeutschen Regierung und ihrer Geheimdienste mit den Konzernen, Forschungsinstituten, Hochschulen und anderen Einrichtungen geschaffen. Das Ziel besteht unter anderem darin, mit Hilfe der umfangreichen Verbindungen dieser Organe und Institutionen

zur DDR, unsere Forschungs-, Konstruktions- und Entwicklungsergebnisse auszuspionieren, die Entwicklung hochwertiger Erzeugnisse zu hemmen und zu stören«[35]. Wie realistisch kann so viel Argwohn sein? Selbst nach drei Jahrzehnten DDR sah sich der Staatssicherheitsminister veranlaßt, auch bei Bürokratismus und Schlamperei in der Wirtschaft die Staatssicherheit zu mobilisieren. Zitat aus seiner Rede zur Eröffnung des Parteilehrjahres 1978/79: »Es bieten sich zu viele Möglichkeiten, Verletzungen der Vertragstreue, Verschwendung von Rohstoffen und Materialien, ungerechtfertigte Investitionen, Manipulationen bei der Planabrechnung, unnötige NSW-Importe, Nichterfüllung von Exportverpflichtungen u. a. hinter bestimmten Mängeln der Leitungstätigkeit vorgesetzter Organe – wie z. B. ungenügender Abgrenzung der Verantwortlichkeit, Vertrauensseligkeit bei der Bestätigung von Plänen und Maßnahmen, Verletzungen der Aufsichts- und Kontrollpflicht u. a. – zu verbergen.
Teilweise verschließen aber auch verantwortliche Wirtschaftsfunktionäre übergeordneter Organe bewußt die Augen vor solchen unehrlichen Handlungen, lassen sie zu und decken sie in Einzelfällen sogar ab. Das reicht bis zur, wenn auch unbewußten, Begünstigung von Staatsverbrechen in der Volkswirtschaft. Es liegt auf der Hand, daß wir alle Möglichkeiten nutzen müssen, um derartigen Praktiken auf die Spur zu kommen«[36]. Wir – das ist die Staatssicherheit.
Der Staatssicherheit bietet sich dazu vornehmlich zwei Möglichkeiten an, die sich aus dem Gesagten von selbst ergeben: Die erste Möglichkeit sieht sie in der gründlichen Überprüfung jedes Wirtschafts- und Wissenschaftskaders vor seiner Berufung und während seiner Tätigkeit. Ohne Plazet der Staatssicherheit wird kein Direktor eines volkseigenen Betriebes bestellt, braucht sich kein Techniker Hoffnung auf Betrauung mit einer verantwortlichen Forschungsaufgabe zu machen, hat kein Wissenschaftler die Chance eines Aufstiegs. Die Menschen an den Schlüsselpunkten muß man sich betrachten . . .
In dieser Beziehung denkt und handelt Mielke nicht andern als einst Wollweber, im Gegenteil, auch Mielke hat in der Abschirmung der Industrie und der laufenden Überwachung ihrer Kader immer wieder eine Schwerpunktaufgabe erblickt. Er hat dabei selbst in der Kooperation mit westlichen Unternehmen etwa beim Bau von Industrieanlagen Risiken gesehen und mehrfach davor gewarnt: »Wichtige sicherheitspolitische Aufgaben ergeben sich aus der Tatsache, daß im Zusammenhang mit der Errichtung bedeutender industrieller Großanlagen durch kapitalistische Unternehmen die Zahl der ausländischen Arbeitskräfte in unserer Republik bereits erheblich angewachsen ist und z. T. weiter anwachsen wird. In einigen Betrieben, Gemeinden und Städten führt das zeitweilig zu erheblichen Konzentrationen solcher Kräfte. Es ist alles zu tun, um zu verhindern, daß der Feind das für seine Zwecke ausnutzen kann. Im engen Zusammenwirken mit den zuständigen Organen ist eine hohe Ordnung und Sicherheit zu gewährleisten, um eventuelle Aktivitäten feindlich-negativer und krimineller Elemente von vornherein zu erschweren bzw. zunichte zu machen«[37]. Eine der Abstimmungsmaßnahmen bestand und besteht in der völligen Isolierung westlicher Bau- und Montagearbeiter von ihren einheimischen Kollegen in der DDR.
Die andere Alternative sieht die Organisierung und Aktivierung von IM- und

GMS-Systemen nach »bewährter Art« auch und gerade in der Industrie vor. Im Prinzip unterscheidet sich die politisch-operative Arbeit Inoffizieller Mitarbeiter in Produktionsbetrieben und auf Großbaustellen, in Eisenbahn-Ausbesserungswerken und Verkehrseinrichtungen, in Forschungslabors und wissenschaftlichen Instituten nicht von der Spitzelei in anderen Bereichen. Folgendes Lehrbeispiel vom Einsatz eines Bauingenieurs mag das illustrieren. Nachdem er als IM zunächst »unbefriedigende operative Arbeitsleistungen« erbracht habe, sei er schließlich von seinem Führungsoffizier zufriedenstellend »aktiviert« worden. »Der IM hatte zunächst eine Anzahl Aufträge zur Einschätzung ökonomischer Schwerpunkte im Betrieb und zur Ermittlung der Ursachen für die Planverzögerungen erhalten. Diese lagen seinem Arbeitsgebiet sehr nahe, so daß er zu ihrer Realisierung keine sonderlichen Anstrengungen unternehmen mußte. Anders wurde es, als er einige Arbeitsfunktionen und Personen in seinen Einschätzungen und Mitteilungen nannte, die nach seiner Auffassung für häufige Terminverschiebungen und nichterfüllte betriebliche Aufgaben verantwortlich waren. Er kannte zwar die Arbeitskollegen, konnte aber auf die Frage nach deren Einstellung zur Plandisziplin, nach ihren Einstellungen zur Rationalisierung im Betrieb und nach ihren persönlichen und moralischen Verantwortung für ungenügende Leistungen, nach ihren politischen Anschauungen und Motiven keine Antwort geben. Zunächst mußte er also die Aufgabe erkennen, Verhalten und Äußerungen dieser Personen zu beobachten und daraus auf ihre tatsächliche Einstellungen und Absichten zu schließen ... Schritt für Schritt, immer präziser und sich dessen besser bewußt werdend, was und wie es zu tun ist, eignete sich dieser IM in diesem Prozeß konspirative Verhaltensweisen an«[38]. Die Qualifizierung eines Spitzels – eingehender ist sie nicht zu schildern. Das Beispiel vermittelt zum anderen auch einen Begriff, wie weitgehend die Staatssicherheit ihre Überwachungsfunktion in Industrie und wissenschaftlich-technischer Forschung begreift und zu verwirklichen trachtet.

Die »politisch-operative Sicherung« der bewaffneten Organe

Wie in der Sowjetunion dem KGB, so ist in der DDR dem MfS die Zuständigkeit für die Abschirmung und innere Sicherung der Nationalen Volksarmee und der Grenztruppen übertragen. Nicht zuständig ist also das Ministerium für Nationale Verteidigung, das selbst von der Staatssicherheit abgeschirmt wird. Als Verbindungsorgan zum MfS besteht bei ihm die »Verwaltung 2000«, in der Staatssicherheitsoffiziere tätig sind, die sich auf nachgeordnete Stäbe in allen Kommandobehörden der DDR-Streitkräfte bis zur Regimentsebene stützen, während den Bataillonen in der Regel nur noch ein Verbindungsoffizier des MfS beigegeben ist[39]. Sämtliche Abwehroffiziere, die im MfS als »Offiziere im besonderen Einsatz« geführt werden dürften, tragen die Uniform der Waffengattung, zu der »ihr« Truppenteil gehört, aber sie sind als Verbindungsoffiziere des MfS durchaus bekannt; sie unterstehen den Kommandeuren der Einheiten und Truppenteile, denen sie beigegeben sind, nur formell, das heißt, sie sind der Befehls- und Disziplinargewalt des MfS unterworfen.

110

Im Grunde beginnt die präventive Überwachung des DDR-Soldaten, noch bevor er den grauen Rock der Armee angezogen hat – bei der Musterung. Den bei den Wehrkreiskommandos der DDR bestehenden Musterungskommissionen gehören außer dem Chef des Wehrkreiskommandos, einem leitenden Mitarbeiter des Rates des Kreises oder Stadtbezirks und dreier Fachärzte auch ein Mitarbeiter der Kreisdienststelle des Ministeriums für Staatssicherheit[40] an. Hier setzt praktisch die »politisch-operative Aufklärung« des Wehrpflichtigen ein. In der Truppe hernach ist es Aufgabe des Abwehroffiziers, die innere Sicherheit und die Abschirmung gegen »imperialistische Spione« zu gewährleisten – was die Notwendigkeit einschließt, ständig über die politische Stimmung in der Truppe unterrichtet zu sein und über sie Bericht zu erstatten. Logischerweise wirken die Abwehroffiziere eng mit den Kommandeuren, Politoffizieren und Parteisekretären in der Truppe zusammen. Zudem informieren sie sich auch unabhängig von ihnen durch den Einsatz Inoffizieller Mitarbeiter in der Truppe.

Ein früherer Leutnant der Staatssicherheit, bis zu seiner Flucht Mitarbeiter einer Operativgruppe in der Spionageabwehr, bestätigte in seiner Aussage ausdrücklich, »daß das MfS einen eigenen Spitzelapparat in den Reihen der bewaffneten Streitkräfte und – so absurd es klingen mag – in den Reihen des MfS selbst unterhält«[41]. Zu diesem Zweck ist jeder Abwehroffizier verpflichtet, »sich ein Spitzelnetz aufzubauen. In jeder Kompanie mit 110 Mann muß er mindestens vier Mitarbeiter anwerben. Sie sollen die Soldaten überwachen, verdächtige Äußerungen und Handlungen in Berichten festhalten sowie bei sogenannten ernsten Verstößen gegen die Staatssicherheitsvorschriften dem Abwehroffizier sofort Mitteilung machen«[42]. Diese auf die DDR-Grenztruppen im Ring um Berlin bezogene Aussage stammt aus dem Jahre 1963, aber sie wird für 1981 im vollen Umfang bestätigt: »Das MfS ist praktisch überall. In jeder Kompanie ist unter den Offizieren und Unteroffizieren und Soldaten zumindest ein Angehöriger des MfS. Wir konnten dies u. a. daran feststellen, daß sie ›feindwärts bestätigt‹ sind, das heißt, daß sie vor dem äußersten Grenzzaun zuweilen eingesetzt werden bis zu den Grenzsteinen«, berichtet ein ehemaliger DDR-Grenzer, Dienstgrad Feldwebel, der am 25. Januar 1981 bei Ebenhausen flüchtete. Er macht auch darauf aufmerksam, daß die als »Grenzaufklärer« eingesetzten Angehörigen der Grenztruppen von der Staatssicherheit ausgesucht und überprüft werden. »Wer Grenzaufklärer wird, bestimmt das MfS allein. Der Grenzaufklärer muß die Kontrolle der Grenzbefestigung auch von außen vornehmen«[43]. Was hier speziell über die Grenztruppen gesagt wird, dürfte generell auch für die Abschirmung und Überwachung der Einheiten und Truppenteile der Nationalen Volksarmee zutreffen, wenngleich die Kontrolle über die Grenztruppen wegen ihres ständigen Einsatzes im grenznahen Raum vom MfS besonders ausgebaut sein mag. Auch das Zusammenwirken in der »Grenzaufklärung feindwärts«, das heißt in der operativen Spionage des MfS im grenznahen Raum westwärts der Demarkationslinie und im Ring um Berlin, ist hier in die Betrachtung einzubeziehen.

Ein ehemaliger Kriegsdienstverweigerer aus der DDR, Bernd Eisenfeld, seit 1975 in West-Berlin ansässig, berichtet über die besondere Überwachung aller Bausoldaten durch die Staatssicherheit – jener Wehrpflichtigen in der Nationalen Volksarmee, die aus religiösen Gründen Wehrdienst ohne Waffe leisten, folgendes: »Während der Dienstzeit obliegt dem MfS-Verbindungs-offizier die Überwachungs- und Kontrollfunktion. In verschiedenen Durchgängen und Einheiten gelang es diesen Offizieren, aus den Reihen der Bausoldaten Informanten zu gewinnen. Die von den Informanten gesammelten Erkenntnisse dienten für die Vertreter des MfS in der Regel der Vorbereitung und Durchführung von Vernehmungen und galten dem Ziel, sogenannte Rädelsführer ausfindig zu machen. Als Mittel der Einschüchterung wurde mit der Militärstaatsanwaltschaft und Gefängnisstrafe für den Fall der Fortführung von ›wehrkraftzersetzenden‹ Aktivitäten gedroht«[44]. Auch nach dem von ihnen geleisteten waffenlosen Wehrdienst blieben die ehemaligen Bausoldaten nach Möglichkeit unter besonderer Kontrolle der Staatssicherheit.

Im übrigen ist die politisch-operative Sicherung der bewaffneten Organe auf die Nationale Volksarmee und die Grenztruppen der DDR nicht beschränkt, sie umfaßt auch die Zivilverteidigung – und sie schließt nicht zuletzt die Überwachung der Volkspolizei ein, die bekanntlich der Befehlsgewalt des Ministers des Innern untersteht. Für diese Aufgabe ist im MfS die Hauptabteilung VII zuständig.

Wie bei den anderen bewaffneten Organen umfaßt auch die politisch-operative Sicherung der Volkspolizei sowohl die Abschirmung nach außen als auch die Überwachung im Innern, wobei letztere so weit geht, daß mit Recht von einer Kontrolle der VP durch die Staatssicherheit gesprochen werden kann. In bestimmten Arbeitsbereichen der Kriminalpolizei ist ein enges Zusammenwirken mit den zuständigen Diensteinheiten der Staatssicherheit sogar ausdrücklich vorgeschrieben. In diesen Arbeitsbereichen sind Leitungsfunktionen ausschließlich mit Offizieren aus dem Kaderreservoir des MfS zu besetzen. Die einschlägige Dienstanweisung Nr. 1/74 sieht ihren Einsatz selbstverständlich verdeckt vor, »als Polizisten getarnt«[45]. Die Mitarbeiter der betroffenen Arbeitsbereiche der Volkspolizei wissen mithin gar nicht, daß sie MfS-Offizieren untergeben sind. Ebenso wenig ahnen sie, daß sie vor ihrer Einstellung gemäß Dienstanweisung Nr. 1/72 des Ministers für Staatssicherheit »aufzuklären« und zu »bestätigen« sind, wie das sonst nur mit hauptamtlichen Mitarbeitern der Staatssicherheit geschieht. Anders gesagt: Die »operative Überprüfung« dieser Volkspolizisten hat nach Kriterien des MfS zu erfolgen. Die offene Wahrnehmung polizeilicher Befugnisse, die den Angehörigen des MfS durch Gesetz[46] übertragen ist, wird durch interne konspirative Kontrolle der Volkspolizei ergänzt.

Staatssicherheit und Strafvollzug

In der DDR fällt »die Durchführung des Strafvollzugs« schon seit der Verordnung vom 16. November 1950 in die Zuständigkeit des Ministeriums des Innern[47]. Die am 12. Januar 1968 und am 7. April 1977 ergangenen Gesetze zum Strafvollzug[48] haben diese Regelung bestätigt und bekräftigt. Zuständig ist der Dienstzweig Strafvollzug der Volkspolizei. Gleichwohl sind Abschirmung und innere Überwachung des Strafvollzugs und aller Strafvollzugseinrichtungen, ihre »politisch-operative Sicherung«, Sache der Staatssicherheit

– konkret ihrer Bezirksverwaltungen und, soweit es sich um kleinere Gewahrsame handelt, ihre Kreisdienststellen. Lediglich für die Sonderhaftanstalt Bautzen II gilt eine Ausnahmeregelung.

Die Aufgaben der Staatssicherheit im Strafvollzug sind in der bereits zitierten Dienstanweisung Nr. 2/75 benannt[49], die im wesentlichen folgende Zielstellungen vorsieht:

– Umfassende »politisch-operative Sicherung der Angehörigen und Zivilbeschäftigten des Organs Strafvollzug, der Betriebsangehörigen der Arbeitseinsatzbetriebe sowie der Einrichtungen des Organs Strafvollzug vor allen feindlich-negativen Angriffen«;
– ferner die »rechtzeitige Feststellung feindlich tätiger Personen unter den Straf- und Untersuchungsgefangenen«;
– und die »vorbeugende Verhinderung, Aufdeckung und Bearbeitung« namentlich der »politisch-ideologischen Diversion, mit der der Gegner das Ziel verfolgt, die Sicherheit und Ordnung in den Vollzugseinrichtungen zu beeinträchtigen«;
– zu verhindern oder aufzudecken sind schließlich »geplante Ausbrüche, Entweichungen, Geiselnahmen oder Angriffe gegen Leben und Gesundheit der Angehörigen des Strafvollzugs durch Straf- und Untersuchungsgefangene«, ebenso »Diversions- und Sabotagehandlungen in Strafvollzugseinrichtungen und Arbeitseinsatzbetrieben« sowie »Erscheinungen der staatsfeindlichen Gruppenbildung, geplanter Provokationen wie Gefangenenmeutereien und Arbeitsniederlegungen durch Strafgefangene« – um hier nur die wichtigsten »Pläne und Absichten des Gegners« wiederzugeben, gegen die das MfS laut Dienstanweisung Vorbeuge- und Sicherungsmaßnahmen für notwendig hält.

Zur Bewältigung dieser Aufgaben haben sich die für den Strafvollzug zuständigen MfS-Diensteinheiten der Linie VII auch »inoffizieller Kräfte, Mittel und Methoden« zu bedienen und dafür zu sorgen, daß »die IM/GMS unter den Angehörigen des Organs Strafvollzug, den Angehörigen der Arbeitseinsatzbetriebe sowie unter dem Gefangenenbestand zielgerichtet und mit hoher Wirksamkeit« tätig werden. Dabei ist sicherzustellen, daß »politisch-operativ bedeutsame Informationen über Straf- und Untersuchungsgefangene zur weiteren Klärung der Frage ›Wer ist wer?‹, zur Aufklärung unaufgedeckt gebliebener Feindhandlungen, von Hintermännern, Verbindungen sowie zum Erkennen operativer Möglichkeiten für perspektivvolle Werbungen vom IM, deren Einsatz besonders nach der Entlassung aus dem Strafvollzug, zielgerichtet erfolgt, erarbeitet werden«[50]. Das Spitzel- und Überwachungssystem im Strafvollzug stützt sich folglich auf Inoffizielle Mitarbeiter einerseits unter den Gefangenen, andererseits unter dem Wach- und Aufsichtspersonal, die sich offenbar auch gegenseitig »ausforschen«.

Alle Kontakte zu den von der Staatssicherheit unter den Wachmannschaften und zivilen Aufsichtspersonen im Strafvollzug gewonnenen Inoffiziellen Mitarbeitern sind derselben Dienstanweisung zufolge »unter strengster Beachtung der Regeln der Konspiration« zu pflegen, »vorwiegend außerhalb von Vollzugseinrichtungen in konspirativen Wohnungen«, damit sie nicht nur von den Gefangenen, sondern auch vor ihren Kameraden und Kollegen unerkannt bleiben.

Die im Strafvollzug geworbenen Spitzel sollen möglichst unter solchen Strafgefangenen gewonnen werden, die im Gefängnis oder im Arbeitslager »für eine Mitwirkung im Erziehungsprozeß ausgewählt« wurden. »Auf die Auswahl der Strafgefangenen für die Funktionen Älteste, Brigadiere, Ordner, Beauftragte, Helfer im Arbeitseinsatz ist politisch-operativ Einfluß zu nehmen und ihre Eignung als IM zu prüfen«, besagt die Dienstanweisung Nr. 2/75, in der es weiter heißt: »Zur Wahrung der Konspiration hat die inoffizielle Zusammenarbeit mit IM unter Strafgefangenen unter Berücksichtigung der durch die Regimebedingungen im Strafvollzug gegebenen Spezifik zu erfolgen«[51]. Vor allem sollen die unter Strafgefangenen geworbenen Spitzel nach Möglichkeit von Führungs-IM unter den Strafvollzugsbediensteten und Zivilbeschäftigten, nicht hingegen von den Abwehroffizieren des MfS im Strafvollzug gesteuert werden.

Natürlich führen Spitzel im Strafvollzug keine Decknamen. Ihre Berichte erstatten sie je nach Gelegenheit mündlich oder schriftlich. Für ihre Zuträgerdienste erhalten sie Vergünstigungen in der Haft wie besser eingerichtete Zellen oder Zusatzverpflegung; oder sie werden durch vorzeitige Haftentlassung belohnt. In der Regel werden im Strafvollzug geworbene IM auch nach ihrer Entlassung als Inoffizielle Mitarbeiter verpflichtet, worauf schon bei ihrer Werbung zu achten ist, denn nichts anderes meint die Umschreibung einer »perspektivvollen Werbung« unter Strafgefangenen.

Eine exklusive Stellung nimmt im DDR-Strafvollzug eine Sonderhaftanstalt in Bautzen ein, das »Objekt II«. Zwar ist auch diese Strafvollzugsanstalt administrativ der Bezirksverwaltung Strafvollzug in Cottbus unterstellt und mit der »Mutteranstalt« Bautzen, dem »Objekt I«, wirtschaftlich und produktionsmäßig verbunden, aber sie unterliegt der besonderen Abschirmung und Überwachung durch das MfS: »Die Hauptabteilung IX ist für die politisch-operative Sicherung der Strafvollzugsanstalt Bautzen II verantwortlich«[52]. Es handelt sich um ein früheres Amtsgerichtsgefängnis im Zentrum von Bautzen, Siegfried-Rädel-Straße, das seit 1956 mit vorwiegend politischen, zu langjährigen Freiheitsstrafen verurteilten Häftlingen belegt wird. Ein Transport[53] aus der Strafvollzugsanstalt Brandenburg-Görden, mit dem unter anderem der frühere Außenminister Georg Dertinger nach Bautzen verlegt wurde, verbrachte die ersten 90 Häftlinge in der Nacht vom 8. zum 9. August 1956 in dieses Gewahrsam, das mit rund 180 Zellen eine Belegungskapazität von 150 bis maximal 200 Strafgefangenen besitzt. Ihre Arbeits- und Lebensbedingungen unterscheiden sich von den Zuständen in anderen DDR-Gefängnissen durch strengeres Regime[54].

Von 1951 bis 1974 unterhielt das MfS in unmittelbarer Nachbarschaft zum Zentralen Untersuchungsgefängnis Berlin-Hohenschönhausen ein eigenes Haftarbeitslager[55]: Es lag mitten in einem Sperrgebiet im Stadtteil Hohenschönhausen, in dem sich überdies Wohnungen von Angehörigen der Volkspolizei und der Staatssicherheit befinden. Das damals von den Gefangenen als »Lager X« bezeichnete Objekt erstreckte sich von Norden her vom Gelände des Güterbahnhofs Hohenschönhausen bis zur Plauener Straße nach Süden und von der Genslerstraße an seiner Westseite bis zum Arendsweg an der Ostseite.

1960 waren in diesem Haftarbeitslager (ohne Untersuchungshaftanstalt)

114

rund 800 männliche Strafgefangene inhaftiert. Die Zahl dürfte sich bis zu seiner Auflösung noch gesteigert haben. Sie arbeiteten in drei Produktionsabteilungen. Der Schwerpunkt lag bei einem innerhalb des Lagers errichteten Kraftfahrzeugreparaturwerk, in dem einschließlich Konstruktionsbüro und Nebenbetrieben mehrere hundert Häftlinge eingesetzt waren. Sie wurden mit der Reparatur und Generalüberholung von Dienstfahrzeugen der Regierung beschäftigt.

Daneben kam der Bauabteilung erhebliche Bedeutung zu. Ihre Arbeitskommandos wurden hauptsächlich im Wohnungsbau im Sperrgebiet Hohenschönhausen und für Sonderbauaufgaben eingesetzt.

Bis Mitte der fünfziger Jahre existierten in diesem Haftarbeitslager außerdem chemische Labors und Spezialwerkstätten für Hochfrequenztechnik und Feinmechanik/Optik, in denen politische Häftlinge unter strenger Abschirmung und Geheimhaltung für die Spionage des MfS Sonderfertigungen zu projektieren und zu produzieren hatten – zum Beispiel Geheimtinten, Betäubungsmittel, Kleinst-Mikrophone zum Einbau in Fernsprechapparate, Kleinst-Tonbandgeräte für geheime Abhörvorrichtungen, Vorrichtungen zum spurenfreien Öffnen von Briefen für die Postkontrollstellen des MfS, Kleinst-Kameras und ähnliches mehr. Diese Arbeiten wurden eingestellt, nachdem darüber Enthüllungen in westlichen Zeitungen erschienen waren. Im Frühsommer 1974 wurde das »Lager X« aufgelöst.

Postkontrolle und Überwachung des Fernsprechverkehrs

In einem Offenen Brief an den Staatssicherheitsminister hat der Ostberliner Schriftsteller Frank-Wolf Matthies am 9. Januar 1981 öffentlich gemacht, was Offiziere des MfS ihm gegenüber ungeniert eingeräumt hatten: Seine Post war »seit Jahren kontrolliert«, sein Telefon »seit Jahren abgehört«[56] worden. Damit sprach der heute in der Bundesrepublik lebende Schriftsteller nichts Überraschendes aus, denn die Kontrolle ein- und ausgehender Briefsendungen sowie das Abhören des Fernsprechverkehrs sind in der DDR seit Jahr und Tag Praxis, aber sein Zeugnis macht die Sache exemplarisch.

Schon in den fünfziger Jahren hat das Ministeriums für Staatssicherheit ein Netz besonderer Postkontrollstellen aufgebaut[57]. Theoretisch war so garantiert, daß keine Briefsendung ihren Empfänger unkontrolliert erreichte, auch wenn praktisch die meisten Briefsendungen DDR-intern unkontrolliert blieben, da sonst überlange Verzögerungen bei der Postzustellung in Kauf zu nehmen gewesen wären. Im Prinzip gilt das auch für die achtziger Jahre. Schwerpunktartig verteilen sich die Briefkontrollstellen auf Industrie- und Verkehrszentren sowie auf Hafen- und Garnisionsstädte, ferner auf verschiedene Städte im Raum Berlin, wobei im MfS für die Gewährleistung und Auswertung der Briefzensur die Abteilung M zuständig ist. Ihr sind in den Bezirksverwaltungen selbständige Abteilungen M nachgeordnet. Von hier aus führen die Kommunikationslinien zu den Postkontrollstellen der Staatssicherheit in Leit- und Knotenpostämtern, wo sie als »Dienststellen 12« oder auch als sogenannte M-Punkte bezeichnet werden. Experten beziffern die Mitarbeiter des MfS in diesen M-Punkten auf jeweils bis zu zwanzig, wobei hier nicht selten die Ehefrauen hauptamtlicher MfS-Mitarbeiter tätig sind. Das bei der Postkontrolle anfallende Adressenmaterial wird in »Beziehungskarteien« erfaßt, die sowohl in der Zentrale als auch in den Bezirksverwaltungen angelegt sind, um durch Analyse von Korrespondenzbeziehungen für das MfS wichtige Abwehr- und Aufklärungsinformationen zu gewinnen.

Es liegt nahe, daß die Staatssicherheit heute auch Computer in der Postkontrolle einsetzt. Werner Obst, bis zu seiner Flucht aus der DDR 1969 Abteilungsleiter im Büro des Ministerrates, weiß von »über 70 zentralen Briefverteilämtern« zu berichten, »in denen etwa 1200 Mitarbeiter des Ministeriums für Staatssicherheit als Briefsortierer, Brieföffner, Auswerter oder Kopierer tätig sind«. Von ihnen wird die Post geröntgt oder geöffnet, und zwar nicht nur die eingehende Post, sondern auch ausgehende Sendungen, vor allem Post ins westliche Ausland und in die Bundesrepublik. »Die Briefe werden in diese ›Sonderstellen‹, die in regulären Postämtern untergebracht sind, ungestempelt eingeliefert, über einem Dampfbad geöffnet, gelesen, wenn notwendig kopiert und perfekt wieder verschlossen«[58]. Weiter bekundet der frühere Staatsfunktionär, daß Briefschreiber selbst dann, wenn sie ihren Brief ohne Absender oder mit einem fingierten Absender auf den Weg brachten, nicht mehr unbedingt unerkannt bleiben. Die Computertechnik ermögliche es der Staatssicherheit, das seit langem eingespielte Kontrollsystem der Beziehungskartei zu vervollkommnen: »Mit großem organisatorischen Aufwand wurde eine riesige Datenbank aufgebaut, die alle zwischen DDR und Bundesrepublik bestehenden privaten Briefverbindungen – und deren gibt es Millionen – als sogenannte ›Brieflinien‹ umfaßt. Fällt heute ein unvorsichtiger Briefschreiber der Kontrolle zum Opfer, so kann er jetzt mit Hilfe der Datenbank auch dann ermittelt werden, wenn der Absender weggelassen oder getarnt wurde. Denn selbst dann, wenn dem Computer nur die westdeutsche Anschrift eingegeben wird, wirft er in wenigen Minuten alle bisherigen DDR-Briefpartner dieser Anschrift aus. Der betreffende Personenkreis, der als anonymer Absender in Frage kommt, wird so überschaubar, und die Ermittlung derjenigen, die gemäß SED-Sprachregelung den Sozialismus verleumden, ist für die Angehörigen des Staatssicherheitsdienstes dann lediglich noch eine Routineangelegenheit . . . Nun wird heutzutage wegen derartiger Briefe keiner mehr so leicht bestraft, die unvorsichtigen Briefschreiber werden jedoch beim Ministerium für Staatssicherheit registriert, und mancher berufliche Aufstieg scheitert, ohne daß der Betroffene je erfährt, woran«[59]. Enthält ein Brief belastendes oder für die Staatssicherheit sonst interessantes Material, wird er aus dem Verkehr gezogen und dem Leiter der »Dienststelle 12« vorgelegt. Dieser entscheidet, was mit dem Brief geschieht. Mitunter wird ein Brief eingezogen, mitunter kopiert oder auszugsweise abgeschrieben, danach aber seinem Empfänger ohne amtlichen Öffnungsvermerk zugestellt, so daß Verdachts- oder Belastungsmomente festgehalten sind, ohne daß der Empfänger etwas davon ahnt. »Die Sicherheit des sozialistischen Staates mag ein solches Verfahren erfordern, eine gesetzliche Grundlage fehlt dafür. Denn nach dem Gesetz über das Post- und Fernmeldewesen sind Ausnahmen von der Geheimhaltungspflicht erst gegeben, wenn Verstöße festgestellt sind, aber nicht, um solche Verstöße erst festzustellen. § 115 Abs.

1 – 3 StPO läßt das Öffnen verschlossener Sendungen nach Beschlagnahme erst nach Einleitung eines Ermittlungsverfahrens zu«[60]. Unter diesen Voraussetzungen kommt die Postzensur in der DDR einer fortwährenden Gesetzesverletzung gleich.

In der Überwachung des Fernsprechverkehrs trat 1979 in der DDR eine gesetzliche Neuregelung in Kraft. Während bis dahin alle normativen Bestimmungen über das Abhören und Aufzeichnen von Telefongesprächen fehlten, änderte sich die Rechtslage mit dem 3. Strafrechtsänderungsgesetz, das ab 1. August 1979 wirksam wurde, durch Einfügen eines 4. Absatzes in § 115 der Strafprozeßordnung. »Danach kann die Überwachung und Aufnahme des Fernmeldeverkehrs auf Tonträger angeordnet werden. Sie darf nur erfolgen bei Vorliegen des dringenden Verdachts von Straftaten, die nach § 225 StGB der Anzeigepflicht unterliegen« – was auf Staatsverbrechen allemal zutrifft. »Diese Anordnung darf sich nur auf Anschlüsse erstrecken, die dem Beschuldigten gehören oder die der Beschuldigte benutzt oder von denen Nachrichten, die der Straftat dienen, übermittelt werden sollen. Die Anordnung erfolgt durch den Staatsanwalt, bei Gefahr im Verzug durch das Untersuchungsorgan, in der Regel also durch eine Dienststelle des Ministeriums für Staatssicherheit«[61], wobei die Anordnung einer richterlichen Bestätigung binnen 48 Stunden bedarf.

Gewiß sollte man diese Neuregelung als Schritt in Richtung auf mehr Rechtssicherheit in der DDR nicht gänzlich ignorieren, aber der Richter, der einer »Lauschoperation« der Staatssicherheit die Bestätigung verweigert, muß wohl erst noch gefunden werden.

Die technische Überalterung der Fernmeldeinfrastruktur und der Mangel an Telefonanschlüssen in der DDR begünstigen im übrigen die Überwachung. »Telefonzellen in Postämtern sind häufig mit Abhörschaltungen verbunden. In kleineren Postämtern auf dem Landes, in denen der Kunde das Gespräch am Schalter anmeldet und bezahlt, wird grundsätzlich sowohl der angewählte Teilnehmer als auch – sofern er persönlich bekannt ist – der Anmelder eines Gespräches notiert. Der Telefonverkehr mit dem Ausland wird über das südlich von Berlin gelegene Verstärkeramt Wildpark überwacht, das in einem unterirdischen Bau in der Nähe des Kommandos des Landstreitkräfte der DDR und des sowjetischen Militärsenders liegt. Dort werden alle Auslandsgespräche verstärkt und zugleich kontrolliert«[62]. Zudem liegt auf der Hand, daß das Abhören und Aufzeichnen von Ferngesprächen in den siebziger Jahren zugenommen hat, seitdem der Fernsprechverkehr zwischen den beiden deutschen Staaten ausgebaut und automatisiert wurde.

Freilich sind schon aus den fünfziger Jahren Fälle bekannt, in denen die Staatssicherheit Abhörvorrichtungen in Telefonapparate eingebaut hat, um ankommende und abgehende Gespräche abzuhören und aufzuzeichnen. Der 1958 aufgedeckte Fall des evangelischen Bischofs von Sachsen, Gottfried Noth, der fast ein Jahr lang an seinem Amtssitz in Dresden unentdeckt hatte abgehört werden können, hat seinerzeit für beträchtliches Aufsehen gesorgt[63].

Der Einsatz Inoffizieller Mitarbeiter sowie die Durchführung von Postkontrolle und Telefonüberwachung, gezielt auf eine Person oder eine Gruppe von Personen, verstehen sich bereits als Maßnahmen, die im Dienstsprachgebrauch des MfS als »operative Beobachtungen« und »konspirative Ermittlungen« bezeichnet werden. Sie werden durchaus nicht nur veranlaßt, wenn ein konkreter Verdacht DDR-feindlicher Handlungen begründet erscheint. Sie dienen gleichermaßen der »vorbeugenden Verhinderung« ebensolcher Handlungen. »Die operativen Ermittlungen zur Aufklärung und Überprüfung von Personen und Sachverhalten bilden einen festen Bestandteil der politisch-operativen Tätigkeit des MfS zum zuverlässigen Schutz und zur allseitigen Gewährleistung der inneren Sicherheit der DDR«[64]. Soll die Festnahme eines Verdächtigen oder einer Gruppe von Verdächtigen erfolgen, so legt der Sachbearbeiter ein internes Festnahmeersuchen vor, in dem er die Gründe einer Festnahme nennt sowie deren Ort und Zeit plant. Dieses Ersuchen ist durch den Leiter der Kreisdienststelle des MfS oder, falls darüber auf Bezirksebene zu entscheiden ist, durch den zuständigen Abteilungsleiter zu genehmigen. Es ergeht ein Haftbeschluß, woraufhin die Festnahme erfolgen kann. Dabei handelt es sich um eine vorläufige Festnahme im Sinne von § 125 der DDR-Strafprozeßordnung, die hernach der richterlichen Bestätigung durch einen schriftlichen Haftbefehl bedarf, wie in § 124 der Strafprozeßordnung bestimmt. Die in § 122 definierten Voraussetzungen, unter denen in der DDR Untersuchungshaft angeordnet werden kann – nämlich »wenn dringende Verdachtsgründe vorliegen« und »ein Verbrechen den Gegenstand des Verfahrens bildet« –, sind bei Verdacht auf Staatsverbrechen im Sinne des DDR-Strafrechts stets gegeben – ganz abgesehen davon, daß die Staatssicherheit noch nie sonderlich viel Skrupel gezeigt hat, wenn ihr eine Festnahme opportun erschien.
Kommt es ohne Zwischenfall zur Festnahme, so wird der nunmehrige Untersuchungshäftling von dem zuständigen Sachbearbeiter lediglich kurz gehört und danach der Abteilung Vernehmungen und Untersuchungen überstellt. Spätestens von diesem Zeitpunkt an wird sein Fall in der zuständigen Bezirksverwaltung des MfS bearbeitet, falls er bis dahin bei einer Kreisdienststelle der Staatssicherheit anhängig gewesen sein sollte; sie verfügt nicht über eigene Vernehmungsoffiziere.

»Operative Beobachtungen« und »konspirative Ermittlungen«

Ehe über eine Festnahme entschieden wird, sind wie gesagt Verdächtigte zu überprüfen und Sachverhalte aufzuklären, werden »operative Maßnahmen« eingeleitet, Beobachtungen und Ermittlungen, mit denen höchst unterschiedliche Zwecke verfolgt werden – zum Beispiel folgende[65]:
– Feststellung, Aufklärung und Dokumentierung »feindlicher und krimineller Handlungen«;
– Feststellung, Aufklärung und Dokumentierung von Verbindungen, Kontakten und Anlaufstellen bestimmter Personen;

– Feststellung von Handlungen und Verhaltensweisen bestimmter Personen bei Objekten, Einrichtungen und Veranstaltungen;
– Feststellung, Identifizierung und Dokumentierung von Personen, die bestimmte Objekte und Einrichtungen aufsuchen oder an »organisierten Zusammenkünften« teilnehmen.

Die im MfS so verstandenen operativen Maßnahmen, die auch den Aufbau und die Aktivierung »spezieller Ermittler-IM/GMS-Systeme«[66] sowie »den Einsatz von Spezialisten zur Durchführung konspirativer Durchsuchungen von Grundstücken, Wohnungen, Räumen, Kraftfahrzeugen und Behältnissen«[67] einschließen, können konkret unter anderem heißen:
– Laufende oder zeitlich begrenzte Beobachtung von Personen;
– schwerpunkt- und etappenmäßige Beobachtung bei Vorliegen »politisch-operativer Informationen und Erkenntnisse« zum Bewegungsablauf der zu beobachtenden Personen;
– Standbeobachtung, vorwiegend zur Überprüfung und Dokumentierung bekannter Trefforte und Anlaufstellen.

Wie aus dem Befehl Nr. 13/74 des Ministers für Staatssicherheit zur Qualifizierung der Ermittlungstätigkeit[68] zu ersehen ist, haben bei solcherart Abwehr- und Aufklärungsarbeit die Kreis- und Objektdienststellen des MfS einen »wesentlichen Beitrag zur Klärung der Frage ›Wer ist wer?‹ in ihren Verantwortungsbereichen« zu leisten, das heißt, sie haben wohl die Hauptlast der Ermittlungen »an der Basis« zu tragen, wozu bei ihnen Mitte der siebziger Jahre eigens »Arbeitsgebiete Ermittlungen« geschaffen wurden. Dazu hatten die Leiter der Bezirksverwaltungen und Verwaltungen laut Minister-Befehl zu gewährleisten, »daß die Arbeitsgebiete Ermittlungen in den Kreis-/Objektdienststellen mit geeigneten operativen Mitarbeitern besetzt werden«; ihrerseits haben sie darauf zu achten, »daß die speziellen Ermittler-IM/GMS-Systeme im Rahmen des Gesamtprozesses der politisch-operativen Arbeit der Kreis-/Objektdienststellen eingesetzt und allseitig genutzt werden«. Inwieweit die im charakteristischen Jargon der Staatssicherheitsbürokratie gehaltenen Weisungen praktisch umgesetzt wurden, ist freilich eine Frage für sich. Gleichwohl läßt der zitierte Befehl erkennen, wie hoch im MfS »operative Beobachtungen« und »konspirative Ermittlungen« veranschlagt werden.

Seit Mitte der siebziger Jahre hat die Staatssicherheit eine besondere Taktik der »operativen Beobachtung« entwickelt, die gezielt angewandt wird, um prominente Bürgerrechtler und unbotmäßige Schriftsteller, Regimekritiker, freimütig sich bekennende Opponenten und Wehrdienstverweigerer politisch einzuschüchtern, sozial zu isolieren und psychisch unter Druck zu setzen. Nicht nur tage-, sondern wochen- und monatelang wurden und werden einzelne Personen, deren Familien oder Gruppen von Personen, die Unterzeichner einer Petition etwa, durch MfS-Mitarbeiter in Zivil nicht konspirativ, sondern demonstrativ, nicht verdeckt, sondern offen »beobachtet«, damit sie eben diese Beobachtung zur Kenntnis nehmen.

Zum Beispiel ist diese Taktik im Fall des Riesaer Bürgerrechtlers Dr. Karl-Heinz Nitschke über längere Zeit angewandt und zuletzt bis zum Nervenkrieg gesteigert worden. »Am 23. August 1976 setzten massive Überwachungsmaßnahmen ein, u. a. durch einen Armee- und Polizei-Lkw vor dem

Haus mit der Wohnung der Familie Nitschke, Schweriner Straße Nr. 26, von dem aus jeder Besucher des Hauses beobachtet und zum Teil auch photographiert wurde, sowie durch Verfolgung von Dr. Nitschke und seiner Frau mit einem Pkw, sobald sie das Haus verließen. Gleichzeitig wurde der Telefonanschluß gesperrt, eingehende Post vollständig, abgehende teilweise beschlagnahmt. Offensichtlich sollte diese demonstrative Überwachung die Isolierung der Familie Nitschke durch Einschüchterung ihres Bekanntenkreises bewirken, ähnlich, wie das auch durch die massive Überwachung von Prof. Robert Havemann in Grünheide bei Berlin im November 1976 versucht wurde«[69]. Auch gegen Stefan Heym wurde diese Taktik angewandt, bis der Schriftsteller die Flucht in die Öffentlichkeit antrat. »Ich habe die ganze Zeit geschwiegen«, protestierte er im Zweiten Deutschen Fernsehen. »Ich habe geschwiegen, als die Autos der Sicherheitsbehörde sich hier vor mein Haus gepflanzt haben. Ich habe bei anderer Gelegenheit geschwiegen, als sie mir konspirativ, mir und meiner Frau, nachgefahren sind, wochenlang . . .«[70]. Als die Schikanen am 22. Mai 1979 in der Verurteilung Stefan Heyms durch das Stadtbezirksgericht Berlin-Köpenick zu einer Geldstrafe von 9000 Mark wegen »Devisenvergehens« gipfelten, brach er sein Schweigen. Seiner Prominenz allein dürfte er es zu verdanken haben, daß ihm sonst nichts widerfuhr.

Wie sich »konspirative Ermittlungen« unter Einsatz eines Inoffiziellen Mitarbeiters exemplarisch gestalten können, geht aus folgendem Lehrbeispiel[71] aus der Praxis der Staatssicherheit hervor: »Ein operativer Mitarbeiter bearbeitete eine Gruppe Studenten einer Ingenieurschule wegen staatsfeindlicher Hetze. Es bestand der Verdacht, daß durch politisch-ideologische Diversion sich eine feindliche antikommunistische Plattform entwickelt und der Gedanke zum Anlegen eines Waffenlagers realisiert würde. Durch ständige analytisch-synthetische gedankliche Verarbeitung der erfolgenden Informationen von offiziellen Quellen der Schule und einem IM war es dem Genossen möglich, die Probleme der operativen Bearbeitung recht weitgehend zu erkennen. Durch richtige Einschätzung, bewußtes Absehen von Nebensächlichkeiten und eigener konkreter Fragestellung gelang es, den vermutlichen Anführer der Gruppe relativ genau in seiner Anführerfunktion zu erkennen, obwohl das bei mehreren sich widersprechenden Hinweisen über einen langen Zeitraum der Bearbeitung sehr schwierig und durch teilweise konspirative Verhaltensweisen der Gruppenmitglieder beeinträchtigt war.«

Nach dieser Einleitung folgt besonders hervorgehoben die Feststellung: »Eine gute Leistung gelang dem operativen Mitarbeiter beim Einführen des IM. Er hatte viele, mitunter weit voneinander entfernte Fakten gedanklich so miteinander in Beziehung gesetzt, hatte auf konkrete Hinweise so kombiniert, daß der betr. IM nach einem operativen Plan ins Blickfeld des Anführers der Gruppe gerückt wurde.« Fortan begann die Ausspitzelung der Studentengruppe, denn »der IM seinerseits bemühte sich von Anfang an um das Erfassen aller Hinweise, beobachtete die Verdächtigen in verschiedenen Situationen, prägte sich Einzelheiten ein und ermöglichte so die Feststellung konkreter Einzelaufgaben. Da er bereits mit mehreren Beteiligten einen losen Kontakt hatte, gelang es ihm, durch Teilnahme an einigen Bierabenden, den Anführer der Gruppe zur persönlichen Bekanntschaft anzuregen.« Wie

aber fand die »inoffizielle Arbeit« in diesem Fall ihr Ende? »Menschenkennt-
nis und Einfühlungsvermögen gestatteten es dem IM, in weiteren Zusammenkünften allmählich ein beständiges Interesse der Gruppenmitglieder an
seiner Person zu entwickeln, da er seine Beschäftigung mit alter deutscher
Militärgeschichte geschickt als Anknüpfungspunkt ausnützen konnte. Un-
aufdringliches Verhalten, gute Beobachtungsfähigkeit und das natürliche
Bedürfnis nach geselligem Beisammensein schufen Bedingungen für die Entwicklung notwendiger Sympathiebeziehungen.« Die Staatssicherheit war immer dabei. Der Zeitpunkt ihres Zugriffs konnte geplant, die Studentengruppe zerschlagen werden. Unbeantwortet bleibt die Frage, ob und inwieweit
der IM von dem operativen Mitarbeiter als »agent provocateur« manipuliert
worden ist.
Ergänzend bleibt allein festzustellen, daß laut Befehl Nr. 21/74 Inoffizielle
Mitarbeiter auch »zur Durchführung operativer Beobachtungen, Ermittlungen, Erkundungen und anderer operativer Maßnahmen im Operationsgebiet, besonders in West-Berlin und in der BRD« eingesetzt werden. Wort-
wörtlich ist in dem MfS-Befehl sogar von einer »Weiterbeobachtung in West-
berlin und in der BRD« die Rede[72]. Die »operativen Beobachtungen« und
»konspirativen Ermittlungen« enden folglich nicht an den Grenzen der DDR
– eine Erkenntnis, die dem öffentlichen Bewußtsein in der Bundesrepublik
kaum gegenwärtig sein dürfte.

Die Praktiken bei Festnahmen

Haben die »operativen Beobachtungen« und »konspirativen Ermittlungen«
zu einem Haftbeschluß geführt, so wird die Festnahme grundsätzlich von
mehreren MfS-Angehörigen – mindestens zwei oder drei – durchgeführt. Im
Regelfall bemühen sie sich, öffentliches Aufsehen zu vermeiden. Bevorzugt
wird die Festnahme in frühen Morgenstunden, sei es am Arbeitsplatz des Betroffenen, sei es in seiner Wohnung. Ort und Zeit sind im Haftbeschluß genau festgelegt. Unmittelbar nach der Inhaftierung wird eine Leibesvisitation
durchgeführt. In der Regel erfolgt eine Durchsuchung der Wohnung.
Von der Praxis konspirativer Festnahmen ist die Staatssicherheit in der zweiten Hälfte der fünfziger Jahre weithin abgegangen. Zu dieser Vorgehenswei-
se gehörte es, die festzunehmende Person unter einem harmlos scheinenden
Vorwand, etwa »zur Klärung eines Irrtums« oder »zur Feststellung der Personalien«, in ein bereitstehendes Auto zu bitten und hier, nachdem sie im
hinteren Teil des Fahrzeuges Platz genommen und das Manöver durchschaut
hatte, durch massive Drohungen einzuschüchtern und zu nötigen, sich eine
Art Motorrad- oder Schutzbrille mit undurchsichtigen Gläsern aufzusetzen.
Aus Gründen der Abschirmung und zur Steigerung einer gewissen Schock-
wirkung sollte dem Festgenommenen verborgen bleiben, in welches Gefängnis er gebracht wurde[73].
Festnahmen »unterwegs« und unter irreführendem Vorwand sind indes nach
wie vor gang und gäbe – nur eben nicht mehr konspirativ getarnt. Als einem
Ostberliner Bürger der Prozeß gemacht werden sollte, weil er seine legale
Ausreise hatte ertrotzen wollen, griff die Staatssicherheit zu. »Für den 12.

Februar 1976 wurde er ›zur Besprechung einer Angelegenheit im Zusammenhang mit seinem Ausreiseantrag‹ zum Rat des Stadtbezirks Berlin-Prenzlauer Berg bestellt, aber schon vor dem Gebäude in der Schönhauser Allee von mehreren stämmigen Männern in Winteranoraks erwartet. Sie wiesen sich als Angehörige des Ministeriums für Staatssicherheit aus und zwangen ihn, in ein bereitstehendes Auto zu steigen. Dort erklärten sie ihn für verläufig festgenommen und fuhren mit ihm direkt nach Hohenschönhausen«[74], in das dortige MfS-Untersuchungsgefängnis. Mit einer Ausweiskontrolle begann für den Schriftsteller Jürgen Fuchs, einem Freund Robert Havemanns, dessen Festnahme am 19. November 1976 aus dem eigenen Auto heraus. »Steigen Sie aus. Schließen Sie die Wagentür. Folgen Sie uns zu diesem Fahrzeug. Steigen Sie ein . . . Ministerium für Staatssicherheit. Gegen Sie liegt eine Anzeige vor. Wir bringen Sie zu unserer Dienststelle. Dort erfahren Sie alles weitere«[75]. Längst ist die Festnahme zur Routine geworden. Sie geht undramatisch zu. Eine Ostberliner Studentin erlebt ihre Festnahme am 4. November 1971 quasi erleichtert, nachdem die tagelang voller innerer Spannung darauf gewartet hatte. »Vier Herren, zivil gekleidet. Minuten zuvor war mein Mann zum Dienst gegangen. Später erzählte er mir, wie er ahnungslos im Hausflur dieser Gruppe begegnet war. Offensichtlich hatte man gemütlich seinen Weggang abgewartet. Mein Mann erfuhr erst sechs Tage später, wohin ich verschwunden war. Ziemlich höflich forderten die vier Männer mich auf, ihnen zu folgen. Ich tat dies. Sehr ruhig, fast ein bißchen erleichtert, denn das mich seit Tagen bedrängende Angstgefühl war wie weggeblasen . . . Wir fuhren in einem schönen, unauffälligen Pkw über den Strausberger Platz, die Karl-Marx-Allee entlang und schließlich in das Berliner Polizeipräsidium. In einem der vielen Innenhöfe hielten wir an, nach dem Aussteigen forderte man mir den Personalausweis ab. Ich sah ihn zum letzten Mal. Man führte mich zu einem Paternoster-Aufzug . . . Als man mich einen langen Gang entlang führte, registrierte ich mit Verwunderung, daß ich nicht wußte, in welcher Etage wir den Aufzug verlassen hatten. Eine Tür mit der Aufschrift ›Kriminaltechnisches Institut‹ wurde aufgeschlossen, von dort brachte man mich in einen kleinen, dunklen, fensterlosen Raum. Ich sollte warten . . . Endlich wurde ich aus dem Verlies geholt. In einem Büro wies mir ein Mann, auch er in Zivil, einen Platz an und eröffnete mir umständlich und bedeutungsschwer, ich befände mich nunmehr in einer Dienststelle des MfS«[76]. Wenig später wurde die Festgenommene in das Untersuchungsgefängnis Pankow übergeführt.

Ähnlich typisch verlief die Festnahme des Studenten Ulrich Schacht am 29. März 1973 in der Hafenstadt Wismar: »Gegen 6.30 Uhr klopfte es. Ich öffnete die Tür. Zwei Männer drangen, mir einen Ausweis unter das Gesicht haltend, in meine Wohnung ein. Anschließend erklärten sie mir höflich, daß ich festgenommen sei. Ich mußte mich anziehen. Etwa eine halbe Stunde später verließ ich mit ihnen das Haus. Das Kommando, das meine Verhaftung besorgte, bestand insgesamt aus acht Mitarbeitern der Bezirksverwaltung Schwerin des Ministeriums für Staatssicherheit. Sie standen in jeder Etage des Hauses. Der Rest war bei den Autos (drei!) vor der Tür«[77]. Schon einen Tag danach wurde der Häftling im Untersuchungsgefängnis Schwerin dem Haftrichter vorgeführt. Vom politischen Strafsenat des Bezirksgerichts wurde Ulrich Schacht »wegen mehrfach begangener planmäßiger staatsfeindlicher Hetze« am 22. November 1973 zu sieben Jahren Freiheitsstrafe verurteilt.

Die Festnahme folgt stets ein und demselben Schema. »Gegen 7.30 Uhr klingelt es«, schildert der Elektriker und Bühnenbeleuchter Wolfgang Hinkeldey seine Festnahme am 11. Dezember 1976 in Jena. »Ich öffne die Wohnungstür. Draußen stehen drei Typen.

›Sind Sie Herr Hinkeldey?‹

›Ja.‹

›Ziehen Sie sich an. Sie kommen mit zwecks Klärung eines Sachverhalts.‹

So ist das also. Wie oft habe ich diesen Moment in Gedanken schon durchgespielt. Jetzt habe ich trotzdem Angst. Ich ziehe mich an . . .

Ein Stasi-Beamter bleibt in der Wohnung. Die beiden anderen führen mich raus in einen Pkw. Vorn sitzt ein Fahrer, hinten nehmen sie mich in ihre Mitte. Die letzte Fahrt durch Jena endet im Stasi-Bau am Anger. Ich muß warten. Ein junger dynamischer Typ beobachtet mich über sein vorgehaltenes ND hinweg. Dann legen sie mir Handschellen an, ich werde wieder in einem Pkw verfrachtet und nach Gera in die Bezirksdienststelle der Staatssicherheit gebracht«[78]. Von hier kam der Häftling in das Gefängnis Berlin-Hohenschönhausen. Die gegen ihn eingeleiteten Ermittlungen erfolgten wegen Verdachts auf »staatsfeindliche Hetze« und »staatsfeindliche Gruppenbildung«. Ohne Prozeß wurde er am 2. September 1977 nach West-Berlin abgeschoben.

Auch die Festnahme des Journalisten Rolf Mainz am 5. Oktober 1976 in seiner Wohnung Kochstraße 59 in Leipzig fand frühmorgens gegen 6 Uhr statt: »Ich lag noch im Bett, meine Frau kam und rief: ›Da sind Leute vom MfS, die wollen was von dir!‹ Es kamen drei Männer ins Schlafzimmer. Unter Bewachung stand ich auf, wusch ich mich und zog ich mich an. Ich sah, daß es sich um fünf Männer und zwei Frauen handelte. Noch in meiner Anwesenheit wurde mit der Durchsuchung begonnen, ich durfte nicht mit Frau und Kindern sprechen. Zwei Männer brachten mich aus dem Haus, ich war ungefesselt. Im Pkw, der vor dem Haus geparkt war, saß ein Mann am Steuer. Der eine Festnehmer setzte sich vorn neben den Fahrer, der andere rechts von mir in den Fond. Die Türen hatten keine Fensterkurbeln und Öffner. Es ging in zügiger Fahrt direkt zur Beethovenstraße, Eingang Hakortstraße. Ich wurde in das MfS-Zellengebäude geführt, in eine Zelle im Parterre, wo sich vier Uniformierte befanden, darunter mein späterer Vernehmer. Ich hatte mich zu setzen, ein Major begann das Verhör. Die anderen drei begnügten sich damit, mich anzustarren. Es gab bis mittags 13 Uhr – abgesehen von einer Pinkelpause – keine Unterbrechung, außer einer Filzung gegen 9 Uhr. Zu diesem Zweck wurde ich in eine gegenüberliegende Parterrezelle geführt. Ich mußte mich in einen abschließbaren Verschlag stellen, einem Kinderlaufgitter nicht unähnlich, und hatte mich zu entkleiden. Mir wurden alle persönlichen Sachen abgenommen, jedes Wäschestück unterzog man sorgfältigster Prüfung, schließlich sah man mir in den Mund, den After, die Achselhöhlen usw. Dann konnte ich mich wieder anziehen, das Verhör ging weiter. Hier nutzte man offensichtlich den Schock der Verhaftung, denn hier zog man fast das gesamte Fragenregister, das auch in der folgenden halbjährigen Vernehmungsphase immer wieder eine Rolle spielte, obgleich die Leute sich weigerten, mir den Grund der Festnahme zu nennen«[79].

Am 6. Oktober wurde Rolf Mainz dem Haftrichter vorgeführt, der ihm einen Haftbefehl mit der Begründung vorlegte, § 106 des Strafgesetzbuches der DDR verletzt zu haben. Die Anschuldigung gründete sich auf einen kritischen Artikel über Berufsverbote in der DDR, den der Verhaftete wenige Tage zuvor in der Hamburger Wochenzeitung »Die Zeit« unter vollem Namen veröffentlicht hatte[80]. Gleichzeitig wurde sein in Sternberg/Mecklenburg lebender Bruder Dr. Klaus Mainz, Zahnarzt von Beruf, wegen Verdachts der Mittäterschaft festgenommen.

Ein bei der Staatssicherheit bis heute üblicher Trick besteht darin, eine festzunehmende Person, falls sie berufstätig ist, in die Kaderabteilung ihres Betriebes zu beordern. Für den damals als Transportarbeiter beschäftigten jungen DDR-Schriftsteller Siegmar Faust spielte sich das am 10. Mai 1974 so ab, daß ihn ein Mitarbeiter von seinem Arbeitsplatz in der Papierfabrik in Heidenau in das Zimmer der Kaderleitung holte. »Neben der Tür saßen zwei junge, adrett gekleidete Herren, völlig unauffällig, und schienen zu warten. Ein Fünfzigjähriger mit auffälligen Augenringen und braunem Anzug bat mich, ins Zimmer der Kaderleiterin zu kommen, die soeben blaß und verstört das Zimmer verließ. Als ich das Zimmer betrat, folgten sofort auch die zwei unauffälligen jungen Herren, so daß sie mir zu dritt gegenüber standen. Trokken und ohne große Einleitung teilten sie mir meine Festnahme mit, ohne mir einen Haftbefehl vorweisen zu können, statt dessen nur ganz kurz den Dienstausweis ihres Ministeriums«[81]. Auch dies ein durchaus typisches Vorgehen.

Politische Menschenraubaktionen

Ihre dramatische Variante besaß die Festnahme politischer Gegner in der DDR der fünfziger und frühen sechziger Jahren in der Entführung politischer Gegner aus West-Berlin und der Bundesrepublik. Auch darin folgte das MfS dem Vorbild der sowjetischen Tschekisten, denn der Menschenraub aus politischen Gründen war nicht seine ureigene Erfindung. Unter den Bedingungen des kalten Krieges im geteilten Deutschland aber sind Menschenraubaktionen vom MfS als »spezifisches Mittel« der politischen Verfolgung lange Zeit durchgeführt worden. Schätzungen der Zahl aller seit Gründung der DDR von Staatssicherheitsagenten verübten Verschleppungen schwanken zwischen mehreren hundert und annähernd tausend. Zahlreiche Verschleppungen konnten nicht aufgeklärt werden – sie bleiben vermutlich immer ungeklärt. In seiner Geschichte der politischen Verfolgung in der DDR hat der Autor die von MfS-Agenten angewandten Praktiken des Menschenraubs anhand konkreter Beispiele ausführlich geschildert und dokumentarisch belegt[82]. Ihre abermalige Aufzählung erübrigt sich hier. Festgehalten sei nur noch einmal, daß eine Analyse drei – manchmal kombiniert angewandte – taktische Varianten belegt. Entweder wurde das Opfer durch arglistige Täuschung, häufig unter Ausnutzung seiner menschlichen Hilfsbereitschaft oder familiären Bindung, nach Ost-Berlin oder in die DDR gelockt und hier festgenommen. Oder das arglose Opfer wurde heimtückisch durch Betäubungsmittel, die ihm in Getränken, Konfekt, Zigaretten oder durch Injektionen verabreicht wurden, willenlos oder ohnmächtig gemacht und in hilflosem Zustand von West nach Ost entführt. Diese Taktik wandte die Staatssicherheit etwa seit 1954 an. Bei gewaltsamen Aktionen schließlich, der dritten Variante, wurde das Opfer verschleppt, nachdem es mit brutaler Gewalt kampfunfähig oder bewußtlos gemacht worden war. Von dieser Methode ist die Staatssicherheit Mitte der fünfziger Jahre abgegangen – vermutlich, weil sie zu viel die DDR kompromittierendes Aufsehen erregte. Lautlose Entführungen, die wenig Spuren hinterließen, schienen den Verantwortlichen im MfS eher geeignet.

Entführt wurden vorwiegend politische Flüchtlinge aus der DDR, Angehörige oppositioneller Kreise, »Verräter« aus den Reihen der SED, Überläufer aus den Reihen der Volkspolizei, der Streitkräfte oder der Staatssicherheit, die nach ihrer Flucht zurückgeholt und von Gerichten der DDR abgeurteilt wurden. Zur Abschreckung anderer potentieller Überläufer galt es, »drakonische Exempel« an ihnen zu statuieren. Unter den Entführungsopfern waren ferner Bürger der Bundesrepublik und West-Berlins, die die SED und ihre Herrschaft publizistisch bekämpften, unliebsame Journalisten, an denen sich das Regime rächen wollte. Ähnliches galt für Mitarbeiter der früheren Ostbüros von SPD, FDP und CDU sowie bestimmter antikommunistischer Organisationen. Dazu kamen in erheblicher Zahl verschleppte Personen, die für westliche Nachrichtendienste tätig gewesen waren, unter ihnen auch Mitarbeiter der »Organisation Gehlen«[83], sowie in illegale Ost-West-Handelsgeschäfte verwickelte Geschäftsleute.

Auf zwei Entführungsfälle soll ihrer besonderen politischen Problematik wegen hier ausführlich zurückgekommen sein – sie illustrieren die politische Skrupellosigkeit, mit der Opposition gegen die SED mit Hilfe der Staatssicherheit »bekämpft« wurde. In Rede stehen erstens der Fall Robert Bialek[84], zweitens der Fall Heinz Brandt[85].

Der erstgenannte Fall betraf einen einstmals hoffnungsvollen Führungskader: Als Sohn einer sozialdemokratischen Arbeiterfamilie 1915 in Breslau geboren, war Robert Bialek mit vierzehn der Sozialistischen Arbeiterjugend beigetreten, von wo aus er 1933 zum Kommunistischen Jugendverband Deutschlands fand. Nach der mittleren Reife entschied er sich für eine kaufmännische Lehre. Als die Nacht der Nazi-Diktatur über Deutschland kam, übernahm Robert Bialek die Leitung einer illegalen kommunistischen Gruppe, die vor allem Polizei und Wehrmacht zu beeinflussen trachtete. 1935 wurde er in Breslau festgenommen und bald danach zu fünf Jahren Zuchthaus verurteilt – anschließend in »Schutzhaft« genommen. 1943 tauchte er in Breslau im Dunkel der Illegalität unter. Als die Hitler-Herrschaft zerschlagen war, ging Robert Bialek nach Sachsen, wo er als Bezirksjugendsekretär der KPD eingesetzt wurde. Seine weiteren Entwicklungsetappen schienen danach vorgezeichnet: Landesjugendleiter in Sachsen, 1. Vorsitzender der Freien Deutschen Jugend Sachsen, Mitglied des Zentralrates der FDJ – und in dieser Eigenschaft in engem Kontakt zu Erich Honecker –, 1946 Abgeordneter im Sächsischen Landtag. Nach Absolvierung eines Jahreskurses an der Parteihochschule der SED wechselte er zur Volkspolizei, genauer: zur Deutschen Verwaltung des Innern, wo er in der Funktion eines Hauptabteilungsleiters für die politische Schulung verantwortlich war. Sein Rang: Generalinspekteur der Volkspolizei. Sein unmittelbarer Vorgesetzter: Erich Mielke. Politische Differenzen führten am 15. Oktober 1948 zu seiner Amtsentbindung und schrittweisen Ächtung. Die SED »verbannte« ihn zunächst zur Bewährung nach Großenhain, wo Robert Bialek 1. Sekretär der Kreisleitung der SED wurde. Bald darauf sah er sich nur mehr als Kulturdirektor im VEB Lowa (Lokomotiv- und Waggonbau) in Bautzen wieder. 1952 schließlich folgte sein Ausschluß aus der Partei.

Nach dem Aufstand vom 17. Juni 1953 flüchtete der verfemte Genosse mit seiner Frau und seiner damals einjährigen Tochter nach West-Berlin. Dort trat er der SPD bei und begann sich publizistisch zu betätigen. Vermutlich waren seine über die BBC in London ausgestrahlten Sendungen ausschlaggebend für seine Entführung durch Staatssicherheitsagenten.

In einer Westberliner Wohnung wurde er im Verlauf einer fingierten Geburtstagsfeier am 4. Februar 1956 durch Getränke, die mit Betäubungsmitteln versetzt waren, in einen willenlosen Zustand versetzt und unter den Augen mehrerer argloser Zeugen in ein scheinbar herbeigerufenes Taxi getragen, das ihn zu einem Arzt bringen sollte. Bewußt war der Eindruck hervorgerufen, daß er einen Herzanfall erlitten hätte. Tatsächlich war das vermeintliche Taxi ein von einem MfS-Chauffeur gesteuerter Entführungswagen, der Bialek nach Ost-Berlin fuhr. Hier ist er verschollen. Nach einer offiziell nie bestätigten Nachricht ist Robert Bialek kurz nach seiner Entführung in einem Gefängnis verstorben.

Gewisse Parallelen zum Fall Robert Bialek kehren im Fall Heinz Brandt wieder – wenn auch mit dem glücklichen Unterschied, daß er in die Freiheit zurückgekehrt ist.

Heinz Brandt, 1909 in Posen geboren, Journalist von Beruf, Mitglied der KPD seit 1931, wurde ebenfalls schon unter dem Hakenkreuz-Regime verfolgt – als Kommunist, als Jude. 1934 festgenommen und am 15. März 1935 vom Kammergericht Berlin zu sechs Jahren Zuchthaus verurteilt, wurde er 1941 – nach Verbüßung seiner »Strafe« in den Zuchthäusern Luckau und Brandenburg – in das Konzentrationslager Sachsenhausen eingewiesen. Auschwitz und Buchenwald waren die nächsten Stationen seines Leidenswegs. Im April 1945 wurde Heinz Brandt von amerikanischen Truppen befreit.

Nach kurzer Tätigkeit beim Magistrat von Berlin arbeitete er bis 1954 in der Berliner Parteileitung, zuletzt als Sekretär für Agitation der Bezirksleitung der SED in Ost-Berlin. Seiner oppositionellen Haltung wegen gemaßregelt, erhielt Heinz Brandt einen sogenannten Bewährungsauftrag im Archiv des Verlages »Die Wirtschaft«, bis er sich im September 1958 zur Flucht nach dem Westen genötigt sah. Seit April 1959 arbeitete er als Redakteur an der Gewerkschaftszeitung »Metall« in Frankfurt. Acht Wochen vor dem Bau der Berliner Mauer wurde Heinz Brandt aus West-Berlin entführt. Was am 16. Juni 1961, dem Tag seiner Verschleppung, geschah, hat er selber später so geschildert: »Mir ist in West-Berlin bei einer bestimmten Familie, deren Name der Polizei bekannt ist, von einer Bekannten von Hans Beyerlein, die er mir anläßlich des Gewerkschaftstages im Oktober 1960 vorgestellt hatte, als Abschiedstrunk ein Glas Whisky angeboten worden, in dem sich, wie sich gleich herausstellen sollte, ein Betäubungsmittel befand. Das alles spielte sich in einem Haus ab, das ich etwa um 19.30 betreten und um 20.30 verlassen hatte. Man hatte mir den Weg um die Ecke dieses Hauses als Weg in Richtung auf die Wohnung meines Freundes Professor Dr. Flechtheim gewiesen, bei dem ich zur Übernachtung eingeladen war.

Es war noch taghell, die Gegend war nicht unbelebt, und es war ein Vabanquespiel, was sich die Menschenräuber geleistet haben. Kaum war ich nämlich auf der Straße in der Nähe des zweiten Eingangs um die Ecke gekommen, als plötzlich starke Herzbeschwerden einsetzten, ich in den Knien einknickte und ohnmächtig zu Boden sank. Meine letzte Wahrnehmung noch im Hinsinken war das Auftauchen von etwa vier anscheinend zu Hilfe eilenden Männern, die mir mit den Worten ›Wir haben schon auf dich gewartet‹ unter die Arme griffen. Das spielte sich etwa zehn bis fünfzehn Minuten nach der Einnahme des Betäubungsgetränks ab.

Ich kam erst in dem sogenannten Zentralen Untersuchungsgebäude der Staatssicherheit in Berlin-Hohenschönhausen, in das ich verschleppt worden war, wieder völlig zu mir«[86]. Ein besonders dreistes Desinformationsmanöver leistete sich die Staatssicherheit, indem sie wenige Tage später das Presseamt beim DDR-Ministerpräsidenten mitteilen ließ, »im Bezirk Potsdam« sei »der Agent Heinz Brandt, 52 Jahre alt, bei der Durchführung von Aufträgen westlicher Geheimdienste festgenommen«[87] worden.

Sein weiteres Schicksal: Nach elf Monaten Untersuchungshaft wurde er in einem Geheimprozeß vor dem Obersten DDR-Gericht am 10. Mai 1962 zu 13 Jahren Zuchthaus verurteilt, »natürlich« wegen Spionage[88] – gemeinsam mit dem Publizisten Karl Raddatz und dem Dolmetscher Wilhelm Fickenscher. Dank eines »Gnadenerweises« durfte Heinz Brandt am 23. Mai 1964 in die Bundesrepublik zurückkehren. Mit seinem 1967 erschienenen Lebensbericht »Ein Traum, der nicht entführbar ist« legte er eines der ergreifendsten Zeugnisse politischer Literatur im geteilten Deutschland vor.

Heinz Brandts Entführung war eine der letzten bekanntgewordenen Aktionen dieser Art. Ob auf Grund der mit dem Mauerbau veränderten Gegebenheiten oder ob mit Rücksicht auf das Prestige eines »sozialistischen Staates«, dem politischer Menschenraub fraglos abträglich sein mußte – wahrscheinlich sind seither Entführungen von der Staatssicherheit nicht mehr praktiziert worden. Der letzte nachweisbare Fall ereignete sich am 5. September 1962 auf österreichischem Territorium, als Walter Paul Thräne, ein ehemaliger Hauptmann des MfS, gemeinsam mit seiner Freundin Ursula Schöne von vier bewaffneten Agenten entführt wurde. Thräne wurde während einer Autoreise auf der Fahrt nach Linz bei Kremsmünster in einen Hinterhalt gelockt und unter Waffenanwendung überwältigt. Auf welchem Weg er in die DDR gelangte, blieb ebenso ungeklärt wie sein weiteres Schicksal[89].

Zweck und Regime der Untersuchungshaft

Entführungsopfer wurden nach ihrer Verschleppung zumeist in das von Heinz Brandt erwähnte Zentrale Untersuchungsgefängnis des MfS in Berlin-Hohenschönhausen eingeliefert. Hierher sind von jeher auch solche »Staatsfeinde« verbracht worden, deren Fall von Untersuchungsorganen beim Ministerium für Staatssicherheit selbst bearbeitet werden sollte. Ein zweites Untersuchungsgefängnis des MfS existiert in Berlin-Lichtenberg in unmittelbarer Nachbarschaft zu dem Gebäudekomplex, in dem das Ministerium seinen Sitz hat. Darüber hinaus verfügt jede Bezirksverwaltung des MfS über ein eigenes Untersuchungsgefängnis – auch die MfS-Verwaltung Ost-Berlin, der ein Gefängnis im Stadtbezirk Pankow zur Verfügung steht.

Vor allem im Vergleich zu den fünfziger Jahren hat sich das »Regime« in der Untersuchungshaft bei der Staatssicherheit in den siebziger und achtziger Jahren gemäßigt. Die Fälle purer Willkür, in denen der politische Häftling von der Außenwelt monatelang total isoliert, in strenger Einzelhaft, ohne jeden persönlichen oder brieflichen Kontakt gehalten wurde, sind eher zur Ausnahme von der Regel geworden. Seit Inkrafttreten der Strafprozeßordnung vom 12. Januar 1968 ist eine einheitliche, bis ins Detail ausgearbeitete Hausordnung erlassen, die für alle Untersuchungshaftanstalten des MfS einheitliche Ordnungs- und Verhaltensregeln für Inhaftierte festlegt. »Die Hausordnung für Inhaftierte in der UHA basiert auf der Strafprozeßordnung der DDR und garantiert die den Beschuldigten und Angeklagten gewährten Rechte, die Durchsetzung der auferlegten Pflichten und legt für alle Inhaftierten verbindliche Ordnungs- und Verhaltensregeln fest. Die Ordnungs- und Verhaltensregeln dienen der Durchsetzung der Ordnung, Disziplin und Einhaltung der Hygiene in den Untersuchungshaftanstalten des Ministeriums für Staatssicherheit«, heißt es im Originaltext dieser Hausordnung[90], die auf acht maschinengeschriebenen Seiten im einzelnen »Grundsatzbestimmungen«, »Verhaltensregeln« sowie Bestimmungen zur »Ordnung in den Verwahrräumen« und zum Gesundheitsschutz enthält, die die »Bekleidung« und die »Freistunde« regelt und festlegt, wie Meldungen, Beschwerden, Gesuche der Gefangenen abzufassen und weiterzuleiten sind. Bestimmungen zu »Literatur, Presse, Unterhaltungsspielen« und zum Einkauf sowie über »persönliche Verbindungen« vervollständigen die Regelungen, die mit der Androhung von »Disziplin- und Sicherungsmaßnahmen« schließen.

In den Grundsatzbestimmungen, die den Alltag in der Untersuchungshaft der Staatssicherheit durchaus realistisch widerspiegeln, werden »den Inhaftierten« unter anderem »die Mitwirkung am gesamten Strafverfahren, die Wahrnehmung ihrer strafprozessualen Rechte, insbesondere das Recht auf Verteidigung und auf Einlegung von Beschwerden und Rechtsmitteln« gewährleistet; ferner wird ihnen zugesichert, »auf Ersuchen die für die Verteidigung notwendigen Materialien und gesetzlichen Bestimmungen zu erhalten«, ebenso die Genehmigung zum Briefwechsel mit Familienangehörigen und zum Empfang von Besuch, obzwar »in Übereinstimmung mit den Festlegungen des leitenden Staatsanwalts oder zuständigen Gerichts«. Auch Rauch-, Lese- und Einkaufserlaubnis wird nur »nach Bestätigung« erteilt. Da alle Rechte, die häufig Einschränkungen oder Vorbehalten unterliegen, einer besonderen Bestätigung oder Zustimmung bedürfen, kann sie der zuständige Vernehmungsoffizier im Verein mit dem Staatsanwalt jederzeit als Disziplinierungsinstrument nutzen, um bei labilen Häftlingen politisches Wohlverhalten und die Bereitschaft zu erwünschten Aussagen herbeizuführen. Sie stehen weithin nur auf dem Papier.

MINISTERRAT
DER DEUTSCHEN DEMOKRATISCHEN REPUBLIK
Ministerium für Staatssicherheit
Der Minister

Berlin, den 12. . 1974

Geheime Verschlußsache
MfS 008 Nr.: 639/74
56 .Ausf. 10 Blatt

B e f e h l Nr. 21/74

Aufgaben der Linie VIII bei der politisch-operativen Sicherung von Vertretungen anderer Staaten, internationaler zwischenstaatlicher Organisationen, bevorrechteter Personen und Korrespondenten

Mit der Einrichtung von Vertretungen anderer Staaten, der Tätigkeit internationaler zwischenstaatlicher Organisationen und bevorrechteter Personen, der akkreditierten Publikationsorgane, deren ständigen Korrespondenten sowie Reisekorrespondenten (im folgenden Vertretungen, bevorrechtete Personen und Korrespondenten genannt) ergeben sich für das Ministerium für Staatssicherheit neue und komplizierte politisch-operative Aufgaben zur allseitigen Sicherung der Deutschen Demokratischen Republik.

Gemäß meinen Befehlen Nr. 16/74 und Nr. 17/74 ist die Hauptabteilung II, in enger Zusammenarbeit mit den anderen Linien und Diensteinheiten des MfS, für die politisch-operative Sicherung von Vertretungen, bevorrechteten Personen und Korrespondenten, die vorbeugende Verhinderung , Aufdeckung und Bearbeitung von staatsfeindlichen Handlungen und Straftaten der allgemeinen Kriminalität dieses Personenkreises sowie von DDR-Bürgern, Ausländern und Staatenlosen, die damit in Verbindung stehen, voll verantwortlich.

Faksimile der ersten Seite des Befehls Nr. 21/74
des Ministers für Staatssicherheit

Ministerrat   Berlin, den 13. 3. 1975
der Deutschen Demokratischen Republik
Ministerium für Staatssicherheit
Der Minister

Geheime Verschlußsache

MfS 008 Nr.: 357/75

(9 .Ausf.   17 Blatt

Dienstanweisung Nr. 2/75

Die politisch-operativen Aufgaben des Ministeriums für Staatssicherheit im Strafvollzug der Deutschen Demokratischen Republik

Das Organ Strafvollzug des Ministeriums des Innern hat als Bestandteil der sozialistischen Staatsmacht bedeutsame Aufgaben zum Schutz und zur Gewährleistung der Sicherheit der DDR und ihrer Bürger zu erfüllen. Die in diesem Zusammenhang durch die zuständigen Diensteinheiten des MfS zu lösenden politisch-operativen Aufgaben erfordern unter Beachtung der neuen politisch-operativen Lagebedingungen

- die weitere Qualifizierung der politisch-operativen Abwehrarbeit im Strafvollzug und

- die zielgerichtete Einflußnahme auf die Erhöhung der Wirksamkeit des Organs Strafvollzug des Ministeriums des Innern bei der Gewährleistung einer hohen Sicherheit und Ordnung in den Strafvollzugseinrichtungen und Untersuchungshaftanstalten (im weiteren Vollzugseinrichtungen genannt) sowie bei der Vorbeugung und Bekämpfung der Kriminalität im Zusammenwirken mit anderen staatlichen und wirtschaftsleitenden Organen, Betrieben, Kombinaten und Einrichtungen sowie gesellschaftlichen Organisationen und Kräften.

Faksimile der ersten Seite der geheimen Dienstanweisung Nr. 2/75
des Ministers für Staatssicherheit

Neben einem ausführlichen Katalog von Verboten, der zum Beispiel auch untersagt, »Aufzeichnungen jeder Art ohne Genehmigung anzufertigen oder aufzubewahren« sowie »Tätowierungen bei sich selbst oder anderen Inhaftierten vorzunehmen«, verzichtet die Hausordnung auch nicht auf die Vorschrift, »die Angehörigen der Untersuchungshaftanstalt sowie die Untersuchungsführer mit Herr bzw. Frau und Dienstgrad anzusprechen«. Mehr noch: »Beim Gespräch ist eine aufrechte Haltung einzunehmen.« Bei Beschwerden, Gesuchen und Eingaben ist ausdrücklich untersagt, »gemeinsam mit anderen Inhaftierten Beschwerden, Gesuche und Eingaben an die zuständigen Organe zu richten«. Gemeinschaftlichem Protest und solidarischem Verhalten unter Gefangenen soll damit vorgebeugt werden.

Nach Aussagen ehemaliger Häftlinge steht das Zelleninnere in den Untersuchungsgefängnissen zumindest tagsüber unter dauernder Beobachtung durch geschultes Wachpersonal, das in Abständen von wenigen Minuten den »Verwahrraum« durch den »Spion«, durch das Guckloch in der Zellentür, ständig kontrolliert, so daß sich ein Gefangener fortgesetzt beobachtet fühlt. Gelegentlich, offenbar zur psychischen Zermürbung, wird totale Isolierung verfügt. Ein ehemaliger politischer Häftling, der 1976 fünf Monate im Zentralen Untersuchungsgefängnis Hohenschönhausen zugebracht hat, zu den Konsequenzen solcher Isolationshaft: »Die Zellen waren schalldicht. Man bekam kaum mit, was auf dem Gang geschah. Weder auf den Gängen noch in der Hofzelle traf man andere Gefangene. Längere Gespräche konnte man nur mit dem Vernehmungsbeamten führen. Beinahe freute man sich daher nach längerer Isolierung auf die nächste Vernehmung. Die Vernehmer waren sich natürlich ihres ›Kommunikationsmonopols‹ voll bewußt und nutzten es für ihre Zwecke weidlich aus. Es ist schon paradox, daß der schlimmste denkbare Gegner zugleich zum Hauptgesprächspartner wird, bei labilen Inhaftierten vielleicht sogar zum echten Partner«[91]. Der Häftling wird so ständig daran erinnert, daß er ununterbrochen unter Kontrolle steht. Das Bewußtsein des Gefangenen soll zu einem bewußten Sein als Gefangener verkümmern. Nachts können die »Verwahrräume« durch vertikal über der Zellentür eingebaute Lampen hell erleuchtet werden.

Die Technik der Vernehmung

Was Verhöre und Vernehmungen bei der Staatssicherheit anbelangt, so mag die allgemeine Feststellung genügen, daß der Entwicklungtrend von 1950 bis 1980 unverkennbar den Wandel von grob-brutaler zu raffiniert-verfeinerter Technik erbracht hat. Bis 1953, dem Jahr, in dem Stalin starb, waren physische Mißhandlungen durch MfS-Untersuchungsführer die Regel, nicht die Ausnahme. »Es wurden Prügel mit der Faust oder mit dem Gummiknüppel, einem Kabelende, einem Schlagstock angewandt. Häftlinge wurden niedergeschlagen und im Liegen mit Fußtritten oder Stockschlägen traktiert. Erst in der Mitte der fünfziger Jahre mäßigten sich die Vernehmer des Staatssicherheitsdienstes. An die Stelle grober physischer Mißhandlungen trat psychischer Terror«[92]. Körperliche Mißhandlungen bilden seither die Ausnahme, nicht die Regel. Demgegenüber ist es bei dem Doppelzweck der Untersuchungshaft bei der Staatssicherheit geblieben: Außer der Klärung etwaiger Straftatbestände wird die politisch-psychologische Vorbereitung des Gefangenen auf die Hauptverhandlung vor Gericht angestrebt. Diese zweifache Zielsetzung bestimmt die Vernehmungstechnik wie das Wesen der Untersuchungshaft schlechthin, die nicht zuletzt auf politische Erziehung, wie die Staatssicherheit sie begreift, hinwirken will.

Was früher, namentlich in den fünfziger Jahren, generell üblich war, bleibt heute auf besondere Fälle beschränkt – nächtliche Dauerverhöre etwa, totale Isolierungshaft, seelische Foltern. Häufiger ist dagegen noch immer die Nötigung zu Geständnissen durch Drohungen mit Konsequenzen für Familienangehörige. Rechtsgarantien, die den Häftling davor schützen, kennt das Strafrecht der DDR nicht. Im Zweifelsfall heiligt der Zweck noch allemal die Mittel. Allerdings sind die Vernehmungsoffiziere der siebziger und achtziger Jahre besser geschult als früher, gewiß auch disziplinierter. Das liegt im allgemeinen Trend der kaderpolitischen Entwicklung der Staatssicherheit. Obschon die Vernehmungstechniken psychologisch ausgefeilt sind, verzichten sie nicht auf teils plumpe, teils raffinierte Täuschungsmanöver. »Ich wurde ausführlich über meine Tätigkeit als Fluchthelfer verhört«, berichtet ein ehemaliger Gefangener über seine Untersuchungshaft in Hohenschönhausen. »Einsicht in die Strafprozeßordnung oder das Strafgesetzbuch wurde mir nicht gewährt . . . Es wurde mir nicht erlaubt, mit einem Rechtsanwalt Verbindung aufzunehmen. Während der Verhöre wurden mir gefälschte Protokolle und gefälschte Briefe meiner Verlobten vorgelegt, aus welchen hervorging, daß sie sich von mir getrennt habe. Erst nach vier Monaten hatte ich Gelegenheit, im Beisein meines Vernehmers mit den beiden Rechtsanwälten Vogel und Starkulla gemeinsam zu sprechen . . . Die Verhöre mit bis zu drei Vernehmern dauerten oft bis zu vierzehn Stunden und waren lediglich durch die Essensausgabe unterbrochen. Zermürbend waren die in der Nacht erfolgenden ›Sichtkontrollen‹, wobei in Abständen von 5 bis 30 Minuten das Licht in der Zelle angeht und der Wachtposten durch den ›Spion‹ hereinschaut[93] – eine Häftlingserfahrung aus den frühen siebziger, nicht den fünfziger Jahren.

Dagegen steht folgende Aussage: »Mein ständiger Vernehmer behandelte mich während der gesamten U-Haftzeit korrekt. Auch seine Stellvertreter, die zeitweilig in Erscheinung traten, verhielten sich seinen Maßstäben entsprechend. Ich meine damit auch, daß ich z. B. niemals angeschrien wurde – selbst wenn ich die Aussage verweigerte«[94]. Eine generell gültige, einheitlich angewandte Methode der Staatssicherheit lassen die Vernehmungen nicht erkennen. Die Feststellung, daß mehrere Vernehmungsoffiziere gemeinsam ein Verhör durchführten oder sich in ein und derselben Sache ablösten, bestätigt die Erfahrung, daß ein Untersuchungsverfahren bei der Staatssicherheit stets »kollektiv« durchgeführt wird. Auch Jürgen Fuchs hat das ausgesagt; im Laufe seiner Untersuchungshaft lernte er fünf Vernehmer kennen. Er berichtet überdies von einer technischen Vorrichtung, mit deren Hilfe der Untersuchungsführer Telefonate mit dem Apparat auf seinem Schreibtisch vortäuschen konnte, um den Gefangenen psychologisch zu beeinflussen. »Der Vernehmer kann das Klingeln des Telefons selbst auslösen und Gespräche fingieren. Nach meinen Beobachtungen muß sich der Auslöser auf der

rechten Schreibtischseite befinden . . . Dieses Telefon läßt sich vielfach ge- und mißbrauchen. Der ›Beschuldigte‹ hört mit, er sitzt im selben Raum und hungert nach Informationen. Ihm können auf diesem grotesken Wege gezielt Informationen vermittelt werden. Andeutungen, Falschmeldungen usw. Wenn das Verhör einen für den Vernehmer unangenehmen Verlauf nimmt, kann er Dialoge abbrechen, ›aussteigen‹, Zeit gewinnen, telefonisch neue Akzente setzen, indem er sich selbst anruft«[95]. Kafka bei der Staatssicherheit? In der Ausnahmesituation, in der sich ein Untersuchungshäftling bei der Staatssicherheit befindet, ständig unter geistiger und psychischer Spannung, verspricht der Trick Wirkung, wie simpel auch immer er scheinen mag.
Die folgende Aussage stammt zwar aus den fünfziger Jahren, dennoch kann sie als nicht nur für die damaligen Praktiken und Gepflogenheiten der Staatssicherheit charakteristisch gelten: »Ein Problem für sich sind die Protokolle, die von allen Verhören angefertigt werden«, berichtet ein ehemaliger politischer Häftling. »Sie werden in Frage und Antwort verfaßt. Die Fragen stellt der Untersuchende, die Antworten faßt er aus den Aussagen des Verhörten sehr willkürlich und zweckentsprechend zusammen, wobei selbstverständlich alle entlastenden Momente konsequent fortgelassen werden und das Ganze im oft fragwürdigen Deutsch des Protokollierenden das Gegenteil von dem bedeutet, was ausgesagt wurde. Nach Abschluß des Protokolls wird der Verhörte an einen Tisch befohlen. Er darf das Protokoll lesen und soll es dann, jede Seite für sich und noch einmal das Ganze, unterschreiben. Weigerungen sind in der ersten Zeit häufig und führen meist zu stundenlangem Hin und Her in größter Lautstärke, wobei nicht selten höhere Dienstgrade in Erscheinung treten. Wer trotz berechtigter Vorbehalte Protokolle unterschreibt, um diesen Auseinandersetzungen aus dem Wege zu gehen, weil er meint, vor Gericht könne er richtigstellen, treibt ein gefährliches Spiel«[96]. Wenig widerstandsfähige Häftlinge oder solche, die der Abfassung des Vernehmungsprotokolls nicht die folgenreiche Bedeutung beimaßen, weil sie es später bei Gericht widerrufen wollten, verstrickten sich leicht in ein ausweglose Dilemma: »Falsche Beschuldigungen« gegen ein Untersuchungsorgan, besonders »Verleumdung« der Staatssicherheit, so wird ihnen in der Hauptverhandlung bedeutet, würden sich nur strafverschärfend auswirken.
Im Jahre 1956 hatte zwar die seinerzeitige Kommission des Zentralkomitees der SED zur Überprüfung von Angelegenheiten von Parteimitgliedern in einer Grundsatzerklärung bestimmt, »nicht einfach nur vom Vernehmenden verfaßte Protokolle von den Beschuldigten unterschreiben zu lassen, sondern ihm Papier und Bleistift in die Hand zu geben, damit er seinen Standpunkt zu den Beschuldigungen darlegt und seine Auffassung über all das, was ihn bewegt, zu Papier bringen kann«[97], aber an den Praktiken der Staatssicherheit änderte sich seither nichts Wesentliches. Selbst die in § 105 der geltenden DDR-Strafprozeßordnung eingeräumte Möglichkeit einer zusammenhängenden Aussage während der Vernehmung beließ es im Prinzip bei den Gepflogenheiten der fünfziger Jahre. Nur wenn sich der Vernehmer davon zusätzliche Erkenntnisse verspricht oder der Häftling nachhaltig insistiert, kann er eigenhändig eine zusammenhängende Darstellung niederschreiben.
Der Westberliner Student Matthias Bath, der am 9. April 1976 wegen ideell

motivierter Fluchthilfe in Marienborn festgenommen wurde, hat hernach in seinem Erlebnisbericht bestätigt, daß seine Aussagen »in Form eines Frage-Antwort-Spiels« niedergeschrieben wurden. »So entsteht für den Leser eines derartigen Protokolls der Eindruck, es handele sich um die authentische Wiedergabe des Vernehmungsgesprächs. Tatsächlich aber ist jedes derartige Protokoll vom Stil des Vernehmers geprägt und weicht auch manchmal von den tatsächlichen Aussagen ab«[98]. In anderem Zusammenhang bekräftigt er diese Feststellung noch einmal, als sein Untersuchungsführer in Hohenschönhausen ihm die Protokolle der letzten beiden Tage zur Unterschrift vorlegte: »Erneut fiel mir dabei auf, daß sie nicht entsprechend meinen zusammenhängenden Aussagen, sondern in Dialogform, als Fragen und Antworten niedergeschrieben waren, wobei der ›Dialog‹ nur sehr indirekt das tatsächliche Vernehmungsgespräch wiedergab. Mir schien, daß die Protokolle vorher nach Plan ausgearbeitet waren und die Aussagen nur noch in die vorgegebene Form gepreßt wurden. So treten alle belastenden Momente hervor, während alles Entlastende als unwichtig erscheint«[99]. Das ist nicht nur gut beobachtet, sondern auch zutreffend gefolgert.

Zuweilen gerät die Abfassung des Protokolls zu einem Ringen um Formulierungen und einzelne Wörter. Rolf Mainz, dessen Erlebnisbericht in anderem Zusammenhang schon zitiert wurde, berichtet von seinem Vernehmer bei der Leipziger Staatssicherheit: »Während der Vernehmung machte sich der Mann Notizen, die er mir in darauffolgender Sitzung als Protokoll in Maschinenschrift vorlegte, in fünf- oder sechsfacher Ausfertigung, jede einzelne Seite war von mir zu unterschreiben. Das waren oft 60 bis 80 Unterschriften je Protokoll. Ich habe mir wiederholt das Vergnügen geleistet, mit Phantasienamen zu signieren, ohne daß das dem Verhörer je aufgefallen wäre. Ärger gab es mit dem Protokollnachsatz, in dem es heißt, daß meine Worte richtig wiedergegeben seien. Das stimmte natürlich nicht, meine Worte waren das selten, sondern es war vielmehr das Stasi-Deutsch meines eifrigen Quälgeistes. Ich bestand darauf, daß es im Nachsatz heißt, der Sinn meiner Worte sei im wesentlichen richtig erfaßt. Es gab ein Riesenspektakel, aber ich blieb hart. Die Konzession mußte gemacht werden«[100]. Mit ähnlichen Erfahrungen können nahezu alle ehemaligen politischen Gefangenen der Staatssicherheit aufwarten. Vor allem Intellektuelle haben da ihre Probleme, weil sie sich zugleich mit den geschilderten Mißhelligkeiten den Ressentiments konfrontiert finden, die ihnen seitens der Staatssicherheit entgegenschlagen.

Dem Grundsatz nach ist der MfS-Untersuchungsführer, der eine politische Straftat bearbeitet, der Aufsicht des zuständigen Staatsanwalts unterstellt. Gemäß § 89 der Strafprozeßordnung ist der Staatsanwalt unter anderem befugt, »Weisungen zu erteilen hinsichtlich der Einleitung und Durchführung des Ermittlungsverfahrens«, wie er auch ermächtigt ist, »ungesetzliche Verfügungen des Untersuchungsorgans aufzuheben oder abzuändern«, aber daß sich aus dieser Bestimmung eine Interessenkollision zwischen Staatssicherheit und Staatsanwalt ergeben könnte, ist wegen des Einflusses der Staatssicherheit kaum vorstellbar.

Zwar ist kaum zu bestreiten, daß der Willkür der Staatssicherheit, wie sie für die fünfziger Jahre nachzuweisen ist, in den sechziger Jahren ein Ende gesetzt wurde, indem in den Untersuchungsgefängnissen des MfS eine bedingt ge-

setzliche Verfahrensweise Einzug hielt, aber schreckliche, bis heute unge-
klärte Vorkommnisse waren und sind deshalb nie ausgeschlossen. Ein solches schlimmes Schicksal war dem 23jährigen Matthias Domaschk aus Jena
beschieden, einem Mitglied der »Jungen Gemeinde«, der als Häftling am 12.
April 1981 den Tod fand. Mit einer Gruppe Gleichgesinnter hatte er zwei Tage zuvor eine Eisenbahnfahrt nach Ost-Berlin unternehmen wollen, war jedoch mit einem Freund zusammen auf dem Bahnhof Jüterbog aus dem Zug
heraus festgenommen und in das MfS-Untersuchungsgefängnis Gera verbracht worden. Hier fanden intensive Verhöre statt. Am Abend des 12. April
– während in der »Hauptstadt der Republik« der zweite Beratungtag des X.
Parteitages der SED zu Ende ging – wurde den in Jena lebenden Eltern mitgeteilt, »ihr Sohn habe sich in einer unbeobachteten Viertelstunde an seinem
Hemd erhängt«[101]. Selbst wenn tatsächlich eine Selbsttötung vorgelegen haben sollte – eine nach Meinung von Freunden unwahrscheinliche Version –,
trifft die Verantwortung dafür die Staatssicherheit. Wer aber weiß, was wirklich geschah?
Selbst die Respektierung der eigenen Legalität bietet den Untersuchungsorganen des MfS noch immer hinreichende Möglichkeiten zu eigenem »zweck-
dienlichen Ermessen«, weil die Normen der DDR-Strafprozeßordnung
durchaus Entscheidungsspielraum lassen. So liegt es praktisch allein bei der
Staatssicherheit, ob die vorgeschriebenen Fristen eingehalten werden. Nach
§ 103 der Strafprozeßordnung ist jedes Ermittlungsverfahren »innerhalb einer Frist von höchstens drei Monaten abzuschließen«. Ist »wegen des Umfan-
ges der Sache oder der Schwierigkeiten der Ermittlungen« die Frist nicht einzuhalten, so ist ihre Überschreitung durch den zuständigen Staatsanwalt zu
genehmigen. Nachweislich sind in den fünfziger Jahren bis zu dreieinhalb
Jahren Untersuchungshaft bei der Staatssicherheit festzustellen – so im Fall
des früheren Staatssekretärs im DDR-Justizministeriums Dr. Dr. Helmut
Brandt, der am 6. September 1950 festgenommen und in einem Geheimprozeß am 5. Juni 1954 verurteilt wurde[102]. Später, namentlich in den siebziger
und frühen achtziger Jahren, zeigten sich die Untersuchungsorgane des MfS
zwar grundsätzlich bemüht, ein Ermittlungsverfahren so kurzfristig wie
möglich abzuwickeln, aber in politisch prekären Fällen haben sie nie gezögert, die Untersuchungshaft als Druckmittel einzusetzen, um Geständnisse
aus den Gefangenen herauszupressen. Von vornherein setzten sie auf Frist-
verlängerung, wenn sie erfolgversprechend schien – und es ist kein Fall bekannt geworden, in dem ein Staatsanwalt Schwierigkeiten bereitet hätte. Aus
den Erlebnissen ehemaliger politischer Häftlinge ist abzuleiten, daß Unter-
suchungshaftzeiten bis zu einem Jahr Dauer auch in den siebziger Jahren
nicht selten waren. So wurde der frühere Leiter der Universitätsbibliothek
Rostock, Dr. Alfred Eberlein, als Verfasser einer wissenschaftlichen Bibliographie »Die Presse der Arbeiterklasse und der sozialen Bewegung von den
dreißiger Jahren des 19. Jahrhunderts bis zum Jahre 1967« international an-
gesehen, am 24. August 1971 unter der Beschuldigung festgenommen, er habe »die staatliche Kontrolle über die einzuführende Literatur ausgeschaltet
und damit die Einfuhr politisch unzulässiger Schriften antisozialistischen In-
halts« begünstigt; am 6. Mai 1972 wurde er vom Bezirksgericht in Rostock
verurteilt[103]. Dauer der Untersuchungshaft: achteinhalb Monate. Der wegen

»staatsfeindlicher Hetze« verurteilte Student Ulrich Schacht war acht Monate in Untersuchungshaft – vom 29. März bis zum 22. November 1973, dem Tag seiner Verurteilung, aber auch danach verblieb er zwecks Vernehmung noch monatelang bei der Staatssicherheit: Erst am 15. Februar 1974 wurde er dem Strafvollzug überstellt[104]. Der Fluchthelfer Horst Schumm, Sprachlehrer von Beruf, wurde am 12. Juni 1974 am Grenzkontrollpunkt Drewitz festgenommen – seine Verurteilung wegen »staatsfeindlichen Menschenhandels« erfolgte am 22. März 1975 – »also nach neun Monaten U-Haft und unter Ausschluß der Öffentlichkeit«[105].

In Riesa wurde der Werksarzt Dr. Karl-Heinz Nitschke am 1. September 1976 von Staatssicherheitsorganen in Untersuchungshaft genommen. Auf seine Initiative hin hatten sieben Wochen zuvor, am 10. Juli, zunächst 33 Bürger in Riesa mit Namen und Anschrift eine Petition zur vollen Erlangung der Menschenrechte unterzeichnet, der sich später weitere 46 Bürger aus Riesa, Karl-Marx-Stadt und Umgebung anschlossen. Sie alle hatten sich jahrelang vergebens um eine legale Ausreise aus der DDR bemüht. Mit ihrer an internationale Gremien gerichteten Petition, deren Wortlaut die Bürgerrechtler in westlichen Medien publik machen ließen, wollten sie ihre Entlassung aus der DDR-Staatsbürgerschaft und ihre Übersiedlung in die Bundesrepublik ertrotzen[106]. Dr. Nitschke blieb fast auf den Tag genau zwölf Monate in MfS-Untersuchungshaft, bis er am 26. August 1977 nach West-Berlin abgeschoben wurde, ohne je in dieser Sache vor Gericht gestellt worden zu sein.

Bei dem Zahnarzt Klaus Mainz belief sich die Dauer der Untersuchungshaft zwar »nur« auf fünf, bei seinem Bruder aber, dem Lektor Rolf Mainz, auf neun Monate[107]. Beide waren am 5. Oktober 1976 festgenommen worden. Der Systemkritiker Rudolf Bahro, der als oppositioneller Kommunist sein Buch »Die Alternative«, eine geistreiche Kritik des real existierenden Sozialismus, im Osten schrieb und im Westen veröffentlichte, wurde am 23. August 1977 in Untersuchungshaft genommen. Auch in seinem Fall vergingen trotz einfachen und klaren Sachverhalts über zehn Monate, ehe Rudolf Bahro am 30. Juni 1978 vom Stadtgericht in Ost-Berlin zu acht Jahren Freiheitsstrafe verurteilt wurde[108]. Auch der Dresdener Mathematiker Dr. Horst Hiller mußte rund sechzehn Monate in Untersuchungshaft bei der Staatssicherheit zubringen – aus Gründen, die keineswegs er verursacht hatte, Aussageverweigerung etwa. Die Staatssicherheit wollte den ehemaligen DDR-Nationalpreisträger, der am 17. Mai 1977 bei einem Fluchtversuch am Grenzkontrollpunkt Marienborn festgenommen worden war, psychisch zerbrechen[109]. Ähnlich erging es dem Regimekritiker Dr. Rolf Schälike, einem Kernphysiker in Dresden, der sich über achteinhalb Monate in Untersuchungshaft befand – vom 20. März 1984 bis zum 3. Dezember 1984 –, bis er wegen »staatsfeindlicher Hetze« und »öffentlicher Herabwürdigung« zu sieben Jahren Freiheitsstrafe verurteilt wurde, allerdings kurz darauf »begnadigt« und aus der DDR ausgewiesen wurde.

Die wenigen Beispiele stehen für viele. Sie belegen konkret, wie rigoros das MfS bis hinein in die achtziger Jahre Untersuchungshaft zu eigenen Zwecken instrumentalisiert und die in der Strafprozeßordnung niedergelegte Norm von »höchstens drei Monaten« Dauer absolut willkürlich verlängert. Die logische Konsequenz solcher Praktiken sind Verzögerungen in der Untersuchungshaft, die gewollt sind, als Zermürbungstaktik der MfS-Untersuchungsorgane.

Konkrete Beispiele dafür, daß generell die Untersuchungshaft bei der Staatssicherheit selten unter sechs Monaten, häufig aber darüber liegt, wären mühelos in großer Zahl beizubringen[110]. Auf die Einlassung eines politischen Gefangenen – des in anderem Zusammenhang schon zitierten Schriftstellers Jürgen Fuchs, der vom 19. November 1976 bis 26. August 1977 in Untersuchungshaft war, also fast zehn Monate, ebenfalls ohne verurteilt zu werden –, daß in seinem Fall die gesetzlich vorgeschriebene Frist für ein Ermittlungsverfahren längst abgelaufen wäre, erwiderte der den Fall bearbeitende MfS-Untersuchungsführer: »Ihr Fall ist kompliziert, drei Monate reichen nicht aus. Ein Zettel genügt und der Staatsanwalt stimmt einer Verlängerung zu. Wir haben halt die Macht«[111]. Diese Äußerung trifft genau die Situation.

Staatssicherheit und Strafjustiz

Die Durchführung des Ermittlungsverfahrens hat nach § 101 der DDR-Strafprozeßordnung zum Ziel, »die den Verdacht einer Straftat begründende Haltung allseitig unvoreingenommen aufzuklären«, wobei der Staatsanwalt und die Untersuchungsorgane verpflichtet sind, das Verhalten eines Beschuldigten »in be- und entlastender Hinsicht aufzuklären«. Nach allen Erfahrungen ehemaliger politischer Häftlinge konzentrieren sich die Untersuchungsorgane der Staatssicherheit in der Hauptsache jedoch auf den Schuldnachweis im Sinne des DDR-Strafrechts, ohne entlastende Momente gebührend zu würdigen.

Nach Abschluß der Ermittlungen faßt der Untersuchungsführer des MfS ihre Ergebnisse in einem Schlußbericht zusammen, dem in aller Regel eine letzte, verschärfte Vernehmung vorausgeht. Der Schlußbericht wird dem Staatsanwalt vorgelegt. Der amtliche Vordruck für den Schlußbericht sieht vollständige Angaben zur Person des Beschuldigten vor, ebenso zu seinem Lebenslauf, ferner Einzelheiten der gegen ihn erhobenen Beschuldigungen mit Hinweisen auf entsprechende Belegstellen in der Gerichtsakte. Im letzten Teil des Schlußberichtes wird eine politische Beurteilung des Beschuldigten und seiner vermeintlichen Straftaten gegeben[112]. Formell entscheidet nun der zuständige Staatsanwalt, ob er Anklage erhebt, aber faktisch ist diese Entscheidung längst vorweggenommen.

In Wirklichkeit bestimmt die Staatssicherheit von Anfang an maßgeblich den Gang der Untersuchung und den weiteren Verlauf des Verfahrens. Ihre Möglichkeiten zur Einflußnahme erschöpfen sich dabei nicht in der selektiv-belastenden Zusammenstellung der Gerichtsakte. Durch Verbringung des Beschuldigten in ein anderes Gefängnis können die Untersuchungsorgane des MfS faktisch sogar die örtliche Zuständigkeit des Gerichts bestimmen, denn örtlich zuständig ist laut § 170 Absatz 3 der DDR-Strafprozeßordnung »auch das Gericht, in dessen Bereich der Beschuldigte auf Anordnung eines staatlichen Organs untergebracht ist«. Es kann politisch durchaus zweckdienlich sein – und ist in der Tat auch wiederholt so geschehen –, daß ein Beschuldigter, obwohl nach § 169 der Strafprozeßordnung, der die örtliche Zuständigkeit nach dem Tatort bestimmt, ein Gericht in Ost-Berlin zuständig gewesen wäre, in die Provinz verbracht wurde. Auf diese Weise ergab sich »völlig legal« die dem Blick einer kritischen Öffentlichkeit entzogene Zuständigkeit eines Bezirksgerichts.

Gewiß haben sich in den sechziger und siebziger Jahren jene Fälle nicht wiederholt, in denen die Anklageschrift wie in den frühen fünfziger Jahren durch die Staatssicherheit ausgearbeitet und dem zuständigen Staatsanwalt lediglich zur formellen Bestätigung vorgelegt wurden; bis zum Inkrafttreten der Strafprozeßordnung vom 2. Oktober 1952 war dies sogar legal. Vorbei sind auch die Zeiten, in denen Strafanträge vor der Hauptverhandlung zwischen Richtern und Staatssicherheitsoffizieren durchgesprochen und abgestimmt wurden – Fälle, die belegbar sind; aber auch in späteren Jahren sind immer wieder Fälle bekannt geworden, daß der Vernehmungsoffizier dem Beschuldigten in der Untersuchungshaft das Strafmaß mitteilen konnte, das hernach in der Hauptverhandlung vor Gericht tatsächlich verhängt wurde. Noch immer kann die Staatssicherheit in einer politisch relevanten Strafsache das Urteil präjudizieren. In Leipzig wurde 1978 ein Ermittlungsverfahren wegen Fluchtvorbereitung gegen die Lektorin Monika Tischoff eingestellt, nachdem sie sich zum Schein als Inoffizielle Mitarbeiterin des MfS hatte verpflichten lassen. Ihr Tätigkeitsfeld: »Aufspaltung konterrevolutionärer Gruppen und ihrer Aktionen«. Als sie sich, in Gewissenskonflikte gestürzt, der Ständigen Bonner Vertretung in Ost-Berlin offenbarte, wurde sie, die vermutlich beobachtet worden war, in Haft genommen und am 23. September 1981 zu zehn Jahren Freiheitsstrafe verurteilt – wegen »Spionage«[113]! Umgekehrt kann die Verweigerung einer Spitzelverpflichtung eine erheblich härtere Strafe bedingen. So wurde dem schon erwähnten Mathematiker Horst Hiller in der Untersuchungshaft »völlige Straffreiheit« wegen seines Fluchtdelikts angeboten, falls er zur Spitzelei bereit wäre. Als er empört ablehnte, veranlaßte die Staatssicherheit eine Anklage nicht mehr nur wegen »ungesetzlichen Grenzübertritts«, sondern wegen »Spionage«. Das Bezirksgericht Dresden begründete sein auf achteinhalb Jahre Freiheitsstrafe lautendes Urteil vom 14. September 1978 damit, bei gelungener Flucht hätte der Angeklagte sein Wissen im Westen preisgegeben – womit er Spionage »vorbereitet« habe[114].

Einen besonderen Aspekt der Zusammenarbeit der Untersuchungsorgane des MfS mit der für Spionage zuständigen Hauptverwaltung Aufklärung offenbaren aktenkundig gewordene Fälle, in denen ehemalige »Kundschafter« nach ihrer Rückkehr von der »unsichtbaren Front« vor DDR-Gerichten mit den von ihnen ausgespähten Informationen als Belastungszeugen in politischen Strafverfahren aufgetreten sind.

Personen- und Objektschutz

In der zuverlässigen Abschirmung der führenden Männer des Regimes sowie in ihrem persönlichen Schutz hat das MfS seit seinem Bestehen eine seiner wichtigsten Aufgaben erblickt. Aus Furcht vor Attentaten hat es den Personenschutz bereits in einer Zeit zu einem zentralen Anliegen gemacht, als der internationale Terrorismus den individuellen Terror noch nicht zum Prinzip erhoben hatte. Unter dem Eindruck terroristischer Exzesse in Westeuropa hat die Staatssicherheit der DDR freilich den Personenschutz verstärkt ausgebaut. Die Abwehr von Angriffen auf das Leben oder die Gesundheit führender Politiker der DDR und ausländischer Staatsgäste ist daher 1974 zum »integrierten Bestandteil der Arbeit aller Linien und Diensteinheiten des MfS«[115] erklärt worden. Was im Dienstsprachgebrauch der Staatssicherheit »Gewährleistung eines optimalen Schutzes führender Partei- und Staatsfunktionäre« heißt, fällt in die Zuständigkeit der Hauptabteilung Personenschutz im MfS. Ihr Leiter hat zu diesem Zweck eng mit den Chefs anderer Hauptverwaltungen und Hauptabteilungen zusammenzuarbeiten, ebenso vertikal mit den Bezirksverwaltungen und Kreisdienststellen. »Durch ihn sind mit den Leitern der Diensteinheiten deren ständige und zeitweilige Sicherungsaufgaben, Zuständigkeit und Verantwortlichkeit abzugrenzen sowie das Zusammenwirken grundsätzlich sowie im Einzelfall abzustimmen«[116]. Umfang und Intensität des Personenschutzes lassen diese Äußerungen ermessen. Sie sind durch praktische Erfahrungen bestätigt. Werner Barm berichtet über die Kontrollprozedur von Staatsfunktionären im Hause des Ministerrates am 29. August 1961, wo bei der MfS-Sicherungsgruppe am Portal eine Namensliste aller Teilnehmer hinterlegt worden war. »Trotzdem verglich der Offizier pedantisch jeden Dienstausweis mit den Eintragungen in seinem Register. Dann hatten wir die Aktentaschen zu öffnen und vorzuweisen. Schließlich deponierte die Wache unsere Dienstpistolen gegen ordnungsgemäße Quittung. Die vierzehn Patronen aus Magazin und Reservemagazin mußten vorgezählt werden«[117]. Vertrauen ist gut, Kontrolle ist besser – selbst für das DDR-Establishment ist dieser Grundsatz unumstößliches Gesetz.

Konkret umfaßt der Personenschutz des MfS den Schutz führender Partei- und Staatsfunktionäre am Wohnsitz, bei ihrer Fahrt zum Dienstsitz, bei sonstigen Dienstreisen innerhalb der DDR und in öffentlichen Veranstaltungen, die Absperrung von Verkehrswegen und Tribünen bei öffentlichen Veranstaltungen, die Stellung von Begleitkommandos bei Auslandsreisen sowie die Zusammenarbeit mit den Sicherheitsbehörden anderer Staaten bei Auslandsreisen hoher Partei- und Staatsfunktionäre. Seine Ergänzung findet der Personenschutz im Objektschutz, in der militärischen Absicherung von Objekten und der Beseitigung von Gefahrenquellen durch Überprüfung der jeweiligen Sicherungsbereiche und ihrer Umgebung, insbesondere an Verkehrsknotenpunkten und unübersichtlichen Streckenabschnitten bei Auto- und Eisenbahnen. Wo die Sicherungsaufgaben einen größeren Aufwand erforderlich erscheinen lassen, wird das Wachregiment »Feliks Dzierzynski« herangezogen. Allerdings werden die Soldaten des Wachregiments grundsätzlich nur zur äußeren Objektsicherung eingesetzt. Innere Sicherungsaufgaben fallen ausschließlich in die Zuständigkeit der Hauptabteilung PS.

Zur Optimierung des Personen- und Objektschutzes werden nicht zuletzt alle geeigneten IM- und GMS-Systeme herangezogen.

Der Hauptverwaltung Personenschutz sind entsprechende Abteilungen in den Bezirksverwaltungen und selbständigen Verwaltungen des MfS nachgeordnet. Sie wiederum verfügen über entsprechende Diensteinheiten in den Kreisdienststellen.

In der zweiten Hälfte der achtziger Jahre wurde Generalmajor Herbert Michael zum Chef der Hauptabteilung PS im MfS bestellt. Zuvor hatte diese Position jahrelang Generalmajor Günter Wolf inne, ein Mann, der Erich Honecker wiederholt persönlich auf Auslandsreisen begleitet hat – was zum Beispiel der Fall war, als sich der DDR-Staatsratsvorsitzende am 7. und 8. Mai 1980 zur Beerdigung des jugoslawischen Partei- und Staatschefs Josip Broz-Tito in Belgrad aufhielt[118]. Wolfs Vorgänger Franz Gold, zuletzt im Rang eines Generalleutnants stehend, zählte übrigens zu den abenteuerlichsten Figuren im Apparat des MfS. Der 1977 Verstorbene stammt aus dem Sudetenland, wo er 1913 geboren war. Schlosser von Beruf, hernach Zollbediensteter, war er nach dem Einmarsch deutscher Truppen in die Tschechoslowakei Mitglied der NSDAP geworden (am 1. November 1938 unter der Mitgliedsnummer 6 792 350 registriert). Als Soldat des Zweiten Weltkrieges, nämlich als Obergefreiter eines Infanterie-Regiments, lief er im September 1941 zur Roten Armee über und beteiligte sich als einer der ersten deutschen Kriegsgefangenen an aktiven Kampfhandlungen gegen die Wehrmacht. Unter anderem war Gold im Januar 1943 an einem Partisaneneinsatz hinter den deutschen Linien beteiligt, bei dem der Kommandobunker eines Regimentskommandeurs im Kessel von Welikije-Luki ausgehoben werden sollte. Das Unternehmen scheiterte allerdings. Wegen seiner Sprachkenntnisse wurde Gold im September 1944 in die Tschechoslowakei geflogen, wo er bei Velasska Bela das Kommando über eine Partisanengruppe übernahm. Nach dem Zusammenbruch des Dritten Reiches zunächst Mitarbeiter des Sowjetischen Nachrichtenbüros in Ost-Berlin, einer Informationsagentur der sowjetischen Besatzungsmacht, holte ihn Zaisser 1950 in das Ministerium für Staatssicherheit. Hier hat Gold den Personenschutz auf- und ausgebaut[119].
Zu welchen Leistungen oder besser: Fehlleistungen die Hauptabteilung PS fähig ist, demonstrierte sie am 13. Dezember 1981 in Güstrow, als Bundeskanzler Helmut Schmidt am Ende seines Arbeitstreffens mit Erich Honecker am Werbellin- und Döllnsee zu einer kurzen Visite in die mecklenburgische Kreisstadt gekommen war. Nicht nur glich Güstrow an diesem Tage einer »besetzten Stadt«, weil buchstäblich Tausende uniformierter Volkspolizisten aufgeboten waren, um die vom Kanzler durchfahrenen Staßen abzusperren; sondern zusätzlich waren unzählige unverkennbar »unauffälliger« Zivilisten zu sehen, die hinter den uniformierten Postenketten meist in Gruppen zu dritt oder zu fünft aufgestellt waren und die verhindern sollten, daß Einwohner von Güstrow vom Straßenrand her dem Gast aus Bonn möglicherweise zuwinken oder zurufen könnten. Als der Verfasser, der als Korrespondent des Deutschlandfunks in Güstrow zugegen war, einen dieser Zivilisten um eine Auskunft bat, wies dieser ihn mit dem lakonischen Bemerken ab: »Ich bin im Dienst!« Die Staatssicherheit hatte ein Übersoll an »Personenschutz« erfüllt, genährt offenbar von der Furcht, ähnliche Sympathiebekundungen wie seinerzeit am 19. März 1970 für Willy Brandt in Erfurt könnten sich wiederholen; daß diese Furcht nicht ganz unbegründet war, bestätigte die Nachricht aus Güstrow, wonach im Vorfeld des Kanzlerbesuches Jugendliche verwarnt waren, weil sie unter anderem Rufe wie »Helmut Schmidt – nimm uns mit!« skandiert hatten.

Das Wachregiment »Feliks Dzierzynski«

Kasernierte Einheiten des MfS in Gestalt eines Wachregiments sind bereits frühzeitig, unter der Ägide Wilhelm Zaissers, aufgebaut worden. Zeitweilig unterstanden in der DDR auch die Grenzpolizei, die Bereitschaftspolizei und die Transportpolizei dem Chef der Staatssicherheit, und zwar die Grenzpolizei vom 16. Mai 1952 bis zum 15. Februar 1957, die Bereitschafts- und die Transportpolizei vom 1. Januar 1953 bis zum 15. Februar 1957. Durch Befehl des Ministers des Innern vom 15. Februar 1957 wurden sie der Zuständigkeit des MfS entzogen und der Hauptverwaltung Innere Sicherheit im Ministerium des Innern unterstellt[120]. Seit diesem Zeitpunkt verblieb im Verantwortungsbereich des MfS an kasernierten Einheiten nur mehr das Wachregiment Berlin, dem am 15. Dezember 1967 der Traditionsname »Feliks Edmundowitsch Dzierzynski« verliehen wurde, »in Anerkennung zuverlässiger Pflichterfüllung und hoher Einsatzbereitschaft«[121].

Seit Einführung der allgemeinen Wehrpflicht durch Gesetz vom 24. Januar 1962 ist der Dienst im Wachregiment dem Wehrdienst gleichgesetzt. Allerdings unterliegen die Angehörigen des MfS-Wachregiments besonderen politischen Auslesekriterien. Sie müssen sich für mindestens drei Jahre verpflichten. Und sie sind besonders hohen Anforderungen ausgesetzt, politisch wie militärisch. »Die exakte Erfüllung der dienstlichen Pflichten erfordert Treue zur Partei der Arbeiterklasse, hohes Klassenbewußtsein, Haß gegen die Feinde der Republik sowie Wachsamkeit von den Soldaten, Unteroffizieren und Offizieren mit der roten Waffenfarbe, deren Regiment den verpflichtenden Namen des engen Kampfgefährten Lenins und Organisators der Tscheka trägt«[122]. Indes warnen Kenner vor einer Überschätzung des Wachregiments. »Die Mannschaftsdienstgrade sind bei weitem nicht so zuverlässig wie besonders verpflichtete hauptamtliche Mitarbeiter des MfS in der Ostberliner Zentrale oder in den Bezirks- und Kreisverwaltungen. Wer dort tätig ist, kann dem MfS so gut wie nicht mehr entrinnen. Er ist meist auf Lebenszeit an das MfS gebunden. Die sich zu dreijähriger Dienstzeit verpflichtenden Soldaten dagegen können danach sehr wohl wieder in einen zivilen Beruf zurückkehren«[123]. Ob sie das auch wollen oder ob sie weiterhin bei der Staatssicherheit bleiben, etwa als Angehörige der Wacheinheiten der Bezirksverwaltungen oder als Schließer in den Untersuchungsgefängnissen des MfS, das steht auf einem anderen Blatt.

Die Einheiten des Wachregiments »Feliks Dzierzynski« sind in Kasernenkomplexen in Adlershof und Erkner im Südosten Berlins untergebracht. In Teupitz (Bezirk Potsdam) und auf Rügen bestehen Ausbildungsgelände und -unterkünfte. Geschätzter Personalbestand des Wachregiments: 7000 bis 9000 Mann[124]. »Es gliedert sich in zwei Einsatzgruppen mit je drei motorisierten Bataillonen, ein schweres Bataillon mit Artillerie-, Panzerabwehr- und Fla-Waffen sowie ein Ausbildungsbataillon«[125]. Dazu kommen Spezialeinheiten: Aufklärungskompanie, ABC-Waffen-Kompanie, Fernmeldekompanie, Fallschirmjägerkompanie, Hubschrauber-Staffel[126]. Das schwere Bataillon verfügt über Pak 85 und 100 mm, Mörser 120 mm und Fla-Kanonen 23 mm.

Der Auftrag des Wachregiments sieht im wesentlichen spezielle Sicherungsaufgaben vor, den militärischen Objektschutz. Nicht nur die Dienstgebäude und Einrichtungen des MfS werden von Angehörigen des »Dzierzynski«-Regiments bewacht, sondern auch das Gebäude des Zentralkomitees der SED am Werderschen Markt, wo eine eigene Wachkommandantur besteht, sowie der Amtssitz des Staatsrates am Marx-Engels-Platz in Ost-Berlin, ferner die Wohngettos der führenden Funktionäre in Wandlitzsee und Niederschönhausen. »Zu den über hundert Objekten, die vom Wachregiment in Ost-Berlin und der näheren Umgebung gesichert werden, gehört auch die hauseigene Falschdruckerei in Oberspree, wo Wertpapiere, Dokumente und ähnliches zur Abwehr des Klassengegners und Aufklärung im Feindesland hergestellt werden«[127]. Natürlich wäre es abwegig, im Wachregiment des MfS nur eine militärische Spielart von sozialistischer Wach- und Schließgesellschaft zu erblicken. Nach Ausbildung und Bewaffnung kann es gleichermaßen bei einer militärischen Bedrohung von außen wie bei inneren Unruhen eingesetzt werden. »In unregelmäßigen Abständen werden Alarmübungen für einzelne Kompanien, ein Bataillon oder das gesamte Regiment ausgelöst. Die Alarmzeit, das heißt der Zeitpunkt, bis zu dem das in der Nachtruhe alarmierte Wachregiment das Kasernentor voll beladen zu verlassen hat, beträgt rund 20 Minuten. Diese Zeit wird weithin gehalten. Dabei rückt das Regiment mit Lkw und SPw aus und bezieht einen Bereitstellungsraum, der ebenfalls in einer Normzeit erreicht werden muß . . . Im Herbst und im Frühjahr finden Regimentsmanöver statt, an denen zwei oder drei Bataillone beteiligt sind. Bei den Regimentsübungen wird das Wachregiment auch als schnelle Einsatztruppe trainiert. Beispielsweise wird das koordinierte Umstellen eines Gebäudes oder Waldstückes geübt, das anschließend mit Schützenketten nach abgesprungenen feindlichen Fallschirmspringern (Agenten) durchkämmt wird«[128]. Von selbst versteht sich fast, daß die Soldaten des Wachregiments etwa alle zwei Monate auf dem Übungsplatz in Teupitz Scharfschießübungen abhalten, wobei mit der Kalaschnikow bei Tag und Nacht auf stehende und bewegliche Ziele in unterschiedlicher Entfernung zwischen 100 und 300 Meter geschossen wird.

In seinen ersten Jahren stand das Wachregiment des MfS unter dem Kommando von Ottomar Pech, ursprünglich Kaderchef des MfS, einem Mann vom Jahrgang 1914, Strumpfwirker von Beruf, Soldat im Zweiten Weltkrieg, der in sowjetischer Kriegsgefangenschaft zum Kommunismus gefunden hatte. Ehe Zaisser ihn in die MfS-Zentrale nach Ost-Berlin holte, hatte Pech bereits Funktionen in der Volkspolizei und in der Grenzpolizei innegehabt. Wollweber ließ Pech als Kaderchef ablösen, er machte ihn zum Kommandeur des Wachregiments: 1956 wechselte Pech, inzwischen Generalmajor und später Generalleutnant, zum Verteidigungsministerium, wo er abermals zum Kaderchef avancierte[129].

Zum Nachfolger Pechs als Kommandeur des Wachregiments wurde Heinz Gronau ernannt, ein Altkommunist vom Geburtsjahrgang 1912, der das Mitgliedsbuch der KPD seit seinem 18. Lebensjahr besaß. »Während der Märzwahlen 1933 begann seine illegale Arbeit. Mehrmals wurde er von den Nazis verhaftet. 1938 kam er in das KZ Buchenwald, wo er als Mitglied der illegalen Lagerorganisation der KPD aktiv Widerstandsarbeit gegen die SS und die Kriegsproduktion der Nazis leistete«[130]. Nach einer Karriere in der Volkspolizei, der er 1946 beigetreten war, und in der Grenzpolizei wechselte er zur Staatssicherheit. Als dem Wachregiment der Traditionsname verliehen wurde, beförderte Ulbricht in seiner Eigenschaft als Vorsitzender des Nationalen Verteidigungsrates Gronau zum Generalmajor. 1975 ging er in Pension – zwei Jahre danach ist er verstorben.

In Gronaus Kommandeurszeit fiel eine wichtige Bewährungsprobe des Wachregiments – sein Einsatz zur Abschirmung und Sicherung der Abriegelungsaktion vom 13. August 1961. »Ich hatte vorgeschlagen«, schreibt Erich Honecker in seinen Memoiren, »direkt an der Grenze die politische und militärische Kampfkraft der Arbeiterklasse einzusetzen, das heißt Werktätige aus sozialistischen Betrieben in den Uniformen der Kampfgruppen. Sie sollten mit Bereitschaften der Volkspolizei unmittelbar die Grenze zu West-Berlin sichern. Falls es notwendig werden sollte, hatten die Truppenteile und Verbände der Nationalen Volksarmee und die Organe des Ministeriums für Staatssicherheit sie aus der zweiten Staffel zu unterstützen«[131]. So ist es denn auch geschehen. Das Wachregiment »Feliks Dzierzynski«, von Experten als »die spezielle Regimeschutztruppe der DDR«[132] charakterisiert, war voll im Einsatz, als der Bau der Berliner Mauer begann.

Nachfolger Gronaus wurde Generalmajor Bernhard Elsner, Jahrgang 1930, der in den achtziger Jahren schließlich von Generalmajor Günter Wolf, Jahrgang 1926, abgelöst wurde[133].

Neben dem Objektschutz und speziellen Sicherungsaufgaben werden dem Wachregiment des MfS gelegentlich auch Repräsentationspflichten zugedacht. Seine Ehrenkompanie zieht in aller Regel beim Empfang ausländischer Staatsgäste oder bei der Begrüßung ausländischer Diplomaten nach ihrer Akkreditierung durch den DDR-Staatsratsvorsitzenden auf. Auch die Chefs der Ständigen Vertretung der Bundesrepublik Deutschland in Ost-Berlin, die Staatssekretäre Günter Gaus, Klaus Bölling, Hans-Otto Bräutigam und Dr. Franz Bertele, wurden bei ihren offiziellen Empfängen zum Amtsantritt durch die von einem Major kommandierte Ehrenkompanie des Wachregiments »Feliks Dzierzynski« begrüßt. Sie war jeweils in Waffen und Stahlhelmen von dem Gebäude des Staatsrates am Marx-Engels-Platz in Ost-Berlin angetreten. Diese Aufgabe dürfte dem MfS-Wachregiment aus historischen Gründen zugewiesen sein – es existierte vor dem Wachregiment »Friedrich Engels« der Nationalen Volksarmee –; außerdem könnten sich im Falle des NVA-Wachregiments, das über ein besonderes Ehrenbataillon verfügt, politische Komplikationen wegen des besonderen (entmilitarisierten) Status von Berlin ergeben.

DDR-externe Aktionsfelder des MfS

7

Die Sicherungsfunktion DDR-intern bestimmt, wie anderweitig schon unterstrichen, die Hauptaufgabe des Ministeriums für Staatssicherheit seit 1950. Dem entspricht auch der personelle Aufwand. Von zehn hauptamtlichen Mitarbeitern der Staatssicherheit sind neun im Abwehrsektor eingesetzt – »nur« einer ist in der »offensiven Arbeit« DDR-extern tätig. Allerdings läßt sich eine Unterscheidung zwischen innerer Sicherheit und nach außen gerichteter Aufklärung mit letzter Genauigkeit gar nicht treffen, weil die Aktivitäten der Staatssicherheit zur inneren Sicherung in vollem Umfang auch für den nachrichtendienstlichen Angriff nach außen nutzbar gemacht werden und umgekehrt. »Bei der Wahrnehmung seiner Abwehr- und Sicherungsfunktionen in der DDR gelangt das MfS an Erkenntnisse, die für die operative Arbeit gegen die Bundesrepublik Deutschland von wesentlicher Bedeutung sind. Ein Beispiel dieser Arbeitsweise sind die Beschaffung und Verwendung von Erkenntnissen über DDR-Besucher aus dem Westen«[1]. Allein die vor einer dienstlichen oder privaten Reise in die DDR zur Erlangung eines Visums einzureichenden persönlichen Daten oder die beim westöstlichen Grenzübertritt auszufüllenden Meldekarten, die zum Beispiel auch die Frage nach dem Arbeitgeber enthalten, verschaffen dem MfS von Millionen Bundesbürgern und Westberlinern Angaben, die für eine nachrichtendienstliche Auswertung von hohem Informationswert sind. Sie werden nachweislich zu Anbahnungsversuchen mißbraucht. Erinnert sei in diesem Zusammenhang noch einmal an die anderweitig schon erwähnte Verwendung von Erkenntnissen aus dem geheimen Nachrichtendienst des MfS in Strafverfahren vor DDR-Gerichten einschließlich der Hinzuziehung ehemaliger »Kundschafter« als Gutachter oder Zeugen - speziell in Spionage- und Fluchthelferprozessen. Die Dialektik von innerer Sicherung und Aufklärung nach außen, zwischen defensiven und offensiven Aktivitäten ist augenfällig. Die nach außen gerichteten Aktivitäten des MfS, die in seiner Geschichte zunehmend politisches Gewicht erlangt haben, umfassen im wesentlichen Spionage aller Art, Desinformation, verdeckte Einwirkung in vielfältiger Form einschließlich Subversion und Sabotage, zumindest deren Planung und Vorbereitung, sowie »Entwicklungshilfe« für Staaten der Dritten Welt, die vornehmlich in der Beratung und Unterstützung beim Aufbau politischer Polizei- und Sicherheitsapparate in afroasiatischen und lateinamerikanischen Diktaturen besteht.

143

Spionage

Ein Leipziger Konversationslexikon aus dem Jahre 1976 definiert Spionage allgemein als »das Auskundschaften beziehungsweise Verraten politischer, militärischer, ökonomischer und wissenschaftlich-technischer Geheimnisse«[2], worin es sich von Nachschlagewerken westlicher Herkunft nicht unterscheidet. Der Unterschied beginnt bei der Wertung. »Die Spionage ist wegen ihrer friedensgefährdenden Ziele und Auswirkungen eines der gefährlichsten Verbrechen gegen die DDR und wird deshalb in besonders schweren Fällen auch mit lebenslanger Freiheitsstrafe oder Todesstrafe bedroht«[3]. Die einschlägigen Strafbestimmungen sind in den §§ 97, 98 des DDR-Strafgesetzbuches niedergelegt[4]. Nach einem quasi-amtlichen Lehrkommentar wird der Spionage gegen die DDR die Aufgabe zugeschrieben, »Vorbedingungen für die verschiedenen Formen weiterer feindlicher Tätigkeit wie Hochverrat, Sabotage und Diversion, Hetz- und Wühltätigkeit, Terror und staatsfeindlicher Menschenhandel zu schaffen«, gefürchtet wird folglich nicht nur der äußere, sondern auch der innere Feind. »Die Spionage dient der allseitigen und detaillierten Erkundung des politischen, ökonomischen und militärischen Potentials der DDR und der Erkundung der Zusammenarbeit mit ihren Verbündeten, der Auskundschaftung von Schwächen für Angriffsmöglichkeiten, die Voraussetzung für die Durchführung weiterer Staatsverbrechen sein könnten, der Aufspürung solcher Kräfte im Innern der DDR, die der Gegner für seine Feindtätigkeit ausnutzen und mißbrauchen kann, der Feststellung der Wirksamkeit feindlicher Maßnahmen und der Möglichkeit ihrer Forcierung«[5]. Wenn aber Spionage als eines der »gefährlichsten Verbrechen gegen die DDR« gilt, was bedeutet umgekehrt Spionage für die DDR?

Die Antwort darauf hat der Staatssicherheitsminister selber gegeben: »Die Arbeit sozialistischer Kundschafter hat nicht das geringste gemein mit den schändlichen Praktiken imperialistischer Agenten«[6], beteuerte Mielke zum 30jährigen Gründungstag des MfS. Fünf Jahre zuvor hatte er sogar mit einer noch kühneren These aufgewartet: »Die Arbeit sozialistischer Kundschafter entspricht zutiefst dem humanistischen Wesen sozialistischer Politik«[7]. So geriet Spionage für die DDR generell zum vaterländischen Verdienst – weshalb auch »sozialistische Kundschafter« in zahlreichen bekannten Fällen mit dem »Vaterländischen Verdienstorden« der DDR ausgezeichnet[8] wurden –, und das zumal unter der Ägide Erich Honeckers, der schon 1970 »jene aufrechten Menschen« öffentlich gelobt hat, »die an der geheimen Front im Lager des Gegners patriotische Taten vollbringen«[9]. Diese Tendenz blieb für die siebziger Jahre bestimmend. Mielke hat den Aktivitäten seines Geheimdienstes sogar wachsende Bedeutung zugesprochen: »Im Kampf gegen alle feindlichen Pläne, Absichten und Umtriebe des Imperialismus wächst die Bedeutung der Tätigkeit sozialistischer Kundschafter an der unsichtbaren Front«[10].

In den achtziger Jahren hat diese Linie ihre Fortführung gefunden – verbal durch die Führung der SED mit einer Offenheit bestätigt und bekräftigt, wie sie ehedem nicht üblich war[11]. In einer parteioffiziellen Glückwunschadresse zum 30. Jahrestag der MfS-Gründung zollte Honecker denn wieder einmal

MINISTERRAT
DER DEUTSCHEN DEMOKRATISCHEN REPUBLIK
MINISTERIUM FÜR STAATSSICHERHEIT
Der Minister

Berlin, den 17. 10. 1978

Diensteinheiten
Leiter

Beiliegend wird Ihnen mein Referat zur Eröffnung des Parteilehrjahres 1978/79 in der Kreisparteiorganisation des MfS zur differenzierten Auswertung in der politisch-ideologischen und parteierzieherischen Arbeit im Parteikollektiv und für die Ableitung
und Umsetzung der sich daraus ergebenden Schlußfolgerungen für
die politisch-operative bzw. fachliche Tätigkeit Ihrer Diensteinheit übersandt.

Die Auswertung des Referates ist gemeinsam mit dem Parteisekre-
tär Ihrer PO/GO vorzubereiten und durchzuführen.

Die Leiter der Diensteinheiten haben gewissenhaft dafür Sorge zu
tragen, daß die in meinem Referat enthaltenen Aussagen zu spezi-
schen politisch-operativen Problemen und Aufgaben nur jenen Angehörigen zur Kenntnis gegeben werden, die diese unmittelbar für
die Lösung der ihnen übertragenen Aufgaben benötigen.

In der gesamten Auswertung ist dem hohen Vertraulichkeitsgrad
meiner Ausführungen, insbesondere auch der Aussagen zu ökonomischen Problemen, strengstens Rechnung zu tragen.

Die Rücksendung des Referates hat bis zum 1. März 1979 an das
Büro der Leitung, Dokumentenverwaltung, zu erfolgen.

Anlage

Generaloberst

Faksimile eines Rundschreibens des Ministers für Staatssicherheit
an die Leiter von MfS-Diensteinheiten

Ministerrat
der Deutschen Demokratischen Republik
Ministerium für Staatssicherheit
Der Minister

VVS MfS 008 - 71/78
Ex.-Nr.:   081

R e f e r a t

des Genossen Minister auf der propagandistischen Großveranstaltung zur Eröffnung des Parteilehrjahres 1978/79
(16. 10. 1978)
==

(Manuskript)

Thema:

"Die Aufgaben zur Stärkung der Kampfkraft der Partei
als entscheidende Voraussetzung für die weitere erfolgreiche Verwirklichung der Beschlüsse des IX. Parteitages der SED"

Faksimile des Deckblattes
eines zur »VVS« (Vertrauliche Verschlußsache) erklärten Grundsatzreferates
des Ministers für Staatssicherheit

nicht nur den Angehörigen des MfS und des Wachregiments »Feliks Dzierzynski« Dank und Anerkennung, sondern abermals auch »den mutigen
Kundschaftern und Kämpfern an der unsichtbaren Front«[12]. Alljährlich wiederholt sich das Ritual, das in der Regel mit der Verleihung hoher staatlicher
Auszeichnungen an »verdiente Mitarbeiter« der Staatssicherheit verbunden
wird. Zuletzt verstieg sich der Generalsekretär der SED dahin, den »Kundschafter«-Einsatz sogar als »gefahrvolle, aber wichtige Parteiarbeit an vor-
derster Front des Klassenkampfes«[13] zu loben . . . Der Agent als Parteiarbei-
ter? Die Herrschenden im sozialistischen Staat der Arbeiter und Bauern –
und dies allein sollte belegt werden – machen aus der DDR-Spionage nicht
nur keinen Hehl, sie verklären und rechtfertigen sie ausdrücklich.
Hauptangriffsziel der von der Hauptverwaltung Aufklärung im MfS gesteuerten Spionage ist nach wie vor die Bundesrepublik einschließlich West-Berlins. Unter den gegebenen Voraussetzungen und politischen Bedingungen
im geteilten Deutschland kann es nicht anders sein. Im Unterschied zu ausländischen Geheimdiensten wird das MfS mit seinen in der Bundesrepublik
eingesetzten Residenten, Führungsoffizieren, Instrukteuren, Kurieren und
Agenten in ein und demselben Land tätig. Sie sprechen dieselbe Mutterspra-
che, brauchen keine Sprachbarriere zu durchbrechen, fallen also schon deshalb weniger auf. Sie bewegen sich daher sicher und ungezwungen. Auch haben sie zur Mentalität und zur Tradition der Menschen eine ungebrochene
Beziehung. Diese und andere Vorteile, namentlich auch die mühelose und
risikoarme Kommunikation, haben die ebenfalls in der Bundesrepublik ope-
rierenden Geheimdienste der übrigen Warschauer-Pakt-Staaten nicht. Ihr
Anteil macht zusammen nicht mehr als zwanzig bis dreißig Prozent aller er-
kannten Spionageaufträge im Durchschnitt der siebziger und achtziger Jahre
aus. Mit anderen Worten: 70 bis 80 Prozent aller östlichen Spionage entfallen
auf die Geheimdienste der DDR, hauptsächlich auf das Spionagenetz der
Hauptverwaltung Aufklärung des MfS[14]. Hingegen kommt dem militärischen Nachrichtendienst der DDR, der »Verwaltung Aufklärung« im Ministerium für Nationale Verteidigung, nur Bedeutung im Bereich der Militärspionage zu. Eine enge Kooperation kann unterstellt werden.
Ungeachtet zeitweiliger Schwerpunktverlagerungen zeichnen sich seit langem die politische Spionage, die Militärspionage sowie die Industrie- und
Wissenschaftsspionage unverändert als Hauptziele der nachrichtendienstlichen Aktivitäten des MfS ab. Die Prioritäten lassen sich sogar, in Umrissen
zumindest, aus einer Äußerung Honeckers ableiten, der 1976 auf dem 2.
Plenum des Zentralkomitees der SED die seiner Meinung nach unrealisti-
schen Berichte des »bundesrepublikanischen Geheimdienstes« über die
DDR verlachte mit der Feststellung: »Wir haben nicht die Absicht, Berichte
unseres Geheimdienstes über die Lage in der Bundesrepublik Deutschland,
in der Bonner Regierung, in der Führung der CDU/CSU oder des Bonner
Verteidigungsministeriums zu veröffentlichen. Es besteht aber kein Zweifel,
daß wir etwas besser informiert sind«[15]. Die Erfahrungen der siebziger und
achtziger Jahre bestätigen die Äußerungen des Generalsekretärs insoweit,
als sich die politische Spionage der DDR tatsächlich auf die Bundesregierung
und auf die politischen Parteien konzentriert hat – und ebenso auf die Opposition als Regierung im Wartestand.

In seiner Rede zur Eröffnung des Parteilehrjahres 1978/79 hat auch Mielke sein besonderes Interesse an der CDU/CSU unterstrichen: »Es ist natürlich klar, Genossen, daß wir bei der Fortführung unserer Politik gegenüber der BRD auch sehr aufmerksam die Entwicklung im Innern der BRD, besonders das weitere Vordringen der Rechtskräfte, verfolgen. Uns ist nicht entgangen, daß diese Kräfte – vor allem die CDU/CSU – ihre Anstrengungen wesentlich verstärkt haben, um die derzeitige Regierung in Bonn zu stürzen und selbst die Regierungsverantwortung zu übernehmen. Wir machen uns keine Illusionen über eine eventuelle CDU/CSU-Regierung, über ihre Ziele, über die Mittel und Methoden des Kampfes dieser Kreise gegen die DDR.« Und zur Verdeutlichung fügte der Staatssicherheitsminister hinzu: »Der politische Kurs einer solchen Regierung würde dem Entspannungsprozeß, der europäischen Sicherheit, der friedlichen Koexistenz – auch in den Beziehungen DDR-BRD – schaden«[16]. Die Gewinnung von Agenten und Agentinnen (Sekretärinnen!) nicht nur in Bonner Ministerien, sondern auch in den Zentralen der politischen Parteien, auch übrigens in den Gewerkschaften, demonstriert, wie zielstrebig und planmäßig die Hauptverwaltung Aufklärung des MfS dabei in den siebziger Jahren vorgegangen ist und wohl auch in den achtziger Jahren vorgeht.

Von selbst versteht sich, daß dabei das Bonner Verteidigungsministerium stets besonders im Blickfeld gewesen ist, wie Honecker ja auch bestätigt hat. Über die Aufgabenstellung der Militärspionage hat sich Mielke in der zitierten Rede ebenfalls geäußert: »Es gilt, frühzeitig alle militärischen Pläne des Gegners, seine Absichten und Maßnahmen auf dem Gebiete der Militärpolitik, der Streitkräfte- und Rüstungsentwicklung aufzuklären, die konkrete Kriegsplanung sowie alle Maßnahmen zur Erzielung strategischer u. a. Überraschungen und sich abzeichnende Tendenzen wissenschaftlich-technischer Durchbrüche und wesentliche Neuentwicklungen zu erkunden und zu analysieren. Das gilt für das gesamte militärische und militärisch nutzbare Potential des Gegners, für die friedenszeitlichen Aktivitäten des Gegners (Übungen, Manöver, Verstärkung, Verlegungen, militärische Aufklärung, besonders funkelektronischer Kampf)«[17].

Ein Spezifikum der DDR-Spionage stellt die sogenannte Grenzaufklärung dar, die nicht bei der Hauptverwaltung Aufklärung ressortiert, sondern bei der Hauptabteilung I des MfS, die für die Abschirmung und Sicherung der Nationalen Volksarmee und der Grenztruppen zuständig ist. Dokumentiert wird dies zum Beispiel durch den am 14. Juli 1972 erlassenen Minister-Befehl Nr. 31/72 »Über die Grenzaufklärung der Hauptabteilung I des Ministeriums für Staatssicherheit«[18]. Generell haben die MfS-Diensteinheiten der Grenzaufklärung die Aufgabe, die Truppen, Stäbe und Objekte der Bundeswehr und anderer NATO-Armeen »feindwärts der Staatsgrenze der DDR« bis zu fünfzig Kilometer Tiefe »aufzuklären«, desgleichen den Bundesgrenzschutz, die Bayrische Grenzpolizei und den Zollgrenzdienst. Entsprechendes gilt für die in der Grenzüberwachung eingesetzten deutschen und alliierten Kräfte in West-Berlin.

Die gegen Unternehmen und Forschungseinrichtungen gerichtete Wirtschafts-, Industrie- und Wissenschaftsspionage erstreckt sich »praktisch auf alle Unternehmensbereiche«, wird in einem Verfassungsschutzbericht festgestellt: »Es geht nicht nur um technische Kenntnisse über bestimmte Produkte, sondern auch um betriebs- oder brancheninterne Markt- und Wettbewerbsdaten (z. B. Firmenangebote, Lizenzverträge, Investitionsplanungen, Marktuntersuchungen). Darüber hinaus sind Aufklärungsziele die Grundlagenforschung in allen naturwissenschaftlichen Disziplinen, die in ihrer Anwendung das bestehende militärische und industrielle Kräfteverhältnis verändern können, weltmarktbestimmend leistungsfähige Technologien auf dem Gebiet der Mikroelektronik, Datenverarbeitung, Chemie, Mikrobiologie, Energetik, Werkstoffherstellung und der Kerntechnik«[19]. Zudem ist in diesem Zusammenhang an Mielkes Ausführungen zur Spionage in der Rüstungsindustrie zu erinnern.

Einen erheblichen Anteil an den MfS-Operationen im Bundesgebiet und in West-Berlin machen im übrigen Unternehmungen vorbereitender, unterstützender und logistischer Art aus – nach Schätzungen von Experten zwischen 20 und 25 Prozent[20]. Die Vielfalt reicht von der »Abklärung« von Personen und Objekten über die Beschaffung von Orientierungsmitteln (Landkarten, Stadtpläne, Adreß- und Telefonbücher u. ä.) bis zur Organisation des Führungs- und Verbindungswesens einschließlich konspirativer Schleusungen an der Demarkationslinie und »legaler Übersiedlungen«.

Maximen und Methoden der Werbung

Über die Gewinnung »sozialistischer Kundschafter« lassen sich exakte Zahlen nicht angeben. Schätzungen von 2000 bis 2500 im Bundesgebiet und in West-Berlin tätigen DDR-Agenten scheinen realistisch, aber sie sind nicht beweisbar[21]. Als gesichert gilt gleichwohl die Erkenntnis, daß sich im Vergleich zu den fünfziger und frühen sechziger Jahren die Quantität der DDR-Agenten in den späten sechziger und siebziger Jahren nicht unerheblich verringert, ihre Qualität aber beträchtlich verbessert hat. Dem entsprach auch der Trend der achtziger Jahre. Die technische Ausrüstung und sachgerechte Schulung der Agenten im Dienst des MfS beurteilen Experten gleichfalls als gut.

Generell sucht die Hauptverwaltung Aufklärung ihre Kandidaten überwiegend im Gebiet der DDR oder in anderen sozialistischen Staaten anzusprechen und zu werben, weniger in der Bundesrepublik und in West-Berlin selbst, obwohl sich hier die Bemühungen verstärkt haben. Bevorzugt werden zu ersten Kontakten Dienst- und Privatreisen in die DDR, mit Vorliebe Reisen zur Leipziger Messe, ebenso Verwandtenbesuche und Touristenausflüge nach Ost-Berlin. Zum anderen werden »Offiziere im besonderen Einsatz«, die auf Werbung spezialisiert sind, auch in den Feriengebieten an der Schwarzmeerküste Bulgariens tätig, wo sie, als Urlauber getarnt, bundesdeutsche Urlauber ansprechen können, unverfänglich und risikolos. Grundsätzlich wird die nachrichtendienstliche »Ansprache« nicht dem Zufall überlassen. Ähnlich der Werbung Inoffizieller Mitarbeiter DDR-intern wird auch die Werbung von Agenten für den Einsatz außerhalb der DDR nach Möglichkeit sorgfältig vorbereitet. Dank vorheriger Abklärung besitzt die Staatssicherheit über die angesprochene Zielperson häufig gute Kenntnisse von ihren beruflichen und persönlichen Verhältnissen. Seitdem in Auswirkung des deutsch-deutschen Verkehrsvertrages sowie des Grundlagenvertrages die Zahl der Bundesbürger und West-Berliner, die nach Ost-Berlin oder in die DDR reisen, auf mehrere Millionen jährlich gestiegen ist, seitdem umgekehrt nicht nur DDR-Rentner, sondern auch DDR-Bürger unterhalb des Rentneralters in Millionenzahl alljährlich in die Bundesrepublik einschließlich West-Berlins reisen können, seitdem auch die Zahl der legalen Übersiedler deutlich gestiegen ist, hat das MfS auch die planmäßige Nutzung dieser Öffnung zur Agentenwerbung verstärkt.

Die dabei angewandten Methoden sind im Zweifelsfalle zwar nicht zimperlich, auch Erpressung, Nötigung und Korruption sind gang und gäbe, aber generell ist folgender Erfahrungssatz unumstößlich: »Forschungs-, Anbahnungs- und Werbungsmethoden sind der Absicht angepaßt, qualifizierte Agenten zu gewinnen und einzusetzen«[22]. Nicht selten ist die Agentenwerbung banal, häufig abstoßend. Die Gewährung einer Ein- oder Ausreisegenehmigung, die Zusicherung finanzieller Zuwendungen – die Werbung »auf materieller Basis« also –, eine Köderung durch Straffreiheit für vermeintliche oder tatsächliche, gelegentlich auch provozierte Gesetzesverletzungen in der DDR – das alles ist ebenso Usance im »zweitältesten Gewerbe« wie die Werbung »unter falscher Flagge«.

Ein Kapitel für sich ist die zielgerichtete Ansprache alleinstehender Sekretärinnen im Raum Bonn. Das Mittel heißt Anknüpfung menschlicher Bindungen für geheimdienstliche Zwecke. Nach einem Erfolg als leidenschaftlicher Liebhaber oder verständnisvoller Lebenskamerad geben sich die »Romeos der HV A« als »Offiziere im besonderen Einsatz« zu erkennen und nötigen die zumeist schon nachrichtendienstlich verstrickten oder gefühlsmäßig gebundenen Frauen, häufig Sekretärinnen im »späteren Alter«, zur Spionage. Gelegentlich sind aus solchen Verbindungen freilich auch echte Bindungen entstanden, die durch Eheschließungen bekräftigt wurden.

Werbung »unter falscher Flagge« heißt Werbung unter einer Legende, unter bewußter Täuschung der Zielperson. Gleichviel, ob die Kontaktaufnahme durch persönliche Gespräche in der DDR oder durch Brief- oder Telefonverbindung in der Bundesrepublik angebahnt wird – das MfS hält sich bei dieser Methode vorerst bedeckt. In Zeitungsinseraten offeriert die HV A im Westen »freiberufliche Mitarbeit« bei gutem Verdienst – etwa unter der Legende eines Pressebüros, eines Instituts für Meinungsforschung; oder es werden Stellungsuchende, die in bundesdeutschen Zeitungen inserieren, mit scheinbar lukrativen Angeboten geködert. »Angeschrieben werden vor allem Journalisten sowie Studenten und kaufmännische Angestellte. Ihnen wurde als Nebenbeschäftigung die Berichterstattung über bestimmte Fachgebiete – meist Wirtschaft und Technik – oder allgemein eine freie Mitarbeit angeboten. Studenten erhielten die Aufforderung zu fachbezogenem Informationsaustausch«[23]. Die Methode wurde in den frühen achtziger Jahren dermaßen ausgebaut, daß sich die Berufsvereinigungen bundesdeutscher Journalisten zu ausdrücklichen Warnungen genötigt sahen. Ausgebaut wurde auch die gezielte Agentenwerbung unter Ausnutzung der Arbeitslosigkeit. »Die Spitzel-Sucher werten systematisch die Stellengesuche in Zeitungen und Fachzeitschriften aus und bieten den Bewerbern über Scheinfirmen brieflich oder telefonisch gutdotierte Mitarbeit an. Die Offerten, etwa ›ein Beratervertrag mit hervorragenden Verdienstmöglichkeiten‹, sind in der Regel mit einer Einladung zu einem Vorstellungsgespräch in Ostberlin verbunden«[24]. Auch Jugendliche, die durch Zeitungsinserate eine Lehrstelle suchen, sind auf diese Weise bereits angesprochen worden mit dem Vorschlag einer »längerfristigen freien Mitarbeit«.

Darüber hinaus ist die HV A in den siebziger Jahren dazu übergegangen, die bedingte Öffnung der DDR für politische oder wissenschaftliche »Westreisekader« für sich nachrichtendienstlich zu nutzen. »Um die Kontakte zu Zielpersonen herzustellen oder zu festigen, reisen IM-Reisekader – Wissenschaftler, Diplom-Ingenieure, Lehrer, Journalisten oder Techniker – mit DDR-Reisepaß unter Klarnamen in das Operationsgebiet. Oft dient eine ›Reisedirektive‹ einer DDR-Institution, die offiziell wirtschaftliche und wissenschaftliche Gespräche zum Gegenstand hat, der Legendierung und Abdeckung der ihnen gleichzeitig erteilten nachrichtendienstlichen Aufträge«[25]. Dies wollen jedenfalls bundesdeutsche Abwehrbehörden festgestellt haben. Zwar liegt die Mutmaßung nahe, daß gewisse Kontakte zu westlichen Gesprächspartnern mit der Aussicht auf »operative Nutzung« – sei es zur nachrichtendienstlichen Abschöpfung, sei es zur nachrichtendienstlichen Anwerbung – mißbraucht werden, aber ein solches Risiko sollte westöstliche Gesprächskontakte nicht von vornherein suspekt machen.

Verpönt ist augenscheinlich die Agentenwerbung unter Mitgliedern der Deutschen Kommunistischen Partei. Im Prinzip soll die illegale Tätigkeit der DDR-Geheimdienste mit dem legalen Kampf der DKP nicht verquickt werden, um die laut Statut »revolutionäre Partei der Arbeiterklasse in der Bundesrepublik Deutschland« nicht mit dem Stigma der Spionage zu brandmarken und politisch zu kompromittieren. Dieser Verzicht ist auch in den achtziger Jahren ungeschriebenes Gesetz der Staatssicherheit – was ein eventuelles Zusammenspiel der DKP mit den DDR-Geheimdiensten weder in einer politischen Krisensituation noch im aktuellen Einzelfall ausschließt. Schon in der Weimarer Republik hat es ein solches Zusammenwirken gegeben – damals zwischen Kadern der KPD und den geheimen Nachrichtendiensten der Sowjetunion. Wilhelm Zaisser, später erster Minister für Staatssicherheit in Ost-Berlin, war einer jener Genossen, die damals für den Geheimdienst der Roten Armee geworben wurden. Ein anderes Beispiel verkörpert die heute in Ost-Berlin lebende Schriftstellerin Ruth Werner, eine Schwester des Wirtschaftshistorikers Jürgen Kuczynski, Genossin der KPD seit 1926, die in ihrem Erinnerungsbuch »Sonjas Rapport«[26] ihren Weg als Agentin des sowjetischen militärischen Nachrichtendienstes in China, Polen, der Schweiz und in England erstaunlich ausführlich und daher lehrreich schildert. Im Rang eines Majors wurde sie nach dem Krieg entlassen.

Zweifellos ist in diesen Fällen die ideologische Bindung an den Kommunismus das Motiv für die Bereitschaft zur Spionage gewesen – wie die während des Zweiten Weltkrieges von deutschen Kommunisten geübte Zusammenarbeit mit dem sowjetischen Geheimdienst auf politisch-ideologische Bindungen und revolutionäre Einstellungen zurückzuführen war. Das Beispiel der Spionageorganisation, der die Gestapo die Tarnbezeichnung »Rote Kapelle«[27] gab, ist dafür charakteristisch.

Selbstverständlich werden auch heute noch Agenten und Spione in der DDR »auf ideologischer Basis« geworben – heute sogar in stärkerem Maße als in früheren Jahren. Bei ihnen handelt es sich um Kader für einen Einsatz als Kuriere und Instrukteure oder auch als sogenannte Residenten im Bundesgebiet – wobei sich Residenten als Beauftragte des MfS verstehen, die ihnen unterstellte Spione, »Inoffizielle Mitarbeiter«, eigenverantwortlich politisch und operativ anzuleiten haben. Eben dies setzt ihre sorgfältige Auswahl und gründliche Schulung voraus. Dazu ein Experte: »Residenten bilden den Führungskern des IM-Netzes im Operationsgebiet. Deshalb dürfen nur zuverlässige, nachweisbar überprüfte und erprobte IM zum Einsatz kommen. Die hohen Anforderungen erfordern den Einsatz von im politischen Kampf bewährten Kadern aus der DDR«[28]. Zumeist rekrutieren sie sich aus Mitgliedern der SED. Die bundesdeutschen Abwehrbehörden bestätigen derlei Einschätzungen, wenn sie den DDR-Nachrichtendiensten nicht nur »eine zunehmende Qualifizierung der als Instrukteure eingesetzten Agenten«[29] nachsagen, sondern ihnen generell bescheinigen, »noch qualifizierteres Personal als bisher eingesetzt und die technische Ausrüstung verbessert«[30] zu haben.

Kommunikation und Logistik

Der Werbung folgt die Schulung des Agenten und, falls er nicht im »Operationsgebiet« ansässig ist, seine »Übersiedlung«[31]. Danach kann beginnen, was im Jargon die »operative Arbeit« heißt. Die verschiedenen, vom MfS angewandten Varianten der Einschleusung lassen sich wie folgt schematisieren:
– Einschleusung eines als Flüchtling getarnten Agenten unter dessen wahrer Identität. Guillaume zum Beispiel war 1956 mit seiner gleichfalls als Agentin geworbenen Ehefrau Christel unter seinem wahren Namen in die Bundesrepublik übergesiedelt; ebenso der später in der Atomspionage eingesetzte Physiker Harald Gottfried, der bei seiner Einschleusung sogar als »politischer Flüchtling« anerkannt wurde.
– Einschleusung eines als Flüchtling getarnten Agenten unter einer Legende, das heißt mit gefälschten Papieren und falscher Identität. Zum Beispiel wurde der »Kundschafter« Horst Hesse 1953 unter den Decknamen Rolf Berger als Flüchtling in die Bundesrepublik eingeschleust, wo es ihm gelang, in Würzburg bei einer Dienststelle des Military Intelligence Department eingestellt zu werden. 1956 meldete er sich bei seinen Auftraggebern zurück – unter Mitnahme zahlreicher Dokumente und Preisgabe von Kontakten in der DDR. In späteren Jahren ist diese Taktik der Einschleusung wegen des damit verbundenen Enttarnungsrisikos seltener angewandt worden.
– »Legale Übersiedlung« eines geworbenen Agenten, der als Übersiedler oder ehemaliger politischer Häftling unter der eigenen Identität in die Bundesrepublik oder ein Drittland einreist, zum Beispiel in die Schweiz. Der Fall Hans von Oettingen, der noch ausführlich zu behandeln ist, illustriert diese Taktik.

– »Legale Übersiedlung« eines Agenten über Drittländer unter der Identität einer anderen, zum Beispiel in der DDR oder in einem Drittland lebenden Person, um mit dieser »abgestützten Legendierung« die Enttarnung zu erschweren. So wurde der als Illegaler Resident in der Bundesrepublik eingesetzte MfS-Offizier Siegfried Gäbler unter dem Decknamen Jürgen Höfs über Frankreich in die Bundesrepublik eingeschleust – und mißbraucht wurden dazu die biographischen Daten eines in der DDR ansässigen Bürgers.

– Übersiedlung mittels einer sogenannten Doppelgänger-Identität: Ein Agent aus der DDR schlüpft gleichsam in die Identität eines in die DDR übergesiedelten ehemaligen Bundesbürgers. Nach mehrmaligem Wohnungswechsel unter »ordnungsmäßiger« Ab- und Anmeldung mit dessen Papieren kommt der Agent in den Besitz »echter« Falschpapiere, ohne daß sein in der DDR lebender »Doppelgänger« etwas davon ahnt.

Für im »Operationsgebiet« ansässige Inoffizielle Mitarbeiter des MfS erübrigen sich natürlich Schleusungen. Allerdings gelangen sie auch nicht in Führungsfunktionen. Qualifizierte Agenten, die als Kuriere und Instrukteure, vor allem aber als Illegale Residenten Verwendung finden, sind grundsätzlich unter DDR-Bürgern ausgesuchte und verpflichtete Kader. Sie werden wie gesagt sorgsam selektiert, um die Kommunikation zwischen dem Führungsoffizier und dem Spionagenetz personell zuverlässig abzustützen. »Der Resident hat jederzeit die Funktionsfähigkeit der Residentur und den ständigen Informationsfluß zu sichern sowie das Verbindungswesen innerhalb der Residentur und zum Ministeriums für Staatssicherheit zu garantieren«[32]. Unter dieser Voraussetzung leuchtet es auch ein, daß für einen Einsatz als Residenten vorgesehene Kader für ihre Aufgaben umfassend geschult werden. Dagegen beschränkt sich die Schulung »normaler« Agenten und Spione zumindest vorläufig auf die Unterweisung in Übermittlungstechniken, die meist vom Führungsoffizier in einer konspirativen Wohnung erteilt wird. Ein paar Unterrichtsstunden genügen, um den Agenten in die Organisation des Verbindungswesens einzuführen, ihn das Anlegen Toter Briefkästen oder den Gebrauch von Geheimschreibmitteln zu lehren, desgleichen die Anfertigung sogenannter Mikrate, extrem verkleinerter Fotos also, auf denen Informationen übermittelt werden. Dazu kommen hernach die Ausbildung im ein- und zweiseitigen Funkverkehr sowie die Unterweisung in verschiedenen Codier- und Chiffrierverfahren – womit zugleich die wichtigsten, auch in den achtziger Jahren üblichen Übermittlungstechniken umschrieben sind. Ein 1961 in den Westen übergetretener Oberleutnant aus der Hauptverwaltung Aufklärung nannte folgende Übermittlungswege, die die für ihn tätigen Spione benutzt haben:

– erstens durch Geheimschrift in Briefen, die an Deckadressen in Ost-Berlin gesandt wurden;

– zweitens durch Funk – wobei im Regelfall nur Weisungen der Zentrale an die Agenten übermittelt wurden, nicht umgekehrt. Die Weisungen wurden zu fünfstelligen Zahlenreihen verschlüsselt, die der Agent im Kurzwellenbereich mit einem handelsüblichen Transistorradio empfangen konnte;

– drittens durch Mikratfotografie, mit deren Hilfe umgekehrt nur Informationen an den Führungsoffizier weitergeleitet wurden;

– viertens durch Kuriere, die Informationen und sonstiges Material aus Toten Briefkästen abholten;
– fünftens durch Übergabe bei Treffs in Ost-Berlin[33].

Ein anderer Überläufer, bis 1963 Leutnant im MfS, gab folgende Aussage zu
Protokoll: »Inoffizielle Mitarbeiter des MfS, die in Mitteldeutschland ansässig sind, werden unter einer Legende in die Bundesrepublik entsandt, um den
Agenten Anweisungen des MfS zu überbringen und sie politisch und nachrichtendienstlich weiter zu schulen. Daneben übernehmen Kuriere die Über-
bringung von Geld und Informationen an Agenten. Sie werden dem Agenten
nicht persönlich ausgehändigt, sondern meist in Toten Briefkästen hinterlegt. Gleichzeitig übernehmen die Kuriere den Transport des von den Agenten zusammengestellten Materials, Filme oder Berichte, die sie ebenfalls Toten Briefkästen entnehmen. Zum Transport des Materials sind die Kuriere
mit den verschiedensten Verstecken ausgerüstet«[34], eben mit sogenannten
Containern, mit präparierten Behältnissen aller Art, die einen möglichst risi-
kolosen Transport von Spionagematerialien gewährleisten sollen. Ihre unge-
ahnte Vielfalt reicht von ausgebohrten Münzen und Schlüsseln als Verstecke
für Mikrofotos bis zu Handtaschen mit Geheimfach und Koffern mit doppel-
tem Boden.

Die hier wiedergegebenen Aussagen zweier ehemaliger MfS-Offiziere stammen aus den frühen sechziger Jahren, aber große Wandlungen sind seither
kaum eingetreten, wie etwa dem Verfassungsschutzbericht 1975 zu entnehmen ist. »Bevorzugter Treffort war weiterhin Berlin (Ost), auch wenn die
Führungsstelle ihren Sitz in einem anderen Ort der DDR hat. Grund dafür ist
die einfache und für den Agenten fast risikolose Übergangsmöglichkeit mit
Tagesaufenthaltsgenehmigung. Dazu kommt die Möglichkeit, mitgebrachtes
nachrichtendienstliches Material in einem Schließfach oder bei der Gepäck-
aufbewahrung am Bahnhof Friedrichstraße anzulegen, wo es der Führungsoffizier abholt oder abholen läßt. Neben Berlin (Ost) war auch weiterhin
Leipzig während der Frühjahrs- und Herbstmessen bevorzugter Treffort.
Auch hier ist die einfache und unverdächtige Einreisemöglichkeit (Messe-
ausweis, plausibler Reisegrund) die Ursache. Konnte der Agent aus irgend-
welchen Gründen nicht in die DDR reisen (Geheimnisträger etc.) oder würden ihn solche Reisen verdächtig gemacht haben, fanden Treffs auch im neu-
tralen westlichen Ausland (z. B. Finnland, Österreich, Schweiz) statt. Neben
dem persönlichen Treff spielten nach wie vor die Verbindung über Deckadressen in der DDR, über Funk und Tote Briefkästen (vor allem Verstecke
in den Interzonenzügen) sowie der Einsatz von Kurieren und Instrukteuren
eine wesentliche Rolle. In Einzelfällen wurde die Verbindung auch über Füh-
rungspersonen im Bundesgebiet (›Illegale Residenturen‹) aufrechterhalten«[35]. Zu aktualisieren ist diese Darstellung lediglich dahin, daß mit der
Normalisierung und dem Ausbau des grenzüberschreitenden Fernsprechverkehrs zwischen den beiden Staaten in Deutschland zunehmend auch Telefon-
verbindungen zur verschlüsselten Übermittlung von Spionageinformationen
genutzt werden.

Welche Risiken die Übermittlung von Weisungen durch Funk beinhalten
kann, bekamen MfS-Agenten der frühen siebziger Jahre zu spüren, als die
bundesdeutsche Abwehr den Zahlencode der Hauptverwaltung Aufklärung

152

dechiffriert hatte – wobei ihr die Arbeit dadurch erleichtert wurde, daß das MfS »einige Jahre lang den schweren Fehler« beging, »seinen Agenten durch verschlüsselte Funksprüche zum Geburtstag zu gratulieren. Guillaume hat solche Sprüche auch für seine Frau und zur Geburt seines Sohnes empfangen. Der DDR-Geheimdienst rechnete offensichtlich nicht damit, daß seine Sprüche entschlüsselt werden konnten. Auf jeden Fall ermöglichte er dadurch, daß einige seiner Agenten identifiziert werden konnten«[36] – identifiziert und ausgeschaltet: nicht weniger als 87 an der Zahl, wie der frühere Verfassungsschutzchef Günter Nollau mitgeteilt hat. Abgesehen davon, daß derlei Geburtstagsgratulationen »auf eine betuliche, kleinbürgerliche Mentalität ihrer Absender schließen« ließen, deuteten sie auch »auf Mängel in der fachlichen Kontrolle der Funksendungen. Gegen das Gebot, das empfindliche Mittel des Funks nur zu Mitteilungen zu benutzen, die sich auf die Sache, d. h. auf die nachrichtendienstliche Tätigkeit, bezogen, hat das MfS schwer verstoßen«[37]. Es half dadurch, wie sich noch zeigen wird, dem Verfassungsschutz auf die Spur Guillaumes.

Auf Illegale Residenten stützt sich die Hauptverwaltung Aufklärung in besonders wichtigen Fällen. Sie leben unter einer Legende im Operationsgebiet, häufig zu zweit, als Ehepaar oder als solches getarnt, um den unmittelbaren Kontakt zu einem oder mehreren Spionen »vor Ort« aufrechtzuerhalten, finanzielle Belange zu regeln, Spionagematerial entgegenzunehmen und dessen Weitertransport nach Ost-Berlin zu besorgen. Den Spionen bleibt so der persönliche Treff in Ost-Berlin oder in Leipzig erspart. Von Illegalen Residenten wird im Jargon des MfS gesprochen, weil sie konspirativ abgeschirmt im Bundesgebiet leben – »unter Legende« –, im Gegensatz zu den Legalen Residenten, mit denen Geheimdienstmitarbeiter gemeint sind, die in Botschaften, Konsulaten, Handelsvertretungen oder Reisebüros als deren Mitarbeiter getarnt und insoweit »legal« tätig sind, die in Wirklichkeit aber ihrem geheimdienstlichen Gewerbe nachgehen. Experten schätzen zehn bis dreißig vom Hundert der Mitarbeiter östlicher Vertretungen als Legale Residenten ein. Wenn der Schein nicht trügt, verzichtet die DDR, die seit 1974 eine Ständige Vertretung in Bonn unterhält, in der Bundesrepublik allerdings auf den Einsatz Legaler Residenten, um die Beziehungen zwischen beiden deutschen Staaten durch sie nicht unnötig zu belasten.

Da es sich bei den »Kundschaftern« der achtziger Jahre zumeist um qualifizierte Agenten handelt, sieht das MfS auch besondere Sicherheitsvorkehrungen für den Fall ihrer Enttarnung vor – vor allem ein Warnsystem, das gefährdeten Agenten rechtzeitig zur Flucht in die DDR verhelfen soll. Als Detail solcher Sicherheitsvorkehrungen mag folgende Überläuferaussage interessieren: »Für den Fall einer Gefahr ist vom MfS vorgesehen, daß für den Agenten ein zweiter Satz gefälschter Ausweispapiere an einem geheimen Versteck in der Bundesrepublik abgelegt wird. Der Agent hat also in dringenden Fällen die Möglichkeit, innerhalb weniger Stunden seinen Namen zu wechseln und sich dadurch der ihm drohenden Gefahr zu entziehen«[38]. Tatsächlich ist die Zahl der Residenten und Agenten, die nach ihrer Enttarnung in die DDR entkommen konnten, nicht klein.

Mit der Unterzeichnung einer Begnadigungsurkunde am 28. September 1981 verhalf Bundespräsident Karl Carstens nicht nur dem Strafgefangenen Günter Guillaume zu seiner Entlassung aus der Justizvollzugsanstalt Rheinbach bei Bonn – er zog gleichzeitig einen formalen Schlußstrich unter die politisch spektakulärste Spionageaffäre, die die Bundeshauptstadt bis dahin erlebt hatte. Auch diesmal spielte hohe Politik in das Agentenschicksal hinein: Guillaumes Begnadigung, Bestandteil eines größeren westöstlichen Häftlingsaustausches, war politisch erst im Vorfeld des deutsch-deutschen Gipfeltreffens Schmidt/Honecker in der Schorfheide möglich geworden.

Der Fall Guillaume kann geradezu als Lehrfall für die langfristige und planmäßige Zielstrebigkeit in der DDR-Spionage ausgewiesen werden – wobei gewiß zu berücksichtigen ist, daß Guillaumes Erfolg als Spion im Bundeskanzleramt auch kaum glaublicher Fahrlässigkeit und parteipolitischer Kumpanei bei der Sicherheitsüberprüfung zuzuschreiben war. Die Fakten[39] sprechen für sich:

Günter Guillaume, 1927 als Sohn eines Musikers in Berlin geboren, Volksschüler, gelernter Fotograf, Mitglied der NSDAP seit 1944, Mitglied der SED seit 1952, verheiratet mit Frau Christel, geborene Boom, war bereits 1953 zur Mitarbeit beim MfS verpflichtet worden. Nach einer individuellen nachrichtendienstlichen Ausbildung und ersten Erkundungsaufträgen im Westen wurde er 1956 mit seiner Frau, die ebenfalls zur Spionage geworben worden war, über das Flüchtlingslager Gießen in das Bundesgebiet eingeschleust. In Frankfurt am Main nahm das Agenten-Ehepaar seinen Wohnsitz und schlug sich vorläufig eher schlecht als recht durchs Leben. Ein Wandel trat ein, nachdem Günter und Christel Guillaume im Herbst 1957 der SPD beigetreten waren. Zwei Jahre später erhielt die Ehefrau eine Anstellung als Sekretärin im Büro der SPD-Bezirksorganisation Hessen-Süd – eine Tätigkeit, die ihr den Kontakt zu dem damaligen Bundestagsabgeordneten Willi Birkelbach erschloß. Als dieser 1964 zum Chef der Hessischen Staatskanzlei berufen wurde, stellte er Christel Guillaume als zweite Schreibkraft in seinem Vorzimmer ein. Die Agentin hatte folglich bereits in eine informativ ergiebige Position eindringen können.

Derweil war Günter Guillaume für die SPD unermüdlich aktiv – wie es schien: 1964 Geschäftsführer im Parteiunterbezirk Frankfurt, vier Jahre später Geschäftsführer in der sozialdemokratischen Fraktion der Frankfurter Stadtverordnetenversammlung, rückte er schließlich selber als Abgeordneter in das Stadtparlament der Mainmetropole ein. Sein Ziel indes hieß Bonn. Er hatte es erreicht, als er mit Wirkung vom 1. Januar 1970 im Bundeskanzleramt als Hilfsreferent in der Abteilung Wirtschafts-, Finanz- und Sozialpolitik eingestellt wurde – übrigens gegen den Einspruch des Personalrats, den Horst Ehmke als damaligen Chef des Bundeskanzleramtes mit der Berufung auf »neu formulierte Grundsätze über eine Öffnung des öffentlichen Dienstes und über eine Verbesserung der personellen Mobilität« entrüstet vom Tisch wischte. »Den vom Personalrat geäußerten Verdacht, daß ein nicht geeigneter Bewerber nur mit Rücksicht auf seine politische Betätigung und Einstellung bevorzugt werden soll, muß ich entschieden zurückweisen«[40].

Und da er sich »bewährte«, dieser Guillaume, wurde sein Tätigkeitsfeld schon nach einem halben Jahr erweitert, er wurde Referent in der Verbindungsstelle des Bundeskanzleramts zu Parlament, Parteien, Kirchen und Verbänden. Sein Bruttogehalt betrug zuletzt DM 4469, während gleichzeitig sein Gehalt als »Offizier im besonderen Einsatz« auf ein Konto in der DDR auflief. Sonderaufgaben führten früh zu persönlichen Kontakten zu dem damaligen Bundeskanzler Willy Brandt. Mit der Übersiedlung nach Bonn, wo Christel Guillaume als Sachbearbeiterin beim Bundesbevollmächtigten des Landes Hessen eine Tätigkeit fand, hatte sich das Agenten-Ehepaar wirksam im Zentrum der Macht eingenistet: 15 Jahre nach seiner Einschleusung.

Während Günter Guillaume seine Position zielbewußt ausbaute nach dem Motto, »sich unter Feinden Freunde zu machen«, nahm seine Frau die Treffs mit Instrukteuren und Kurieren der HV A wahr. Die konspirative Arbeit ging unter denkbar günstigen Voraussetzungen vonstatten, nachdem Guillaume mit seiner Bestellung zum Parteireferenten des Bundeskanzlers im Oktober 1972 in den Kreis der für den Regierungschef unmittelbar tätigen Mitarbeiter einbezogen worden war, ohne noch einmal einer Sicherheitsprüfung unterzogen zu werden. Fortan begleitete er den Kanzler häufig bei dessen Gesprächen im Erich-Ollenhauer-Haus in Bonn, dem Sitz des Parteivorstandes, sowie auf Wahl- und Informationsreisen.

Unwillkürlich fragt man sich, was eigentlich neben mangelnder Wachsamkeit und politischer Protektion Guillaumes Erfolg noch begünstigt haben mag. Theodor Eschenburg charakterisierte Guillaume »als clever und fix, organisationsbefähigt und findig, ständig in Bereitschaft, keine Arbeit scheuend. Dabei war er umgänglich gegenüber Kollegen und Nachgeordneten. Daß er neugierig war, daß ihn alles interessierte, was um ihn herum an Diskretem geschah, fiel nicht allzusehr auf; so waren auch andere öffentliche Bedienstete. Er blieb eine subalterne Erscheinung, wurde aber im Alltag des Kanzleramtes als gehobenes Faktotum zu einer schwer entbehrlichen Figur«[41]. Erst im Mai 1973 gelang den bundesdeutschen Abwehrbehörden die Enttarnung Guillaumes, wobei sich als hilfreich erwies, daß seit Jahr und Tag entschlüsselte Funksprüche der Zentrale nunmehr an seiner Person festgemacht werden konnten. »Das Ministerium für Staatssicherheit der DDR – von dem die Funksprüche stammten – hatte im Jahre 1956 ein Agentenehepaar in die Bundesrepublik gesandt, damit es Nachrichten aus der SPD gewinnen sollte. Selbstverständlich enthielten auch die entschlüsselten Funksprüche nicht die Namen der Agenten. Er wurde als ›Georg‹ bezeichnet, sie als ›C.‹ oder ›Chr.‹. Damit konnten die Vornamen der Agenten bezeichnet oder abgekürzt sein, sicher war das jedoch nicht. Auch Familiennamen oder Decknamen konnten gemeint sein. Aber die Sprüche gaben noch konkretere Hinweise auf die Identität der Agenten. Anfang Februar 1956 hatte ein Funkspruch Glückwünsche zum Geburtstag von ›Georg‹ enthalten. Anfang Oktober 1956 war ein solcher Glückwunsch an ›Chr.‹ empfangen worden. Mitte April 1957 war ein an ›Georg‹ gerichteter Funkspruch mit Glückwünschen ›zum 2. Mann‹ aus der Funkzentrale des Ministeriums für Staatssicherheit abgegangen . . . Erst im Frühjahr 1973 waren die Personaldaten Günter Guillaumes, dessen Name inzwischen am Rande anderer Spionagefälle aufgetaucht war, mit den Hinweisen verglichen worden, die aus jenen erwähnten Funksprüchen entnommen worden waren. Dabei hatte sich ergeben: Der vom Anfang Februar stammende Geburtstagsglückwunsch an ›Georg‹ paßte zu Günter Guillaume, der am 1. Februar Geburtstag hatte. Der am 5. Oktober abgesandte Glückwunsch für ›Chr.‹ verwies gleich in zweifacher Hinsicht auf Guillaumes Ehefrau. Sie hieß mit Vornamen Christel, und sie hatte am 6. Oktober Geburtstag. Auch der Mitte April 1957 empfangene Glückwunsch ›zum 2. Mann‹ paßte zu den Guillaumes. Ihr Sohn Pierre war am 8. April 1957 geboren worden«[42]. Die Observierung konnte beginnen. Am 24. April 1974 fiel die Falle zu: Das Agentenehepaar wurde in seiner Wohnung in Bonn-Bad Godesberg festgenommen.

Als Willy Brandt zwei Tage später im Parlament eingestehen mußte, daß man »einen besonders geschickten und durchtriebenen Agenten« auf ihn angesetzt hatte, verhehlte er zwar nicht seine »tiefe menschliche Enttäuschung«[43], aber er schien sich letztlich über die politische Tragweite der Affäre noch nicht klar zu sein. Erst am 6. Mai zog er die Konsequenz und erklärte gegenüber dem damaligen Bundespräsidenten Gustav Heinemann seinen Verzicht auf das Kanzleramt: »Ich übernehme die politische Verantwortung für Fahrlässigkeiten im Zusammenhang mit der Agentenaffäre Guillaume und erkläre meinen Rücktritt vom Amt des Bundeskanzlers«[44]. Es war eine unausweichliche Entscheidung, die Willy Brandt zu treffen hatte, aber sie war nicht ohne persönliche Tragik: Kein Kanzler hatte sich um den Ausgleich zwischen Ost und West und namentlich zwischen den beiden Staaten in Deutschland so verdient gemacht wie er, der nun über einen DDR-Spion zu Fall gebracht worden war.

Anderthalb Jahre später hatten sich die Guillaumes vor der 4. Strafkammer beim Oberlandesgericht Düsseldorf zu verantworten. Am 15. Dezember 1975 sprach der Vorsitzende Richter Hermann-Josef Müller das Urteil:
»Die Angeklagten werden wegen gemeinschaftlichen Landesverrates, der Angeklagte Günter Guillaume in einem besonders schweren Fall in Tateinheit mit Verletzung des Dienstgeheimnisses, die Angeklagte Christel Guillaume in Tateinheit mit Beihilfe zur Verletzung des Dienstgeheimnisses verurteilt, und zwar der Angeklagte Günter Guillaume zu einer Freiheitsstrafe von dreizehn Jahren,
die Angeklagte Christel Guillaume zu einer Freiheitsstrafe von acht Jahren. Den Angeklagten wird für die Dauer von fünf Jahren das Recht aberkannt, in öffentlichen Angelegenheiten zu wählen oder zu stimmen«[45].

Die Urteilsbegründung enthielt unter anderem eine Charakterisierung Guillaumes, die zugleich Einblick in die Arbeitsweise des MfS erlaubt. Das Gericht bezeichnete den Angeklagten als einen »sorgfältig ausgebildeten und geschulten Agenten, der seit über zwanzig Jahren fest in den Aufklärungsdienst des MfS eingegliedert ist. Seit dem Jahre 1954 hat er zunächst gelegentlich, von Mitte 1956 an sodann ständig für das MfS in der Bundesrepublik nachrichtendienstlich gearbeitet. Dort hat er bei der Durchführung der ihm vom MfS gestellten Aufgaben eine große Aktivität entwickelt und seinen Auftrag unter Entwicklung eigener Initiativen durch sorgfältige Planung zu erfüllen gesucht . . . Um sich neue Informationsmöglichkeiten zu eröffnen, nutzte der Angeklagte unbedenklich das ihm entgegengebrachte Vertrauen der durch ihre berufliche und politische Tätigkeit mit ihm in Berührung kommenden Personen aus. Dem außerordentlich großen Umfang der langjährigen geheimdienstlichen Agententätigkeit des Angeklagten entsprach auch die Menge des von ihm für das MfS beschafften Materials. Dieses war darüber hinaus wegen der Nähe des Angeklagten zu den Ereignissen für seine Auftraggeber von bedeutendem nachrichtendienstlichen Wert«[46].

Aus der 124 Seiten umfassenden Urteilsbegründung[47] läßt sich ablesen, daß dem MfS in einer entscheidenden Phase westöstlicher Verhandlungspolitik durch Guillaume Informationen zugeflossen sind, die die DDR-Vertragsstrategie fraglos beeinflußt haben. Zusammenfassend sind folgende Feststellungen erlaubt:

– Dank Guillaume erhielt das MfS tiefe Einblicke in die Arbeit und Politik der Führungsgremien der SPD einschließlich interner und personeller Angelegenheiten;
– gleichzeitig erlangte das MfS allerdings begrenzte Einsichten in die Aufklärungs- und Abwehrtätigkeit des Bundesamtes für Verfassungsschutz, speziell die DKP betreffend;
– durch die Übermittlung höchst geheimer Fernschreiben, die 1973 zwischen Willy Brandts Urlaubsort Hamar in Norwegen und dem Bundeskanzleramt am Rhein gewechselt wurden, kam das MfS in den Besitz von Detailkenntnissen über die Bündnispolitik der NATO und über die Beziehungen zwischen Bonn und Washington, die wichtige Rückschlüsse und Folgerungen für die Politik der Warschauer-Pakt-Staaten ermöglichten;
– schließlich waren das MfS und mithin die politischen Führungen in Ost-Berlin und Moskau über einen längeren Zeitraum hinweg detailliert über die Person des Bundeskanzlers, über seinen Gesundheitszustand und seine Gewohnheiten, über seine Reaktionen auf bestimmte Vorgänge sowie über die Menschen in seinem Umfeld unterrichtet. –

In den Medien der DDR wurde die Verurteilung Günter und Christel Guillaumes kommentarlos gemeldet – ohne jeden Hinweis darauf, daß der »ehemalige Referent im Kanzleramt der BRD«[48] für das MfS spioniert hatte.

Die Ehefrau und Komplizin kam, gemessen an ihrem Strafmaß, schlechter weg als ihr Ehemann. Immerhin blieb Christel Guillaume rund sieben Jahre in Haft – nur ein Jahr ihrer Strafe bekam sie geschenkt: Gut sechs Monate vor ihrem Mann, am 19. März 1981, wurde sie aus dem Strafvollzug in Köln-Ossendorf entlassen und im Wege eines Gefangenenaustausches in die DDR überstellt. Glücklich ist die Ex-Agentin in der DDR nicht geworden: Ihr Mann, mit dem sie jahrelang konspirativ zusammengearbeitet hatte, mit dem sie ins Gefängnis gegangen war, ließ sich nach seiner Rückkehr in die DDR unverzüglich von ihr scheiden, um sich einer achtzehn Jahre jüngeren, unverbrauchten Frau zuzuwenden; 1986 heiratete er sie[49]. Und sieben Jahre nach seiner Begnadigung veröffentlichte Guillaume, in der DDR übrigens mit einem »Dr. iuris h. c.« geehrt und hochdekoriert, schließlich auch Memoiren. »Die Aussage«[50], so ihr Titel, lieferte nachträglich gleichsam das Geständnis, das Guillaume seinerzeit vor Gericht verweigert hatte. Ungeachtet aller Desinformation dokumentiert das Buch die skrupellose Planmäßigkeit kommunistischer Spionage.

Zielgruppe Sekretärinnen

Das Schema bleibt sich häufig gleich: Ein vertrauenerweckender, seriös wirkender und verständnisinniger Mann bindet eine alleinstehende, meist nicht mehr ganz junge Frau an sich – und hernach nötigt er sie zu Spionagediensten, denn der vertrauenerweckende, seriös wirkende und verständnisinnige Mann ist ein geschulter Offizier des MfS, ein »Romeo im besonderen Einsatz«. In der Sprache der bundesdeutschen Abwehr nimmt sich der Tatbestand nüchterner aus: »Das MfS schleust Geheime Mitarbeiter unter falscher Identität in die Bundesrepublik Deutschland und das westliche Ausland ein. Sie haben den Auftrag, alleinstehende Frauen, insbesondere Sekretärinnen, nachrichtendienstlich zu verstricken. Der Ablauf der nachrichtendienstlichen Anwerbung wird jeweils auf die persönlichen Verhältnisse zugeschnitten. Die ersten Kontakte werden in unverfänglicher Weise aufgenommen, sei es, daß man sich ›zufällig‹ in einem Café kennenlernt, als Wohnungsnachbar bei einer kleinen Autoreparatur behilflich ist oder sich als Arbeitskollegen näherkommt. Wie weit das Spiel mit den Gefühlen des Opfers getrieben wird, hängt vom Einzelfall ab. Es kann sich auf eine Freundschaft beschränken, aber auch zur Verlobung oder Eheschließung im Auftrag des MfS führen«[51]. Das Schicksal Dutzender ehemaliger Agentinnen ist dafür allzu bitterer Beweis. Drei Beispiele dafür – die Fälle Dagmar Kahlig-Scheffler, Ursula Höfs und Ingrid Garbe – sind nachstehend skizziert, weil sie das fatale Spiel der Staatssicherheit geradezu schulbuchmäßig veranschaulichen.
Zum Zeitpunkt ihrer Festnahme war sie Sekretärin im Bundeskanzleramt – Dagmar Kahlig-Scheffler, deren Lebensweg[52] ihre Werbung als »Spionin aus Liebe« gleichsam vorbestimmen sollte. 1946 in Schweina in Thüringen geboren, in Bayern aufgewachsen, war Dagmar Kahlig-Scheffler geborene Rimkus im Sommer 1973 während eines Urlaubs in Bulgarien von einem DDR-Geheimdienstoffizier, der sich Herbert Schröter nannte, angesprochen worden. Zu dieser Zeit war sie, in Scheidung lebend, als Sekretärin in München tätig. Schröter verstand es mit Erfolg, ihr Liebe vorzugaukeln – er hatte seine einschlägigen Erfahrungen! Schon im Fall Gerda Schröter-Ostenrieder war er aktiv gewesen, hatte sich aber in die DDR zurückgezogen, als sich die damalige Sekretärin an der bundesdeutschen Botschaft in Warschau 1973 der Bonner Abwehr offenbarte. Nun liierte sich Schröter erneut, Dagmar Kahlig-Scheffler besuchte ihn in Ost-Berlin, er versprach ihr die Ehe – und nach wenigen Monaten schon stellte sie der MfS-Offizier vor die Alternative, entweder mit ihm gemeinsam für die Staatssicherheit zu »arbeiten« oder sich von ihm zu trennen. Die Entscheidung lief auf eine schriftliche Verpflichtung zur Agententätigkeit hinaus. Nachdem sie sogar ihr Kind weisungsgemäß in ein Internat gegeben hatte, gelang es ihr – nach erfolgloser Bewerbung im Auswärtigen Amt –, im Bundeskanzleramt als Sekretärin angestellt zu werden. Als sie am 4. Mai 1977 festgenommen wurde, hatte sie rund anderthalb Jahre lang alle ihr zugänglichen Informationen und Materialien aus ihrem Arbeitsbereich, dem für Fragen der Europapolitik zuständigen Referat, erfaßt und weitergeleitet.
Ihre Aktivität war ungewöhnlich, wie der Bundesgerichtshof später, durch Revisionsurteil vom 28. Februar 1979, feststellte. Offenkundig war sie be-

müht, »im Rahmen der durch ihr Sicherheitsinteresse bedingten Grenzen jede Möglichkeit zur Weitergabe von nachrichtendienstlich interessantem Material an ihre Auftraggeber zu nutzen. Alles, was sie sich merken konnte, sowie möglichst viel an schriftlichen Unterlagen teilte sie ihren Kontaktpersonen mit. Sie entwickelte eine ganze Reihe von offenbar praktikablen Ideen für geeignete Transport-Container, die es ihr ermöglichen sollten, die Kassetten für die im Bundeskanzleramt benutzten Diktiergeräte aus dem Amt hinauszutransportieren«[53]. Wie die Beweisaufnahme vor dem Oberlandesgericht in Düsseldorf ergab, hatte das MfS in Ost-Berlin sogar eine alle Formalien und alles Zeremoniell umfassende Scheinheirat mit Schröter inszeniert. In erster Instanz am 5. Oktober 1978 wegen geheimdienstlicher Agententätigkeit in besonders schwerem Fall (und, wie in diesen Fällen üblich, in Tateinheit mit Verletzung des Dienstgeheimnisses und mit Bestechlichkeit) zunächst nur zu drei Jahren Freiheitsstrafe verurteilt, erkannte das Oberlandesgericht Düsseldorf am 4. Mai 1979 nach der Revisionsentscheidung in Karlsruhe auf vier Jahre und fünf Monate Freiheitsstrafe[54]. Für die aus der DDR eingeschleusten Eheleute Peter und Gudrun Goslar, die als Illegale Residenten eingesetzt waren, lautete die Strafe in zweiter Instanz auf vier beziehungsweise zwei Jahre und drei Monate Freiheitsentzug.

Fall Nummer zwei demonstriert mit besonderer Eindringlichkeit die sorgfältige Planung und akribische Vorbereitung, die das MfS beim Einsatz seiner »Romeos« walten läßt: Die Sekretärin Ursula Höfs geborene Schell, von der hier die Rede ist, hat vermutlich die letzten Aufschlüsse über ihren Ehemann Jürgen Höfs zuerst vor Gericht erfahren. Auch bei ihr, die zuletzt in der Hauptabteilung Organisation beim Bundesvorstand der CDU in Bonn tätig war, verfuhr die Hauptverwaltung Aufklärung nach hergebrachtem Szenarium: Ein ausgebildeter Agentenführer namens Siegfried Gäbler, aus Reichenau im Bezirk Dresden stammend, wurde 1964 mit der Identität des aus der DDR nach Esslingen geflüchteten Metzgers Jürgen Höfs, der 1963 zu Frau und Kind in die DDR zurückgekehrt war, in die Bundesrepublik eingeschleust. Und zwar kam er über Colmar nach Osnabrück, meldete sich dort mit einem Paß aus Esslingen als Jürgen Höfs an, zog nach Mannheim und von dort nach München, erhielt dort neue, echte Papiere und suchte sich schließlich in Köln einen Arbeitsplatz – als Rechnungsprüfer bei der Otto Wolff AG, Anlagenbau und Stahlhandel, die stark im Ost-West-Geschäft engagiert ist[55]. 1970 lernte er hier die damals 26jährige Ursula Schell kennen – natürlich gezielt im Auftrage der HV A –, offenbarte sich ihr zwei Jahre später und gewann sie für die Spionage. Als sich inzwischen offenbar eine echte Zuneigung entwickelt hatte, wurde sie 1973 mit der Eheschließung in Köln besiegelt. Ein Jahr zuvor hatte die nunmehrige Frau Höfs eine Anstellung im Bonner Adenauer-Haus gefunden, wo sie nach Kräften Informationen und Dokumente sammelte, während ihr Ehemann für deren Weiterleitung nach Ost-Berlin sorgte. Er war übrigens technisch hervorragend ausgerüstet: »Der Agentenführer Gäbler hatte nach Erkenntnis des Gerichts eine komplette Ausrüstung zum Entschlüsseln und Verschlüsseln von Nachrichten . . . Seine Code-Unterlagen waren im Geheimfach einer Schreibmappe versteckt. Er hatte wöchentlich vier Empfangszeiten für den über Kurzwelle ausgestrahlen A-3-Funk des SSD von jeweils 19 bis 24 Uhr. Seine Informationen leitete er mit

Hilfe von Kurieren nach Ost-Berlin weiter. Gäbler fuhr dort auch selbst häufiger hin, was er als Rechnungsprüfer einer im Ost-West-Handel tätigen Kölner Stahlfirma tarnen konnte, und besaß im Keller seiner Bonner Wohnung eine Foto- und Filmausrüstung mit speziellen Entwicklungstechniken«[56]. Am 6. März 1979 wurden Jürgen und Ursula Höfs festgenommen.

Der dreiwöchige Prozeß vor dem 5. Strafsenat beim Oberlandesgericht Düsseldorf endete am 2. September 1980 mit dem Urteilsspruch. Ursula Höfs kam mit zweiundzwanzig Monaten Gefängnis davon. Der von ihr angerichtete Schaden wurde nicht allzu hoch bemessen. Siegfried Gäbler alias Jürgen Höfs, ihr Ehemann, mußte vier Jahre Freiheitsstrafe quittieren[57]. Das Gericht erachtete die Ausnutzung der Gefühle einer Frau als besonders niederträchtig und ließ keine Milde walten.

Das dritte Beispiel handelt von der Sekretärin Ingrid Garbe. Sie war im Mai 1967, damals 29 Jahre alt, auf ihren späteren Führungsoffizier mit dem Decknamen Hans-Joachim Heisinger in einem Café in Hannover getroffen. Er gab sich als Radartechniker im Außendienst einer Schweizer Firma aus. Es dauerte nicht lange, bis ihm die Anbandelung einer Liebschaft gelang. Heisinger brachte Ingrid Garbe dazu, einen Lehrgang für Fremdsprachen-Sekretärinnen zu absolvieren, was sie mit Erfolg tat – und was ihr im Juli 1971 den Zugang zum Auswärtigen Amt in Bonn eröffnete. Sie wurde Sekretärin in der Völkerrechtsabteilung. Als sie ein Kind erwartete, regelte das MfS die Abtreibung in London. Zum 1. März 1976 wurde Ingrid Garbe nach Brüssel versetzt, zur bundesdeutschen NATO-Botschaft, wo sie bis zu ihrer Festnahme am 2. Februar 1979 in mehreren Vertrauensstellungen tätig war. Hier wurde sie von einem neuen Führungsoffizier »betreut«, einen Mann, der sich Christoph Willer nannte, von Beruf »Gartenbauingenieur«. Nach der Versetzung Ingrid Garbes wurde er ebenfalls in Brüssel ansässig. Im Herbst 1976 überredete er sie zu einer Flugreise via Kopenhagen nach Ost-Berlin, wo sie sich in aller Form schriftlich zur Zusammenarbeit mit dem MfS verpflichtete.

Als sich »Iris«, so ihr Deckname, vor dem Staatsschutzsenat des Oberlandesgerichts in Düsseldorf zu verantworten hatte, ergab die mehrtägige Verhandlung, daß sie »wichtige Interessen« der Bundesrepublik und der NATO gefährdet hatte: Insbesondere verriet sie, die Zugang zu Verschlußsachen der höchsten Geheimhaltungsstufe hatte, bündnisinterne Überlegungen zur MBFR-Konferenz in Wien und Einzelheiten über Bedeutung und Rolle der neu entwickelten Neutronenwaffe. Vor Gericht erklärte sie sich rückhaltlos zur Aussage über ihre Tätigkeit für das MfS bereit – was ihr verhältnismäßig niedriges Strafmaß erklärt: Am 12. Dezember 1980 wurde Ingrid Garbe wegen geheimdienstlicher Agententätigkeit zu vier Jahren Freiheitsstrafe verurteilt, aber in Anbetracht ihrer fast zweijährigen Untersuchungshaft gegen eine Sicherheitsleistung von 100 000 Mark auf freien Fuß gesetzt[58]. Die im Fall Garbe eingesetzten Führungsoffiziere konnten untertauchen.

Drei Beispiele aus Dutzenden ähnlich gelagerter Fälle, die allerdings die Methodik beweisen, mit der die Hauptverwaltung Aufklärung die Zielgruppe Sekretärinnen »bearbeitet«. Die Festnahme von Ingrid Garbe und Ursula Höfs bestätigen zudem die Funktionstüchtigkeit des von der HV A entwickelten Warnsystems: sie löste binnen weniger Tage die Flucht von nicht weniger als vier weitere Agentinnen in Brüssel und Bonn einschließlich ihrer Illegalen Residenten aus:

– Am 5. März setzte sich die damals 40jährige Sekretärin Ursel Lorenzen nach Ost-Berlin ab – zuletzt beim NATO-Generalsekretariat in Brüssel beschäftigt. Obwohl zu diesem Zeitpunkt schon bekannt war, daß sie gemeinsam mit ihrem als Hotelkaufmann getarnten Führungsoffizier geflüchtet war, er nannte sich Dieter Will, suchte sie hernach ihren Rückzug im DDR-Fernsehen mit einem »tiefen Gewissenskonflikt« wegen angeblicher Kriegsvorbereitungen der NATO zu begründen und als eigene Entscheidung darzustellen[59];

– am 10. März flüchtete die damals 38jährige Sekretärin Inge Goliath geborene Hanke, bis dahin bei dem CDU-Bundestagsabgeordneten Dr. Werner Marx tätig, nach Ost-Berlin, wo sie »um politisches Asyl« bat[60]. Nach ein paar Wochen des Schweigens trat sie in Ost-Berlin mit fragwürdigen Enthüllungen über ihren früheren Chef an die Öffentlichkeit[61]. Ihr Ehemann Wolfgang Goliath war 1961, angeblich aus Perth/Schottland kommend, in die Bundesrepublik eingeschleust worden und hatte seine Agentin 1967 unter seinem Decknamen geheiratet;

– am 12. März folgte ihr die damals 31jährige Sekretärin Christel Broszey, bis dahin Schreibdame im Büro des damaligen CDU-Bundestagsabgeordneten Prof. Kurt Biedenkopf[62]. Auch sie rettete sich mit dem Führungsoffizier Konrad Kipping alias Heinrich Hoffmann nach Ost-Berlin; er war 1968 über Vancouver/Kanada (!) in die Bundesrepublik eingeschleust worden;

– und am 19. März verschwand schließlich die 44jährige Helga Rödinger nach Ost-Berlin, seit 1974 Sekretärin im Bundesministerium der Finanzen, zuvor drei Jahre lang im Bundeskanzleramt tätig. Mit ihr retirierte ihr Illegaler Resident, der unter der Legende des Chemiefacharbeiters »Robert Kresse« in Bonn gelebt hatte[63].

Mata Haris Erbinnen waren in Bonn auch in den achtziger Jahren aktiv. 1985 sorgten allein vier für Schlagzeilen – MfS-Agentinnen in politisch interessanten Positionen: Sonja Lüneburg, Sekretärin bei Martin Bangemann, damals Bundesminister für Wirtschaft; Herta-Astrid Willner, Sekretärin im Bundeskanzleramt; Ursula Richter, Sachbearbeiterin für Personal und Haushalt beim Bund der Vertriebenen; und Margarete Höke, Sekretärin im Bundespräsidialamt. Nur sie wurde verhaftet und verurteilt – die übrigen konnten sich in Richtung Osten absetzen.

Welches Schicksal umgekehrt einer ihrer Kolleginnen mit Westkontakten ereilte, belegt der Fall Elli Barczatis[64]. Als Sekretärin im Büro des seinerzeitigen Ministerpräsidenten Otto Grotewohl hatte sie für die westliche Spionage gearbeitet. Die 1912 geborene Berlinerin war fünf Jahre lang Chefsekretärin des Ostberliner Regierungschefs gewesen. Zum Schicksal wurde ihr, der scheinbar parteitreuen Genossin, der Dolmetscher Karl Laurenz, ihr Lebensgefährte – ein Sozialdemokrat, der 1949 seiner Opposition wegen aus der SED ausgeschlossen worden war. Als er Elli Barczatis eines Tages offenbarte, daß er Kontakt zur damaligen Organisation Gehlen unterhielt, fand sie sich zum Mittun bereit. Fortan flossen politische Informationen und dokumentarische Unterlagen von hohem Erkenntniswert über die Grenze. General Gehlen charakterisierte später den Kontakt zu »Gänseblümchen« – so der sinnige Deckname, den man sich in Pullach für Elli Barczatis hatte einfallen lassen – als »eine der ersten wichtigsten Verbindungen des Dienstes im anderen Teil Deutschlands«[64]. Am 4. März 1955 wurden Elli Barczatis und Karl Laurenz von der Staatssicherheit in Haft genommen. In geheimer Verhandlung vor dem Obersten Gericht erging am 3. Oktober 1955 gegen beide ein Todesurteil. Beide starben in Frankfurt an der Oder durch die Guillotine.

Die Bundeswehr im Fadenkreuz

Militärspionage ist noch allemal der klassische Fall von Spionage – in Ost und West gleichermaßen. Die Hauptverwaltung Aufklärung des MfS hat das zu keiner Zeit anders gehalten. Seit ihren frühesten Jahren bildeten die Erkundung der Verteidigungsbereitschaft und des militärischen Potentials in der Bundesrepublik sowie speziell die Ausspähung der Bundeswehr fortwährende Schwerpunkte ihrer nachrichtendienstlichen Aktivitäten. Die versuchte Werbung von Soldaten, Unteroffizieren und Offizieren in der Truppe oder von Zivilbediensteten im Bundesministerium der Verteidigung ist daher unverzichtbarer Bestandteil aller Planungen und Zielsetzungen in der operativen Arbeit der Staatssicherheit gewesen. Sie beginnt bei der Erfassung etwaiger Überläufer aus den deutschen und alliierten Streitkräften in der Bundesrepublik an den Grenzkontrollpunkten der DDR, um sie »abzuschöpfen«, und sie endet bei der systematischen Beobachtung der Militär- und Sicherheitspolitik, ihrer strategischen Planung und operativ-taktischen Umsetzung, bei der Erfassung militärischer Objekte, ihrer Logistik usw. noch lange nicht: Auch die Ausforschung persönlicher Daten gehört dazu.
Unter diesen Voraussetzungen kann der am 25. Juli 1967 erlassene Befehl Nr. 27/67 des Ministers für Staatssicherheit über die politisch-operative Bearbeitung von Überläufern die Bestätigung dieser allgemeinen Einschätzung bedeuten[66]. Danach sind Überläufer, also »alle Angehörigen und Reservisten der Bundeswehr, der übrigen NATO-Armeen sowie anderer bewaffneter Organe Westdeutschlands, Westberlins und des kapitalistischen Auslandes«, nach ihrem Eintreffen fahndungsmäßig zu überprüfen und der Leiter der für Spionage zuständigen Abteilung in der MfS-Bezirksverwaltung oder die zuständige Operativgruppe der Grenzaufklärung zu verständigen. In der Regel wurden und werden Deserteure aus der Bundeswehr – ihre Zahl ist unerheblich – in der DDR für zwei bis drei Monate in ein sogenanntes Übersiedlerheim eingewiesen, in dem die unter arrestähnlichen Bedingungen bleiben müssen, bis sie von eigens darauf spezialisierten Vernehmungsoffizieren über ihre militärischen Kenntnisse, ihr Wissen über ihre frühere Einheit, über ihre Ausbildung, ihre Waffen und Gerät, über frühere Vorgesetzte und Kameraden hinreichend befragt worden sind. Selbstverständlich werden die hierbei gewonnenen Erkenntnisse auch operativ genutzt, zur Anknüpfung neuer Spionagebeziehungen, nicht nur zur Erarbeitung von Analysen.
Entsprechendes gilt für die Werbung Inoffizieller Mitarbeiter durch die Diensteinheiten der Grenzaufklärung. Ihre Aufgabe ist gleichsam als Spezialfall der Militärspionage gegen die Bundesrepublik zu betrachten, als eine

Form der »operativen Aufklärung«, die sich im Zonenrandgebiet »bis zu einer Tiefe von 50 km feindwärts der Staatsgrenze West der DDR« gegen alles Militär sowie gegen den Bundesgrenzschutz und die Bayerische Grenzpolizei richtet, ebenso gegen die in West-Berlin eingesetzten Grenzüberwachungskräfte. Ihre Zielsetzung heißt »frühzeitige Feststellung feindlicher Pläne, insbesondere akuter Aggressions- und Provokationsabsichten«. Außerdem sind die Diensteinheiten der Grenzaufklärung, die mit den Grenztruppen der DDR unmittelbar zusammenarbeiten, mit »operativen Schleusungen« sowie mit der »Erstbefragung von Grenzverletzern West-DDR« befaßt. Zu ihrer Unterstützung sind die Diensteinheiten der Grenzaufklärung ausdrücklich ermächtigt, »feindwärts« der Staatsgrenze Inoffizielle Mitarbeiter zu werben, die nach den gleichen Regeln tätig werden wie andere »Kämpfer an der unsichtbaren Front«. Exemplarisch dafür ist der Fall der Eheleute Rolf und Vera Dreesen, die am 18. Januar 1971 im Raum Goslar festgenommen wurden. Als Gastwirt hatte der Ehemann 1964 eine Pension im Harz gepachtet und für die Staatssicherheit den Auftrag übernommen, Personen »abzuklären«, das Grenzüberwachungssystem des Bundesgrenzschutzes auszukundschaften sowie militärische Übungen und Truppenbewegungen im Zonenrandgebiet zu beobachten und zu melden. »Das MfS bildete sie zur Nachrichtenübermittlung in der Herstellung unsichtbarer Schriften mittels Kontaktpapier sowie im einseitigen Funkverkehr aus. Neben anderen nachrichtendienstlichen Hilfsmitteln standen ihnen als Verbindungswege mehrere Deckadressen zur Verfügung. Vierteljährlich fanden Treffen mit der Führungsstelle in Ost-Berlin und in der Bundesrepublik mit dem Instrukteur ›Jonny C‹ statt. ›Jonny‹ überbrachte seit 1956 regelmäßig etwa dreimal jährlich Weisungen und Geld. Nach längerer Vorbereitung und entsprechender Schulung wurden die Eheleute D. auch mit einem Dezimeter-Funkgerät für den zweiseitigen Sprechverkehr im Richtfunkverfahren ausgestattet«[67]. Ein 1969 gepachtetes Dachcafé bei Bad Harzburg entsprach schließlich, da es eine unmittelbare Sichtverbindung zum Brocken hatte, den Erfordernissen des Wechselsprechfunkverkehrs in idealer Weise: Auf dem Brocken war die Gegenstelle des MfS eingerichtet. Durch einen Überläufer wurde das Ehepaar enttarnt.

Die Fälle von Militärspionage, die seit Bestehen der Bundeswehr aufgeklärt werden konnten, sind vielzählig. Einer der schwerstwiegenden Fälle wurde am 14. Oktober 1975 aufgedeckt. In Bielefeld wurden an diesem Tag Oberstleutnant Norbert Moser und seine Ehefrau Ruth sowie ein unter den Decknamen Hartmut und Ingeburg Richter aus der DDR in die Bundesrepublik eingeschleustes Residenten-Ehepaar festgenommen. Moser war seit dem Frühjahr 1974 als Leiter des Luftwaffenverbindungskommandos bei der Panzerbrigade 21 in Augustdorf stationiert. Kurz nachdem er als junger Leutnant seine Frau in Fürstenfeldbruck kennengelernt und am 3. August 1957 geheiratet hatte, wurde er von dieser zur Spionage geworben: Ihr Bruder Christian Müller war Hauptmann in der Bezirksverwaltung Magdeburg des MfS. Pikantes Detail: Moser hatte seine Frau einem militärischen Vorgesetzten ausgespannt, einem Major namens Karl Heinz Knollmann, der von seiner später geschiedenen Ehefrau hernach ebenfalls zur Spionage geworben worden war.

Wie gut zwei Jahre später, vom 20. September bis 6. Dezember 1977, ein Prozeß vor dem III. Strafsenat beim Obersten Bayerischen Landesgericht in München ergab, hatte Moser über anderthalb Jahrzehnte lang die Namen und Charakteristiken von Bundeswehroffizieren der Einheiten verraten, in denen er seit 1961 gedient hatte; ferner hatte er über dienstliche Obliegenheiten berichtet, Dienstvorschriften der Bundeswehr weitergeleitet, Ausbildungsunterlagen und Berichte über militärische Übungen, schließlich auch geheime Unterlagen und Pläne über die Umrüstung der Landstreitkräfte auf den Standardpanzer »Leopard« und den Flugabwehrpanzer »Gepard« nach Ost-Berlin geliefert. Moser erhielt elf Jahre Freiheitsstrafe, Knollmann, die mitangeklagten Eheleute Jürgen und Dr. Karin Pingel alias Hartmut und Ingeborg Richter bekamen je fünf Jahre. Motiv des Verrats: Geld. 1980 in die DDR »freigetauscht«, ist Moser dort am 11. März 1984 verstorben. Wenige Wochen später nur, am 17. April 1984, starb auch seine Frau Ruth. Sie war straflos davongekommen. Wegen ihrer Erkrankung an multipler Sklerose aus der Untersuchungshaft entlassen, war sie unverzüglich zu ihrem Bruder nach Magdeburg gezogen[68].

Trotz allem waren die Schäden, die der Fall Moser verursacht hatte, nicht so gravierend wie im Fall Lutze/Wiegel – durch ihn dürfte der Bundeswehr der in ihrer Geschichte bislang schwerste Schlag versetzt worden sein. Immerhin haben das Agenten-Ehepaar Lothar und Renate Lutze gemeinsam mit dem Komplizen Jürgen Wiegel, nachdem sie in das Bundesministeriums für Verteidigung hatten eindringen können, der DDR über Jahre hindurch militärische Geheimnisse von höchstem Informationswert verraten. Auch sie taten es allein für Geld[69].

Lothar Lutze, 1940 in Schneidemühl/Westpreußen geboren, seit seiner Kindheit in der Bundesrepublik lebend, Kaufmannsgehilfe von Beruf, meldete sich mit neunzehn freiwillig zur Bundesluftwaffe. Noch während seiner Grundausbildung wurde er von der Hauptverwaltung Aufklärung »auf finanzieller Basis« zur Spionage geworben. Er erhielt den Decknamen »Charlie«. Inhalt seiner vierjährigen Dienstzeit war eine umfassende Ausbildung im Flugmeldedienst. Schon die dabei erworbenen militärischen Kenntnisse verkaufte Lutze an den DDR-Geheimdienst. Auch nach seiner Entlassung aus der Bundeswehr blieb Lutze, der sich als Barkeeper und Versicherungsvertreter versuchte, mit der HV A in enger Verbindung. 1966 warb er für sie den damals 21jährigen kaufmännischen Angestellten Jürgen Wiegel, ebenso dessen (später geschiedene) Ehefrau, wobei vorauszuschicken ist, daß Wiegel bereits 1971 im Bonner Verteidigungsministerium Arbeit fand.

Auf Grund seiner Ausbildung bei der Bundeswehr wurde Lutze 1966 bei der Deutschen Lufthansa in Köln eingestellt. Daß ihm bei Gelegenheit der Diebstahl eines Sackes diplomatischer Kurierpost gelang – er verstand, ihn nach Ost-Berlin zu schaffen –, bestätigt nur seine Aktivität. Nachdem er 1972 die Angestellte Renate Übelacker in Köln geheiratet hatte, war der große Verrat vorprogrammiert. Schon bald nach der Eheschließung hatte er auch seine Frau zur Spionage anwerben können. Sie, Jahrgang 1940, stammte aus Brandenburg/Havel und war im Alter von sechzehn Jahren mit ihren Eltern in die Bundesrepublik übergesiedelt. 1967 fand die gelernte Bürohilfe eine Anstellung im Verteidigungsministerium. Innerhalb weniger Jahre hatte sie sich zur

Sekretärin in der Sozialabteilung hochgearbeitet. Ihr hatte 1973 ihr Ehemann die Einstellung in das Verteidigungsministerium zu verdanken. Fortan konnten Lothar Lutze und Frau Renate (Deckname »Nana«) sowie Wiegel systematisch militärische Geheimdokumente und Personalakten »erfassen« und nach Ost-Berlin weiterleiten. Ihr Ausstoß war so voluminös, daß sie seit 1975 von einem in das Bundesgebiet eingeschleusten Agenten-Ehepaar geführt wurden. »Durch die Lutzes erfuhren die Militärs der Warschauer-Pakt-Staaten
- die Einschätzung der gegnerischen Kräfte, wie sie in Verhältniszahlen zum Ausdruck kommt,
- die erwarteten Kriegsformen und Warnzeiten, wie sie den Szenarien der militärstrategischen Konzeption (NATO und Bundeswehr) zugrunde liegen,
- die Beurteilung des Einsatzwertes der Truppen,
- die NATO-Bewertung der Verbände,
- den Zeitbedarf für Mobilmachung und Aufmarsch und
- die Auswirkungen von Mängeln, Schwächen, Rückständen und anderen Problemen in den Bereichen Personal (beispielsweise in bezug auf Disziplin, Stimmung der Truppe, Ausbildungsstand) und Material (Zustände und Wirksamkeit wichtigen Großgeräts, Eingang neuer Geräte, Reichweite von Geräten)«[70].

Sicherheitspolitisch war, wie gesagt, der Schaden in diesem militärischen Verratsfall gewiß größer als in dem politischen Verratsfall Guillaume, denn fortan sahen sich die Warschauer-Pakt-Staaten in der Lage, »ihre eigene langfristige Planung gezielt auf die Bundeswehr einzurichten. Sie konnten künftig alle Mittel so optimal einsetzen, daß das Kräftegleichgewicht in Europa zum Zeitpunkt des Verrats und noch lange hernach zuungunsten der NATO verändert war«[71]. Erst am 2. Juni 1976 konnte der Militärische Abschirmdienst den Agenten das Handwerk legen. Gleichzeitig wurden die Eheleute Frank und Christine Gerstner festgenommen, die als Illegale Residenten das Spionagematerial entgegengenommen und »expediert«, Weisungen überbracht und Geld ausgezahlt hatten. Drei Jahre später, nach einem wochenlangen Prozeß, sprach das Oberlandesgericht Düsseldorf am 18. Juni 1979 sein Urteil: Der Hauptangeklagte Lutze wurde zu zwölf Jahren Freiheitsentzug verurteilt, seine Ehefrau Renate zu sechs Jahren, Wiegel kam mit dreieinhalb Jahren davon, seine frühere Ehefrau erhielt wegen zeitweiliger Kurierdienste zweiundzwanzig Monate mit Bewährung; Frank und Christine Gerstner wurden mit je sieben Jahren Freiheitsentzug bestraft. Konnten diese Strafen die Schuld der Angeklagten sühnen? Wirken sie abschreckend? Fragen ohne Antwort!

Oder liegt die Antwort in der Tatsache selbst, daß sowohl Renate Lutze als auch das im Fall Lutze/Wiegel abgeurteilte Residenten-Ehepaar Gerstner am 28. September 1981 begnadigt wurden und im Zuge eines Häftlingsaustausches, der in der Hauptsache Günter Guillaume betraf, ihre Freiheit zurückerhielten? Lothar Lutze allerdings mußte den übergroßen Teil seiner Strafe verbüßen. Erst bei einem deutsch-deutschen Agentenaustausch, bei dem am 1. April 1987 von jeder Seite vier Ex-Spione freigegeben wurden, konnte er sein Gefängnis verlassen und in die DDR wechseln: nach zehndreiviertel Jahren Untersuchungs- und Strafhaft!

Am 3. Februar 1970 überraschte das DDR-Fernsehen seine Zuschauer in der Sendung »Treffpunkt Fernsehen« mit einem Gespräch, wie es bis dahin niemals stattgefunden hatte: Klaus Jacobus präsentierte vier »Kundschafter für den Frieden«, die vor Kameras und Mikrophonen freimütig über ihren Einsatz an der »unsichtbaren Front« berichteten – unter ihnen der Wissenschaftsspion Harald Gottfried. Sein Fall[72] verdient auch aus einem anderen Grund besonderes Interesse, als Beispiel für den Weg eines Perspektivagenten«, der in mehrjähriger Dauer auf seinen Einsatz planmäßig vorbereitet war.

1935 als Sohn eines Lehrers geboren – der Vater war 1945 wegen Zugehörigkeit zur NSDAP verhaftet worden, er starb 1956 im Zuchthaus Bautzen –, besuchte Harald Gottfried die Oberschule in Dresden, wo er nach dem Abitur auch Pädagogik studierte. Bereits Mitte der fünfziger Jahre, mit zwanzig Jahren etwa, wurde er vom MfS geworben und bald danach, getarnt als politischer Flüchtling, in die Bundesrepublik eingeschleust. Weisungsgemäß nahm Gottfried an der Technischen Hochschule Karlsruhe ein Studium auf und erledigte nebenher auch erste Spionageaufträge. Nach seinem Examen als Diplomingenieur für Nachrichtentechnik trat er 1963 in das Kernforschungszentrum Karlsruhe ein, wo er in verschiedenen Arbeitsbereichen tätig war. Über Tote Briefkästen übermittelte er bis zu seiner Festnahme regelmäßig Informationen aus seinem Arbeitsgebiet.

Zur Festnahme kam es am 21. September 1968. Gut ein Jahr später, am 16. Oktober 1969, verurteilte das Oberlandesgericht Karlsruhe den verräterischen Diplomingenieur zu zwei Jahren Gefängnis. Kurz danach wurde er gegen Gefangene aus der DDR freigelassen – sein eingangs geschildertes Auftreten im DDR-Fernsehen wird die bundesdeutsche Abwehr in ihrer Einsatzfreudigkeit gewiß nicht bestärkt haben.

Gleichwohl war der Fall Gottfried kein Einzelfall – im Gegenteil, er exemplifizierte geradezu typisch die Karriere eines Perspektivagenten. Das »Karrieremuster« blieb sich immer gleich. So auch im Fall des Diplomingenieurs Rodrik Differt[73], auch er demonstriert die langfristige Planung bei der Werbung und den zielgerichteten Einsatz Inoffizieller Mitarbeiter für die Industrie- und Wissenschaftsspionage in der Bundesrepublik. Besagter Differt war 1959 während seines Studiums nachrichtendienstlich verpflichtet worden. Erst rund neun Jahre später führte er seine ersten Aufträge aus, nachdem er bei den Vereinigten Flugzeugwerken Fokker in Bremen angestellt worden war. Später wurde er bei der Firma ERNO-Raumfahrttechnik in Bremen tätig. Bei regelmäßigen Treffs in Ost-Berlin und über Tote Briefkästen übermittelte Differt seinem Führungsoffizier Informationen aus dem Flugzeug-, Raketen- und Satellitenbau, darunter Unterlagen über die Trägerrakete »Europa I« und über die Flugzeugprojekte »Airbus«, »Transall« und VFW 614, über das Mehrzweckkampfflugzeug MRCA »Tornado«, um das Wichtigste zu nennen.

Am 23. Mai 1977 wurde Differt festgenommen und ein knappes Jahr später, am 18. April 1978, vom 3. Strafsenat beim Oberlandesgericht Celle wegen geheimdienstlicher Tätigkeit zu zweieinhalb Jahren Freiheitsstrafe verurteilt. Strafmildernd berücksichtigte das Gericht die weitgehende Geständnisbereitschaft des Angeklagten sowie die Tatsache, daß die weitergegebenen technischen Unterlagen nicht als Verschlußsache gekennzeichnet waren. Ein dritter Fall eklatanter Industriespionage, der am 12. März 1982 durch Urteil des 3. Strafsenats beim Bayerischen Obersten Landesgericht seinen folgerichtigen Abschluß fand, wurde in der Münchner Rüstungsfirma »Motoren- und Turbinen-Union« (MTU) aufgedeckt – dem Unternehmen, in dem die Triebwerke für das Mehrzweckkampfflugzeug MRCA entwickelt wurden und gebaut werden. Wegen nachrichtendienstlicher Tätigkeit in einem besonders schweren Fall wurden der damals 37jährige Ingenieur Jürgen Reichwald zu sechseinhalb Jahren Gefängnis und seine zwischenzeitlich geschiedene Ehefrau Marietta zu fünfzehn Monaten Gefängnis verurteilt, während sich für den in diesem Fall als Illegaler Resident aus der DDR eingeschleusten MfS-Mitarbeiter Rolf Horst Hecht alias Ferdinand Bohn die Strafe auf sechs Jahre Freiheitsentzug belief[74]. Auch im Fall Reichwald hatte sich alles nach üblichem Schema entwickelt: Gegen finanzielle Zuwendungen 1973 geworben, hatte der aus Eberswalde (Bezirk Frankfurt/Oder) stammende Ingenieur mindestens seit 1975, wahrscheinlich länger, alle ihm als Mitarbeiter der Erprobungsabteilung zugänglichen Planungsunterlagen und Testberichte, technologischen Dokumentationen und Werkzeugkataloge zum »Tornado« erfaßt und über seinen Agentenführer nach Ost-Berlin »transferiert«.

Aus den hier als exemplarisch mitgeteilten drei Fällen läßt sich vor allem die Schlußfolgerung ableiten, daß sich die Technologie-Spionage des MfS in der Hauptsache gegen Ziele richtet, die das militärische und industrielle Kräfteverhältnis beeinflussen. Zum anderen rechtfertigen die Erfahrungen der siebziger Jahre auch die Feststellung, daß sich die DDR-Spionage in Industrie und Wissenschaft auf praktisch alle Branchen und Bereiche erstreckt, die weltmarktbestimmend sein können. Gefragt sind sowohl technische Daten bestimmter Produkte und Verfahrenstechniken als auch industriezweig- und betriebsspezifische Markt- und Wettbewerbsdaten. Die Skala reicht von Firmenangeboten über Lizenzverträge bis zu Investitionsplanungen und Marktanalysen vornehmlich in der Rüstungsindustrie, in der Mikroelektronik und Datenverarbeitung sowie in der Kerntechnik und Energetik, ferner in der Chemie und der Werkstoffherstellung. Aufklärungsziel ist darüber hinaus die Grundlagenforschung in allen naturwissenschaftlichen Disziplinen. Selbstredend werden alle so beschafften Informationen nicht etwa »archiviert«, sondern der Abteilung V in der HV A (»Wissenschaftlich-technische Auswertung«) zur Weiterbearbeitung übergeben. »Diese unterhält innerhalb der DDR ein spezielles Verbindungsnetz mit Forschern und Angehörigen wichtiger Industriebetriebe, denen die beschafften Informationen nach ›Neutralisierung‹, so heißt nach der Beseitigung aller Hinweise auf die Quelle, zur Verantwortung überlassen werden«[75]. Nicht alle Wissenschafts- und Industrieinformationen gehen heute weiter an das KGB.

Wie Experten meinen, sind Intensität und Wirksamkeit der Industrie- und Wissenschaftsspionage des MfS in der Bundesrepublik jahrelang unterschätzt worden. Offenbar haben erst die Aussagen des Überläufers Werner Stiller[76] fundierte Erkenntnisse darüber erbracht. Seine Karriere in der Hauptverwaltung Aufklärung veranschaulicht selbst, wie planmäßig das MfS seine Führungsoffiziere für die Industrie- und Wissenschaftsspionage selektiert und qualifiziert. Stiller, Geburtsjahrgang 1948, absolvierte von 1966 bis 1971 ein Physik-Studium an der Karl-Marx-Universität in Leipzig. MfS-Kontakte bekam er bereits 1970, mit zweiundzwanzig, als er als Inoffizieller Mitarbeiter verpflichtet wurde. Nach knapp zwei Jahren, am 1. August 1972, wurde er als hauptamtlicher Mitarbeiter mit dem Dienstgrad Leutnant von der HV A eingestellt und am 8. Februar 1976 zum Oberleutnant befördert. Am 19. Januar 1979 wechselte er in den Westen. Die von ihm mitgebrachten Materialien, sämtlich auf Mikrofilm festgehalten, füllten siebzehn Leitz-Ordner.

Von seinem Eintritt in das MfS bis zu seinem spektakulären Übertritt war Stiller als »operativer Mitarbeiter« im Sektor Wissenschaft und Technik der HV A eingesetzt, und zwar in der Abteilung XIII, die sich mit der wissenschaftlich-technischen Aufklärung im Bereich Kernphysik und angrenzender Wissenschaftsgebiete befaßt. Im Rahmen seiner Tätigkeit hat Stiller Inoffizielle Mitarbeiter geworben und als Führungsoffizier gesteuert. Die Auswertung der von ihm mitgebrachten Materialien und seine Aussagen ermöglichten im Laufe der folgenden Monate Festnahmen in siebzehn Fällen; weitere fünfzehn mutmaßliche Agenten setzten sich in die DDR ab. Meistens hatten sich hochqualifizierte Wissenschaftler dem Zugriff der Abwehr entzogen.

Aus den Materialien Stillers geht hervor, daß der Hauptverwaltung Aufklärung in den Jahren 1975 sowie 1977 und 1978 von mehr als 50 Agenten in Kreisen von Wissenschaftlern und Technikern insgesamt etwa 530 wissenschaftlich-technische Dokumentationen von zum Teil erheblichem Umfang zugeführt wurden. Nach Schätzungen des ehemaligen Geheimdienstoffiziers spart die DDR bei einem Aufwand von fünf Millionen Mark für Beschaffungskosten auf dem zivilen Sektor der Industrie jährlich ca. 300 Millionen Mark an Forschungs- und Entwicklungskosten[77]. Die Zahl der für das MfS in bundesdeutschen Konzernen tätigen Informanten beziffert Stiller auf 400 bis 500 – was ermessen läßt, wie viele Inoffizielle Mitarbeiter vom Schlage der Gottfried, Differt und Reichwald in der Bundesrepublik ihr Unwesen treiben.

»Postkontrolle« beim Verfassungsschutz

»Aus der Reihe der Exekutivfälle des Jahres 1980 ragt der Spionagefall Magdeburg wegen seiner unmittelbaren Auswirkungen auf die Arbeit der Verfassungsschutzbehörden selbst und darüber hinaus die Tätigkeit aller bundesdeutschen Sicherheitsbehörden hervor«[78]. Wenn das Bundesministerium des Innern in seinem Jahresbericht zum Verfassungsschutz, dem dieser Satz entstammt, den Fall Magdeburg als für den Grad der Spionagebedrohung in diesem Staat bezeichnend herausstreicht, so provoziert dies die Frage, wie arglos die Abwehr hierzulande tätig zu sein scheint und wie selbstsicher DDR-Agenten ihrem Gewerbe nachgehen können.

Bei dem Fall Magdeburg ging es um nicht mehr und nicht weniger als die wiederholte Leerung von Postschließfächern mehrerer Verfassungsschutzämter sowie zweier Schließfächer des Bundesnachrichtendienstes in Bonn und des Amtes für Sicherheit der Bundeswehr in Köln durch zwei rührige Agenten der Abteilung IX (Gegenspionage) der Hauptverwaltung Aufklärung: Peter und Marion Magdeburg, ein Ehepaar aus Leipzig, das mehrere Jahre lang ungeschoren in die Bundesrepublik einreisen konnte, um mit Nachschlüsseln die Postschließfächer der Landesämter für Verfassungsschutz in Bremen, Mainz und Wiesbaden sowie der beiden anderen Sicherheitsbehörden zu leeren, einliegende Briefe zu entnehmen, mit Hilfe eines simplen Wasserdampföffners zu öffnen und den Inhalt zu fotografieren. War die Post abgelichtet, wurde sie ins Schließfach zurückgebracht.

Fünf Jahre konnte das Ehepaar seinem trüben Gewerbe nachgehen, ohne aufzufallen oder entlarvt zu werden. Bei der Legendierung bediente es sich in gefälschten Reisepässen der persönlichen Daten eines in Recklinghausen ansässigen Ehepaares, dessen Daten die Grenzkontrollorgane der DDR aus echten Pässen beim Passieren der Grenze abgelichtet hatten. Schon dieser Umstand ist notierenswert: Er verdeutlicht einmal mehr die sorgfältige Planung aller Einsätze. Als das Ehepaar Magdeburg am 14. Dezember 1980 in Mainz festgenommen wurde, hatten die rheinland-pfälzischen Verfassungsschutzbehörden noch immer nichts gemerkt . . . Ein Hotelier, dem die Eheleute der Zechprellerei verdächtigt schienen und der die Polizei gerufen hatte, sollte schließlich ihre Entlarvung bewirken, ohne sie beabsichtigt zu haben.

Zehn Monate später hatten sich die Eheleute Magdeburg aus Leipzig vor dem Oberlandesgericht in Koblenz zu verantworten. Das Urteil, das am 24. September 1981 gegen die 38jährige Angeklagte Marion Magdeburg und ihren 41jährigen Ehemann Peter wegen geheimdienstlicher Tätigkeit erging, lautete auf vier Jahre Freiheitsstrafe. Die Strafe fiel so verhältnismäßig niedrig aus, weil nach den Feststellungen des Gerichts kein besonders schwerer Fall vorgelegen hatte. In den Schließfächern sollte sich nur Material der niedrigsten Geheimhaltungsstufe befunden haben. Ein schwacher Trost, der um so fragwürdiger erscheint, als einem Gutachter in der fünftägigen Hauptverhandlung zufolge in der ausspionierten Post auch Daten über Bundesbürger gewesen seien, die der DDR-Spionagedienst zu erpresserischen Zwecken mißbrauchen konnte. Der Nachweis, daß solche Daten tatsächlich nach Ost-Berlin gelangt waren, konnte vor Gericht allerdings nicht erbracht werden. Umgekehrt wirkte sich für die Angeklagten entlastend aus, daß sie während des Ermittlungsverfahrens geständig waren und den bundesdeutschen Behörden neue Erkenntnisse über die Arbeitsweise des MfS vermittelt hatten.

Im Gegensatz zu ihrer »kooperativen Haltung« in der Untersuchungshaft hatten die beiden Agenten-Eheleute an allen fünf Tagen der Hauptverhandlung eisern geschwiegen und das Urteil wortlos und ohne erkennbare Rührung entgegengenommen – in der Hoffnung vermutlich, vor Ablauf der Strafzeit freigetauscht zu werden. Befragt, aus welchen Motiven heraus sie ihre Tätigkeit betrieben hätten, erklärten sie freimütig, dadurch wären ihnen regelmäßig Reisen in den Westen möglich gewesen . . . Am 18. Dezember 1982 gingen Meldungen durch die bundesdeutsche Presse, wonach das Ehepaar Magdeburg »freigetauscht« worden war. Die Hälfte der Strafe war ihm erlassen.

Der Berner Nationalrat Dr. Fritz Hofmann hat 1980 öffentlich darauf aufmerksam gemacht, daß in der Schweiz zum genannten Zeitpunkt 125 Länder durch diplomatische Missionen vertreten waren. Die Zahl der ausländischen Diplomaten bezifferte er auf 730, für das Verwaltungs- und technische Personal nannte er die Zahl von weiteren 624 Personen – Familienangehörige nicht gerechnet. Außerdem existierten 1980 weitere 115 ständige Missionen, Delegationen und Beobachtungsbüros fremder Staaten in Genf, die dort bei internationalen Organisationen akkreditiert sind, sowie sechs Sondermissionen. Die Zahl ihrer Mitarbeiter belief sich auf 2080. Dazu kamen rund 11 600 Beamte, die bei den internationalen Organisationen tätig sind, ohne diplomatischen Status zu haben. »Die hohe Zahl der Diplomaten und Funktionäre ausländischer Staaten in unserem Lande zwingt die Frage geradezu auf, wie weit die Schweiz zur Drehscheibe internationaler Spionage- und Agententätigkeit geworden ist«[79]. Eine politisch zugespitzte Frage war das mitnichten, denn als Schnittpunkt internationaler, zumal westöstlicher Beziehungen bietet die Schweiz Geheimdiensten jedweder Provenienz tatsächlich ein ergiebiges Terrain. Das trifft natürlich auch auf das MfS zu, dessen Führungsoffiziere, Instrukteure und Kuriere nicht zuletzt davon profitieren, daß in der dreisprachigen Alpenrepublik 65 Prozent der Schweizer Bürger Deutsch sprechen. Zudem wird die Spionage in der Schweiz durch die Weltoffenheit des Landes begünstigt: Touristik und Verkehr ermöglichen die Organisation geheimdienstlicher Operationen wie konspirative Schleusungen oder unverfängliche Treffs mit Agenten aus Drittländern. Die Erfolgsstatistik im Kampf gegen die Spionage bestätigt diese Folgerungen. »So konnten die schweizerischen Abwehrorgane in der Zeit von 1948 bis 1977 insgesamt 178 Spionagefälle aufdecken, in welche 302 Personen – davon 97 Diplomaten oder Funktionäre internationaler Organisationen – verwickelt waren. Von diesen 178 Fällen entfielen 54 auf westliche, westlich orientierte oder arabische Staaten, während in 124 Fällen zugunsten von Ostblockstaaten spioniert wurde«[80]. Die bis 1980 fortgeschriebenen Zahlen[81] bestätigen diese Entwicklung.

Unter den östlichen Geheimdiensten in der Schweiz fällt dem MfS allerdings nicht die dominierende Rolle zu, die ihm in der Spionage gegen die Bundesrepublik zukommt, aber bedeutungslos sind seine Aktivitäten dennoch nicht. Verschiedene Spionagefälle[82] bis in die jüngste Zeit hinein überzeugen vom Gegenteil. Dabei zeichnet sich das Bestreben ab, die in der Schweiz aufgebauten Spionagebrückenköpfe nicht nur zur Ausspähung der eidgenössischen Republik, sondern als logistische Basis für geheimdienstliche Operationen in Drittländern zu verwenden. Unter einen dafür typischen Fall, der erneut die Zusammenarbeit zwischen dem MfS und dem KGB demonstriert, zog das Zürcher Bezirksgericht am 10. Februar 1982 den Schlußstrich. In Rede steht der Fall Kruminsch/Nummert[83].

Es geschah am frühen Abend des 13. Juli 1981: Auf dem Flughafen Zürich-Kloten wurden unmittelbar vor dem Abflug nach Wien die Eheleute Geschwinnt festgenommen – jedenfalls lauteten ihre Pässe auf diesen Namen. Natürlich waren sie gefälscht. Festgenommen waren in Wirklichkeit der aus

Lettland gebürtige Ingenieur Karl Kruminsch und die aus Sachsen stammende Kindergärtnerin Katarina Nummert. Er war 1970 für das KGB verpflichtet und in den Folgejahren für einen nachrichtendienstlichen Einsatz sorgfältig ausgebildet worden – sie war 1972 in die Dienste des MfS getreten und ebenfalls geschult worden, in Ost-Berlin übrigens und in Moskau, bis sie schließlich vom MfS als Agentin an das KGB abgegeben wurde. Dabei war die Voraussetzung für einen gemeinsamen Einsatz geschaffen. 1974 heirateten beide in der sowjetischen Hauptstadt. Kurz nach ihrer Eheschließung gingen sie zusätzlich eine »operative Ehe« ein, die unter dem Decknamen Geschwinnt ihrer Legende gemäß in Kopenhagen geschlossen wurde. Ab 1975 waren beide gemeinsam in der Spionage gegen Persien tätig. Zunächst operierten sie von Wien, später von Zürich aus, wo das Ehepaar Geschwinnt seit 1978 jährlich mehrmals Quartier machte, ein gemeinsames Bankkonto unterhielt und seine Flugreisen nach Österreich sowie in den Nahen und Mittleren Osten abwickelte.

Im Verlauf einer viertägigen Hauptverhandlung vor dem Bezirksgericht in Zürich überraschte Kruminsch zwar mit der Erklärung, er habe nie für das KGB, sondern stets nur für das MfS gearbeitet, er sei auch nicht Sowjetbürger lettischer Herkunft, sondern Bürger der DDR, doch überzeugen konnte er das Gericht davon nicht. Die dem Agentenehepaar über Funk übermittelten Anweisungen waren von der schweizerischen Funküberwachung monatelang erfaßt und entschlüsselt worden. Als Standort des Senders war Moskau einwandfrei identifiziert worden. Freilich, »ob das Agentenehepaar im Auftrag des sowjetischen KGB oder des ostdeutschen MfS spioniert hat, kommt am Ende angesichts der engen Zusammenarbeit dieser zwei Geheimdienste fast auf dasselbe heraus«[84]. Diesem Kommentar der »Neuen Zürcher Zeitung« ist nichts hinzuzufügen. Die Quittung des Gerichts lautete für Kruminsch auf drei Jahre Gefängnis, für Katarina Nummert auf zweieinhalb Jahre jeweils unter Anrechnung der Untersuchungshaft.

Dieselbe Strafe kassierte der Kaufmann Louis Lichtensteiger[85], ein leidenschaftlicher Amateurfunker, der sich zum Computerexperten hochgearbeitet hatte. Als er am 3. Februar 1977 in Zürich verhaftet wurde, hatte er rund vierzehn Jahre Tätigkeit für das MfS hinter sich. Gelegentlich einer Reise zur Leipziger Messe »nachrichtendienstlich verstrickt«, führte er während dieser Zeit zahlreiche Aufträge aus, nachdem er teils in Leipzig, teils in Ost-Berlin in konspirativen Techniken geschult und mit gefälschten Papieren ausgestattet worden war. Was seinen Fall charakteristisch macht, sind gleichwohl nicht die ihm erteilten und von ihm ausgeführten Spionageaufträge, die von der Ausspähung von Geschäftsgeheimnissen in der Computerbranche bis zur Erkundung militärischer Daten reichten, sondern die schier schrankenlose Neugier seiner Auftraggeber in Ost-Berlin. »Sie verlangten Auskunft über das, ›was man als Bürger in der Stadt Zürich weiß‹, wie man zu einem Führerschein kommt, wie die Rekruten ausgehoben und die Wehrmänner in den Dienst einberufen werden, wie die Wahlberechtigten registriert werden, was gewisse Einträge auf dem AHV-Ausweis bedeuten, wie die gesetzlichen Bestimmungen des Beitritts zu einer Krankenversicherung lauten, wie das Melde- und Aufenthaltswesen geregelt ist und vieles andere mehr«[86]. Wozu nützen solche Auskünfte, wenn nicht der Ausbildung und Ausrüstung neu und möglichst risikolos in die Schweiz einzuschleusender Agenten? Auch in Sachen »Personenabschöpfung« kam das MfS im Fall Lichtensteiger auf seine Rechnung. Da der Agent in den letzten vier Jahren bis zu seiner Enttarnung bei der Schweizerischen Bankgesellschaft in Zürich als Programmierer und Organisator in der Datenbank-Administration tätig war, stellte er eine ergiebige Quelle dar. Für seine Dienste erhielt er teils Geldzuwendungen, teils Sachwerte als Geschenk – unter anderem einen kostbaren Pelzmantel für die Frau Gemahlin. In seinem Urteil erkannte das Zürcher Bezirksgericht am 5. April 1978 auf zweieinhalb Jahre Gefängnis.

Ein letztes Beispiel mag das Bild vervollständigen und noch einmal illustrieren, was sich die Hauptverwaltung Aufklärung im MfS einfallen läßt, um die Personenabschöpfung zu systematisieren. Unter dem 6. November 1963 wurde im Handelsregister des Kantons Zürich ein Pressedienst unter der Bezeichnung »Roundup Press Service« eingetragen – zwecks »Verfassung und Herausgabe von journalistischen Arbeiten sowie Vermittlung zwischen Urhebern solcher und Verlegern«[87]. Hinter dem Unternehmen stand ein Deutscher namens Hans von Oettingen alias Dr. Rudolf Jelleck, der am 17. November 1974 in Zürich festgenommen wurde. Im Auftrag und mit den Geldern des MfS hatte er in der Schweiz und in anderen europäischen Ländern besagten Pressedienst aufbauen sollen. »Zweck dieser ›Agentur‹ war es, in ganz Europa unter dem Zeichen des Schweizerkreuzes ›Korrespondenten‹ anzuwerben, Kontakte mit interessanten Persönlichkeiten und Studenten anzubahnen, um auf diese Weise Lebensgewohnheiten und politische Auffassungen unter den im Kapitalismus lebenden Menschen kennenzulernen, was man hierorts schlicht und einfach politische Spionage nennt«[88]. So das Resümee des Zürcher Autors Ernst R. Borer, der sich in einer Spionagestudie hauptsächlich mit den Anwerbepraktiken östlicher Geheimdienste auseinandergesetzt hat. Meistgeübte Kontaktanbahnung des »Roundup Press Service« war das gezielte Interview, zu dem eigens Instruktionen erlassen waren: »Beginnen Sie mit den Leuten ein Gespräch«, hieß es etwa, »wie es ihnen in der Schweiz gefällt. Tun Sie so, als arbeiten Sie für Schweizer Blätter, die sich für die Probleme, Sorgen und Anregungen ausländischer Studenten interessieren. Das schmeichelt dem Gesprächspartner meistens und er wird aufgeschlossen . . .«[89]. Tatsächlich erhielt das MfS Aufschluß über Dutzende von Studenten und ihre persönlichen, finanziellen und verwandtschaftlichen Verhältnisse, und zwar nicht nur in der Schweiz, sondern auch in Deutschland und Schweden. Die Kontakte durften erst abgebrochen werden, wenn in Ost-Berlin darüber entschieden worden war. Auch fehlte nicht folgender Hinweis: »Vermeiden Sie bei allen Interviews, von sich zu erzählen, denn nicht Sie, sondern der Partner wird interviewt . . .«[90]. Am 25. Februar 1966 fällt das Bezirksgericht Zürich nach vier Verhandlungstagen sein Urteil[91]: Hans von Oettingen, damals 47jährig, wurde des geheimen politischen Nachrichtendienstes sowie der wiederholten und fortgesetzten Fälschung von Ausweisen für schuldig befunden und zu zwei Jahren und drei Monaten Gefängnis verurteilt. Einer seiner Mitarbeiter, der damals 32jährige Schweizer Richard Beeli, wurde freigesprochen. Seine Behauptung, er sei sich nie bewußt geworden, für einen Geheimdienst statt für einen Pressedienst gearbeitet zu haben, hatte ihm nicht widerlegt werden können.

Die Schweiz als Lehrbeispiel? Analoges ließ sich auch über Österreich sagen und belegen, wo die Gegebenheiten, die sprachlichen zumal, die DDR-Spionage ähnlich begünstigen. Neutrale Staaten als Kommunikationszentren und »logistische Basen« östlicher Geheimdienste und speziell des MfS – darauf wird man sich auch künftig einstellen müssen. Nicht zuletzt lassen sich von hier aus auch risikoärmer als unmittelbar aus der DDR Kontakte und Kommunikationen in Drittländern Westeuropas anbahnen und pflegen.

»Operative Arbeit« in Westeuropa, den USA und China

Im Spätsommer 1980 erregten Zeitungsmeldungen Aufsehen, wonach der französischen Abwehr ein kapitaler Fisch ins Netz gegangen war: Unter dem dringenden Verdacht der Militärspionage war am 19. August 1980 Generalmajor a. D. Heinz Zorn in der nordfranzösischen Industriestadt Lille festgenommen worden. Wie ein Sprecher des Pariser Innenministeriums mitteilte, waren bei Zorn geheime Unterlagen über Panzer und Panzerabwehr-Raketen gefunden worden. Erneut bestätigte der Fall, daß die DDR-Spionage ihre Aktionsfelder längst über Deutschlands Grenzen hinaus gesucht und gefunden hatte.

Freilich ist diese Einschätzung zu relativieren. Aktivitäten der Hauptverwaltung Aufklärung in Westeuropa einschließlich Skandinaviens sind anhand rechtskräftiger Gerichtsurteile gegen DDR-Agenten erst für die sechziger Jahre, verstärkt sogar erst für die siebziger Jahre nachzuweisen, was übrigens auch für Österreich und die Schweiz gilt. Zum Teil verhängten französische Gerichte härteste Strafen bis zu zwanzig Jahren Zuchthaus[92]. Andererseits sind auch die Auslandsreferate der HV A erst Schritt um Schritt auf- und ausgebaut worden, obschon ihre gegenwärtige Struktur verrrät, daß die DDR-Spionage alle wichtigen Länder in allen fünf Erdteilen im Blickfeld hat. Mit fortschreitender völkerrechtlicher Anerkennung der DDR wuchs auch der internationale Informationsbedarf ihrer Regierung. Zugleich konnte sich das MfS zunehmend auf Legale Residenturen in Diplomatischen Missionen der DDR stützen.

Jenseits dieser Entwicklung kommt dem Fall Zorn[93] eine besondere politische Note zu, die in dem bewegten Lebenslauf des ertappten Agenten begründet liegt. Heinz Zorn, 1912 in Berlin geboren, hatte sich im Dritten Reich für die Karriere des Berufssoldaten entschieden. 1942 taucht sein Name in Norwegen auf: Als Major der Luftwaffe war er dem dortigen Generalstab zugeteilt. Nach seiner Verlegung an die Ostfront entschloß sich Zorn, zur Roten Armee überzulaufen. Nicht nur trat er dem Nationalkomitee Freies Deutschland bei, er kämpfte auch Schulter an Schulter mit russischen Partisanen gegen die Wehrmacht im Osten – weshalb ihn ein deutsches Kriegsgericht in Abwesenheit zum Tode verurteilte. Einer Zeit als Lehrer an der Antifa-Schule in Krasnogorsk, die weit in die Nachkriegsjahre hineinreichte, folgte 1949 die Heimkehr Zorns. In der DDR wirkte er bald beim Aufbau einer zunächst als »Aero-Club« getarnten Luftwaffe mit – als Chefinspekteur der Hauptverwaltung Ausbildung.

Nach Bildung der Nationalen Volksarmee 1956 stieg Zorn zum Chef des Stabes der Luftstreitkräfte/Luftverteidigung im Rang eines Generalmajors auf. Ausgestattet mit soliden Fachkenntnissen, leistete er gleichsam Pionierarbeit, bis er nach sieben Jahren an die Militärakademie »Friedrich Engels« in Dresden versetzt wurde, wo er als Stellvertretender Kommandeur und Leiter der Fakultät für Luftverteidigung und Luftstreitkräfte maßgeblichen Einfluß auf die Ausbildung des Offiziersnachwuchses der DDR-Luftwaffe besaß. Nachdem er 1972 an das Militärgeschichtliche Institut in Potsdam gewechselt und fünf Jahre später pensioniert worden war, wurde er auf seine alten Tage also noch Inoffizieller Mitarbeiter der Hauptverwaltung Aufklärung (wenngleich nicht auszuschließen ist, daß er für den militärischen Nachrichtendienst der DDR tätig war, für die »Verwaltung Aufklärung« im Ministerium für Nationale Verteidigung).

Im Gewand eines Touristen, ausgestattet mit der Legitimation eines Vorstandsmitglieds der Gesellschaft für Freundschaft DDR–Frankreich, reiste Zorn von Ost-Berlin wiederholt nach Paris und in andere französische Städte, bis ihm die cleveren Franzosen im Zusammenwirken mit belgischen Abwehrbehörden auf die Schliche kamen. Nachdem er in Lille festgenommen war, fand die französische Abwehr in seinem Gepäck streng geheime Unterlagen über Panzer und panzerbrechende Waffen. Ein förmliches Verfahren wegen Spionage wurde gegen ihn eröffnet. Aufgrund intensiver Bemühungen der DDR wurde der Ex-General gegen in DDR-Haft befindliche Gefangene ausgetauscht. Am 22. Juni 1982 bestätigte das Außenministerium in Paris, daß Zorn »aus humanitären Gründen und unabhängig von den gegen ihn erhobenen Beschuldigungen« entlassen worden sei. In den Medien der DDR ist der Fall Zorn niemals erwähnt worden.

Während der Aufbau von Spionagestützpunkten in Westeuropa unter den hier gegebenen Bedingungen verhältnismäßig einfach hatte vonstatten gehen können, scheint das MfS in der Neuen Welt erst allmählich Fuß gefaßt zu haben, wobei das Terrain gewiß besser bereitet werden konnte, seitdem zwischen Ost-Berlin und Washington diplomatische Beziehungen bestehen und die DDR als Mitglied der Organisation der Vereinten Nationen eine Ständige Vertretung in New York unterhält. Die Chance, Legale Residenturen aufzubauen, hat sich die Hauptverwaltung Aufkärung wohl auch hier kaum entgehen lassen.

Eine Niederlage im heimlichen Krieg auf amerikanischem Boden mußte das MfS allerdings hinnehmen, als am 22. November 1979 die Abwehr den in New York tätigen Illegalen Residenten Eberhard Lüttich[94] in Hamburg enttarnen und festnehmen lassen konnte. Da es in diesem Fall gelang, den Offizier im besonderen Einsatz »umzudrehen«, breitete der Ex-Major des MfS, ein Mann des Jahrgangs 1938, sein ganzes Wissen aus – was nicht wenig war, denn bis 1969 war er im Referat Südamerika der Zentrale tätig gewesen, hernach hatte er eine Spezialausbildung absolviert und war 1973 unter dem Decknamen Hanns-Dietrich Steinmüller via Hamburg nach New York eingeschleust. In der amerikanischen Hauptstadt fand er eine Beschäftigung als Kaufmann bei der dortigen Niederlassung der bundesdeutschen Speditionsfirma Schenker & Co – einem international renommierten Unternehmen, das unter anderem regelmäßig Umzüge von Diplomaten und Militärs zwischen den USA und Europa durchführt. Als Mitarbeiter im Sachbereich Europa hatte Lüttich also die ideale Möglichkeit zur Spionage. Einerseits meldete er alle ihm zugänglichen Erkenntnisse über internationale Transporte – wodurch die HV A Einblick in personelle Bewegungen erhielt –; andererseits war er beauftragt, Kontakte zu amerikanischen Universitäten zu knüpfen und junge Akademiker als Perspektivagenten anzuwerben.

Weisungen der Zentrale wurden ihm außer bei Treffs mit Führungsoffizieren in Drittländern – so in Mexiko City, Wien, Helsinki und Hamburg – über Funk übermittelt, und zwar teils von einem in Kuba stationierten Sender, teils über Kurzwelle aus der DDR. Seine Informationen leitete Lüttich alias Steinmüller zumeist auf postalischem Wege mittels Mikraten an die Zentrale, wobei er sich eines Kontaktmannes in Extertal, einem Dorf im Westfälischen, bediente. Rund sechs Jahre lang war Eberhard Lüttich auf diese Weise tätig. Seine Offenbarung nach der Festnahme, die ihm Straffreiheit verschaffte, machte ihn zu dem nach dem Übertritt des Führungsoffiziers Werner Stiller wichtigsten Informationsträger für die bundesdeutsche und die amerikanische Abwehr.

Einblick in die offenkundig zunehmenden Aktivitäten der DDR-Spionage in den USA – die ihren Ausdruck auch in der Einrichtung einer besonderen Abteilung Nordamerika in der HV A in den siebziger Jahren fand – bot exemplarisch zudem der Fall Zehe[95], der internationales Aufsehen erregt hat. Prof. Alfred Zehe, Ordinarius an der Technischen Universität Dresden, Spezialist für Vakuumphysik, Inhaber einer Reihe von Patenten, hielt sich in der zweiten Hälfte der siebziger Jahre als Gastdozent am Physikalischen Institut der Universität Puebla in Mexiko auf. Gleichzeitig wurde er hier als Inoffizieller Mitarbeiter für das MfS tätig. Es gelang ihm, für rund 22 000 Dollar von einem Zivilangestellten der US-Marine geheime militärtechnologische Unterlagen zu beschaffen. Sein Pech: Der Lieferant offenbarte sich daheim und arbeitete fortan mit dem FBI zusammen. Als Prof. Zehe später, inzwischen wieder in Dresden, zu einem Kongreß nach Boston reiste, wurde er dort am 3. November 1983 festgenommen. Im Gegensatz zu allen Protesten nicht nur aus Ost-Berlin gegen den »Willkürakt des amerikanischen Imperialismus« zeigte sich Prof. Zehe geständig. Ein Bundesgericht in Boston verurteilte ihn zu acht Jahren Freiheitsstrafe. Im Rahmen eines internationalen Agentenaustausches kehrte er am 11. Juni 1985 in die DDR zurück.

Bleibt ein kurzer Blick auf die Volksrepublik China. Gewiß kann das Reich der Mitte schon wegen seiner geographischen Entfernung und seiner ethnologischen Beschaffenheit keine Domäne des MfS sein. Folglich überläßt das MfS hier dem KGB das Terrain. Andererseits hat der Einsatz gerade deutscher Kommunisten im Geheimdienst in China eine lange Tradition – von Wilhelm Zaisser bis Richard Sorge[96] und Otto Braun. Aufhorchen ließ daher die heftige Attacke auf China, in der sich der Minister für Staatssicherheit in seiner Rede vor Parteiaktivisten des MfS gefiel. »Es ist unübersehbar: Der gegen den Weltfrieden und gegen den Sozialismus gerichtete Kurs der Pekinger Führer ist in ein neues Stadium eingetreten und hat tatsächlich z. T. neue Dimensionen angenommen«, meinte Mielke und unterstrich die Notwendigkeit für das MfS, sich »künftig stärker mit der gefährlichen Politik der chinesischen Führer beschäftigen« zu müssen. »Das unterstreicht die wachsende

Bedeutung der Aufklärung und Analysierung der Pläne, Absichten und Aktivitäten der Pekinger Führer«[97]. Nach der politischen Wiederannäherung zwischen den Machthabern in Ost-Berlin und Peking dürfte das MfS in der zweiten Hälfte der achtziger Jahre seine Aktivitäten in China allerdings verringert oder eingestellt haben.

Desinformation und verdeckte Einwirkung

Die politische Führung im Staat der SED hat nie darauf verzichtet, durch Enthüllungen aus Erkenntnissen des MfS gezielt Einfluß auf die öffentliche Meinung in der Bundesrepublik und, wo möglich, auf die Willensbildung ihrer Entscheidungsträger zu nehmen. Dieser Informationspolitik entspricht als spezifisch geheimdienstliche Variante die Politik durch Desinformation. »Dabei wird meist falsche Information gezielt und gelenkt durch den mit Auslandsaufklärung betrauten Intelligence-Apparat so in ein anderes Land verbracht, daß sie entweder, als Desinformation nicht identifiziert, im dortigen Planungs- und Entscheidungsapparat Anlaß zu entsprechenden, aber eben falschen Schlußfolgerungen gibt oder, in den dortigen Bereich der öffentlichen Meinung kanalisiert, Verwirrung stiftet und die Entscheidungsinstanzen in Handlungszwang bringt«[99]. In anderem Zusammenhang ist schon darauf hingewiesen worden, daß die Hauptverwaltung Aufklärung über eine spezielle Desinformationsabteilung verfügt.
Im offensiven Konzept der Staatssicherheit versteht sich die Desinformation als eine Form der verdeckten Einwirkung, die ihrerseits umfassender ist und von der Kontaktpflege zu politisch einflußreichen Wissens- und Entscheidungsträgern über den Einsatz sogenannter Einflußagenten, »einer modernen Abwandlung des alten ›agent provocateur‹«, der »gewissermaßen falsche Reaktionen provoziert«[100], bis hin zu subversiven Aktionen reicht, bis zur Unterstützung mit Geld und Waffen, bis zur Vorbereitung und Durchführung von Sabotage.

Ex-Kundschafter im Agitationseinsatz

Desinformationsmanöver und Agitationskampagnen der DDR sind aus den Zeiten des kalten Krieges unvergessen. Zum Teil richteten sie sich pauschal gegen die Politik der Bonner Regierung, zum Teil zielten sie konkret auf ihre führenden Männer. Die jahrelange Diffamierung des Bundespräsidenten Heinrich Lübke als »KZ-Baumeister« ist noch allzugut in unguter Erinnerung. Gewiß ist dafür nicht ausschließlich das MfS verantwortlich zu machen, aber andere DDR-Institutionen des einschlägigen Metiers dürften nur mit seiner Unterstützung tätig geworden sein. Wer gewisse, zumeist als Dokumentationen aufbereitete »Weißbücher«, »Braunbücher« und »Graubücher« aus den fünfziger und sechziger Jahren zur Hand nimmt[101], kann sich unschwer davon überzeugen. Als besonderer Typus politischer Enthüllungsliteratur wirkten sie nicht selten deshalb überzeugend, weil sie mit regierungsamtlicher Autorität verbreitet, meist in spektakulären Pressekonferen-

zen der Öffentlichkeit übergeben wurden. Auch eine sich über Jahre erstrek-
kende Kampagne gegen die Organisation Gehlen ist unter dem Stichwort
Desinformation einzuordnen – speziell auch die Publikation vermeintlich de-
couvrierender Schriften über westliche Geheimdienste wie »Die graue
Hand«[102] oder »Nicht länger geheim«[103]. Wer nach dem »Cui bono« fragt, gerät an den wahren Urheber.

Indes blieb Desinformation kein Kind des Kalten Krieges – auch der »friedlichen Koexistenz« ist sie nicht fremd. Der Fall Inge Goliath mag das illustrieren. Die damals 38jährige Sekretärin, die 1979, wie dargelegt, aus Bonn nach
Ost-Berlin gewechselt war, weil sie ihre Enttarnung und Festnahme als
Agentin befürchtete, hatte lange Jahre als Sekretärin für den CDU-Bundestagsabgeordneten Dr. Werner Marx gearbeitet und den außen- und verteidi-
gungspolitischen Experten seiner Fraktion systematisch ausgespitzelt.
Nach einer Zeit des Schweigens trat sie am 17. Mai 1979 »vor der Auslandspresse« in Ost-Berlin mit einer Erklärung an die Öffentlichkeit, um die »gegen Frieden und Entspannung gerichteten Aktivitäten« ihres früheren Chefs
zu enthüllen. »In den zehn Jahren meiner Arbeit für Herrn Dr. Marx kam ich
zu der Einsicht, daß er zahlreiche Fäden in der Hand hält und diese zur Erreichung von Zielen nutzt, die nicht mit seinen öffentlichen Erklärungen über-
einstimmen . . . Aus dieser Zeit als persönliche Mitarbeiterin bei Herrn Dr.
Marx kenne ich die verschiedensten Aktivitäten von ihm und ihm nahste-
henden Politikern, die sicherlich nicht mit den Aufgaben einer parlamentarischen Opposition zu vereinbaren sind«[104]. Durch gezielte Indiskretionen
suchte sie Mißtrauen zwischen Regierung und Opposition einerseits, zwischen CDU und CSU anderseits zu stiften. Um ihren Desinformationsversu-
chen zu verstärkter Wirkung zu verhelfen, verschickte die Ex-Agentin den zu
einer Broschüre zusammengefaßten Wortlaut ihrer Erklärung und verschiedene Protokolle, angebliche Niederschriften des CDU-Politikers, in die Bundesrepublik, verbunden mit dem Angebot, in Ost-Berlin Einblick in weitere
Materialien zu gewähren. Als Kontaktadresse wurde das Internationale
Pressezentrum in Ost-Berlin genannt.
Zu einer zweiten Aktion dieser Art kam es im Juli 1980, als Inge Goliath im
Vorfeld des Wahlkampfes zur Wahl des 9. Deutschen Bundestages weitere
»Geheimnisse des Dr. Werner Marx« zu enthüllen trachtete. In einer Broschüre, die wie die erste kein Impressum enthielt, veröffentlichte sie neun angebliche Dokumente, die einerseits den CDU-Politiker diskreditieren sollten, die andererseits aber auch darauf angelegt waren, durch Enthüllungen
sogenannter Interna wie Gehaltslisten den Bundesnachrichtendienst ins Gerede zu bringen.
Einen Sonderfall gezielter Desinformation und Propaganda stellt die Verklärung kommunistischer Agenten und Spione als »Kundschafter« dar. Die literarisch verbrämten Erinnerungen Ruth Werners in »Sonjas Rapport« sind
schon erwähnt worden[103]. Sie blieben nicht die einzigen ihrer Art. 1979 veröffentlichte auch Gerhard Kegel »Erinnerungen eines deutschen Kommunisten«. Von den biederen Memoiren anderer Genossen unterschieden sie sich
dadurch, daß sie »aus der Sicht eines roten Kundschafters« verfaßt worden
waren. Der heute im Ruhestand lebende Journalist und ehemalige DDR-
Botschafter erzählt darin von seiner konspirativen Arbeit in Warschau im

Dienst der Sowjetspionage vor dem Zweiten Weltkrieg. »Manche Einzelheiten meiner Tätigkeit als roter Kundschafter kann ich heute noch nicht mit letzter Offenheit darlegen«, bekannte er fast naiv. »Obwohl seit jenen Tagen über Jahrzehnte vergangen sind, gibt es doch noch gewichtige Gründe für eine gewisse Zurückhaltung in manchen Details«[106]. Sollten gewisse Details unerwünschte Rückschlüsse auf heutige Aktivitäten zulassen und deshalb verschwiegen werden müssen?

Gelegentlich unterlaufen der Desinformationsabteilung freilich peinliche Fehler. So war 1979 der Ex-Agent Horst Hesse während des Nationalen Jugendfestivals der DDR im Ostberliner Stadtbezirk Friedrichshain bei einem »Treffpunkt Kundschafter« als einer der Genossen präsentiert worden, »die im Auftrage des Ministeriums für Staatssicherheit lange Jahre an der unsichtbaren Front kämpften«[107]. Leider nur hatte er nicht zum erstenmal in der Öffentlichkeit posiert. »Neues Deutschland« hatte ihn knapp zwei Dutzend Jahre früher schon einmal der Öffentlichkeit vorgeführt – als reumütigen Heimkehrer, der »bis zu seiner Republikflucht im Mai 1953 als Feinmechaniker im volkseigenen Magdeburger Schwermaschinenbau tätig war. In die Fänge der Anwerber für Agenten geriet er in Westberlin. Seine ersten Aufträge lauteten auf Spionage in der DDR. Dann wurde Horst Hesse nach Westdeutschland beordert«, wo er in eine Dienststelle des Military Intelligence Department eingepflanzt werden konnte. »Dort war ich hauptamtlicher Mitarbeiter der Würzburger Filiale des amerikanischen Geheimdienstes MID und kam am 20. Mai dieses Jahres freiwillig in die DDR und stellte mich den Sicherheitsorganen«[108]. Diese Legende zerstörte die führende Zeitung der DDR schon, als sie knapp zwei Jahrzehnte später in einer Reportage Horst Hesse als »einen der Genossen« vorstellte, »die an der unsichtbaren Front selbstlos und mutig ihren Auftrag als Kundschafter des Friedens erfüllten«[109]. Danach war Hesse seinerzeit im Auftrag des MfS unter der Legende eines Flüchtlings in besagte Dienststelle eingeschleust worden. Nach dreijährigem Einsatz hatte er sich zurückgemeldet: »Horst Hesse brachte alle Spionageunterlagen der Würzburger Zentrale in gute Hände. Zahlreiche Agenten wurden ausgeschaltet . . . Nach seiner glücklichen Rückkehr arbeitete Genosse Hesse als Offizier im Ministerium für Staatssicherheit, wurde mit hohen Auszeichnungen geehrt, so mit dem Vaterländischen Verdienstorden«[110]. Von dem »reumütigen« Heimkehrer war niemals mehr die Rede – auch nicht im »Treffpunkt Kundschafter«. Hesses Erlebnisse wurden 1963 zu dem DEFA-Spionagethriller »For Eyes Only« verarbeitet, zu dem Harry Thürk das Szenarium schrieb, derselbe Autor, der 1979 mit dem Kolportageroman »Der Gaukler« Furore machte[111], in dem er Alexander Solshenizyn der literarischen Denunziation preisgab: natürlich als vom US-Geheimdienst gesteuerter Schlüsselfigur der sowjetischen Dissidentenbewegung.

Man ermesse daran, was nach solchen Erfahrungen von Fernsehauftritten wie dem der langjährigen NATO-Sekretärin Ursel Lorenzen zu halten ist, die drei Tage nach ihrer Flucht aus Brüssel in einem DDR-Fernsehinterview ihren Wechsel mit einem Gewissenskonflikt begründete. Auf die Frage, warum sie ihre Tätigkeit bei der NATO aufgegeben haben, erwiderte sie prompt, sie habe »die Unmenschlichkeit der Kriegsplanung, die tatsächlich nur auf einen zukünftigen Krieg ausgerichtet ist«, mit ihrer »humanistischen Grundeinstellung nicht mehr länger in Einklang bringen« können[112], daher sei sie in die DDR gekommen. Wann wird ein Fernsehfilm sie als »mutige Kundschafterin« rühmen?

Einflußagenten ohne Einfluß?

Honeckers seinerzeitige Anspielung auf Berichte seines Geheimdienstes über die Lage unter anderem »in der Führung der CDU/CSU«[113] war ein gleichsam amtliches Eingeständnis, daß auch die Parteien in der Bundesrepublik Ziel östlicher Spionage sind. Mielke hat in seiner mehrfach schon zitierten Parteilehrjahrsrede ebenfalls dafür plädiert, »daß wir bei der Fortführung unserer Politik gegenüber der BRD auch sehr aufmerksam die Entwicklung im Innern der BRD, besonders das weitere Vordringen der Rechtskräfte, verfolgen. Uns ist nicht entgangen, daß diese Kräfte – vor allem die CDU/CSU – ihre Anstrengungen wesentlich verstärkt haben, um die derzeitige Regierung in Bonn zu stürzen und selbst die Regierungsverantwortung zu übernehmen«[114]. In anderem Zusammenhang war schon davon die Rede. Die gezielte Gewinnung Inoffizieller Mitarbeiter auch und gerade im Bonner Konrad-Adenauer-Haus, der Zentrale der CDU, hat erkennen lassen, daß für das MfS ein Regierungswechsel am Rhein nie außerhalb des politischen Kalküls gewesen ist.

Wirksamer noch als die Ausspähung der Parteien auf lange Sicht ist ihre unmerkliche Manipulation durch den Geheimdienst mittels sogenannter Einflußagenten – durch Männer oder Frauen also, die sich von landläufigen Agenten im Dunkel der Spionage hauptsächlich dadurch unterscheiden, daß sie selber kaum Nachrichten beschaffen, jedenfalls nicht in der Hauptsache, sondern im Auftrage des Geheimdienstes Einfluß auf die Politik einer Partei (oder Regierung) zu nehmen suchen. Gert Buchheit qualifiziert den Einsatz von Einflußagenten geradezu als eine »Kampfmethode des Kommunismus«[115] schlechthin. Nun hat zwar das MfS kein Monopol auf Einflußagenten, aber die Erfahrung lehrt sein unermüdliches Bemühen, sie möglichst überall zu gewinnen, wo politische Entscheidungen fallen, eben um Einfluß auf sie nehmen zu können. Die bundesdeutsche Öffentlichkeit wurde mit der Existenz von Einflußagenten erstmals konfrontiert, als der Hamburger CDU-Abgeordnete Karlfranz Schmidt-Wittmack, Mitglied der Ausschüsse für europäische Sicherheit und für gesamtdeutsche Fragen im Deutschen Bundestag, am 21. August 1954 in Ost-Berlin »um Asyl in der Deutschen Demokratischen Republik nachsuchte«. Der Wechsel erregte größtes Aufsehen. Die Motive schienen klar, als Schmidt-Wittmack fünf Tage später in einer Pressekonferenz des damaligen »Ausschusses für deutsche Einheit« bei der DDR-Regierung seinen Übertritt mit der These begründete, »daß das starre außenpolitische Festhalten des Kanzlers an der EVG in keiner Weise den Interessen unseres Volkes entspricht«[116]. Jahre später hat ein Sprecher der Bundesanwaltschaft bestätigt, was anfänglich nur gemutmaßt wurde: Am 3. Juni 1959 erklärte Oberstaatsanwalt Joachim Lösdau unter Berufung auf Enthüllungen eines ehemaligen Hauptmanns des MfS, daß Schmidt-Wittmack 1952 als Einflußagent vom DDR-Geheimdienst geworben und zu seinem

Übertritt nach Ost-Berlin »regelrecht abberufen« worden sei, »um dadurch die Verträge für die Europäische Verteidigungsgemeinschaft zu Fall zu bringen«[117]. Schmidt-Wittmack, der in der DDR der dortigen CDU beitrat und eine Funktion im Außenhandel übernahm, ist in der Bundesrepublik zwar niemals verurteilt worden, aber er ist auch niemals dorthin zurückgekehrt – auch nicht als Gast. Am 5. November 1987 ist er in Ost-Berlin verstorben.

Ein nicht minder irritierendes Exempel für das Wirken von DDR-Einflußagenten war der Fall des Nürnberger Großkaufmanns Hanns-Heinz Porst, der am 8. Juli 1969 vom 3. Senat des Bundesgerichtshofes wegen landesverräterischer Beziehungen zum MfS zu zwei Jahren und neun Monaten Gefängnis und einer Geldstrafe von 10 000 Mark verurteilt wurde. Erwiesenermaßen ist er 1953 in Leipzig für den DDR-Geheimdienst geworben worden. »Auf Weisung des MfS bemühte er sich ab Februar 1955 mit Erfolg in der Freien Demokratischen Partei (FDP) der Bundesrepublik um eine zentrale Stellung, in der er dem MfS geheimen Zugang zu wichtigen Erkenntnissen über die politischen Bestrebungen der FDP-Führung und schließlich auch über die von der FDP mitverantwortete Politik der Bundesregierung eröffnen und gleichzeitig Einfluß auf die entsprechenden partei- und staatspolitischen Entscheidungen verschaffen könnte«[118]. So las man es in der Anklageschrift. Mit behutsamer Umsicht hat Porst die FDP nicht nur durch persönliche Kontakte zu ihrem seinerzeitigen Vorsitzenden Dr. Erich Mende, sondern auch durch (teilweise vom MfS erstattete) Geldspenden zu beeinflussen versucht und gleichzeitig Informationen aus der FDP (obzwar keine Staatsgeheimnisse) an die Hauptverwaltung Aufklärung weitergeleitet. »Porst war ein äußerst gefährlicher Einflußagent und Informationsbeschaffer sowie eine Zentralfigur im Nachrichtenspiel des MfS«[119]. Dies war jedenfalls die Einschätzung durch seinen Richter.

Der bislang aktuellste Fall eines überführten Einflußagenten verbindet sich mit dem bayerischen Arzt und ehemaligen SPD-Landtagsabgeordneten Dr. Friedrich Cremer[120], der am 30. Januar 1979 unter dem dringenden Verdacht festgenommen wurde, etwa seit 1974 Kontakte zu einem MfS-Führungsoffizier namens »Dr. Richter« unterhalten zu haben, mit dem er mehrmals in Lengfurt/Unterfranken und München zusammentraf. Bei einem Aufenthalt in Schweden war Cremer sogar mit Markus Wolf, dem seinerzeitigen Chef der Hauptverwaltung Aufklärung, zusammengetroffen – und dabei von der schwedischen Abwehr fotografiert worden. Diese Unvorsichtigkeit ermöglichte seine Enttarnung. Das Zusammentreffen kann als ein wichtiges Indiz für die Bedeutung gewertet werden, die im MfS dem Kontakt zu Cremer beigelegt wurde. Umgekehrt hat Cremer, als er sich vor dem 3. Senat des Bayerischen Obersten Landesgerichts zu verantworten hatte, seine Unschuld beteuert und behauptet, von den Geheimdienstaufträgen seiner Gesprächspartner nichts gewußt zu haben. Das am 16. Mai 1980 ergangene, in der Revision bestätigte Urteil lautete auf zweieinhalb Jahre Freiheitsstrafe. Am 20. Dezember 1982 wurde Cremer vom Bundespräsidenten begnadigt.

Die drei Beispiele erinnern daran, daß keine der drei demokratischen Parteien in der Bundesrepublik gegen Einflußagenten gefeit ist. Allerdings sind sie schwieriger zu enttarnen und zu überführen als »normale« Agenten, die sich in herkömmlicher Spionage üben. Ihrer Vielfalt wegen sind die Spielarten, in denen Einflußagenten des MfS tätig werden, schwer zu definieren. Wie etwa sind jene »West-Reisekader« einzuordnen, die als Mitarbeiter des Instituts für Internationale Politik und Wirtschaft in Ost-Berlin regelmäßig die Bundesrepublik bereisen, um hier zu wissenschaftlichen Instituten und Einrichtungen der politischen Bildungsarbeit Kontakte zu pflegen? Zweifellos sind unter ihnen Inoffizielle Mitarbeiter, die für das MfS tätig sind. »Sie dienen der Sammlung von Informationen, der Beeinflussung von Kontaktpersonen in der Bundesrepublik Deutschland (und) der Anknüpfung nachrichtendienstlich nutzbarer neuer Kontakte und Verbindungen«[121].

Planungen für den E-Fall

Die Frage, wieweit dem MfS auch Sabotage und Diversion zugewiesen sind, ist schwer zu beantworten. Experten verweisen auf die angebliche Existenz einer für Sabotage zuständigen Hauptabteilung III. Einerseits würden diesbezügliche Planungen und Vorbereitungen für Krisen- und Konfliktfälle zweifellos seinen genuinen Aufgaben entsprechen. Andererseits sind sie kaum zu belegen. Gleichwohl muß grundsätzlich davon ausgegangen werden, daß im MfS die für den E-Fall zweckdienlich erscheinenden Maßnahmen zur Durchführung von Sabotage- und Diversionshandlungen organisatorisch geplant und personell vorbereitet wurden. Ist der Aufbau eines Netzes sogenannter Schweigeagenten dafür ein Indiz?
Bei Schweigeagenten handelt es sich um gut geschulte, im Funken ausgebildete Inoffizielle Mitarbeiter, die erst im E-Fall aktiviert werden und bis dahin »ruhen« oder »schweigen«, das heißt, sie erfassen keine Informationen«, sondern verhalten sich passiv, abwartend. Nachdem ein Schweigeagent in das Operationsgebiet eingeschleust und dort »seßhaft« geworden ist, überbringen ihm andere Agenten ein Funkgerät, mit dem er im E-Fall Kontakt zur Zentrale herstellen, Nachrichten übermitteln und Weisungen entgegennehmen kann. Im Frühjahr 1982 entdeckten niedersächsische Verfassungsschutzbehörden in einem Wald bei Varel nördlich Oldenburg ein ungewöhnlich leistungsstarkes Ultra-Kurzwellen-Funkgerät aus DDR-Produktion, das sich durch große Reichweite und hohes Tempo beim Senden codierter Texte auszeichnete. »Bei dem Gerät handelt es sich offensichtlich um eine Sonderanfertigung. Bauteile westeuropäischer und amerikanischer Herkunft waren dafür verwendet worden. Der Wert des Gerätes betrage annähernd achtzigtausend Mark, urteilten die Elektronikspezialisten«[122]. Aus den näheren Umständen folgerten die Abwehrbehörden, daß sie die Fäden zu einem Netz von Schweigeagenten zerrissen hatten.
Strittig ist, ob Schweigeagenten über ihren Spionageauftrag hinaus auch für zukünftige Sabotage und Diversion eingeplant sind. Aus guten Gründen weisen Experten darauf hin, daß sich das MfS in Krisen- oder Konfliktzeiten im Zusammenwirken mit Spezialeinheiten der Nationalen Volksarmee auf Einsatztrupps stützen dürfte, die erst im E-Fall zu Sabotage- und Diversionseinsätzen in das Operationsgebiet eingeschleust oder mit Fallschirmen über ihm abgesetzt werden. Die Ausbildung geeigneter Spezialisten ist verschiedentlich behauptet worden.

Der Einsatz von Funkern, Fallschirmagenten und Partisanen hinter den deutschen Linien aus den Reihen deutscher Kommunisten in sowjetischer Emigration ist aus dem Zweiten Weltkrieg hinlänglich überliefert. Einige dieser Männer, die damals gewiß mit todesmutiger Hingabe im Hinterland der Ostfront agiert haben, sind später in wichtige Funktionen der Staatssicherheit gerückt: Generaloberst Bruno Beater etwa, langjähriger 1. Stellvertreter des Ministers[123]; ferner Generalmajor Joseph Gutsche und sein Sohn Oberst Rudolf Gutsche[124]; zuletzt beide Hauptabteilungsleiter im MfS, wie Generalmajor Karl Otto Kleinjung[125]; ferner Generalleutnant Alfred Scholz, langjähriger Minister-Stellvertreter[126]. Sie alle kämpften einst hinter der Front im Osten. Generalleutnant Martin Weikert schließlich, Chef der MfS-Bezirksverwaltung Erfurt, war einer jener legendären Fallschirmagenten, die einst zu Sabotage- und Diversionseinsätzen hinter den deutschen Linien abgesprungen sind[127]. Der Gedanke, diese Männer hätten ihre eigenen Erfahrungen später nicht in die Planung des MfS für den E-Fall eingebracht, wäre einigermaßen wirklichkeitsfern.

Zu fragen bleibt endlich, ob das MfS nicht auch in Friedenszeiten schon »spezielle Mittel« bei der Bekämpfung besonders verhaßter »Klassenfeinde« angewandt hat. Mutmaßungen, wonach ihm die Verantwortung für ein Sprengstoffattentat auf den kommerziellen Fluchthelfer Kai Mierendorff anzulasten ist, wollen nicht verstummen.

Dem Fluchthelfer, dem es gelungen sein soll, über 100 DDR-Bürger gegen Bezahlung in den Westen zu schmuggeln, war am 9. Februar 1982 in Bad Tölz, seinem Wohnsitz, mit der Post eine sogenannte Briefbombe zugesandt worden. Seine Frau hatte sie zusammen mit anderen Briefen vom Postamt abgeholt. »Als der Fluchthelfer danach im Zimmer einen Briefumschlag im Format DIN A 5 öffnete – als Absender war ein Münchner Steuerberaterbüro angegeben –, kam es zu einer starken Explosion; sie riß ihm an der linken Hand die drei mittleren Finger und das Endglied des Daumens weg. Der Fluchthelfer erlitt ferner Verletzungen im Gesicht – das rechte Auge wurde in Mitleidenschaft gezogen – sowie Verletzungen der Bauchdecke, Bauchhöhle und Leber; die Verletzung an der rechten Hand ist weniger schwer. Ein Chirurg entfernte aus den Wunden Draht- und Plastikstücke. Durch die Kraft der Detonation wurde das Zimmer, in dem der Fluchthelfer die Post durchsah, verwüstet: Ein Büroschrank voller Akten stürzte auf den Fluchthelfer, der blutüberströmt am Boden lag«[128].

Das alles sind Tatsachen, die auf einen hochbrisanten Sprengstoff hinweisen und die darauf schließen lassen, daß der Anschlag auf Mierendorff weder ohne sorgfältige Planung noch ohne längere Beobachtung denkbar gewesen wäre. Außerdem war die »Briefbombe« offenbar technisch perfekt hergestellt. Das alles sieht nicht, wie auch vermutet wird, nach dem Racheakt einer einzelnen Person aus. Nimmt man hinzu, daß Kai Mierendorff in verschiedenen Strafprozessen vor DDR-Gerichten als Chef einer »kriminellen Menschenhändlerbande« charakterisiert worden ist, daß ferner sein Bruder Oliver Mierendorff seit 1975 eine fünfzehnjährige Freiheitsstrafe wegen Fluchthilfe in dem MfS-Gefängnis Bautzen II verbüßt, so ist die Staatssicherheit als potentieller Urheber des Attentats zumindest nicht auszuschließen. Bedenkt man die rigide Rücksichtslosigkeit, die sie einst bei politischen Menschenraubaktionen walten ließ, zumal in den fünfziger Jahren, so ist auch die Unterstellung von Sabotagehandlungen und Attentaten keineswegs so realitätsfern, wie es scheint. Bewiesen, das muß ausdrücklich betont werden, ist im Fall Mierendorff nichts – freilich auch nicht das Gegenteil.

»Entwicklungshilfe« für die Dritte Welt

Obwohl die Recherchen dazu auf kaum zu durchbrechende Informationsschranken treffen, steht einwandfrei fest, daß das Ministerium für Staatssicherheit auch »spezifische Entwicklungshilfe« in der Dritten Welt leistet: beim Aufbau von Polizei- und Sicherheitsapparaten sowie bei der Ausbildung und Schulung von Geheimdienstkadern. Ein enges Zusammenwirken dürfte ferner mit bestimmten »revolutionären Befreiungsbewegungen« gegeben sein. Ihre ideologische Grundlage hat diese Politik in der unbedingten Solidarisierung der SED mit allen revolutionären Kräften in der Dritten Welt: »Die Sozialistische Einheitspartei Deutschlands wird ihre brüderlichen Beziehungen zu den kommunistischen und Arbeiterparteien Asiens, Afrikas und Lateinamerikas festigen und vertiefen. Sie ist bestrebt, ihre freundschaftliche Zusammenarbeit mit den revolutionär-demokratischen und antiimperialistischen Parteien und Bewegungen der Völker dieser Regionen zu entwickeln und auszubauen«[129]. Die politische Umsetzung solcher ideologischen Maximen reicht bis zur Entwicklungshilfe im Polizei- und Sicherheitsbereich.

In einigen Fällen ist die Entwicklungshilfe der Staatssicherheit sozusagen aktenkundig geworden. »So wurde nach dem Sturz des ghanaischen Staatspräsidenten Kwame Nkrumah am 24. Februar 1966 der Einsatz von MfS-Offizieren als Sicherheitsberater Nkrumahs aufgedeckt. Die wegen subversiver und illegaler Tätigkeit erfolgte Verhaftung des MfS-Majors Jürgen Rogalla alias Jürgen Krüger in Accra durch das neue ghanaische Regime veranlaßte die DDR-Regierung sogar zu einer Ausreisesperre für das Personal der ghanaischen Handelsmission in Ost-Berlin und für die ebenfalls dort lebenden Studenten aus Ghana, mit welcher schließlich nach zweieinhalb Monaten die Freilassung Rogallas erzwungen werden konnte«[130]. Zeitweilig hatte das MfS in Accra eine regelrechte Spionageschule unterhalten.

Die große Stunde der Staatssicherheit schlug in Afrika in den siebziger Jahren, als sie bei verschiedenen linksorientierten Diktaturen zum Zuge kaum. »Die politische Polizei und die Geheimdienstorganisationen Angolas, Äthiopiens, Mocambiques und der Volksdemokratischen Republik Jemen sind unter intensiver Anleitung und persönlicher Mitwirkung von Angehörigen des Ostberliner Ministeriums für Staatssicherheit auf- und ausgebaut worden. Mengistu Haile Mariam und Samora Machel lassen sich in gleicher Weise von Sicherheitsexperten der DDR beraten und beschützen wie einst zwei der grausamsten Despoten des afrikanischen Kontinents – der 1979 gestürzte und hingerichtete Präsident von Äquatorial-Guinea, Francisco Macias Nguema, und Idi Amin«[131]. Als Ugandas Diktator aus dem Lande gejagt wurde, sind Emissäre aus Ost-Berlin in die inneren Auseinandersetzungen verwickelt worden. »Bei dem Versuch, in letzter Minute kompromittierendes Material aus den Archiven der ugandischen Geheimpolizei zu beseitigen, kamen die beiden ranghöchsten DDR-Diplomaten in Kampala ums Leben«[132]. Über das Engagement des MfS beim Aufbau der Geheimpolizeiorganisationen in Angola und Mocambique, »deren Praktiken allerdings mehr mit dem Terror stalinistischer Repressionsorgane gemein haben als mit den vergleichsweise ›liberalen‹ Methoden, die das Ostberliner Ministerium für Staatssicherheit heute im Umgang mit Regimegegnern anwendet«, ist schon 1977 berichtet worden. »Das gilt für die Abteilung für Information und Sicherheit Angolas (DISA) und den Nationalen Dienst für Volkssicherheit in Mocambique (SNASP)«[133]. MfS-Berater, davon ist auszugehen, sind auch in den achtziger Jahren in den beiden ehemaligen portugiesischen Kolonien tätig.

Gleiches trifft auf Äthiopien zu. »Eine ziemlich große Abordnung ostdeutscher Sicherheitsagenten, die nach Berichten unter dem Kommando eines SSD-Obersten ständig im Lande stationiert sind, ist Äthiopien zugeteilt worden, wo die Ostdeutschen sowohl die reguläre Polizei als auch die Geheimpolizei ausgebildet haben. Die Rolle der SSD im Südjemen ist fast legendär geworden und soll Gerüchten zufolge die Verwaltung eines Konzentrationslagers einschließen«[134]. Die Verträge über Freundschaft und Zusammenarbeit, die die DDR mit Angola[135], Mocambique[136], Äthiopien[137] und dem Südjemen[138] geschlossen hat, erscheinen daher in einen besonderen Licht. Aufhorchen lassen einzelne Klauseln, die sich auf »die Zusammenarbeit zwischen den staatlichen Organen«, »die Ausbildung von nationalen Kadern« und »die Zusammenarbeit auf militärischem Gebiet« beziehen. Wer wollte es Zufall nennen, daß diese Verträge gerade mit jenen Staaten geschlossen wurden, in denen Mitarbeiter der Staatssicherheit schon frühzeitig auf den Plan getreten sind? Die Zahl der im Südjemen eingesetzten »Berater« des MfS, »die ›mit Nazi-Perfektion‹ (Exil-Politiker Makkawi) Polizei und den gefürchteten Geheimdienst Tansim schufen«[139], wurde schon 1978 auf 300 bis 400 geschätzt. Nach jüngsten, wie stets in solchen Fällen schwer verifizierbaren Meldungen soll das MfS »auch den libyschen Mukhabarat beraten, Ghadhafis zivilen und militärischen Nachrichtendienst«[140]. Auch Henning von Löwis of Menar, ein Kenner der DDR-Afrikapolitik, hebt die »besonders intensive Entwicklungshilfe auf dem Gebiet der Staatssicherheit«[141] hervor, die die DDR außer im Südjemen in Libyen leistet.

Erinnert man sich der politischen und finanziellen Unterstützung, die Muammar el Ghadhafi international agierenden Terroristen angedeihen läßt, so erhärten sich auch Informationen, die von Querverbindungen des MfS zur bundesdeutschen Terrorszene wissen wollen. Vorwürfe gegen die DDR gehen immerhin dahin, »seit 1970, als die ersten ›Hintertüren‹ für die Baader-Meinhof-Bande in Ost-Berlin eingerichtet wurden, einen Unterstützungsapparat für den westdeutschen terroristischen Untergrund betrieben« zu haben. »Dieser bot neben Zuflucht in Notfällen falsche Papiere, Geld, paramilitärische Ausbildung, geschützte Einreise- und Ausreiserouten sowie eine Art Schließfachsystem für die gelagerten Waffen der Bande . . . Die dechiffrierten Aufzeichnungen von fünf westdeutschen Terroristinnen, die im Juli 1980 in Paris verhaftet wurden, ließen erkennen, daß ›das Terroristen-Netz ein großes Depot mit Pistolen, Maschinenpistolen und Handgranaten in Ostdeutschland besitzt oder besaß‹«, wobei die Zuständigkeit für »die spezifischen Formen dieser Hilfe« das MfS innehatte, »die ostdeutsche Geheimpolizei«[142]. Erwiesen ist im übrigen mindestens ein Fall, in dem seitens der DDR auch einem rechtsextremistischen Terroristen Schutz und Hilfe gewährt wurden. Als der mehrerer Raubüberfälle verdächtige Neo-Nazi Udo Albrecht, der Kontakt zu palästinensischen Gruppen unterhalten hatte, 1981 in Bielefeld vor Gericht gestellt wurde, nutzte er die Gelegenheit eines Lokaltermins in Lauenburg nahe der deutsch-deutschen Grenze zur Flucht in die DDR. Hier wurde ihm der Schutz der Staatssicherheit zuteil, die auch dafür sorgte, daß er in den Nahen Osten ausreisen konnte[143].–

Einen Vertrag über Freundschaft und Zusammenarbeit hat die DDR 1980 auch mit der Republik Kuba geschlossen; in Artikel 5 enthält er die Klausel, daß »die Hohen Vertragschließenden Seiten« – will sagen: die DDR und Kuba – »auch fernerhin alle Maßnahmen zur Entwicklung und zum Schutz der Errungenschaften des Sozialismus ergreifen«[144]. Über diese Klausel ließe sich lange räsonieren. Augenscheinlich hat sich Fidel Castro bei der inneren Sicherheit seines Regimes längst nicht allein auf die Zusammenarbeit mit dem KGB verlassen, sondern mehr und mehr Instrukteure und Berater aus der DDR-Staatssicherheit beim Aufbau der DGI – seiner Dirección General de Inteligencia – hinzugezogen.

Umgekehrt ist die Hauptverwaltung Aufklärung des MfS ihrerseits daran interessiert gewesen, beim Ausbau ihres Spionagenetzes in den USA einen Stützpunkt auf Kuba zu erlangen. Eberhard Lüttich, ein in New York als Illegaler Resident eingesetzter Offizier im besonderen Einsatz, hat nach seinem Frontwechsel ausgesagt, daß ihm das MfS Nachrichten über eine Funkstation auf Kuba[145] übermitteln ließ – was die ständige Anwesenheit von MfS-Offizieren dort voraussetzt. Schließlich hatte es auch seine Gründe, daß der Minister für Staatssicherheit zu jener Partei- und Staatsdelegation gehörte, die unter Leitung Erich Honeckers vom 27. Mai bis 1. Juni 1980 nach Kuba kam, um besagten Freundschaftsvertrag unter Dach und Fach zu bringen. Die Beteiligung Mielkes bedeutete eine Interpretation zu Artikel 5. Mutmaßungen[146], er habe Beratungen mit Offizieren der DGI über die weitere Zusammenarbeit bei der Ausbildung von Sicherheitskadern für afrikanische Revolutionsregime gehabt, die von kubanischen Truppen gestützt wurden, passen durchaus dazu.

Eine Zusammenarbeit beider Geheimdienste muß auch bei der Guerillero-Ausbildung bestanden haben oder bestehen. »Im Dezember 1973 trafen 40 kubanische Experten für terroristische Kriegführung unter strenger Geheimhaltung im Südjemen ein. Bei ihnen war ein ostdeutscher Spezialist auf diesem Gebiet namens Hans Fiedler, der seit 1971 in Kuba gewesen war«[147]. Dazu ist anzumerken, daß der Südjemen nach und nach zu einem Zentrum der Ausbildung namentlich palästinensischer Terroristen werden sollte. »Jeder, der im weltweiten Terrorismus etwas bedeutete, durchlief früher oder später den Südjemen zur Ausbildung oder als Zufluchtsort oder beides. Das galt für den ganzen deutschen Untergrund von der zweiten Generation der Baader-Meinhof-Bande über die Bewegung 2. Juni bis zu den Revolutionären Zellen«[148]. Waren MfS-Offiziere immer dabei?

Dem engen Zusammenwirken zwischen MfS und DGI entspräche auch die Version, die als »Guerillera Tanja« zur Legende gewordene Jungkommunistin Tamara Bunke sei, als sie 1961 dem kubanischen Geheimdienst überstellt wurde, bereits Agentin der Staatssicherheit gewesen[149]. Ihr Lebensweg würde eine solche Möglichkeit nicht ausschließen. Sie wurde 1937 in Buenos Aires als zweites Kind deutscher kommunistischer Emigranten geboren. 1952 kehrte die Familie in die Heimat zurück. Im damaligen Stalinstadt (heute Eisenhüttenstadt) machte sie 1956 ihr Abitur.

Danach arbeitete Tamara Bunke als Dolmetscherin und betreute Delegationen aus Lateinamerika. 1958 begann sie in Ost-Berlin Romanistik zu studieren. Im selben Jahr trat sie der SED bei. Ihr politisches Schlüsselerlebnis hatte Tamara Bunke, als sie 1960 erstmals Ernesto »Che« Guevara begegnete – in Ost-Berlin, wo er sich als Leiter einer kubanischen Delegation aufhielt. Im Mai 1961 reiste sie ihm nach Havanna nach.

Tamara Bunke war für einen Einsatz in Lateinamerika ausgesucht worden. Nach mehrjähriger Ausbildung plante sie der kubanische Geheimdienst für einen »operativen Einsatz« in Bolivien ein. Ihr »Commandante« hieß »Che« Guevara. Welcher Natur ihre Ausbildung war, umreißen folgende Stichwörter: Kontrolle und Gegenkontrolle, Geheimschrift, Methoden der Informationsbeschaffung und -analyse, Gegenabwehr, Beobachtung, Kartographie, Mikropunkt, Karate, technische und handwerkliche Fertigkeiten, Sicherheitsmaßnahmen, Chiffrieren, Skizzierung von Geheimfächern, Übertragung in unsichtbarer Schrift. Im MfS-Jargon heißt dies »konspiratives Training«[150]. 1966 wurde Tamara Bunke über Peru nach Bolivien eingeschleust. Hier war sie mehrere Monate als Kundschafterin und Partisanin im Einsatz. Am 31. August 1967 wurde sie von einer bolivianischen Armeestreife erschossen – wenige Wochen, bevor auch Commandante »Che« Guevara den Tod fand. –

MfS-Berater waren auch beim Aufbau der Dirección General de Seguridad del Estado beteiligt, der dem Innenministerium unterstellten Generaldirektion für Staatssicherheit in Nicaragua. Der sandinistische Sicherheitsapparat wurde 1979 gegründet und nach östlichem Vorbild aufgebaut. Außer Beratern aus Kuba und Bulgarien haben die DGSE auch »spezifische Entwicklungshelfer« aus der DDR unterstützt. Sie waren in der Hauptsache für Ausrüstungen für die technische Kontrolle geheimdienstlicher Operationen zuständig, lieferten und installierten Abhöranlagen für Telefone, bauten Mikrophone und Geheimkameras ein, halfen der DGSE auch bei der Einrichtung elektronischer Datenverarbeitungsanlagen zur Analyse von Informationen[151].

Von Markus Wolf zu Werner Großmann

Das Ende seiner Karriere war so ungewöhnlich wie die Karriere selbst: Markus Wolf, mit rund 36 Dienstjahren der vermutlich dienstälteste Geheimdienstchef aller Zeiten, schied »auf eigenen Wunsch aus dem aktiven Dienst aus«, wie die Zeitungen beiderseits der Grenze zwischen beiden deutschen Staaten am 6. Februar 1987 vermeldeten[152]. Natürlich wurde ihm, der als Chef der Hauptverwaltung Aufklärung aus der Sicht der SED unbestritten erfolgreich gewirkt hatte, »für seine großen Verdienste Dank und Anerkennung ausgesprochen und der Karl-Marx-Orden verliehen«, aber was ihn letztlich dazu bewogen haben mochte, den Chefsessel im DDR-Spionage-dienst zu räumen, ob ihm der Rückzug gar aufgenötigt worden war, blieb rätselhaft.

Schon vier Jahre vor seinem Abschied hatte ihm das Zentralkomitee der SED in einer Grußadresse zu seinem 60. Geburtstag seine Verdienste bescheinigt:»In Deiner erfolgreichen Arbeit gelang es den von Dir geführten Diensteinheiten, subversive Pläne und Absichten des Gegners aufzuklären und zu zerschlagen und damit den Kampf um Frieden und Sozialismus zu stärken. Als Stellvertreter des Ministers für Staatssicherheit, als Mitglied des Kollegiums und Mitglied der Kreisleitung der Kreisparteiorganisation im Ministerium hast Du maßgeblichen Anteil an der Entwicklung und Festigung des Ministeriums für Staatssicherheit. Durch Deine Vorbildwirkung, durch die ständige Nutzung kollektiver Erfahrungen und nicht zuletzt durch das enge Zusammenwirken mit den Parteikollektiven wurden befähigte und der Partei treu ergebene Kader erzogen«[153]. Galt das alles auch noch am Tage des Abschieds?

Wolfs Weg zum Kommunismus war ihm nach Herkunft und Jugend vorbestimmt. Markus Johannes Wolf[154], von Freunden »Mischa« gerufen, wurde 1923 im württembergischen Hechingen als Sohn des Arztes und Dramatikers Friedrich Wolf und seiner Frau Else geboren. Die ersten zehn Lebensjahre wuchs er in Stuttgart auf, wo er auch die Grundschule besuchte, bis der Vater – Kommunist und Jude – mit seiner Familie Nazi-Deutschland verlassen mußte, um über die Schweiz und Frankreich in die Sowjetunion zu emigrieren. Hier wuchs Markus Wolf heran, besuchte von 1934 bis 1937 die Karl-Liebknecht-Schule in Moskau, eine deutschsprachige Schule für Emigrantenkinder, hernach bis 1940 die 110. Moskauer Schule, eine sowjetische Zehn-Klassen-Schule. Ein technisches Studium, das sich unmittelbar anschließen sollte, brach er, inzwischen nach Alma Ata evakuiert, 1942 ab. Hitlers Einfall in Rußland wurde auch ihm zum Schicksal. Nach einem Kurs an der damaligen Bildungsstätte der Komintern in Kuschnarenkowo und einer Ausbildung am Komintern-Institut Nr. 205 in Moskau wurde Markus Wolf mit 20 Jahren Mitglied der KPD.

Es war, mit anderen Worten, das Land und die Zeit Stalins, die Wolfs Weltbild, sein politisches Denken, geprägt haben – so entscheidend, daß sein Bewußtsein ein Leben lang davon bestimmt worden ist. 1985 noch erklärte er, auf Stalin angesprochen, in einem Interview:»Stalin war eigentlich alles. Er gehörte zu allem dazu. Die Zeit ohne Stalin ist für mich, wahrscheinlich für jeden, der sie damals in der Sowjetunion erlebt hat . . ., ohne Stalin undenkbar«[155]. Erst 1989 fand er, in seinem Buch »Die Troika«, erstmals öffentlich den Mut zur Kritik an Stalin und seinen Verbrechen. Reichlich spät und zaghaft genug spricht er von jenen Freunden, »denen in der Stalin-Zeit Unrecht widerfahren war, die inhaftiert und aus der Partei ausgeschlossen wurden, ohne daß sie ihre Überzeugung verloren hätten«[156]. Zu dem Unrecht, das nach 1945 im Zeichen des Stalinismus auch in der heutigen DDR verübt wurde, schweigt Markus Wolf bis heute.

1945 jedenfalls kehrte er aus dem Sowjetexil heim nach Deutschland. Nicht mit der Gruppe Ulbricht kam er, wie zuweilen irrtümlich behauptet wird, sondern gemeinsam mit anderen Genossen, unter ihnen der spätere DDR-Verteidigungsminister Heinz Keßler, traf er in den letzten Maitagen in Berlin ein. Offenkundig hatte die Führung der KPD schon in Moskau darüber entschieden, daß Markus Wolf beim Berliner Rundfunk im damals noch ungeteilten Berlin eingesetzt werden sollte. In den ersten Junitagen nahm er hier im Funkhaus an der Masurenallee in Charlottenburg seine Tätigkeit auf. »Nun, und jetzt bin ich im Funkhaus, das, wie durch ein Wunder, vollkommen unzerstört ist«, schreibt er seinen Eltern unter dem 4. Juni 1945. »Wir sind hier sechs Mann Deutsche und ein Major mit 600 Mann der ›Alten‹ zusammen. Das Ausmisten ist leider nur zu einem kleinen Teil möglich, da viele, ja die meisten gebraucht werden«[157]. Wolfs Einsatz beim Berliner Rundfunk kam nicht von ungefähr. Er hatte zuvor schon in Moskau als Radiokommentator gewirkt.

Einen Namen machte sich Wolf, der unter dem Pseudonym Michael Storm schrieb, durch seine Berichterstattung vom Nürnberger Prozeß gegen die Nazi-Hauptkriegsverbrecher. Seine journalistische Arbeit hat er stets als politische Mission begriffen, ohne sich freilich darauf zu beschränken. Da er das unbedingte Vertrauen der »sowjetischen Freunde« besaß, war er beim Berliner Rundfunk zugleich als »verantwortlicher Kontrolleur der wichtigsten politischen Sendungen«[158] eingesetzt. Dies berichtet Wolfgang Leonhard, der mit Markus Wolf aus gemeinsamen Emigrationsjahren befreundet war. Gleichwohl schien seine journalistische Karriere verheißungsvoll. »Der in Inhalt und Sprache wirksamste Kommentator war zu meiner Zeit Markus (Mischa) Wolf«[159], bescheinigt ihm Jahrzehnte später Max Seydewitz, ab August 1946 Intendant des Berliner Rundfunks, ehe er zum Ministerpräsidenten in Sachsen berufen wurde. Über Wolfs Karriere als Geheimdienstchef ließ er nichts verlauten.

Diese Karriere führte nicht gradlinig zur Spionage. Vielmehr wurde Wolf einige Wochen nach Gründung der DDR am 7. Oktober 1949 Missionsrat in der diplomatischen Vertretung der DDR in Moskau. Es blieb ein Intermezzo. 1951 wurde ihm eine neue Karriere bestimmt – im Geheimdienst. Die Entscheidung darüber dürfte nicht ohne Mittun der Russen gefallen sein. Markus Wolf übernahm die Leitung des Instituts für Wirtschaftswissenschaftliche Forschung in Ost-Berlin. Es war die Keimzelle des geheimen Nachrichtendienstes der DDR.

Eine Fehlentscheidung war das nicht, wie die folgenden Jahre und Jahrzehnte erweisen sollten, sie war im Gegenteil eine für die SED denkbar glückliche Entscheidung. Sucht man das Persönlichkeitsbild dieses Mannes zu ergründen, der immerhin eine der brisantesten Aufgaben übernahm und erfolgreich gelöst hat, so hilft dabei noch immer die Charakterisierung, die Wolfgang Leonhard – der 1949 mit der SED brach – zu Papier gebracht hat. In Markus Wolf erkannte er jenen Funktionärstypus wieder, der ihm unter jüngeren sowjetischen Offizieren häufig begegnet war: »Er war der Typ des sehr klugen, ruhigen, im Hintergrund stehenden Funktionärs, der alles, was die anderen Genossen ernst nehmen, wofür sie kämpfen, wovon sie begeistert sind, nur als eine große Schachpartie ansieht. Mischa war ein Deutscher, aber die Nationalität spielte dabei nicht die geringste Rolle. Er hat den gleichen Tonfall, die gleiche Art, sich die Zigarette anzuzünden, das gleiche leicht ironische Lächeln für die Funktionäre und ihren Ernst, mit dem sie neue Losungen und Direktiven vertraten . . . Die ›Hintergrund-Funktionäre‹ schienen sich für nichts zu begeistern und anscheinend auch durch nichts aus der Ruhe zu bringen«[160]. Scharfsinniger Intellekt und politische Amoralität – das war schon immer eine brauchbare Voraussetzung für eine Karriere im Geheimdienst.

Nach dem Sturz Wilhelm Zaissers wurde das IWF dem Apparat des MfS als Hauptabteilung XV eingegliedert. Markus Wolf, inzwischen Generalmajor, begann den geheimen Nachrichtendienst der DDR nun mit erweiterten Vollmachten auf- und auszubauen. Er wurde »zum Pionier unseres politischen Aufklärungsapparates«[161], wie er sich in Ost-Berlin bescheinigen ließ. 1956 wurde die Hauptabteilung XV, wie es längst ihrer Bedeutung entsprach, in die Hauptverwaltung Aufklärung umgewandelt. Ihr Chef hieß weiterhin Markus Wolf – ein Mann mit klarer Konzeption, skrupellpser Entschlossenheit, »hochbegabt, vielseitig gebildet, gute Manieren, faszinierend im Gespräch, äußerst schlagfertig«, heißt es im Dossier[162] eines westlichen Geheimdienstes, »besitzt hervorragende Führungsqualitäten«, allerdings »ohne Gefühlsregungen«.

Markus Wolf, 1980 zum Generaloberst befördert, hat als Chef der Hauptverwaltung Aufklärung und Stellvertreter des Ministers für Staatssicherheit Freund und Feind bis zu seinem Ausscheiden aus dem aktiven Dienst durch Leistung beeindruckt. Zwar mußte er auch Rückschläge hinnehmen, seine eigene Enttarnung 1978 bei einer Inkognito-Visite nach Stockholm etwa oder die Abwerbung eines Führungsoffiziers in der HV A – des Oberleutnants Werner Stiller – durch den Bundesnachrichtendienst, aber aufs Ganze gesehen leistete er professionelle Arbeit. Der Fall Guillaume war seine spektakulärste Operation. Auch der Fall Porst geht auf sein Konto.

Um so überraschender kam daher sein freiwilliger Rückzug aus der Führungsspitze des MfS. Sollte er, nach drei Dutzend Jahren im Spionagedienst, amtsmüde geworden sein? Oder war er politisch frustriert, nachdem ihm der Einzug ins Zentralkomitee versagt blieb? Obwohl dem ZK der SED seit Jahr und Tag mehrere Generale der Staatssicherheit angehören, blieb Wolf der Zugang dazu verwehrt. Oder gab es Spannungen in seinem Verhältnis zu Erich Mielke? Stiller berichtet in seinen Memoiren: »Es war im MfS allgemein bekannt, daß Minister Mielke den Nachrichtendienst einschließlich des HV A-Chefs Markus Wolf, trotz aller Erfolge, immer mit gewissem Mißtrauen betrachtete«[163]. In Mielkes Augen galt Wolf als »elitär«. Zwei gegensätzlichere Charaktere als Mielke und Wolf sind tatsächlich kaum denkbar. Möglich, daß sich in Markus Wolf genügend Frust angesammelt hatte, um den Abschied zu nehmen und fortan ein Dasein als ungebundener Autor zu führen, worauf sein Debüt als Schriftsteller verweist, sein Buch »Die Troika«, das gleichzeitig in Ost-Berlin und in Düsseldorf erscheinen konnte. Spekulationen über eine neue Karriere in der Politik sind müßig – jedenfalls so lange, wie Honecker und Mielke das Sagen haben in Ost-Berlin.

Zum Nachfolger Wolfs als Leiter der Hauptverwaltung Aufklärung wurde Generalleutnant Werner Großmann berufen. Das war kaderpolitisch insofern eine folgerichtige Entscheidung, als er Jahre zuvor schon Führungsaufgaben in der HV A wahrgenommen hatte, den Apparat und seine Aktionsfelder also gründlich kannte.

Seine biographischen Daten[164] sind nur lückenhaft bekannt. Geboren um das Jahr 1925, taucht sein Name schon unter den Mitarbeitern des Instituts für Wirtschaftswissenschaftliche Forschung auf. 1954/55 Absolvent eines Lehrganges an der Spionageschule Gransee, anschließend zum Hauptmann im MfS befördert, wurde er in der Militärischen Aufklärung eingesetzt. Seit 1958 soll er Stellvertretender Leiter der Abteilung IV in der HV A geworden sein, um schließlich 1965 selbst die Leitung zu übernehmen. Seine Beförderungen zum Major (1961), zum Oberstleutnant (1965), zum Oberst (1976) und zum Generalmajor (1979) verweisen auf seinen weiteren Aufstieg.

Seit 1979 war er innerhalb der Hauptverwaltung Aufklärung für die Abteilungen I (Ministerien/Oberste Bundesbehörden) und II (Parteien/Organisationen/Kirchen) sowie IV (Militärische Aufklärung) in der Bundesrepublik zuständig, ferner für den gesamten Sektor Wissenschaft/Technik. Von da war der Schritt zum 1. Stellvertreter des Leiters der HVA nicht mehr weit. Großmann, der lange Zeit selber als Führungsoffizier tätig war, also persönlich Agenten zu steuern hatte, steht im Ruf eines Profis, der sich auf Spionage versteht. Mit seiner Berufung an die Spitze der Hauptverwaltung Aufklärung 1987 waren die Beförderung zum Generalleutnant und die Ernennung zu einem der Stellvertreter des Ministers für Staatssicherheit verbunden.

Kaderpolitik und Kaderarbeit in der Staatssicherheit

»Tschekist sein kann nur ein Mensch mit kühlem Kopf, heißem Herzen und sauberen Händen«[1]. Nach dieser Maxime, die Feliks Dzierzynski zugeschrieben wird, dem Begründer und Vorsitzenden der Tscheka, will auch der Chef der DDR-Staatssicherheit Kaderpolitik betreiben. Freilich klaffen hier Postulat und Realität noch schroffer auseinander als sonst im DDR-Sozialismus – die politische Schmutzarbeit im Alltag des MfS selber macht es auf die Dauer unmöglich, »saubere Hände« zu behalten. Gleichwohl ist nicht zu verkennen, daß sich im MfS in den Jahrzehnten seines Bestehens ein Trend zum qualifizierten Kader durchgesetzt hat.

Nach Stalin sind Kader solche Menschen, »die die politische Linie der Partei verstehen, die diese Linie als ihre eigene Linie betrachten, die bereit sind, sie in die Tat umzusetzen, die es verstehen, sie in der Praxis zu verwirklichen, und die fähig sind, diese Linie zu verantworten, zu verfechten, für sie zu kämpfen«[2]. Auch wenn Stalin im Staat der SED parteioffiziell nicht mehr zu den Klassikern des Marxismus-Leninismus gerechnet wird, auch wenn der Kaderbegriff[3] in der DDR heute weiter gefaßt wird, sind Kaderpolitik und Kaderarbeit von seiner Begriffsbestimmung bis heute geprägt – zumal in der Staatssicherheit, in deren Denken und Handeln stalinistische Relikte ohnehin stärker als in jedem anderen Herrschaftsbereich der SED bewahrt sind. Im Unterschied zur Kaderpolitik, die in der DDR als »die politische Zielsetzung und Hauptrichtung für die Auswahl, Erziehung, Qualifizierung sowie den Einsatz fähiger, der Sache der Arbeiterklasse und ihrer marxistisch-leninistischen Partei treu ergebener Kader« definiert wird, gleichviel, ob in Staat oder Gesellschaft, umfaßt die Kaderarbeit »Formen und Methoden zur Durchsetzung der sozialistischen Kaderpolitik«[4]. Es folgt aus der Natur seiner »spezifischen Zielsetzung«, wenn Kaderpolitik und Kaderarbeit im Ministerium für Staatssicherheit eigentümlichen Prinzipien und Kriterien unterliegen, die sich überdies im Laufe der Zeit gewandelt haben. In den Jahren der Machtergreifung waren proletarische Herkunft und politische Zuverlässigkeit die entscheidenden Auslesekriterien für hauptamtliche Mitarbeiter im Staatssicherheitsapparat. In den Jahren der Herrschaftsstabilisierung genügten sie allein nicht mehr. Fachliches Können war zunehmend gefragt, ohne daß selbstverständlich proletarische Herkunft und politische Zuverlässigkeit vernachlässigt worden wären. Erst alle drei Momente zusammen schufen und schaffen günstige Karrierebedingungen. Ein Blick in die Lebensläufe hoher Staatssicherheitskader bestätigt zudem, daß viele »Aktivisten der ersten Stunde«, die allein auf Grund ihrer politischen Vergangenheit zur Staatssicherheit stießen, sich häufig im mittleren Alter noch einmal genötigt sahen,

191

zu studieren und womöglich zu promovieren. Dies zu ignorieren wäre eine der Ursachen, die gelegentlich zu einer Unterschätzung der Staatssicherheit geführt haben.

Rekrutierung der Kader

Grundsätzlich werden hauptamtliche Mitarbeiter des MfS durch Delegierung mittels Parteiauftrag oder durch gezielte Werbung nach vorheriger Personenabklärung verpflichtet[5]. Selbstbewerbungen sind dem Chronisten unbekannt geblieben – ausgenommen Bewerbungen für den Dienst im Wachregiment des MfS, der Wehrpflichtigen zuweilen attraktiver erscheint als jener in der Nationalen Volksarmee. Die Auswahl und Einstellung von Bewerbern, die sich zu einer dreijährigen Dienstzeit beim Wachregiment verpflichten müssen, nimmt das MfS in eigener Zuständigkeit wahr[6], so daß die kontrollierte Selektion auch hier garantiert ist.

Nach Aussagen ehemaliger MfS-Offiziere gehen einer Einstellung als hauptamtlicher Mitarbeiter der Staatssicherheit sorgfältige Recherchen voraus. »Grundsätzlich dürfen nach einer Verfügung vom Februar 1954 keine Personen zu hauptamtlichen Mitarbeitern geworben werden, die Verwandte ersten Grades im Westen haben. Sind Verwandte zweiten und dritten Grades vorhanden, so muß nachgewiesen werden, daß zu ihnen keine Bindungen bestehen«[7]. Diese Bestimmung dürfte inzwischen eher noch verschärft als gemildert worden sein.

Die Einstellung hauptamtlicher Mitarbeiter der Staatssicherheit erfolgt nach einem Kaderplan, der einer Bestätigung durch den Minister bedarf. Er wird vom Leiter der Hauptabteilung Kader und Schulung anhand verfügbarer Planstellen sowohl für die Zentrale des MfS als auch für die Bezirksverwaltungen und Kreisdienststellen erarbeitet – gewiß auch nach Weisungen der ZK-Abteilung für Sicherheitsfragen. Nicht selten rekrutieren sich die Nachwuchskader für die Staatssicherheit heute aus Söhnen und Töchtern von Führungskadern – sei es der Partei, sei es der Staatssicherheit. So sind zum Beispiel zwei Söhne des Ostberliner Parteichefs Konrad Naumann Offiziere im MfS geworden[8]. Generell kann auch festgestellt werden, daß Aufsteiger innerhalb der Staatssicherheit weitgehend aus deren eigenem Kaderreservoir kommen. Ausgeschlossen von jeder hauptamtlichen Tätigkeit sind die Mitglieder der nichtkommunistischen Blockparteien der DDR – also der Christlichen Demokraten und der Liberal-Demokraten, der National-Demokratischen Partei und der Demokratischen Bauernpartei[9].

Ein beträchtliches Nachwuchsreservoir des MfS bildet das Heer der Inoffiziellen Mitarbeiter. Wie aus ihren Lebensläufen hervorgeht, waren von neun Überläufern, die sämtlich in Offiziersrängen zwischen Unterleutnant und Hauptmann standen und zwischen 1959 und 1979 die Fronten gewechselt haben, immerhin fünf, die vor ihrer Verpflichtung als hauptamtliche Mitarbeiter für das MfS als Inoffizielle Mitarbeiter geworben waren und sich offenkundig bewährt hatten[10]. Möglicherweise entspricht es einer Methodik, für eine hauptamtliche Tätigkeit bei der Staatssicherheit beschlossene Kader durch Werbung als IM zu testen.

Gelegentlich sind Wechsel aus anderen bewaffneten Organen zur Staatssicherheit mehr oder minder administrativ verfügt worden. Die Betroffenen hatten keine Chance, sich ihrer Übernahme in ein Dienstverhältnis zum MfS zu entziehen – so sie das wollten –, ohne sich politisch verdächtig zu machen. Ein Teil der Angehörigen zum Beispiel, die zum Aufklärungsdienst der früheren DDR-Grenzpolizei gehörten, wechselte 1960 zur Staatssicherheit, als besagter Aufklärungsdienst aus dem Zuständigkeitsbereich des Innenministers in die Kompetenz des Staatssicherheitsministers überging[11].

Im Blick zurück auf die Anfänge der Staatssicherheit erweist sich, daß sich ihre hauptamtlichen Mitarbeiter aus Genossen des früheren illegalen Apparates der KPD, des kommunistischen Widerstandes gegen das Nazi-Regime und der sowjetischen Emigration rekrutierten, wobei die Schlüsselpositionen ausnahmslos mit ehemaligen Sowjet-Emigranten besetzt wurden – mit deutschen Kommunisten, die während der Nazi-Diktatur Asyl in der Sowjetunion gefunden hatten. Allerdings wurde das Problem des Nachwuchses als solches frühzeitig erkannt, denn bereits in den frühen fünfziger Jahren wurden auch junge Genossen der SED und Funktionäre aus der FDJ gewonnen – was schon deshalb unausweichlich war, weil der Bedarf an Kadern sonst nicht zu decken gewesen wäre. Zum anderen ging damit eine langfristige Planung mit dem Ziel einer kontinuierlichen Kaderpolitik Hand in Hand. Honecker selbst hat einmal an diese Zeit erinnert: »Junge, der Partei der Arbeiterklasse treu ergebene Kader, Mitglieder und Funktionäre der Freien Deutschen Jugend wurden delegiert und mußten sich die erforderlichen Kenntnisse und Fähigkeiten unmittelbar in der täglichen Arbeit und im Kampf aneignen. Das war nur möglich, weil sich die Genossen in den Staatssicherheitsorganen auf die revolutionären Traditionen der Arbeiterklasse stützten, die Erfahrungen des konspirativen Kampfes der Kommunistischen Partei Deutschlands und des antifaschistischen Widerstandskampfes anwandten, von den sowjetischen Tschekisten lernten und den Vorbildern hervorragender Kundschafter und Widerstandskämpfer nacheiferten«[12]. Auch in ihrer propagandistischen Verbrämung ist diese Feststellung realistisch, sie entsprach den Erfahrungen der fünfziger Jahre. Heinz Lippmann, bis zu seiner Flucht im Herbst 1953 Mitglied des Sekretariats und des Büros des Zentralrats der FDJ, hat schon früh Aussagen gemacht, die die späteren Äußerungen Honeckers bestätigen. »Während der SSD bis zur 2. Parteikonferenz nur in geringem Maße neue Kräfte einstellte, wurden nach dieser Konferenz aus dem Funktionärskörper der FDJ 500 Mitarbeiter für den SSD abgezogen. Später wurden diese Zahlen auf 4000 bis 5000 erhöht«, berichtete er 1956. »Die jungen SSD-Angehörigen wurden auf die Institutionen der Wirtschaft, des Staatsapparates und der Partei verteilt, in die Dienststellen dieser Organe eingebaut und erhielten die Anweisung, ›allen feindlichen Regungen‹ nachzugehen. Menschlich unfertig und mit der jeweiligen Problematik kaum vertraut, waren sie willige und kritiklose Werkzeuge ihrer Auftraggeber«[13]. Sie waren Kader, blindlings gehorsam und bereit, jeden Befehl zu erfüllen.

Aus Gründen interner Sicherheit hat sich das MfS selbst in seinen ersten Jahren augenscheinlich nicht auf frühere Mitarbeiter der Gestapo oder des sogenannten Sicherheitsdienstes beim Reichsführer-SS gestützt. Gelegentliche Enthüllungen[14], wonach ehemalige Geheimdienstler aus der Zeit der Nazi-

Diktatur in die Dienste der DDR-Staatssicherheit übernommen sein sollen – so der ehemalige SS-Hauptsturmführer Louis Hagemeister aus der Spionageabwehr des Reichssicherheitshauptamtes, der Chef der Vernehmungsabteilung in der MfS-Landesverwaltung Mecklenburg geworden sein soll; oder der ehemalige SS-Untersturmführer Johann Sanitzer, vormals Referatsleiter in der Gestapo-Leitstelle Wien, den man als Major in der MfS-Bezirksverwaltung Erfurt wiedererkannt haben will –, sie konnten durch Recherchen des Chronisten nicht bestätigt werden.

Hingegen bekamen ehemalige Mitglieder der NSDAP, die frühzeitig eine Kehrtwende[15] vollzogen hatten, selbst in der Staatssicherheit ihre Chance: Franz Gold etwa, bis zu seinem Tode 1977 Chef der Hauptabteilung Personenschutz im MfS, war 1938 der NSDAP beigetreten. Günter Halle, Leiter der Abteilung Desinformation der Hauptverwaltung Aufklärung im Rang eines Generalmajors, war 1944 im Alter von siebzehn Jahren in die NSDAP aufgenommen worden; und Generalmajor Manfred Hummitzsch schließlich, langjähriger Chef der MfS-Bezirksverwaltung Leipzig, war 1943 mit achtzehn Mitglied der NSDAP geworden. Verallgemeinern lassen sich diese Beispiele indes nicht – sie sind im Gegenteil völlig untypisch. In der Tat wäre es ein schwerer politischer Fehler gewesen, ehemaligen Nationalsozialisten oder Gestapo-Offizieren den Zugang zur Staatssicherheit zu öffnen. Die SED hat ihn nicht gemacht.

Indes sind ihr in der Kaderpolitik des MfS andere Fehler unterlaufen. Selbst Walter Ulbricht hat solche eingestanden, als er 1953 nach dem Aufstand vom 17. Juni im Plenum des Zentralkomitees bewegt Selbstkritik übte. »In der Kaderpolitik wurden ernste Fehler gemacht, indem ungenügend ausgebildete Genossen für die Bearbeitung der Großbetriebe bestimmt wurden. Das vollständige Versagen der Mitarbeiter der Staatssicherheit gegenüber der faschistischen Untergrundorganisation in solchen Werken wie Leuna, Buna, Zeiss und in anderen Werken muß zum Anlaß genommen werden, die Arbeit der Organe der Staatssicherheit vor allem in den Industriezentren gründlich zu ändern«[16]. Ulbrichts Erkenntnis dürfte die fachliche Qualifizierung der MfS-Kader erheblich beschleunigt haben – ganz abgesehen davon, daß sie mit wachsenden Aufgaben auch im geheimen Nachrichtendienst, in der Industriespionage beim Ausspähen komplizierter Technologien, zur unerläßlichen Notwendigkeit wurde, sollte die Effizienz der Staatssicherheit nicht nachhaltig beeinträchtigt werden. Eben dies hat Erich Honecker, der seit 1958 im Sekretariat des Zentralkomitees für die Kaderpolitk auch der Staatssicherheit zuständig war, frühzeitig erkannt und später ausgesprochen: »Die Angehörigen des Ministeriums für Staatssicherheit sollen neben einer hohen politischen Allgemeinbildung hervorragende Fachkenntnisse besitzen und – entsprechend ihren Aufgabengebieten – Spezialisten sein, wie zum Beispiel Wirtschaftswissenschaftler, Chemiker, Spezialisten der Elektronik, der Datenverarbeitung, des Verkehrswesens, des Handels, der Land- und Nahrungsgüterwirtschaft und vieles andere mehr. Solche Spezialkenntnisse sind angesichts des heutigen hohen Entwicklungsstandes und der künftigen noch größeren Anforderungen besonders wichtig«[17]. Das ist unter dem Aspekt der Leistungsfähigkeit eines Sicherheitsdienstes völlig richtig – und im MfS ist das auch beherzigt worden: einerseits durch planmäßige Qualifizierung der

Kader, deren fachliche Fähigkeiten mit fortschreitender Dienstzeit bei der Staatssicherheit gehoben und erweitert wurden, durch Lehrgänge, durch Direkt- und Fernstudien; und andererseits durch die gezielte Werbung wissenschaftlich qualifizierter Nachwuchskader. Nicht selten wurden und werden an Hochschulen und Universitäten der DDR bereits Studenten als Inoffizielle Mitarbeiter mit der Perspektive geworben, sie nach Abschluß ihres Studiums als hauptamtliche Mitarbeiter in den Dienst des MfS zu übernehmen. Die sozialen Leistungen des MfS an seine Mitarbeiter sind an diesen kaderpolitischen Prinzipien orientiert. Im Vergleich zu anderen Berufsgruppen der DDR ist ihre Privilegierung eindeutig. Die Spanne der gezahlten Gehälter reicht von 750,– Mark bis zu 7000,– Mark netto monatlich. Dem Grundsatz nach ist das Besoldungswesen[18] in der Staatssicherheit derart geregelt, daß aus mehr als zwanzig Besoldungsstufen das jeweilige Grundgehalt zu entnehmen ist, das sich je nach Zahl der Dienstjahre um einen Zuschlag zwischen 5 und 25 Prozent des Grundgehalts erhöht. Dazu kommen als weitere Zuschüsse Kleidergeld, Wohnungsgeld und Verpflegungsgeld, die allen Diensträngen in gleicher Höhe gezahlt werden. Zum Beispiel erhält eine als Zivilbeschäftigte im MfS tätige Sekretärin ein Gehalt zwischen 800,– und 1400,– Mark monatlich; ein Oberleutnant mit 6jähriger Dienstzeit kommt in Besoldungsstufe 10 auf ein Netto-Gehalt von 1700,–Mark; ein Abteilungsleiter auf Bezirksebene oder in der Zentrale bezieht je nach Dienstgrad, der vom Major bis zum Oberst reichen kann, zwischen 3200,– und 5000,–Mark. Der Leiter einer Bezirksverwaltung des MfS kann bis zu 6000,– Mark kassieren. Die Gehälter der Minister-Stellvertreter und des Ministers belaufen sich auf über 7000,– Mark. Es bedarf kaum der Erwähnung, daß diese Gehälter weit über dem Durchschnitt der sonst in der DDR-Staatsverwaltung üblichen Gehälter liegen. Das gilt auch für die Urlaubsregelung: Die Angehörigen des MfS erhalten je nach Dienstgrad und Dienstalter 24 bis 46 Tage Urlaub im Jahr, der in besonderen, MfS-eigenen Ferieneinrichtungen, Erholungsheimen und Gästehäusern kostenniedrig zugebracht werden kann. Nicht zuletzt schließt die soziale Privilegierung der MfS-Angehörigen die Versorgung mit langlebigen, hochwertigen Konsumgütern ein – die fristlose Zuteilung von Autos beispielshalber, auf die DDR-Normalbürger bis zu acht Jahre warten müssen. Dennoch wäre es abwegig, in der materiellen Bevorzugung und sozialen Privilegierung der hauptamtlichen Mitarbeiter der Staatssicherheit das allein bestimmende Motiv ihres Handelns zu vermuten. Dies hieße das elitäre Selbstverständnis der MfS-Kader fehleinschätzen.

Ausbildung und Schulung

Die wiederholt bekräftigte Forderung nach fachlicher Qualifizierung der Mitarbeiter der Staatssicherheit – wie nun wird sie praktisch in Kaderarbeit umgesetzt? »Durch Pläne zur persönlichen Qualifizierung erhöhen die Mitarbeiter der Staatssicherheit ihre Allgemeinbildung und erwerben Spezialkenntnisse, eine beachtliche Anzahl hat Hochschulbildung und verfügt über akademische Grade«[19]. Was Erich Mielke damit nicht ohne Selbstgefälligkeit festgestellt hat, konkretisierte er bei anderer Gelegenheit genauer: »Ein großer Teil unserer Mitarbeiter nimmt daher neben der laufenden politischen und fachlichen Schulung, die im Ministerium durchgeführt wird, am Fern- und Abendstudium der verschiedenen Fachrichtungen teil. Außerdem werden Angehörige des Ministeriums zum Direktstudium delegiert«[20].

Was der Chef des MfS unausgesprochen ließ, ist die Möglichkeit eines Direktstudiums oder eines Fernstudiums an einer MfS-eigenen Hochschule, die unter der Bezeichnung »Juristische Hochschule Potsdam«[21] seit 1951 in Potsdam-Eiche auf dem Areal der früheren General-Weber-Kaserne besteht und der Hauptabteilung Kader und Schulung im MfS unterstellt ist. In den siebziger Jahren hatte der Lehrkörper etwa 120 Mitarbeiter, die wie an normalen wissenschaftlichen Einrichtungen an Lehrstühlen für Marxismus-Leninismus, Geschichte der Arbeiterbewegung, Politische Ökonomie sowie an »Fachlehrstühlen« für »spezifische«, dem Metier der Staatssicherheit entsprechende Disziplinen tätig sind. Rektor der Juristischen Hochschule Potsdam ist – vermutlich seit 1971 – Generalmajor Dr. Willi Pösel, ein Mann vom Jahrgang 1923, Mitglied der SED seit 1948, Professor der Rechtswissenschaft in Potsdam seit 1969[22].

Die Juristische Hochschule Potsdam wird konspirativ abgeschirmt. »Grundsätzlich erfolgt die Delegierung zum Hochschulstudium durch die Diensteinheit und bedarf der Bestätigung durch die Hauptabteilung Kader und Schulung«[23]. So ist gewährleistet, daß »man« unter sich bleibt. Generell sollen Bewerber für das Direktstudium das 35. Lebensjahr, Bewerber für das Fernstudium das 45. Lebensjahr nicht überschritten und mindestens eine dreijährige operative Arbeit in den Organen des MfS geleistet haben[24]. Nach Abschluß eines Direkt- oder Fernstudiums verleiht die Juristische Hochschule Potsdam ein Diplom als »Diplom-Jurist«. Sie ist auch mit dem Promotionsrecht ausgestattet. Erstmals verlieh sie am 5. November 1969 auch eine juristische Ehrendoktorwürde – an den ehemaligen sowjetischen Meisterspion in den USA, Oberst R. I. Abel. Die Laudatio hielt Mielke[25]. Die Zahl der Kursanten wird auf jeweils 500 geschätzt.

Außer an der MfS-eigenen Hochschule können Offiziere der Staatssicherheit selbstverständlich an allen Universitäten und Hochschulen der DDR studieren – je nach den Aufgaben, die sie zu bewältigen haben. Auch sie werden zum Studium delegiert. Augenscheinlich sind diese sogenannten Delegierungsstudenten aus der Staatssicherheit im akademischen Bereich wenig geschätzt. Warum sonst sah sich Hans-Joachim Böhme, Minister für Hoch- und Fachschulwesen, gegenüber Universitäts- und Hochschulrektoren veranlaßt, die »weitere Verbesserung der kommunistischen Erziehung« auch und vor allem da zu verwirklichen, »wo die Arbeit mit den Delegierungsstudenten der bewaffneten Organe an den Universitäten und Hochschulen« in Rede steht. »Diese Studenten haben sich mit ihrer Berufswahl für den aktiven Dienst in den Kontroll-, Schutz- und Sicherheitsorganen der DDR entschieden . . . Die Rektoren der Universitäten und Hochschulen sollten diese jungen Kader in ihrer politisch-moralischen Entwicklung und wissenschaftlichen Arbeit besonders fordern und fördern«[26].

Führungskader, die in der Nomenklatur für die höchste Entscheidungsebene des MfS eingeplant sind – die Chefs der Bezirksverwaltungen etwa und die

Hauptabteilungsleiter in der Zentrale –, dürften Hochschulen in der Sowjetunion absolviert haben, eine der Schulen des KGB oder die Generalstabsakademie der Sowjetarmee.

Neben der Juristischen Hochschule Potsdam kann sich das MfS beziehungsweise die Hauptverwaltung Aufklärung auf eine »spezifische Fachschule« stützen, die unter der Legende einer »Zentralschule der Gesellschaft für Sport und Technik ›Etkar André‹«[27] in der Rosa-Luxemburg-Straße in Belzig eigens für die Belange der Spionage eingerichtet wurde. Mit ihrer Gründung in den frühen sechziger Jahren ersetzte sie die vom DDR-Geheimdienst in den fünfziger Jahren unterhaltene Spionageschule in der brandenburgischen Kreisstadt Gransee, die dort unter der Legende einer »Verwaltungsschule« bestand. Unter Leitung eines Obersten dient die Schulungsstätte Belzig der Aus- und Weiterbildung operativer Mitarbeiter der HV A in Wochenendlehrgängen sowie in Lehrgängen von fünf bis sechs Monaten Dauer.

Neben diesen beiden zentralen Schulungseinrichtungen verfügt das MfS in mehreren Bezirken über Fachschulen zur Qualifizierung mittlerer Kader. Ihre Ergänzung besitzt die externe Schulung im übrigen in der regelmäßig ein- bis zweimal im Monat durchgeführten internen Schulung in Seminaren und Zirkeln sowie im Selbststudium, zu dem ständig aufgefordert wird. »In Vorlesungen und Schulungen werden die Mitarbeiter der Staatssicherheit, von denen viele bereits über eine abgeschlossene Hoch- und Fachschulausbildung verfügen, ständig mit den neuesten Ergebnissen, unter anderem der Wirtschafts- und Rechtswissenschaft sowie der Kriminalistik, vertraut gemacht«[28]. Dazu paßt auch die Erarbeitung umfangreicher Handbücher, von denen etwa das »Handbuch für die Stabsarbeit im Prozeß der Führung von operativen Aktionen und Einsätzen« oder das »Wörterbuch für die politisch-operative Arbeit« zu nennen sind, und anderer Schulungsmaterialien, die natürlich stets »nur für den Dienstgebrauch« bestimmt und als »VVS« (= Vertrauliche Verschlußsache) klassifiziert sind. Jedes Exemplar ist numeriert. Im allgemeinen werden sie von kompetenten Diensteinheiten des MfS »praxisbezogen« erarbeitet – oder von Fachbereichen an der Juristischen Hochschule Potsdam. Das mehrfach zitierte Schulungsmaterial für die Arbeit mit Inoffiziellen Mitarbeitern wurde zum Beispiel vom »Fachbereich Psychologie und Menschenführung«[29] an der Potsdamer Kaderschmiede erstellt. Zudem werden der Juristischen Hochschule Potsdam in Befehlen und Dienstanweisungen auch konkrete Auflagen erteilt wie in Befehl Nr. 21/74: »Verstärkte Berücksichtigung der Vermittlung von Grundkenntnissen der operativen Beobachtung und konspirativen Wohngebietsermittlung in den Lehrplänen der Juristischen Hoch- und Fachschule des MfS«[30].

Schwächen der Kaderpolitik

Zwar sind Belege dafür nicht zu erbringen, aber es dürfte dennoch außer Zweifel stehen, daß die Gewinnung hauptamtlicher Mitarbeiter für die Staatssicherheit auf Schwierigkeiten stößt. Bereits der Rückgriff auf Pressionen, die eine »freiwillige Entscheidung« beschleunigen sollen, weist auf solche Schwierigkeiten hin. Sie haben ihre Gründe: Den Privilegien, die die Kader der Staatssicherheit genießen, stehen erhebliche Nachteile gegenüber. Zunächst einmal bedingt ihre berufliche Tätigkeit weithin soziale Isolation. Alles hat geheim zu sein und zu bleiben. Schon die nicht immer, aber meist unerläßliche Notwendigkeit, in bestimmten, vom MfS abgeschirmten Bezirken Wohnung zu nehmen, kann zur Belastung werden. »Die Wohnumgebung war stets eine gettoähnliche Siedlung mit materiellen Vorteilen, aber kastenähnlichen Gewohnheiten, so daß alles genauestens kontrolliert wurde«[31]. Damit sind persönliche Konflikte vorprogrammiert. »Persönlichen Rückhalt gibt das Betriebsklima des MfS nicht, es wirkt viel eher mit Dirigismus und Repression ins Privatleben seiner Bediensteten hinein«[32]. Dazu tritt die häufig nervenzermürbende Wirkung der alltäglichen Arbeit. Ehemalige Häftlinge wissen davon, daß Vernehmungsoffiziere der MfS-Untersuchungsorgane, zumeist übrigens Kettenraucher, häufig überreizt-nervös reagierten. Nicht minder aufreibend ist der Einsatz im DDR-externen Operationsgebiet. Ein ehemaliger Führungsoffizier, der sich in der Bundesrepublik zum Übertritt entschloß, sprach von der »Einsamkeit des Agenten im Westeinsatz«[33], die er daraus erklärte, daß er sich mit niemandem über seine Konflikte habe aussprechen können. Echte persönliche Bindungen einzugehen, bedeutete Dekonspiration. Jede Begegnung war allein unter dem Aspekt zu beurteilen, ob und wie sie nachrichtendienstlich nutzbar gemacht werden konnte. Da viele seiner Reaktionen seiner sozialen Umwelt unverständlich geblieben wären, habe er ständig als Eigenbrötler oder Depp gegolten, nicht nur im Beruf, sondern auch privat. Die Trennung der Privatsphäre vom Agentenauftrag erwies sich als unmöglich.

Was hier aus der speziellen Lage des Offiziers im besonderen Einsatz berichtet ist, kann generell für die Situation der im MfS tätigen Männer und Frauen gelten. Sie kapseln sich auch in der DDR gegenüber der Gesellschaft ab – und im Verhältnis zueinander waltet Mißtrauen. Der in anderem Zusammenhang schon zitierte Psychiater Dietfried Müller-Hegemann hatte in Ost-Berlin eine Patientin zu behandeln, die einen Offizier der Staatssicherheit geheiratet hatte. Erst »nach der Verheiratung sagte ihr der Ehemann, er habe wichtige Aufgaben im Dienste des Ministeriums für Staatssicherheit zu erfüllen. Deswegen müßten sie ihren Wohnort wechseln und in einer Siedlung nur für Angehörige dieses Ministeriums leben. Persönliche Beziehungen mit anderen Personen als Mitgliedern und Angehörigen dieses Ministeriums seien nur in Ausnahmefällen und nach genauer Prüfung erlaubt. Sie war gewohnt, als Ehefrau die Wünsche des Ehemanns zu befolgen«[34]. Indes hatte sie nicht geahnt, worauf sie sich eingelassen hatte. Sie vermochte sich nicht einzuleben in der neuen Umgebung. »Im Kreise der Mitglieder und Angehörigen des Ministeriums für Staatssicherheit herrschte ein Kastengeist, so daß jeder ein aufmerksames Auge für jeden anderen hatte . . . Sie vereinsamte in diesem Milieu völlig, da sie mit keinem der Mitbewohner eine persönliche Beziehung aufnehmen konnte. Mit der Zeit war sie überzeugt (etwa seit dem Jahre 1965), daß die anderen über sie sprachen, nachdem sie sich zunehmend abgekapselt hatte. Ihre Stimmung war fortlaufend gedrückt«[35]. Als Folge ihrer hochgradig belasteten Lebenssituation in völliger sozialer Isolierung trat eine reaktive Psychose ein, die schließlich zur Schizophrenie führte.

Mißtrauen unter Mitarbeitern des MfS keimt besonders dann, wenn sich Überläufer aus dem eigenen Arbeitsbereich nach Westen absetzen. Ein ehemaliger Oberleutnant der Hauptverwaltung Aufklärung erlebte und berichtete, was er 1959 für Eindrücke nach dem Übertritt eines Hauptmanns sammeln konnte: »Der Schock hat tage- und wochenlang angedauert. Jeder hat um seinen Posten gezittert. Keiner hat dem anderen mehr getraut. Noch nie haben so viele MfS-Offiziere, heimlich natürlich, die westdeutschen Rundfunksender gehört. Jeder fürchtete, daß Hauptmann Heim etwas über ihn und seine Abteilung sagte«[36]. Das dürfte generell nach jedem Übertritt so sein.

Vorbehalte gegen einen Eintritt in die Staatssicherheit wurzeln auch in der Erkenntnis, daß mit einem späteren Ausscheiden aus dem MfS kaum mehr gerechnet werden kann. Selbst wenn eine Entpflichtung theoretisch nicht ausgeschlossen ist, stehen ihr praktisch unüberwindliche Hindernisse entgegen. »Eine Entlassung, so wie man sie in einem gewöhnlichen Arbeitsverhältnis kennt, ist beim MfS nicht möglich«, berichtet ein früherer Leutnant des MfS. »Ein Gesuch um Entlassung aus dem MfS wird sofort zu einem Politikum«[37]. Immerhin kann ein solches Gesuch gestellt werden. Es führt in aller Regel zur vorläufigen Beurlaubung des Antragstellers, bis darüber entschieden ist. »Aus Furcht vor möglichen späteren Indiskretionen, aber auch des Personalmangels wegen, werden ziemlich strenge Maßstäbe an ›Entpflichtungsanträge‹ gestellt. Wird der Antrag genehmigt, so verpflichtet man den ausscheidenden Angestellten abschließend noch einmal zu strengster Geheimhaltung. Im allgemeinen führen gesundheitliche Beschwerden, schwere disziplinare Verstöße oder ›Republikflucht‹ von nahen Verwandten zur ›Entpflichtung‹«[38]. Auf jeden Fall erschwert dieser Sachverhalt die Gewinnung von Nachwuchs für die Staatssicherheit.

Weniger problematisch ist das Ausscheiden aus dem Wachregiment des MfS, wenn die dreijährige Dienstzeit verstrichen ist. »Wenige Monate vor der Entlassung beginnen mit jedem (Angehörigen des Wachregiments) Kadergespräche«, berichtet ein ehemaliger Unteroffizier dieser Elite-Einheit. »Die Staatssicherheit ist bemüht, nachdem sie ihren Soldaten des Wachregiments schon einen bestimmten Einblick in ihre Praktiken gewährt hat, diese zur ständigen Mitarbeit zu gewinnen. Etwa fünfzig bis sechzig Prozent der halbjährlichen Entlassungskandidaten wirbt sie für eine hauptamtliche Mitarbeit«[39].

Enttarnte Agenten – ihr Dasein danach

Seitdem die DDR die eigene Spionage offiziell nicht mehr verheimlicht, sondern verklärt und ihre Agenten zu Patrioten hochstilisiert, ist das Klischee vom selbstlosen, mutigen, aufopferungsbereiten »Kundschafter an der unsichtbaren Front« unerläßliches Requisit ihrer Agitation und Propaganda. Muß er nun, enttarnt oder die Enttarnung befürchtend, in die DDR heimkehren oder sich dorthin retten, werden ihm Lohn und Ehre zuteil, wie anderweitig geschilderte Fälle zu belegen scheinen. Gelegentlich fällt anderes Licht in dieses Dunkel – und es erhellt eine Wirklichkeit, die ungleich banaler ist. Das Schicksal der beiden Ex-Agenten Reiner Fülle[40] und Erich Ziegenhain[41] demonstriert dies exemplarisch.

Der Fall Fülle hat gleich zweimal Schlagzeilen in bundesdeutschen Zeitungen gemacht. 1939 in Zwickau geboren, war der gelernte Buchhalter 1966 bei einem Besuch in der DDR »auf materieller Basis« zur Spionage geworben worden. Jahrelang verriet Reiner Fülle fortan Forschungsgeheimnisse aus dem Kernforschungszentrum Karlsruhe nach Ost-Berlin – bis er am 20. Januar 1979 festgenommen wurde. Der Überläufer Werner Stiller hatte ihn enttarnt. Als er einen Tag später zur richterlichen Vernehmung vorgeführt werden sollte, konnte Fülle einem Beamten des Bundeskriminalamtes entwischen, und es gelang ihm, sich trotz unverzüglich eingeleiteter Fahndung nach Baden-Baden durchzuschlagen. Hier fand er rund eine Woche lang Unterschlupf in der sowjetischen Militärmission, ein politischer Skandal ohnegleichen, und wurde schließlich am 30. Januar 1979 in einer großen Holzkiste versteckt per Lastkraftwagen mit sowjetischem Kennzeichen über den Grenzkontrollpunkt Herleshausen-Wartha in die DDR geschmuggelt. Ein Fall wie ein Fernsehkrimi.

Nach kurzem Aufenthalt in einem Offiziersheim der Sowjetarmee in Meiningen wurde Fülle an die DDR-Sicherheitsorgane in Suhl weitergereicht, die den »mutigen Kämpfer« mit großem Hallo begrüßten. Eine Villa in Lehnitz/Havel wurde sodann sein erster Aufenthalt, bis ihm neun Monate nach der Flucht ein Haus in Kleinmachnow als Wohnsitz zugewiesen wurde. Seine Auftraggeber ließen sich nicht lumpen. Der Ex-Spion wurde reich belohnt und mit Ehrungen überhäuft. Mielke empfing ihn zu einem Gespräch und heftete ihm den »Kampforden für Verdienste um Volk und Vaterland« an die Brust, laut Verleihungsurkunde »als Zeichen der Anerkennung hervorragender Verdienste«, und Honecker verlieh ihm am 8. Februar 1980, zum 30. Jahrestag der MfS-Gründung, sogar den »Vaterländischen Verdienstorden« in Gold »in Würdigung außerordentlicher Verdienste beim Aufbau und bei der Entwicklung der sozialistischen Gesellschaftsordnung und der Stärkung der Deutschen Demokratischen Republik«.

Was der Staatsratsvorsitzende nicht ahnen konnte, war dies: Reiner Fülle, der in der DDR als »Vorzeige-Agent« herumgereicht wurde und Vorträge über sein früheres »Kundschafterdasein« hielt – unter anderem in der Zentralen Schulungsstätte der HV A in Belzig –, hatte zu diesem Zeitpunkt bereits abermals die Seiten gewechselt. Durch Vermittlung seiner in der Bundesrepublik ansässig gebliebenen Frau, die ihn nach seiner Flucht in die DDR bald hatte besuchen können, knüpfte er Kontakte zum Verfassungsschutz – und das Unwahrscheinliche gelang: Nachdem Fülle gut anderthalb Jahre lang Informationen gesammelt hatte, besonders Personalia hoher MfS-Offiziere und Details aus dem Ausbildungswesen, gelang in der Nacht vom 4. zum 5. September 1981 seine Ausschleusung auf dem Umweg über die CSSR in die Bundesrepublik. Hier legte der Ex-Agent hernach detailliert Rechenschaft über seine Erlebnisse ab.

Der Fall Nummer zwei betrifft den früheren Oberregierungsrat Erich Ziegenhain, der bis zu seiner Flucht in die DDR unter dem Decknamen »Hainfels« im Sozialministerium des Landes Hessen gearbeitet und dort als Sachbearbeiter für das Notaufnahmelager Gießen Unterlagen über Flüchtlingsschicksale und Fluchtwege für das MfS gesammelt hatte. Auch bei ihm löste der Übertritt Stillers Panik aus – mit Frau und Kindern verließ er Wiesbaden und flüchtete in die DDR. Auch er wurde hier zunächst mit offenen Armen aufgenommen, hoch dekoriert, mußte sich hernach aber mit einer wenig attraktiven Tätigkeit im Universitätswesen begnügen. Wohnung erhielt er in Leipzig zugewiesen. Bald hatte ihn die Tristesse des Sozialismus ernüchtert. Schließlich ertrotzte er sich, indem er pikanterweise Kontakt zur Ständigen Bonner Vertretung in Ost-Berlin aufnahm und formell seine Ausreise bei der DDR beantragte, seine und seiner Familie legale Rückkehr in die Bundesrepublik – auf den Tag genau am 12. Mai 1981. Zuvor hatte ihm das MfS eine Schweigeverpflichtung und ein Publikationsverbot über seine Erfahrungen abgenommen, an die sich der Ex-Agent natürlich nicht gehalten hat. Genau ein Jahr später wurde gerichtlich ein Schlußstrich unter sein Schicksal gezogen: Das Oberlandesgericht Frankfurt am Main verurteilte ihn zu zwei Jahren Freiheitsstrafe auf Bewährung.

Was die Fälle Fülle und Ziegenhain signifikant macht, ist die verblüffende Erfahrung, daß hier zwei ehemalige Agenten der Staatssicherheit die DDR um jeden Preis verlassen wollten – selbst um den Preis ihrer Verurteilung in der Bundesrepublik. Wie sie nach ihrer Rückkehr übereinstimmend ausgesagt haben, ist auch anderen enttarnten Agenten in der DDR die Stunde der Enttäuschung nicht erspart geblieben – nur haben sie bisher nicht den Mut zur Rückkehr gefunden.

Am 10. Januar 1984 begann vor dem 4. Strafsenat beim Oberlandesgericht Stuttgart die Hauptverhandlung, in der Fülle sich wegen geheimdienstlicher Tätigkeit zu verantworten hatte. Als nach dreimonatiger Prozeßdauer, am 13. April 1984, das Urteil verkündet wurde, lautete es auf sechs Jahre Freiheitsstrafe. In der Beweisaufnahme wurde der ehemalige MfS-Agent für schuldig befunden, knapp anderthalb Jahrzehnte für die Hauptverwaltung Aufklärung aktiv gewesen zu sein und ihr zum Teil hochwertige Informationen geliefert zu haben: »Geheimdienstliche Tätigkeit in einem besonders schweren Fall!« – Er hat seine Strafe nicht voll verbüßen müssen.

Ungleich fataler ist dagegen das Schicksal einen anderen ehemaligen MfS-Agenten, der seines Daseins im realen DDR-Sozialismus nach langjährigem »Kundschaftereinsatz« in der Bundesrepublik gleichfalls überdrüssig geworden war: Der Geophysiker Armin Raufeisen, geboren am 13. November 1928, 1957 aus der DDR, als Flüchtling getarnt, eingeschleust, spionierte zuletzt bei der Preussag in Hannover. Nach Stillers Übertritt aus Furcht vor seiner Festnahme mit Frau und Kind in die DDR geflüchtet, sollte er wenig froh werden. Als er schließlich, von der DDR ernüchtert und enttäuscht, seine Flucht zurück in die Bundesrepublik vorbereitete, offenbar über eine Schleusung durch die ungarisch-österreichische Grenze, wurde er samt Familie festgenommen und an die DDR ausgeliefert. Das geschah am 12. September 1981.

Nach einem Jahr Untersuchungshaft, am 16. September 1982, verurteilte ihn das Militärobergericht Berlin (Ost) zu lebenslanger Freiheitsstrafe wegen (bittere Ironie des Schicksals!) Spionage. Frau und Sohn wurden wegen Nichtanzeige eines Verbrechens und versuchter Republikflucht verurteilt.

Es heißt, daß Armin Raufeisen bei der Vorbereitung seiner Rückkehr West-kontakte gesucht habe.

Wie auch immer, in der Haft ist er am 12. Oktober 1987 verstorben. Wegen eines unheilbaren Leidens war er zwar noch von Bautzen, wo er im Objekt II in Haft gewesen war, in das Zentrale Haftkrankenhaus der DDR nach Leipzig-Klein-Meusdorf verbracht worden, aber jede ärztliche Hilfe blieb vergebens.

Die Chefs des MfS

Wie, unter welchen Voraussetzungen und Bedingungen wird die Schlüssel-position des Staatssicherheitsministers in der DDR besetzt? Welche kader-politischen Gesichtspunkte, welche formellen und informellen Beziehungen führen an die Spitze des MfS? Das Amt, das für den inneren Bestand des Re-gimes von essentieller Bedeutung ist, steht gleichwohl im Zwielicht, umweht vom Ludergeruch legalisierten Unrechts und schäbiger Spitzelei. In der bis-herigen Geschichte erlebte das Ministerium für Staatssicherheit der DDR mit Wilhelm Zaisser, Ernst Wollweber und Erich Mielke drei Männer an sei-ner Spitze, die bei aller Verschiedenheit nach sozialer Herkunft, politischer Geisteshaltung und Charakter drei Gemeinsamkeiten aufweisen, die sie für ihre Aufgabe als Minister für Staatssicherheit in der DDR prädestiniert ha-ben: Alle drei gingen aus der Kommunistischen Partei Deutschlands hervor, sie standen in der »illegalen Arbeit« der Partei, und sie haben während lang-jähriger Aufenthalte im Lande Stalins eng mit den sowjetischen Geheim-diensten zusammengearbeitet.
Diese Momente waren für ihre spätere Karriere in der Staatssicherheit aus-schlaggebend, wie umgekehrt auch künftig in Ost-Berlin an der Spitze der Staatssicherheit niemals ein Mann zu sehen sein wird, der nicht ebenfalls in Moskau uneingeschränktes Vertrauen genießt – beim KGB wie bei der Füh-rung der KPdSU. Inwieweit in den achtziger Jahren noch sowjetische Ein-flüsse kaderpolitische Entscheidungen in Ost-Berlin unmittelbar präjudizie-ren, ist zwar schwer zu sagen, für die fünfziger Jahre hingegen wird sie ernst-haft niemand bezweifeln wollen.
Wer aber waren sie, wer sind sie, die Zaisser, Wollweber, Mielke? Wie sind sie anzuschauen, die Wege der Männer, deren Amt so finstere Assoziationen weckt, daß sich ungute Erinnerungen an die Himmler, Heydrich und Kalten-brunner einstellen? Oder ist es geradezu unerhört, sie, die sich als deutsche Kommunisten im »Klassenkampf« bewährt haben, überhaupt in einen Kon-text zu jenen zu stellen, die im Zeichen des Hakenkreuzes unermeßliche Schuld auf sich geladen haben? Sind sie ohne Schuld? Oder ist es so, wie Saint-Just einmal gesagt hat, daß niemand regieren kann, ohne schuldig zu werden? Fragen, viele Fragen.

Wilhelm Zaisser

Die Wandlungen der Partei, die immer recht haben will, treten gelegentlich sprunghaft ein. Als Wilhelm Zaisser am 20. Juni 1953 – drei Tage nach dem mitteldeutschen Arbeiteraufstand – sein 60. Lebensjahr vollendete, übermittelte ihm das Zentralkomitee der SED ein Glückwunschschreiben[1], in welchem dem »lieben Genossen« nicht nur »herzlichst gratuliert« wurde, sondern er zugleich ausdrücklich zur Verleihung des Karl-Marx-Ordens »beglückwünscht« wurde. Allen Genossen der Partei wurde er als »ein anspornendes Beispiel« empfohlen. »Gestützt auf die Lehre von Marx, Engels, Lenin und Stalin, erfülltest Du als Mitglied des Politbüros des ZK unserer Partei und als Minister für Staatssicherheit ehrenvoll alle Dir gestellten Aufgaben«. Dies und mehr las man. Mit Lob wurde nicht gespart. Rund einen Monat später, am 25. Juli 1953, veröffentlichte das Presseamt beim Ministerpräsidenten der DDR kommentarlos eine fünf Zeilen umfassende Mitteilung[2], wonach der Minister für Staatssicherheit, Wilhelm Zaisser, »von seinem Amt entbunden« sei. Und am selben Tag wurde publik, daß er gemeinsam mit Rudolf Herrnstadt, dem damaligen Chefredakteur des »Neuen Deutschland«, eine »parteifeindliche Fraktion« gebildet haben sollte, »mit einer defätistischen, gegen die Einheit der Partei gerichteten Linie«[3]. Walter Ulbricht zieh ihn im Plenum des Zentralkomitees »völligen Versagens« und warf ihm vor, er, Zaisser, habe »die Mitglieder des Politbüros unter Druck setzen«[4] und vor allen anderen ihn, Ulbricht, ausschalten wollen: »Genosse Zaisser war so beschäftigt mit dem Kampf gegen Ulbricht, daß er ganz vergessen hat, daß er Minister für Staatssicherheit ist«[5]. Fünf Wochen hatten genügt, um aus dem auspornenden Beispiel ein abschreckendes Exempel werden zu lassen. Gleichwohl bleibt »der kluge, in kein Schema passende Sicherheitschef«[6] eine der verwegensten Figuren des deutschen Kommunismus.

Wilhelm Zaisser wurde am 20. Juni 1893 in Rotthausen bei Gelsenkirchen geboren; er kam also aus dem »Ruhrpott«, wo sein Vater Karl Zaisser als Gendarmerie-Wachtmeister Dienst getan hat. Nach dem Besuch der Volksschulen in Rotthausen und Essen wurde Wilhelm Zaisser auf dem Evangelischen Lehrerseminar in Essen zum Volksschullehrer ausgebildet, als der er nach Ableistung seines Militärdienstes denn auch ein halbes Jahr vor Ausbruch des Ersten Weltkrieges noch gearbeitet hatte. 1914 rückte er »ins Feld« – als Leutnant kehrte er 1919 in die Heimat zurück, wo er im Sommer 1919 in Essen der KPD beitrat. »Während des Kapp-Putsches gehörte er der zentralen militärischen Leitung der kämpfenden Arbeiter in Essen an. Anfang 1921 wurde Zaisser verhaftet, von einem Sondergericht in Kassel wegen seiner Tätigkeit in der Roten Ruhrarmee zu vier Monaten Gefängnis verurteilt und nach der Haft aus dem Schuldienst entlassen. Von Juni bis September 1921 arbeitete er als Redakteur des ›Ruhr-Echos‹ und von Oktober 1921 bis April 1922 als Redakteur der ›Bergischen Volksstimme‹. Im April 1922 wurde Zaisser Mitglied der Union der Hand- und Kopfarbeiter, ihrer Bezirksleitung Essen und ihres Hauptvorstandes. Er nahm am II. Kongreß der Roten Gewerkschaftsinternationale in Moskau (19. November–2. Dezember 1922) teil. Von Juli 1923 bis Juni 1924 war Zaisser Mitglied der Bezirksleitung Ruhrgebiet der KPD, besuchte von März bis Juni 1924 eine Schule der Kommunistischen Internationale (KI) in Moskau und war anschließend bis 1926 Mitglied der Oberbezirksleitung West der KPD. Seit Mai 1926 arbeitete Zaisser im Apparat des Zentralkomitees der KPD und ging im Juli 1927 als Mitarbeiter der KI nach Moskau«[7]. Damit endet ein parteioffizieller Lebenslauf Wilhelm Zaissers, soweit er die zwanziger Jahre betrifft. Was aber tat er sonst in diesen Jahren?

Ein damaliger Genosse Zaissers, der deutsche Kommunist Erich Wollenberg, der später mit der Partei brach, erinnerte sich 1951: »Als Zaisser in Moskau eintraf (Wollenberg meint das Frühjahr 1924), hatte der Machtkampf zwischen der ›Troika‹ (Sinowjew, Stalin, Kamenjew) auf der einen Seite und L. D. Trotzki, dem Führer der Roten Armee, auf der anderen seinen Höhepunkt erreicht. Zaisser beteiligte sich nicht an den auch auf der Militärschule leidenschaftlich geführten Diskussionen über die Probleme, die sich nach dem Tode Lenins für Partei und Sowjetstaat ergaben. Der Sinn für Nuancen in der Politik fehlte ihm. Seine Stärke lag schon damals auf administrativem, organisatorischem Gebiet. Das war einer der Gründe, die Bersin, den Chef der Vierten Abteilung (Nachrichten- und Spionage-Abteilung) beim Generalstab der Roten Armee, veranlaßten, ihm den Vorschlag zu machen, als Agent nach China zu gehen. Zaisser nahm das Angebot an. Seit diesem Zeitpunkt hatte er keinen Kontakt mehr mit der KPD«[8].

Zaisser blieb bis 1930 in China, wo er politische, militärische und wirtschaftliche Informationen für Moskau sammelte. Als er gelegentlich eines Urlaubs in Deutschland in eine Affäre der sowjetischen Industriespionage bei den Farbwerken Hoechst verwickelt wurde, mußte er, unversehens enttarnt und ins Gerede gekommen, aus China zurückgerufen werden. Er blieb fortan in Moskau, wo er 1932 Mitglied der KPdSU (B) wurde und einen Kursus an der Militärakademie absolviert haben soll.

Dafür spricht, daß Zaisser im Spanischen Bürgerkrieg – an dem er von September 1936 bis Sommer 1938 teilnahm – zunächst als Kommandeur der XIII. Internationalen Brigade, hernach als Kommandeur der Basis der internationalen Einheiten in Albacete eingesetzt wurde. Heinz Hoffmann, nachmals DDR-Verteidigungsminister, bezeichnete ihn als »langjährigen Militärspezialisten der KPD«[9]. Als »General Gomez« ist Wilhelm Zaisser schon in jenen Jahren zur legendären Figur geworden. Daß er sich selbst als Bürgerkriegsgeneral als Preuße empfand, macht Hoffmann in seinen Memoiren ebenfalls anschaulich, indem er sich einer Episode in Albacete erinnert[10]. Dort hatte er sich bei Wilhelm Zaisser zu melden. »Auf dem Weg zu ›Gomez‹ traf ich einen alten Bekannten aus Moskau wieder: Erich Mielke, der damals bei Genossen Zaisser arbeitete. So wie ich das Ausbildungsgelände in Madrigueras verlassen hatte, war ich nach Albacete gefahren, ohne mich für meine Meldung beim General besonders in Schale zu werfen . . . Als mich Erich Mielke so sah: mit staubigen Schnürschuhen, zerknitterter Uniform und unrasiert, riet er mir, ja erst meine Sachen in Ordnung zu bringen und ein wenig Toilette zu machen. ›Gomez‹ sei imstande und schmeiße mich auf der Stelle ›raus‹, wenn ich in diesem Aufzug vor ihm erscheine«. Hoffmann hielt diesen Rat für übertrieben und mußte prompt Lehrgeld zahlen: »General ›Gomez‹, ein Hüne von Gestalt, hörte sich meine Meldung an, musterte mich aufmerksam von oben bis unten und befahl: ›raus!‹« Erst nachdem er das Versäumte nachgeholt hatte, stand seinem dienstlichen Gespräch mit dem General nichts mehr im Wege. Als er es bereits für beendet hielt und wegtreten wollte, hielt »Gomez« ihn zurück: »Ob mir inzwischen klargeworden sei, weshalb er mich habe erst einmal rausschmeißen müssen. Meine Antwort, ich könnte mir das denken, schien ihm wohl nicht ganz überzeugend. Doch er meinte nur: ›Du hast eine Ausbildung erhalten wie nur wenige Genossen in unserer Partei. Denk gründlich darüber nach, dann wirst du auch begreifen, weshalb wir gerade vom Vorgesetzten hohe Disziplin verlangen!‹« Für Zaissers Charakter war diese Episode durchaus typisch.

Nach dem Scheitern in Spanien wieder in der sowjetischen Hauptstadt, betätigte er sich zunächst als Mitarbeiter der Kommunistischen Internationale, arbeitete danach als Chefredakteur der deutschen Sektion beim Verlag für fremdsprachige Literatur in Moskau. Er gehörte der im Februar 1943 vom Politbüro des Zentralkomitees der KPD gebildeten Arbeitsgruppe an, die Vorschläge für den weiteren Kampf gegen das Nazi-Regime ausarbeitete. Drei Jahre lang, vom November 1943 bis Dezember 1946, wirkte er als Lehrer bei der Schulung deutscher Kriegsgefangener in Talici und Krasnogorsk.

Nach Deutschland kehrte Wilhelm Zaisser erst im Februar 1947 zurück, wurde selbstredend Mitglied der SED und übernahm zunächst die Leitung der Landespolizei in Sachsen-Anhalt. Im September 1948 holte ihn Ministerpräsident Max Seydewitz nach Dresden und machte ihn zum Innenminister in der Landesregierung Sachsen, ein Amt, das er bis zu seiner Berufung zum Minister für Staatssicherheit 1951 innehatte. Mit diesem Wechsel auf die höchste Ebene der Macht war zugleich Zaissers Kooptierung in den Parteivorstand der SED verbunden. Auf dem III. Parteitag der SED wurde er als Mitglied des Zentralkomitees gewählt, das ihn seinerseits 1950 zum Mitglied des Politbüros wählte. Sein Sturz ist schon kurz beschrieben worden. Was aber waren die politischen Hintergründe, die ihn heraufbeschworen hatten? Natürlich hatte die Staatssicherheit ihr Versagen demonstriert, als sie den Ausbruch des Aufstandes vom 17. Juni 1953 nicht hatte vorhersehen oder verhindern können, aber ihr dafür allein die Verantwortung aufbürden zu wollen, hieße das dramatische Geschehen allzu vordergründig erklären. Im Grunde war mit dem Aufstand die sozialökonomische und politische Krise, in die Ulbricht die DDR mit der auf der 2. Parteikonferenz der SED proklamierten Generallinie vom »Aufbau des Sozialismus« geführt hatte, virulent geworden und offen aufgebrochen. Gegen die Strategie und Taktik, wie sie auf der 2. Parteikonferenz beschlossen worden waren, hatten Zaisser und Herrnstadt im Politbüro aufbegehrt. Sie wollten unter vorläufigem Verzicht auf weitere sozialistische Umwälzungen in der DDR die Herrschaft der SED auf eine breite politische Basis, auf eine Massenbasis stellen. Notwendigerweise mußten sie zu diesem Zweck die Entfernung Ulbrichts aus der Parteispitze und die Säuberung des Parteiapparates von seinen Gefolgsleuten herbeiführen. Nach allem, was darüber bekannt geworden ist, sollte Herrnstadt die Führung der Partei übernehmen. »Zaisser wollte über das Innenministerium, gestützt auf die Machtorgane, den Staatsapparat beherrschen«[11] – wahrscheinlich unter weiterer Tolerierung Otto Grotewohls als Ministerpräsident.

Offenbar waren die Vorbereitungen zu Ulbrichts Entmachtung damals bereits so weit gediehen, daß L. P. Berija, seinerzeit Stellvertreter des Ministerpräsidenten und Chef des sowjetischen Sicherheitsdienstes, der den Staatssicherheitsminister der DDR kontrollierte und enge Kontakte zu ihm unterhielt, Zaissers Bestrebungen unterstützte, und zwar mit Wissen G. M. Malenkows, der nach Stalins Tod sowjetischer Ministerpräsident geworden war. Natürlich wurde der Zaisser/Herrnstadt-Fraktion die Schützenhilfe aus Moskau nicht von ungefähr zuteil, vielmehr fügten sich ihre Bestrebungen genau in den Versuch Berijas und Malenkows, den Kreml auf ein Arrangement mit den Westmächten zu orientieren, und zwar nicht zuletzt um den Preis einer Wiederherstellung der staatlichen Einheit Deutschlands unter den Bedingungen bewaffneter Neutralität. N. S. Chruschtschow, sowjetischer Partei- und Regierungschef der Ära nach Stalin, hat sich später einmal dazu geäußert: »Bereits in den ersten Tagen nach dem Tod Stalins begann Berija Schritte zu unternehmen, die die Arbeit der Partei desorganisierten und auf die Untergrabung der freundschaftlichen Beziehungen der Sowjetunion zu den Bruderländern des sozialistischen Lagers gerichtet waren. Gemeinsam mit Malenkow schlug er beispielsweise provokatorisch vor, die Deutsche Demokratische Republik als sozialistischen Staat zu liquidieren, und empfahl der Sozialistischen Einheitspartei Deutschlands, auf die Losung des Kampfes für den Aufbau des Sozialismus zu verzichten«[12]. Das entsprach durchaus der oppositionellen Konzeption der Zaisser/Herrnstadt-Gruppe, die davon überzeugt war, daß die Klassenfrage in Deutschland erst nach der nationalen Frage gelöst werden könne.

Wie eng Berija und Zaisser damals Hand in Hand gearbeitet haben müssen, geht aus der Tatsache hervor, daß aus Moskau schon zwei Emissäre nach Ost-Berlin gekommen waren, die mit Zaisser die erforderlichen personellen Umstellungen im Staatsapparat erörtern sollten. Nur durch eine »Dummheit« von Franz Dahlem, der mit Zaisser seit den Tagen des Spanischen Bürgerkrieges befreundet war und eingeweiht gewesen sein muß, ist, einer Äußerung Ulbrichts[13] zufolge, das Komplott ruchbar geworden.

Die ursprünglich günstigen Voraussetzungen, unter denen die Zaisser/Herrnstadt-Fraktion die Entmachtung Ulbrichts angestrebt hatte, waren durch den Aufstand vom 17. Juni 1953 wesentlich verschlechtert worden. Aus taktischen Erwägungen mußte sich Moskau nun für Ulbricht entscheiden. »Durch den Arbeiteraufstand ist Ulbricht nicht gestürzt, sondern vor dem drohenden Sturz gerettet worden. Ulbrichts Absetzung war eine Hauptforderung der Aufständischen gewesen. Im Kreml hatte sich nach anfänglichem Zögern die Meinung durchgesetzt, ein Nachgeben gegenüber dieser Forderung bedeute erheblichen Prestigeverlust, könne von den Aufständischen als Zugeständnis aus Schwäche ausgelegt werden und zu neuen Unruhen mit noch weitergehenden Forderungen führen«[14]. Zum anderen aber hatten Zaisser und Herrnstadt ihre sowjetische Stütze verloren, als Berija am 26. Juni 1953 in Moskau gestürzt und verhaftet worden war.

Zaisser und Herrnstadt besaßen danach gegen Ulbricht um so weniger Chancen, als dieser sich nun auch des Arguments bedienen konnte, daß Zaissers Unfähigkeit als Minister für Staatssicherheit durch die Geschehnisse des 17. Juni erwiesen sei – wobei er nicht zögerte, auch eine persönliche Rechnung zu begleichen: »Genosse Zaisser hat wochenlang über die Arbeitsmethoden von Ulbricht gesprochen. Er hat recht, meine Arbeitsmethoden unterscheiden sich prinzipiell von denen des Genossen Zaisser. Zaisser ist ein ausgezeichneter Fachmann für bestimmte Verwaltungsarbeiten. Aber mich interessieren die Probleme der Arbeit von Staatssicherheit und nicht ihre Verwaltung«[15]. So räsonierte der Parteichef auf dem 15. Plenum des ZK, sechs Wochen nach dem Aufstand, und qualifizierte seinen Widersacher ab. Zaisser und Herrnstadt wurden aller Funktionen enthoben und aus dem Zentralkomitee ausgeschlossen. Ein halbes Jahr später, durch Beschluß des 17. Plenums, folgte ihr Ausschluß aus der Partei.

Der verspätete Parteiausschluß Zaissers und Herrnstadts dürfte sich aus der Tatsache erklären, daß über Berijas Schicksal in Moskau erst Ende 1953 endgültig die Würfel gefallen waren. Zusammen mit sechs Mitangeklagten war Berija nach einem mehrtägigen Geheimprozeß am 23. Dezember 1953 zum Tode verurteilt und erschossen worden. Deshalb vor allem mußte Zaisser scheitern, obschon es gewiß zutrifft, daß er kein Politiker im eigentlichen Sinne des Wortes war. Vielmehr war er ein Mann des »Apparates«. Zu Recht nannte Ulbricht ihn 1953 einen »Administrator«. Zudem hatte Zaisser etwas vom Habitus der »grauen Eminenz« an sich. Die Öffentlichkeit mied er. Es gibt keine veröffentlichten Reden von ihm, keine Aufsätze, auf Parteitagen und Parteikonferenzen der SED schwieg er – im Gegensatz zu seinen Nachfolgern im Amt, die bei solcher Gelegenheit gern und ausführlich das Wort nahmen und nehmen. Zaisser hielt sich im Hintergrund. Es wäre dennoch irrig, ihn einen »Apparatschik« zu nennen – seine Intelligenz schließt das aus. Auch besaß er, was dem Apparatschik mangelt, menschliche Wärme. Einem Gespräch unter Genossen entzog er sich niemals. »Deutsche Offiziere, die in russischen Gefangenenlagern mit Zaisser zu tun hatten, heben – ebenso wie ehemalige Spanienkämpfer – seine Sachkenntnis und sein korrektes Verhalten auch gegenüber Andersdenkenden hervor«[16].

Gestorben ist Wilhelm Zaisser in der Nacht vom 2. zum 3. März 1958 in seiner Wohnung in Berlin-Hirschgarten an einem Herzinfarkt. Parteiamtlich wurde sein Tod nicht gemeldet. Ein Nachruf des Zentralkomitees blieb aus. Lediglich die »Berliner Zeitung« veröffentlichte am 6. März zwei bescheidene Todesanzeigen. Die eine war gemeinsam vom Dietz Verlag und vom Institut für Marxismus-Leninismus aufgegeben; Zaisser hatte in seinen letzten Lebensjahren dort bescheidene Arbeiten als Lektor übernommen; die andere Anzeige stammte von seinen Hinterbliebenen – von seiner Witwe Else Zaisser, geborene Knipp, die nach seinem Sturz ihr Amt als Volksbildungsministerin der DDR verloren hatte, sowie von seinen drei Töchtern und den Familien Knipp. Sie erlaubten sich auch eine politische Würdigung: »Er widmete sein Leben dem Kampf der Arbeiterklasse«. Ein kurzer Satz, kein Wort zuviel.

Jahre später erst, nach dem Führungswechsel von Walter Ulbricht zu Erich Honecker, durfte Zaisser wieder lobend erwähnt werden. Der frühere sächsische Ministerpräsident Max Seydewitz würdigte ihn in seinen Memoiren als einen »in vielen Klassenschlachten bewährten Kommunisten«, der parteioffizielle Abriß einer Geschichte der Sozialistischen Einheitspartei Deutschlands verweist auf Zaissers Rolle im »nationalrevolutionären Befreiungskampf des spanischen Volkes«, und Armeegeneral Heinz Hoffmann widmet dem »General Gomez« in seinen Memoiren, wie zitiert, eine immerhin zwei Seiten lange Passage. Indizien, daß seine Opposition gegen Ulbricht in der Ära Honecker postum Vergebung erfahren hat.

Ernst Wollweber

Unmittelbar nach Zaissers Sturz hat Ulbricht im Plenum des Zentralkomitees zwar erklärt, es wäre ein Fehler gewesen, ihn, den Administrator, überhaupt als Minister für Staatssicherheit eingesetzt zu haben, aber diese eher peinliche Selbstkritik konnte nicht überzeugen. Zaissers Berufung an die Spitze der Staatssicherheit war von der Sache wie von der Person her durchaus gerechtfertigt gewesen. Ein gravierender kaderpolitischer Fehler war eher die Bestellung Ernst Wollwebers zu seinem Nachfolger. Denn mit ihm rückte eine wahrhaftig zwielichtige Gestalt in eine Funktion, der er, vom Typus her »ein alter Rabauke«[17], nicht im mindesten gewachsen war. Ulbricht selber hat die Quittung dafür bekommen, als Wollweber ein paar Jahre später gegen ihn aufbegehrte, ohne daß die politische Motivation so recht einleuchten mochte.

Ernst Wollwebers Lebensweg ist wie kaum ein zweiter in westlichen Publikationen[18] behandelt worden, weniger dagegen in östlichen Veröffentlichungen, wo Wollwebers Name seit seinem Sturz kaum mehr Erwähnung findet. Geboren am 28. Oktober 1898 in Hannoversch-Münden, Sohn eines schlesischen Bergmannes, hatten ihn unglückliche Familienverhältnisse mit 15 Jahren schon bewogen, von Hause wegzulaufen. In Hamburg Schiffsjunge und Hafenarbeiter, bekam er 1915 seine ersten politischen Kontakte. Der Siebzehnjährige wurde Mitglied der Sozialistischen Jugend. 1916 zur Kriegsmarine eingezogen, beteiligte er sich im November 1918 am Kieler Matrosenaufstand. Wollweber soll es gewesen sein, der auf dem Linienschiff »Helgoland« die rote Fahne hißte. Er wurde Vorsitzender des Arbeiter- und Soldatenrates beim Flottenverband der U-Boot-Kreuzer. Die Konsequenz aus seinem Revoluzzertum zog er mit seinem Eintritt in die KPD.

Das war im Jahre 1919. Nach einem Intermezzo als Gründer einer Ortsgruppe der KPD in Hannoversch-Münden wieder in Hamburg, wo er 1920 eine »Rote Seemannsunterkunft« leitete, berief ihn die Zentrale der Partei zum Sekretär des Bezirks Hessen-Waldeck in Kassel. Auf den Parteitagen der KPD 1921 in Jena und 1923 in Leipzig wurde er in den Zentralausschuß – das spätere Zentralkomitee – gewählt. Außerdem war er 1922 Delegierter beim 4. Weltkongreß der Komintern. Schon aus dieser Zeit wird ihm die Teilnahme an militärpolitischen Lehrgängen in der Sowjetunion nachgesagt. Wie Zaisser – möglicherweise zur gleichen Zeit wie er – absolvierte Wollweber die Internationale Lenin-Schule.

Allerdings hatte die KPD ihn zunächst noch für »legale« politische Aufgaben eingeplant. Anfang 1924 war Wollweber im Saargebiet, leitete Mitte des Jahres nochmals kurze Zeit den Parteibezirk Hessen-Waldeck und wurde schließlich nach Schlesien entsandt. Hier nun wurde er durch einen KPD-Sekretär namens Alfred Hamann, der für die Polizei arbeitete, denunziert und verhaftet. Nach anderthalb Jahren Untersuchungshaft verurteilte ihn das

Reichsgericht in Leipzig am 23. Dezember 1925 zu drei Jahren Gefängnis, aber schon am 6. März 1926 wurde er aus dem Gefängnis entlassen. »Der Gnadenakt war eine Folge der Verhaftung des Landgerichtsdirektors Jürgens vom Reichsgericht. Jürgens, der meist kommunistische Fälle bearbeitete, hatte Wollweber 1924 festnehmen lassen und die Untersuchungshaft extra lang ausgedehnt, damit Wollweber nicht unter die Hindenburg-Amnestie fiel. Jürgens wurde im Februar 1926 wegen Betrügereien festgenommen, daraufhin erfolgte die vorzeitige Haftentlassung Wollwebers«[19]. Für Wollweber freilich war die Gefängniszeit eine Empfehlung für die eigene politische Karriere, zunächst als Sekretär für Gewerkschaftsfragen in der KPD-Bezirksleitung Schlesien mit Sitz in Breslau, wo er 1929 zum Politischen Leiter avancierte. »Diese Funktion behielt Wollweber bis Anfang 1932, dann wurde er von den Sowjets mit dem Aufbau eines Geheimapparates beauftragt und aus der direkten Parteiarbeit zurückgezogen«[20], nachdem er zuvor allerdings noch, bei den Wahlen vom 6. November 1932, als Abgeordneter des Reichstages im Wahlkreis Schlesien gewählt worden war.

Die Machtergreifung Adolf Hitlers nötigte die Kommunistische Internationale, ihr bis dahin in Berlin bestehendes Westeuropäisches Büro nach Kopenhagen zu verlegen. »Dort bestanden Abteilungen für Politik (Leiter: Otto Kuusinen, Finne), für Organisation (Leiter: Ernst Wollweber, Deutscher), für Finanzen (Leiter: Richard Jensen, Däne) und für Spionageabwehr (S-Apparat, Leiter: Michel Avatin, Lette). Es war eine internationale Besetzung«[21]. Gleichzeitig setzte Wollweber seinen Auftrag zum Aufbau eines Geheimapparates mit Vehemenz in die Tat um. Zupaß kam ihm dabei, daß er außerdem 1933 die Leitung der Internationale der Seeleute und Hafenarbeiter übernahm, einer zwei Jahre zuvor gegründeten Sektion der Roten Gewerkschaftsinternationale, deren Kommunikation er auszunutzen verstand, um eine illegale Organisation für Schiffssabotage ins Leben zu rufen – die »Wollweber-Liga«, die sich auf Sprengstoffanschläge gegen für Deutschland, Italien oder Japan fahrende Schiffe spezialisierte. Mindestens ein halbes Dutzend Sprengstoffanschläge wurden verübt. Ehe Wollwebers Liga für die Sowjetunion entscheidende Bedeutung erlangen konnte, war ihr ein Ende beschieden. Mit dem Einrücken deutscher Truppen in Dänemark und Norwegen im Frühjahr 1940 rettete sich Wollweber mit seinen »Spezialisten« ins neutrale Schweden, wo er im Mai 1940 in Haft genommen und 1941 wegen Sprengstoffdiebstahls zu drei Jahren Gefängnis verurteilt wurde. 1943 erwirkte die Sowjetunion seine Auslieferung durch einen geschickten Schachzug ihrer Botschaft in Stockholm: Wollweber wurde als aus Deutschland ausgebürgerter Emigrant, der inzwischen die sowjetische Staatsbürgerschaft erhalten hätte, der Unterschlagung russischer Staatsgelder bezichtigt, woraufhin seine »Auslieferung« erfolgte. Die Schweden waren froh, ihn abschieben zu können. Bis Kriegsende blieb Wollweber in der Sowjetunion.

Nach dem Zusammenbruch des Nazi-Regimes wieder in Berlin, wurde er zum stellvertretenden Leiter, 1947 zum Leiter der Generaldirektion Schiffahrt berufen, die zunächst bei der Deutschen Zentralverwaltung für Verkehr, später bei der Hauptverwaltung Verkehr der Deutschen Wirtschaftskommission bestand. 1949 Staatssekretär im Ministerium für Verkehr, wurde sein Arbeitsbereich im Mai 1953 zu einem eigenständigen Staatssekretariat für Schiffahrt aufgewertet. Aber: »Wollweber blieb seinem Metier, der Sabotage, treu. In der Seefahrtsschule Wustrow an der Ostsee ließ er zwar ständig 200 Männer als Kapitäne, Schiffsingenieure und Funker ausbilden, doch 20 Absolventen eines jeden Lehrganges bekamen noch ein Sondertraining. Sie lernten den Umgang mit Sprengkörpern, sie erfuhren, wie man Zellen für den Untergrundkampf bildet und geheime Nachrichten übermittelt«[22]. Eine Reihe von Schiffsunfällen und Sabotageakten auf britischen Schiffen, die zu Beginn des Jahres 1953 die Weltöffentlichkeit aufhorchen ließ, dürften auf Wollwebers Aktivitäten zurückzuführen sein, obschon Beweise dafür fehlen.

Schon vor diesem persönlichen Hintergrund war es eine Fehlentscheidung, daß Walter Ulbricht ausgerechnet diesen Mann zum Chef der Staatssicherheit berief – am 24. Juli 1953, wobei er das Revirement mit einer Umgliederung verknüpfte: Das MfS wurde als Staatssekretariat für Staatssicherheit dem von Willi Stoph geleiteten Ministerium des Innern eingegliedert und Wollweber zum Leiter des SfS und Stellvertreter des Innenministers berufen. Nun konnte der erfahrene Sabotage-Spezialist beweisen, was er auf der anderen Seite der Barrikade zu leisten imstande war – bei der Abwehr von Spionage und Sabotage, tatsächlicher und vermeintlicher, bei der Niederdrückung von Opposition und Widerstand in der DDR.

Der Karriere im Staatsapparat folgte der Aufstieg in der Partei: 1954 auf dem IV. Parteitag der SED wurde Ernst Wollweber zum Mitglied des Zentralkomitees gewählt. Auf dem Parteitag selbst versicherte er die Treue der Staatssicherheit zur Staatspartei. »Durch die Entlarvung Zaissers von einer politisch falschen Führung befreit«, seien die Sicherheitsorgane »kampffähiger« geworden, obzwar sie noch bemüht sein müßten, »die Folgen der Zaisserschen Politik restlos zu überwinden«; und in fast sibyllinischen Worten setzte Wollweber hinzu: »Man kann unseren Staat nur sichern, wenn man fest davon überzeugt ist, daß die Deutsche Demokratische Republik nicht irgendwann und irgendwie aufgegeben werden könnte – wie es Zaisser in Betracht zog –, sondern daß unsere Republik als wichtigstes Bollwerk im Kampf um ein einheitliches, demokratisches Deutschland unter allen Umständen und in jeder Situation verteidigt werden muß«[23]. Anderthalb Jahre später durfte er sich auch Minister nennen: Das MfS erhielt seine Selbständigkeit als Ministerium zurück – mit Wollweber als Chef und Generalleutnant Erich Mielke als Staatssekretär.

Ernst Wollweber hatte damit den Zenit seiner politischen Laufbahn erreicht. Als Nachfolger Zaissers suchte er sich bewußt in Gegensatz zu seinem Amtsvorgänger zu stellen, was Arbeitsstil und operative Taktik der Staatssicherheit anbelangte. Wollweber wollte sich politisch profilieren, was wohl auch erklärt, daß und warum er sich wiederholt lautstark zu Wort meldete – auf dem IV. Parteitag der SED etwa, auch 1956 auf der 3. Parteikonferenz der SED. Nicht immer verriet politisches Gespür, was er über die Arbeit der Staatssicherheit äußerte. Generalmajor Reinhard Gehlen, als Chef des nach ihm benannten Nachrichtendienstes – seit 1956 Bundesnachrichtendienst – gleichsam der »natürliche« Gegenspieler Wollwebers, urteilt gewiß zu Recht, wenn er meint: »Wollweber wußte, was ihn erwartete: Schon in den ersten Tagen zerstörte er die subtilere Konzeption seines glücklosen Vorgängers, den er mit Hohn und Spott überschüttete. Für Wollweber kam es darauf an, in raschem Zugriff vermutete Mitarbeiter des Dienstes in der DDR auszuheben und die erzielten Erfolge unverzüglich vor der Öffentlichkeit auszubreiten ... Ende September 1953 setzten in der DDR schlagartig koordinierte Aktionen gegen angebliche ›westliche Spionage-, Terror- und Sabotagegruppen‹ ein. Beinahe täglich erfolgten Zugriffe, die ... entgegen der bisherigen Praxis in jedem Einzelfall sofort propagandistisch ausgeschlachtet wurden. Bis Ende Oktober wurden in fortgesetzten ›Erfolgsmeldungen‹ insgesamt 98 Verhaftungen von angeblichen Mitarbeitern verschiedener westlicher Nachrichtendienste bekanntgegeben«[24].

Um so mehr mußte verblüffen, daß Wollweber in der Zeit des »politischen Tauwetters« zu jener Anti-Ulbricht-Opposition fand, die sich, inspiriert und geführt von Karl Schirdewan, damals Mitglied des Politbüros und Sekretär des Zentralkomitees, um eine Revision der Generallinie und Politik der SED bemühte. Hatte ihn purer Opportunismus dazu getrieben und eine Fehleinschätzung der Kräfteverhältnisse innerhalb der Führung der Partei? Oder war er auf Grund seiner Einsichten, die er als Minister für Staatssicherheit gewonnen hatte, von der Notwendigkeit eines Wandels überzeugt worden? Oder hatte ihn seine Lebensgefährtin Klara Vater dazu gebracht, eine deutsche Kommunistin, die während ihres Exils in der Sowjetunion verhaftet und unter Stalin jahrelang eingekerkert war?

Wie auch immer: Nachdem er zum 1. November 1957 zunächst »aus Gesundheitsgründen« seinen Rücktritt erklärt hatte, wurde er 1958 auf Beschluß des 35. Plenums des ZK gemaßregelt: »Genosse Ernst Wollweber wird im Zusammenhang mit seinen Verstößen gegen das Parteistatut aus dem Zentralkomitee ausgeschlossen und erhält eine strenge Rüge«[25]. Wiederum war der Mann, der in der Staatssicherheit das Sagen gehabt hatte, gegen den Chef der SED aufgetreten – und wiederum war er unterlegen.

Nach dieser Zeit lebte Wollweber zurückgezogen in Ost-Berlin, ein schwer herzkranker Mann, der am 3. Mai 1967 im Alter von 68 Jahren starb. »Genosse Wollweber war ehemaliger Minister, Träger des Vaterländischen Verdienstordens in Gold und anderer hoher staatlicher Auszeichnungen«, hieß es sieben Tage später in einer Neun-Zeilen-Nachricht des »Neuen Deutschlands«, in der die Kreisleitung Köpenick seinen Tod und den Termin seiner Beisetzung mitteilte. Das Zentralkomitee der SED und die Regierung der DDR hüllten sich in Schweigen.

Erich Mielke

Wenn die Dienstjahre allein entscheidendes Kriterium sind, ist Erich Mielke der erfolgreichste Minister für Staatssicherheit, den die DDR bislang erlebte. Wer ihn mit Wilhelm Zaisser vergleicht, findet ihn zwar intellektuell unterlegen, aber besser geschult und im Sinne der Partei nachhaltiger diszipliniert – ein Eindruck, der sich bei einem Vergleich mit Ernst Wollweber noch verstärkt, denn im Gegensatz zu diesem geht Mielke jede Fähigkeit zu unkontrolliert-spontaner Reaktion ab. Der politische Apparatschik par excellence ist sich seiner Macht zwar bewußt, aber er würde sie nie gegen Nummer eins der Partei ausspielen. Eben darum hat er Walter Ulbricht vormals ergeben gedient wie nachmals Erich Honecker.

Nach der offiziellen Version seines Lebenslaufs[26] ist Erich Mielke – »verheiratet, zwei Kinder, Volksschule, Gymnasium« – am 28. Dezember 1907 »in Berlin als Kind einer Arbeiterfamilie« geboren. Nach westlichen Quellen[27] war sein Vater, von Beruf Stellmacher, offenbar Mitglied der KPD. Leicht ist es ihm wohl nicht gefallen, dem ältesten Sohn Erich eine höhere Schulbildung zu finanzieren. »Bei einer Begabtenauswahl in Berlin, wo man von 360 Kindern nur 60 ausgewählt hatte, war er als Arbeiterkind auf eine höhere Lehranstalt gekommen. Es war ein empfindliches Opfer für den Vater. Bei den vier Kindern der Familie fiel ein heranwachsender Mitverdiener weg und kostete dazu noch das Fahrgeld zum Realgymnasium«[28]. Mit 16 verließ der junge Erich das Gymnasium und absolvierte eine Lehre als Expedient einer Berliner Speditionsfirma. Frühzeitig schloß er sich zudem der kommunistischen Jugendbewegung an. 1925 erwarb er das Mitgliedsbuch der KPD, mit 18 also, und versuchte sich als Reporter für die »Rote Fahne«, die führende Zeitung der KPD – wie es scheint nicht ohne Erfolg. Jedenfalls will sich Alexander Abusch, der im Sommer 1930 zum Chefredakteur der »Roten Fahne« berufen wurde, an den »jungen Reporter« erinnern, der ihm »durch ausgezeichnet geschriebene Reportagen aufgefallen« war. »Ich lernte in ihm einen Arbeiterjungen vom Wedding mit echt Berliner Witz und erstaunlicher Bildung kennen«, notiert er in seinen Memoiren. »Da es zwischen Chefredakteur, Redakteuren, Reportern und Sekretärinnen einen absolut freundschaftlichen Umgang gab«, so Abusch weiter, »erfuhr ich im Gespräch mit ihm, wie sehr er Musik liebte und daß er ungefähr alle für ihn erreichbaren Opern kannte«[29]. Der nachmalige Sicherheitschef – ein früher Schöngeist? Zweifel sind erlaubt, weniger deshalb, weil Mielke später ein finsteres Amt innehatte, sondern weil er schon damals dem Parteiselbstschutz der KPD angehörte, einer paramilitärischen Organisation zum Schutz kommunistischer Versammlungen und zur Absicherung von Demonstrationen. Die Mitglieder des PSS wurden körperlich »gestählt« und »wehrsportlich« ausgebildet, ihre Einsätze wurden vom Chef des M-Apparates geplant, ein Schöngeist wird sich dahin kaum verirrt haben.

Im Fall Erich Mielke sollte die Zugehörigkeit zum Parteiselbstschutz die auch für ihn selber schicksalhafte Verstrickung in eine politische Mordaffäre bedingen.

Es geschah in Berlin auf dem damaligen Bülowplatz – heute Rosa-Luxemburg-Platz – am 9. August 1931, am Abend eines glutheißen Sonntags, als sich gegen 20.30 Uhr die beiden Polizeihauptleute Paul Anlauf (Spitzname »Schweinebacke«) und Franz Lenck, begleitet von dem Polizeioberwachtmeister Willig (Spitzname »Husar«) von der Weydinger Straße her kommend, dem Bülowplatz in Richtung auf das »Filmtheater Babylon« näherten. »Da hörte Willig plötzlich unmittelbar hinter sich eine Stimme: ›Du Husar, du – Schweinebacke, und du – den anderen.‹ Er wußte in diesem Augenblick, daß auf sie ein Anschlag verübt werden sollte. Er hörte es aus der Art, wie die Worte fielen, heraus. Willig griff sofort in die rechte Seitentasche seines Waffenrocks, um seine Pistole zu ziehen, und wollte sich nach links zu dem Sprecher umdrehen. In diesem Augenblick fiel salvenartig eine Anzahl

Schüsse aus kurzer Entfernung. Anlauf fiel seiner ganzen Länge nach vornüber auf das Pflaster. Lenck stürzte ebenfalls, erhob sich aber wieder, zog seine Pistole, lief in den Vorraum des Kinos ›Babylon‹ und von dort auf den linken Parketteingang zu. Dort brach er zusammen. Willig ging in die Knie, erhob sich sofort wieder, zog seine Pistole und feuerte sein ganzes Magazin auf einzelne Personen, in denen er die Täter vermutete. Als er sein zweites Magazin in seine Pistole einführen wollte, bemerkte er, daß er an der linken Hand verletzt war. Das Magazin entglitt seiner Hand und fiel zu Boden. Hierbei bemerkte er erst den vor ihm liegenden Hauptmann Anlauf«. Was sich hier wie ein Kriminalreport liest, entstammt einem rechtskräftigen Urteil[30] des Schwurgerichts I beim Landgericht Berlin vom 19. Juni 1934. Und was hat Erich Mielke damit zu tun?

»Die Täter waren Ziemer und Mielke«, heißt es in seiner schriftlichen Ausfertigung. Auf der Anklagebank haben sie freilich nie gesessen. Angeklagt waren vielmehr 15 andere Genossen der KPD, darunter eine Frau; von ihnen waren der ehemalige Hauswart im Karl-Liebknecht-Haus, ein Mann namens Friedrich Broede, zugleich Leiter des Parteiselbstschutzes im Unterbezirk Wedding, ferner Michael Klause, ehemals Bezirksleiter des Parteiselbstschutzes von Berlin-Brandenburg, und Max Matern, ebenfalls vom Ordnerdienst, am schwersten belastet.

Nach den polizeilichen Ermittlungen und der Beweisaufnahme vor Gericht dürfte es Hans Kippenberger gewesen sein, damals Chef des militärpolitischen Apparates der KPD und »Reichsleiter« des Parteiselbstschutzes, dem die Idee zu dem Mordanschlag gekommen war – und er dürfte damit bei Heinz Neumann bereitwillig Gehör gefunden haben. Walter Ulbricht, damals Politischer Leiter der KPD im Bezirk Berlin-Brandenburg und Mitglied des Politbüros, dürfte von der geplanten Aktion gewußt haben, ohne sie verhindern zu können oder verhindern zu wollen. »Kippenberger hatte am Sonntag, 9. August, nachdem der ursprünglich auf den 8. August festgesetzte Anschlag mißlungen war, dem damals 35jährigen Arbeiter Michael Klause den Auftrag erteilt, dafür zu sorgen, daß sich freiwillig zwei Schützen meldeten, die nach Möglichkeit ledig und jüngeren Alters sein sollten. Zur Deckung der Mörder wurden durch den damaligen Hauswart des Karl-Liebknecht-Hauses, Friedrich Broede, auf Anregung Kippenbergers, mehrere Gruppen des kommunistischen ›Parteiselbstschutzes‹ alarmiert. Als Tatort hatte Kippenberger die Straßenecke vor dem Babylon-Kino ausersehen, weil ihm diese Stelle für die Täter die beste Fluchtmöglichkeit zu bieten schien. Tatsächlich meldeten sich auch freiwillig als Schützen der damals 23jährige Arbeiter Erich Mielke und der 24 Jahre alte Arbeiter Erich Ziemer«[31]. Das Szenarium war fertig. Das Verhängnis nahm seinen Lauf. »Ob zwei oder drei Schützen gefeuert haben, läßt sich nicht mit Bestimmtheit feststellen. Die größere Wahrscheinlichkeit spricht für drei Schützen«, so das Gericht. Und weiter: »Daß Ziemer und Mielke geschossen haben, steht fest«[32] – wobei sich das Gericht auf die Aussagen mehrerer Angeklagter stützen konnte. »Ziemer und Mielke waren ja auch von Anfang an für die unmittelbare Ausführung der Tat bestimmt«[33].

Die Strafen fielen erbarmungslos hart aus. Wegen gemeinschaftlich begangenen Mordes wurden Broede, Klause und Matern zum Tode verurteilt, die übrigen Angeklagten erhielten Zuchthaus oder Gefängnisstrafen zwischen 15 Jahren und neun Monaten wegen Beihilfe oder Begünstigung – bis auf zwei Angeklagte, die wegen Mangels an Beweisen freigesprochen wurden; bei weiteren zwei wurde das Verfahren eingestellt. Trotz der Härte der Strafen ist festzustellen, daß sich das Gericht die Sache nicht einfach gemacht hat. Nach monatelanger Voruntersuchung hatten die Beweisaufnahme, die Plädoyers und die Urteilsverkündung insgesamt neun Verhandlungtage umfaßt. Die Urteilsbegründung selbst belegte mit 108 Seiten Umfang, wie gründlich das Gericht gearbeitet hatte. Friedrich Broede verübte nach dem gegen ihn ergangenen Todesurteil Selbstmord, Max Matern wurde am 22. Mai 1935 hingerichtet[34]. Das Urteil gegen Michael Klause wurde im Gnadenwege in lebenslanges Zuchthaus umgewandelt, »weil Klause durch sein offenes Geständnis den Behörden wertvolle Hilfe geleistet und die Aufklärung der Tat bis in alle Einzelheiten ermöglicht hat«[35]. Sein späteres Schicksal ließ sich nicht mehr ermitteln.

Ungeklärt blieb auch das Schicksal Ziemers. Zwar scheint er wie Mielke, ausgerüstet mit falschen Pässen und Geld, ins Ausland geflüchtet zu sein, aber seine Spuren verlieren sich. Mielke hingegen fand in Moskau Asyl. »Im Jahre 1931 gingst Du auf Beschluß der Partei in die Sowjetunion, wo Du vorübergehend eine neue Heimat fandest«, hieß es Jahrzehnte später, zu seinem 60. Geburtstag, in einem Gratulationsschreiben des Zentralkomitees der SED mit der Unterschrift Walter Ulbrichts. »Damit gab Dir die Partei die Möglichkeit, Deine Kenntnisse des Marxismus-Leninismus zu vertiefen und Dich mit den reichen Erfahrungen der Kommunistischen Partei der Sowjetunion vertraut zu machen«[36]. Die Ironie dieser Formulierung war ungewollt.

Zeit seines Lebens haftete Mielke der Ruch dieser Untat an. In zahlreichen Artikeln westlicher Zeitungen ist man immer wieder darauf zurückgekommen, meist ohne sorgfältige Recherchen, meist nur inspiriert vom Ungeist eines blindwütigen Antikommunismus, bar jeder Differenzierung und ohne danach zu fragen, was eigentlich schwerer wiegt: die Schuld eines fanatisierten Jungkommunisten, dem die Einsicht in die Verwerflichkeit seines Tuns politisch-ideologisch verstellt war – oder die Schuld derer, die ihn, den Klassenhaß personalisierend, als williges Werkzeug der Partei mißbrauchten und zu jenem Aktivismus trieben, der selbst den Mord an Polizeioffizieren als »revolutionäre Tat« rechtfertigen sollte.

Die Bluttat vom Bülowplatz war zu alledem eine politisch sinnlose Tat, denn die beiden ermordeten Polizeihauptleute, die in jenen Jahren Dienst in dem unruhigen Revier an der Hankestraße vis-à-vis dem Karl-Liebknecht-Haus ihren Dienst verrichtet hatten, waren meist bemüht gewesen, die Konfrontation mit den Kommunisten zu vermeiden. Umgekehrt hatten die Unruhen im Umfeld der Parteizentrale schon tags zuvor ein Menschenleben gekostet: Fritz Auge, ein parteiloser Jungarbeiter, war am 8. August 1931 unweit des Karl-Liebknecht-Hauses von Polizisten erschossen worden[37]. In den Tagen nach dem Anschlag glich das Areal einem brodelnden Hexenkessel. Die »Rote Fahne« wurde vorübergehend verboten – eine Polizeirazzia jagte die andere. Letztlich war es die KPD selber, die die Folgen der Ermordung Anlaufs und Lencks zu spüren bekam.

Immerhin, in den Annalen der SED kommen Kippenberger und Neumann nicht mehr ohne Rüge davon. »Im Kampf gegen die faschistische Gefahr wandte er auch Mittel des individuellen Terrors an«[38], wird heute über Kippenberger vermerkt. Und »Neumann leugnete die wachsende Gefahr des Faschismus, suchte die Massenarbeit der KPD, insbesondere die Einheitsfront, zu sabotieren und förderte die Tendenzen des individuellen Terrors«[39]. Die Historiker der SED sind sich wohl der Fatalität jenes 9. August 1931 bewußt. Schließlich war es der Tag, an dem der von der NSDAP und anderen Rechtsextremisten gemeinsam mit den Kommunisten initiierte Volksentscheid zur Auflösung des Preußischen Landtages und damit zum Sturz der Regierung Braun/Severing scheiterte. Jedenfalls wird der Fall Anlauf/Lenck in der DDR bis heute totgeschwiegen, ebenso der Prozeß vor dem Schwurgericht, obschon in ihm drei Todesurteile gefällt und hohe Freiheitsstrafen gegen Kommunisten ausgesprochen wurden. Einsicht in die politische Sinnlosigkeit der Bluttat auf dem Bülowplatz? Oder schweigen DDR-Historiker dazu, weil sie das Schicksal Hans Kippenbergers und Heinz Neumanns nicht näher klären dürfen? Beide starben im sowjetischen Exil, als Gefangene des NKWD, im Jahre 1937, Opfer Stalinschen Mordterrors im Zeichen der Großen Säuberung.

Erich Mielke war ein glücklicheres Geschick beschieden: Zunächst besuchte er in Moskau die Internationale Leninschule – eine Kaderschmiede der Komintern, die übrigens damals auch Erich Honecker absolviert hat, ebenso Armeegeneral Hoffmann, Verteidigungsminister der DDR von 1960 bis 1985, der in seinen Memoiren die Begegnung mit Mielke 1935 in Moskau natürlich nicht ausspart: »Erich Mielke«, schreibt er, »hatte damals sein Studium an der Leninschule bereits abgeschlossen und arbeitete als Aspirant. Als der Ältere und Erfahrenere konnte er uns aus seinem Studium manche wertvolle Erfahrung vermitteln . Er tat dies gern, und wenn wir von ihm einen Hinweis erhielten, dann beherzigten wir ihn. Wußten wir doch, daß Erich das, was er uns riet oder von uns verlangte, selbst aus dem Effeff beherrschte. Darum wurde er von allen Genossen anerkannt und geachtet. Er war unser Vorbild«[40]. Was Hoffmann unerwähnt ließ: In Moskau lebte Mielke unter dem Decknamen Paul Bach.[41]

Mit dem Ausbruch des Spanischen Bürgerkrieges waren die schönen Tage in Moskau vorerst vorbei. Selbstverständlich ging Mielke nach Spanien, wo er offizieller Darstellung zufolge als Bataillonskommandeur der Internationalen Brigaden, später als Chef einer Offiziersschule in Pozo Rubio eingesetzt wurde. Von hier datierte seine enge Beziehung zu Wilhelm Zaisser, dessen Stab Mielke seinerzeit attachiert war.

1939 nach Frankreich geflüchtet und hier interniert, gelang ihm 1940 die Flucht in die Sowjetunion. Welche Aufgaben er hier übernommen und ausgeführt hat, blieb bislang im dunkeln. Aus der Tatsache, daß Mielke Träger mehrerer hoher sowjetischer Militärauszeichnungen ist, kann sein Wirken im Militär- oder Sicherheitsbereich abgeleitet werden. Sein Einsatz im Apparat der sowjetischen Staatssicherheit liegt nahe.

1945 ist Mielke frühzeitig nach Berlin zurückgekehrt. Honecker erwähnt in seinen Memoiren beiläufig, daß er ihm schon Ende Mai/Anfang Juni 1945 in Berlin begegnet ist[42]. Und gewiß ist, daß Mielke nach seiner Rückkehr aus der Sowjetunion früh bereits mit politischen Polizei- und Sicherungsaufgaben befaßt wurde. Er, der nach dem Kriege im Westen wegen Mordes zur Fahndung ausgeschrieben wurde, avancierte im Osten zum Vizepräsidenten der Deutschen Verwaltung des Innern, als diese im Juli 1946 auf Befehl der Sowjetischen Militäradministration geschaffen wurde. Mielke wurde für die Kaderpolitik und Schulung in der gesamten Polizei verantwortlich. Auf der Ersten Staatspolitischen Konferenz der SED, die am 23./24. Juli 1948 in dem Havelstädtchen Werder abgehalten wurde, hielt Mielke ein Grundsatzreferat. Sein Thema: »Die Personalpolitik in der Verwaltung«[43]. Als wenig später, auf Beschluß der Deutschen Wirtschaftskommission vom 5. Mai 1948, ein Ausschuß zum Schutze des Volkseigentums gegründet wurde, übernahm Mielke dessen Leitung.

Die Berufung Erich Mielkes zum Staatssekretär im Ministerium für Staatssicherheit, als dieses gebildet worden war, verstand sich somit als eine kaderpolitisch folgerichtige Entscheidung, zumal der Minister Wilhelm Zaisser hieß, sein Vorgesetzter aus Bürgerkriegszeiten in Spanien. Indes waren die bestehenden Bindungen nicht so eng, daß Mielke nach dem Aufstand vom 17. Juni 1953 in den Sturz Zaissers mitgerissen worden wäre – der Chef hatte den Staatssekretär nicht in sein politisches Vertrauen gezogen. Wußte er um dessen unbedingte Loyalität zur Führung der Partei? Als Ernst Wollweber in der Staatssicherheit das Heft in die Hand nahm, verkörperte Mielke gleichsam deren Kontinuität. Er verstand sich auf die Verwaltung, ganz im Gegensatz zu seinem Chef, diesem »alten Rabauken«, wie gesagt, und er kannte den Apparat der Staatssicherheit personell und institutionell in- und auswendig. Immerhin war Mielke sich auch nicht zu schade, wie Leo Bauer berichtet, gelegentlich selbst in die Untersuchung einer politischen Strafsache einzugreifen. »Am 25. August 1950, gegen 22 Uhr, erhielt ich im Gefängnis den Besuch des Mitglieds des Zentralkomitees der SED, des Staatssekretärs im Staatssicherheitsministerium der DDR, Mielke. Unumwunden teilte er mir in Gegenwart eines anderen Beamten mit, daß es die Absicht der Partei sei, spätestens im Februar 1951 gegen Merker, Ende, Kreikemeyer, Goldhammer und mich einen Schauprozeß analog zu den Prozessen gegen Rajk und Kostoff durchzuführen, und daß er von mir erwarte, daß ich der Partei keine Schwierigkeiten dabei machen würde«[44]. Ähnliches erlebte Dieter Borkowski, ein früher in Ost-Berlin tätiger Journalist, nachdem er vom Räderwerk der politischen Strafjustiz erfaßt worden war. An einem Februartag, dem neunten, im Jahre 1961 erschien Mielke, inzwischen bereits Minister, im Untersuchungsgefängnis Hohenschönhausen, um dem »uneinsichtigen« Häftling zu besserer Einsicht zu verhelfen: »Ich rate Ihnen dringend, sprechen Sie offen über alles, was Sie wissen und wonach man Sie fragt«[45]. Genutzt hat es nichts. Als Erich Mielke am 1. November 1957 zum Minister für Staatssicherheit ernannt wurde, hatte er den Gipfel seiner Karriere noch keineswegs erreicht. Nach dem Führungswechsel Ulbricht/Honecker machte er noch einmal einen großen Sprung nach vorn. Zwar gehörte er dem Zentralkomitee der SED seit 1950 ohne Unterbrechung an, aber erst 1971 wurde er, von Erich Honecker protegiert, zum Kandidaten des Politbüros, 1976 zum Mitglied des Politbüros gewählt, in dem er seit seiner Wiederwahl 1981 und 1986 weiterhin vertreten ist.

Mielkes politische Aufwertung ist nicht nur daran ablesbar, auch seine Beförderungen, die seinen Aufstieg begleitet haben, illustrieren sie: Seit 1953 Generalleutnant, seit 1959 Generaloberst, wurde er 1980 zum Armeegeneral gemacht. Seine Orden, Ehrenzeichen, Medaillen und sonstigen Auszeichnungen passen genau in dieses Bild: Zweimal erhielt er den Karl-Marx-Orden, einmal verlieh ihm der Staats- und Parteichef den Titel »Held der DDR«, zweimal den eines »Helden der Arbeit«, selbstverständlich ist er Träger der Ehrenspange zum Vaterländischen Verdienstorden sowie des Vaterländischen Verdienstordens in Gold; der Scharnhorst-Orden – eine der höchsten militärischen Auszeichnungen der DDR – wurde ihm ebenfalls zweimal an die Brust geheftet. Die Zahl weniger gewichtiger Auszeichnungen, die ihm ebenfalls verliehen wurden, ist unübersehbar. Auch führt der Staatssicherheitsminister (kein Witz!) den Ehrentitel »Verdienter Jurist des Volkes«! Zudem ist er Träger hoher sowjetischer Auszeichnungen – so des Ordens des Roten Banners, des Ordens des Vaterländischen Krieges 1. Grades und des Lenin-Ordens, der höchsten Auszeichnung der UdSSR, die ihm zu seinem 70. Geburtstag verliehen wurde.

Fragt man nach Mielkes Qualitäten – politische Meriten allein erklären seine Karriere mitnichten –, so ist auf seine administrativen und organisatorischen Fähigkeiten zu verweisen, auf seine kaltblütige, leidenschaftslose Denkungsart, auf seinen rastlosen Arbeitseifer, seine unbedingte Entschlossenheit, jeden Befehl der Parteiführung auszuführen – wie 1931. Mielke ist sich immer treu geblieben, auch als er in die Spitze der Machthierarchie aufstieg. Seine unumschränkte Ergebenheit gegenüber Moskau und dem KGB muß ebenfalls ins Kalkül gezogen werden – jedenfalls so lange er sich von Vorbehalten gegenüber Gorbatschows Neuem Denken frei sah! Für ihn, den derzeitigen Senior des Politbüros, ist innere Triebkraft nicht zuletzt das missionarische Bewußtsein, das »revolutionäre Erbe« der Macht für immer bewahrt zu wissen. 62 ausgewählte Reden und Aufsätze, zu seinem 80. Geburtstag auf Parteibeschluß zu einem Prachtband in Ganzleinen unter dem Titel »Sozialismus und Frieden – Sinn unseres Kampfes«[46] zusammengestellt, erscheinen so wie ein politisches Testament, gedacht für die Zeit, da ihm Krankheit oder Tod Amt und Aufgabe entwunden haben.

Wie sicher ist die Staatssicherheit?

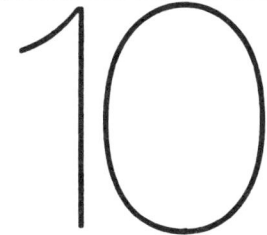

Die Politik der westöstlichen Entspannung, die die politische Großwetterlage in den siebziger Jahren und in der zweiten Hälfte der achtziger Jahre seit dem Machtantritt M. S. Gorbatschows bestimmte, hat sich auf die vielfältigen Aktivitäten des MfS eher stimulierend als bremsend ausgewirkt. Weder hatte sie DDR-intern einen Abbau der Überwachungs- und Unterdrückungsfunktion der Staatssicherheit zur Folge noch konnte DDR-extern Zurückhaltung der hauptsächlich auf Spionage gerichteten Aktivitäten beobachtet werden. Ganz im Gegenteil waren die politische Aufwertung und die personelle Stärkung der Staatssicherheit sowie die Intensivierung ihrer politisch-operativen Arbeit zu verzeichnen. Es konnte nicht anders sein angesichts der »destabilisierenden« Auswirkungen, die die Entspannungspolitik der siebziger Jahre und Gorbatschows Neues Denken, überhaupt der Aufbruch im Osten auf Staat und Gesellschaft der DDR haben mußten. In dem Maße, wie in Moskau, in Warschau und Budapest die Politik der Offenheit und der Umgestaltung historisch verkrusteter Strukturen aufbrach, nährte sie die Furcht der Herrschenden in Ost-Berlin vor einer Erosion ihrer Macht. Mielkes beschwörende Warnung vor »sozialer Revanche« stammte nicht aus der Zeit des Kalten Krieges, sondern aus einer Rede vom 4. Juni 1986: »Nichts wird unversucht gelassen, die Einheit der Bruderländer zu schwächen, uns Schaden zuzufügen, die Verwirklichung unserer Ziele zu stören, die Bürger unseres Landes durch Lügen und andere schmutzige Machenschaften zu verunsichern und sie in Widerspruch zur Politik unserer Partei und unseres Staates zu bringen«[1]. Das MfS als unabdingbares Herrschaftsinstrument – die SED hat es heute nicht trotz, sondern wegen »Glasnost« und »Perestrojka« so nötig wie eh und je. So Mielkes Botschaft.
Zu fragen bleibt abschließend aber, wie in der DDR einerseits die Sicherheit des Staates einzuschätzen ist – und als wie zuverlässig andererseits die DDR-Staatssicherheit vom Standpunkt der Staatspartei aus gelten kann. Zu fragen bleibt auch, ob die herrschaftssichernden Garantien des MfS die Herrschaft der SED in einem speziellen Sinne nicht sogar problematisch machen, insoweit sein Wirken DDR-intern fortwährend dazu beiträgt, die Kluft zwischen Partei und Bevölkerung wieder neu aufzureißen, zumindest altes Mißtrauen gegen die Obrigkeit neu zu beleben; und ob ferner die offensive Funktion des MfS DDR-extern auf lange Frist nicht ebenso jenes Vertrauen nachhaltig schädigt, das eine Politik der Entspannung voraussetzt.
Ein Versuch, Antworten auf diese Frage zu finden, hat von den inneren Aktionsfeldern der Staatssicherheit auszugehen. Sie sind wichtiger als die Aktion nach außen, wie relevant letztere auch sein mag.

Wandlungen im öffentlichen Bewußtsein der DDR sollen dabei nicht ignoriert werden. Der von tiefverwurzelter Furcht diktierte Haß auf die Staatssicherheit in den fünfziger Jahren, der während des Aufstands vom 17. Juni 1953 vielerorts in der DDR dazu geführt hat, daß sich Aufrührer in ihrem Zorn gegen die Staatssicherheit richteten, hat sich wahrscheinlich im Laufe der Jahrzehnte abgenutzt. Seinerzeit wurden in mehreren Fällen immerhin Kreisdienststellen des MfS besetzt – so in Niesky, wo eine erregte Menge zunächst das Gebäude der Staatssicherheit erstürmt und in Brand zu stecken versucht hatte und, als dies mißlang, den Dienststellenleiter und einige seiner Mitarbeiter entwaffnete und in den Hundezwinger sperrte. Danach wurden Aktenschränke aufgebrochen und ihr Inhalt auf die Straße geworfen[2]. In einigen Fällen ist es zu Lynchjustiz gekommen – so in Rathenow, wo ein Spitzel der Staatssicherheit von jugendlichen Demonstranten so schwer mißhandelt wurde, daß er an den Folgen seiner Verletzungen verstarb[3].

Solche Exzesse hatten ihre politisch und psychologisch plausiblen Motive. Es sind dieselben, die die DDR-Opposition in ihren programmatischen Aussagen zu jeder Zeit die Liquidierung des MfS fordern ließ. Aus zahlreichen Gerichtsurteilen gegen Regimegegner in der DDR sind diesbezügliche Forderungen zu zitieren. In dem Urteil des Obersten Gerichts gegen Wolfgang Harich und andere vom 9. März 1957 etwa wird ausdrücklich festgestellt, daß seine Konzeption eines besonderen deutschen Weges zum Sozialismus entsprechend dem »zum Gegenstand der Hauptverhandlung gemachten Manuskript« auch die Forderung nach »Auflösung aller Organe des Ministeriums für Staatssicherheit«[4] enthielt. Zwei oppositionelle Studenten an der Martin-Luther-Universität in Halle/Saale wurden am 15. September 1958 vom dortigen Bezirksgericht wegen Staatsverrats zu je sieben Jahren Zuchthaus verurteilt. Durch Urteil des Obersten Gerichts vom 31. Oktober 1958 wurde diese Entscheidung bestätigt. Punkt 7 ihres Katalogs oppositioneller Forderungen hatte gelautet: »Auflösung der Nationalen Volksarmee und des Ministeriums für Staatssicherheit«[5]. Eine nationalkommunistische Studenten-Opposition an der damaligen Technischen Hochschule Dresden, deren Mitglieder am 18. April 1959 vom Bezirksgericht Dresden zu hohen Zuchthausstrafen verurteilt wurden, hatte in ihrem Programm außer der »Auflösung des Staatssicherheitsdienstes« auch die »Bestrafung seiner Mitarbeiter«[6] als Forderung aufgenommen.

Oppositionelle Attacken auf das MfS und seine Organe sind keineswegs nur politische Nostalgie. Als 1978 ein »Manifest der Opposition« in die bundesdeutsche Öffentlichkeit lanciert wurde, forderten oppositionelle DDR-Kommunisten darin unter anderem »ein Ermittlungsverfahren gegen den Minister für Staatssicherheit wegen Machtmißbrauchs«[7]. Die Forderung nach Auflösung oder zumindest nach Kontrolle der Staatssicherheit ist jeder Opposition in der DDR eigen. Und gewiß wird sich diese Forderung so lange aktualisieren, wie dem MfS die innere Überwachungs- und Unterdrückungsfunktion bedingungslos zugewiesen ist – was so lange sein wird, wie die SED ihrer Herrschaft nicht zu demokratischer Legitimation verhelfen kann, wie ihre Macht ohne Mandat bleibt. Ihr Dilemma ist unauflöslich. Indem die SED bei der Realisierung ihres Machtanspruchs den Mangel an demokratischer Legitimation durch Repression oder durch Drohung mit Repression kompensiert, reproduziert sie unausweichlich jenes Mißtrauen, das dem Entstehen einer demokratischen Basis entgegenwirkt und das Voraussetzung jeder demokratischen Herrschaftslegitimation ist. Gewiß ist das allgemeine Mißtrauen nicht mehr so exzessiv wie in den Zeiten des Stalinismus, als es bis tief in jede Familie hineinreichte, als Kinder dazu erzogen wurden, ihre Eltern zu denunzieren, als ein fast physisch spürbares Mißtrauen die sozialen Beziehungen zu paralysieren schien. »Die Ungewißheit, ob nicht vielleicht der Arbeitskollege, der zufällige Gesprächspartner, ja selbst der seit längerer Zeit Bekannte eine Verpflichtung zum Spitzeldienst für den SSD unterschrieben hatte und die geäußerte Meinung weitergab, führte dazu, daß Gespräche und Unterhaltungen mehr und mehr so geführt wurden, als sei die Staatsmacht gegenwärtig«[8]. Zwar bezog sich die Feststellung auf die Durchschnittsbürger der DDR, aber sie war keineswegs auf sie beschränkt. Heinz Lippmann, bis 1953 ein Mann aus dem engsten FDJ-Führungszirkel um Honecker, hat darauf aufmerksam gemacht: »Nicht nur die Mehrheit der Bevölkerung, auch die Funktionäre der politischen Organisationen wurden immer stärker von gegenseitigem Mißtrauen und Furcht vor Verfolgung befallen. Häufig wandten sie zur Verwirklichung von Direktiven brutale Methoden an, um ihre eigene Position zu retten. Das teuflische System von Kritik und Selbstkritik, das jeden gegen jeden ausspielte, die Pflicht, abweichende Äußerungen anzuzeigen, die Furcht, hinter oppositionellen Bemerkungen Provokationen des SSD zu wissen, preßten viele Funktionäre zu einem widerwilligen Gehorsam«[9]. Die Feststellungen bezogen sich wohlgemerkt auf die frühen fünfziger Jahre. Als aber rund drei Jahrzehnte später ein britischer Zeitungskorrespondent die DDR offiziell bereisen durfte, notierte er mit kühler Sachlichkeit eine ähnliche Erfahrung: »Mißtrauen ist überall, es befällt einen in der Bar, es lauert am Telefon, es reist mit im Zug. Wo immer zwei oder drei Fremde zusammen sind, wird auch Mißtrauen sein«[10]. Kann für einen Staat, der sich als sozialistischer Staat der Arbeiter und Bauern versteht, eine Aussage enthüllender sein? Wenn sich der Nimbus des MfS in den siebziger und achtziger Jahren gleichwohl ziemlich verschlissen hat, so dank einzelner Kritiker und Gegner des Systems, die die Staatssicherheit demonstrativ herausgefordert haben, bereit freilich zugleich zum äußersten Risiko. Robert Havemann zum Beispiel, der am 9. April 1982 verstorbene Regimekritiker, vermochte die ihn und seine Familie in seinem Haus ständig beschattenden und überwachenden Mitarbeiter der Staatssicherheit jahrelang zu überspielen und auszutricksen, indem er oppositionelle Manuskripte verfaßte oder Bild- und Tonaufzeichnungen buchstäblich unter ihren Augen verfertigte – und diese zur Veröffentlichung in den Westen schmuggeln ließ. »Robert Havemann wird vom Staatssicherheitsdienst rund um die Uhr bewacht, ob er auf seinem Grundstück in Grünheide bei Berlin den Hausarrest absitzt, mit dem ihn das Kreisgericht Fürstenwalde im November 1976 belegte, oder ob er, begleitet von einer Wagenkolonne, zum Einkauf oder Arztbesuch nach Berlin fährt. Was zunächst wie Kraftmeierei aussehen sollte, ist inzwischen längst der Lächerlichkeit preisgegeben«, schrieb seinerzeit ein Kenner der Szenerie in Anspielung auf Erich Mielke. »Denn es ist für dessen ja gewiß nicht an Personalmangel leidenden Apparat kein Ruhmesblatt, daß es trotz pausenloser Überwachung gelang, die von Havemann besprochenen Tonbänder aus der DDR herauszubringen«[11]. Oder sollte der Staatssicherheitsminister ein Interesse eben daran gehabt haben, bestimmt von der Überlegung, dadurch die Ausweisung des Dissidenten provozieren zu können?

Auch Stefan Heym ließ sich von der Staatssicherheit nicht einschüchtern. Umgekehrt konnte sie ihn nicht daran hindern, seinen später auch verfilmten Schlüsselroman »Collin«[12] im Westen zu veröffentlichen. In ihm stellt er den Staatssicherheitsminister in der Gestalt des Wilhelm Urack als Personifizierung des Stalinismus unter literarische Anklage.

Zu nennen wäre hier ferner Wolf Biermann, der, nachdem er sich in Ost-Berlin zur Opposition geschlagen hatte, unter Kuratel der Staatssicherheit stand und deren Image gleichwohl nach Kräften demontiert und Spott und Hohn über die »grauen Kampfgenossen« ausgegossen hat – wie in seiner Stasi-Ballade, in der er »die armen Stasi-Hunde« belacht, »die bei Schnee und Regengüssen/mühsam auf mich achten müssen/die ein Mikrophon einbauten/um zu hören all die lauten/Lieder, Witze, leisen Flüche/auf dem Clo und in der Küche/– Brüder von der Sicherheit/ihr allein kennt all mein Leid . . .«[13] Der anarcho-kommunistische Liedermacher schrieb und komponierte seine Stasi-Ballade immerhin Jahre vor seiner Ausbürgerung aus der DDR. Wenn er unangefochten blieb, so liegt darin durchaus ein gewisser Wandel im politischen Stil – zu Zeiten des Stalinismus wäre auch Wolf Biermann »ausgemerzt« worden.

Tatsächlich sind es nicht nur »prominente« Literaten, die die Staatssicherheit offen herausgefordert haben. Durch sie fühlten sich auch unbekannte Anhänger der Bürgerrechts- und Friedensbewegung in der DDR ermutigt, die Drohung der Repression demonstrativ zu mißachten und die Staatssicherheit nicht mehr als unheimlich-anonyme Größe zu fürchten. Dem allgemeinen Mißtrauen der Bevölkerung gegenüber der Staatssicherheit tut das zwar keinen Abbruch, aber »die einstige Furcht vor dem Staatssicherheitsdienst hat bei der Bevölkerung in bedeutendem Maße abgenommen. Das MfS wird als unvermeidliches Übel von der Mehrheit der Bevölkerung hingenommen«[14].

Mißtrauen aber produziert das MfS auch durch seine nach außen gerichteten Aktivitäten. Längst geriet seine bedenkenlose Spionage zur »mißtrauensbildenden Maßnahme« nicht nur deshalb, weil die Verantwortlichen in Ost-Berlin sie in den siebziger Jahren erweitert und verstärkt haben, in den Hochzeiten der Entspannungspolitik also, sondern weil sie die daraus gewonnenen Erkenntnisse auch stets politisch genutzt haben, zumal im Vorfeld und im Verlauf der deutsch-deutschen Verhandlungen der siebziger Jahre. Fritz Schenk berichtet davon, wie er 1970 in Bonn zur Vorbereitung des Treffens Brandt/Stoph in Erfurt und Kassel beratend hinzugezogen wurde, um seine Insider-Erfahrungen als ehemaliger DDR-Staatsfunktionär einzubringen, aber zu seinem eigenen, nicht geringen Erstaunen war sein Rat bald nicht mehr gefragt. »Der Grund: meine Prognosen erweisen sich als totale Fehleinschätzungen. Der Hintergrund dafür ist folgender: Jedesmal, wenn die Verhandlungsgruppe der Bundesrepublik mit neuen Vorschlägen zu den deutsch-deutschen Konsultationen fährt, prophezeie ich längerdauernde Unterbrechungen. Ich schildere die östlichen bürokratischen Instanzenwege (Verhandlungsgruppe DDR muß der Regierung berichten – diese holt Weisung des SED-Politbüros ein – dies berät mit dem Sowjetbotschafter in Ost-Berlin – der informiert das sowjetische Außenministerium – das holt Instruktionen bei der Moskauer Partei- und Staatsführung ein – und von dort nehmen die Entscheidungen den Weg in der gleichen Reihenfolge zurück – eventuell werden noch Sonderkonferenzen auf höchster Ebene notwendig), und daher bin ich sicher, daß die bundesdeutschen Unterhändler gar nicht mit Resultaten zurückkehren können«[15].

Schenks Annahmen und Voraussagen sind fast jedesmal falsch: »Ich muß mich ziemlich hochnäsig mit dem Argument abfackeln lassen, daß ich halt über zehn Jahre von drüben weg sei, daß sich dort vieles verändert habe, die DDR sei längst nicht mehr der Satellit wie zu meiner Zeit, die östlichen Unterhändler besäßen durchaus Sachverstand, Kompetenzen und Mut zur Entscheidung, und alles in allem zeige sich eben daran, wie anders doch die Situation im Vergleich zu den fünfziger Jahren sei«. Mit der Entlarvung und Verhaftung Guillaumes sollte sich das Rätsel der so souverän und entscheidungsfreudig auftretenden DDR-Unterhändler lösen. Sie hatten sich in der glücklichen Lage befunden, rechtzeitig und aus verschiedenen Quellen über die Bonner Verhandlungskonzeption informiert worden zu sein. Guillaume war in der Tat nicht der einzige Spion gewesen, der in jenen Tagen zu deutsch-deutschen Verhandlungen politisch wichtige Informationen nach Ost-Berlin geliefert hatte. Als am 26. Februar 1970 die MfS-Residentin Ingeborg Weber alias Liane Lindner auf dem Bonner Hauptbahnhof festgenommen wurde, fand sich in ihrer Tasche ein Geheimprotokoll der Kabinettssitzung vom 18. Februar, das sie von »ihrer« Agentin Irene Schultz erhalten hatte, einer Sekretärin im Wissenschaftsministerium damals, die am Tage danach in Haft genommen wurde. Zufälligerweise war in der Kabinettssitzung vom 17. Februar die Antwort des Bundeskanzlers auf die Einladung von DDR-Ministerpräsident Willi Stoph nach Erfurt auf der Tagesordnung gewesen[16]. Mit Sicherheit war es nicht das einzige Protokoll einer Kabinettssitzung, das für den Osten bestimmt gewesen war. Niemand weiß, wie viele Protokolle bis dahin den Weg nach Ost-Berlin genommen hatten.

Es steht außer Zweifel, daß die vom MfS aus Bonn beschafften politischen Informationen auf östlicher Seite genau analysiert und zur Vorbereitung auf Verhandlungen ausgenutzt worden sind. Umgekehrt sind es eben solche Erfolge, die die Herrschenden zur Überschätzung der Spionage als »operativem Instrument« animieren und sie in dem Faible für Spionage, das die Mächtigen in Moskau wie in Ost-Berlin ohnehin haben, noch bestärken. Wilhelm von Schramm zitiert in seiner Geschichte des Geheimdienstes in Europa vor und während des Zweiten Weltkrieges über den sowjetischen Geheimdienst eine erstmals von David J. Dallin formulierte Erkenntnis: »Niemals in der Geschichte hat eine Regierung mehr Vertrauen in den Geheimen Nachrichtendienst gesetzt und ihm größere Bedeutung beigemessen. Ebensowenig hat es je einen so unstillbaren Hunger nach Informationen aus anderen Ländern gegeben«[17]. Und mit guten Gründen fügt er hinzu: »Diesen unstillbaren Hunger nach Information hat die UdSSR seit dem Ende des Zweiten Weltkrieges auch auf ihre Satelliten übertragen. Die meisten von ihnen verfügen über einen geheimdienstlichen Apparat nach sowjetischem Vorbild und führen einen ausgesprochen offensiven Geheimdienst, an ihrer

Spitze die Deutsche Demokratische Republik«. Dabei geht es heutzutage »längst nicht mehr allein um die Ausspähung militärischer Geheimnisse«, auch darin ist dem Historiker zuzustimmen, sondern um »die totale Ausspähung«[18].

Demgegenüber ist kaum zu hoffen, daß sich die Verantwortlichen im Staat der SED auch über die politischen und moralischen Folgen ihrer Haltung im klaren sind, daß sie zu erkennen vermögen, welche irreparablen Schäden daraus entstehen können. Speziell die Affäre Guillaume hat der Normalisierung der Beziehungen zwischen beiden deutschen Staaten schwer geschadet. Nicht nur wurde mit Willy Brandt der Bundeskanzler gestürzt, der sich wie keiner seiner Vorgänger und Nachfolger um den friedlichen Ausgleich zwischen West und Ost in Deutschland und Europa bemüht hatte, sondern auch die dadurch ausgelöste Vertrauenskrise im Verhältnis Bonn/Ost-Berlin ist lange Jahre nicht überwunden worden, falls man sie denn mit dem Treffen Schmidt/Honecker in der Schorfheide überhaupt als überwunden bezeichnen kann.

Mit Bitterkeit hat Bundeskanzler Helmut Schmidt ein dreiviertel Jahr nach der Entlarvung Guillaumes im Bundestag jedenfalls festgestellt, »daß die Regierung der DDR ihr Verhältnis zur Bundesrepublik durch einen schwerwiegenden Spionagefall erheblich gestört hat und daß die Beeinträchtigung daraus andauert«[19]. Neues Mißtrauen gegenüber der DDR-Regierung ist angesichts weiterer schwerwiegender Spionagefälle, darunter auch solcher im Bundeskanzleramt und im Verteidigungsministerium, aufgebaut worden. In einem Interview hat sie der Kanzler 1977 jenen »Rückschlägen« zugerechnet, die es »natürlich auch immer mal wieder« gibt im Verhältnis zwischen beiden deutschen Staaten. »Diese Spionagefälle, insbesondere der letzte, der hat wieder hier in Bonn enthüllt, wie sehr einige Staatsorgane der DDR glauben, durch Mithören, Mitlesen schlauer zu werden . . . Ich denke, daß es ein sehr törichtes Verfahren ist«[20]. In Ost-Berlin denkt man sehr anders darüber. Das häufig bemühte Argument, auch westliche Staaten verfügten über geheime Nachrichtendienste, die ihrerseits im Osten tätig wären – der Bundesnachrichtendienst wäre für Bonn also das, was für Ost-Berlin die Hauptverwaltung Aufklärung des MfS wäre –, sticht nicht. Gerade weil der DDR-Geheimdienst mehr ist als nur ein Apparat zur Beschaffung und Auswertung von Informationen, weil er politisches Kampfinstrument ist, mit dem die Herrschenden Politik machen wollen, kann ein Vergleich mit scheinbar vergleichbaren Einrichtungen im Westen nicht überzeugen.

Ob im übrigen die aggressive Spionage, wie sie die DDR gegen die Bundesrepublik betreibt, mit jenen »normalen gutnachbarlichen Beziehungen« vereinbar ist, die beide Staaten in Artikel 1 des Grundlagenvertrages miteinander vereinbart haben, ist eine Frage, die sich politisch von selbst beantwortet. Man kann auch ohne Verletzung der Buchstaben den Geist eines völkerrechtsverbindlichen Vertrages zerstören.

Wie sicher ist die Staatssicherheit? Die Zahl der Überläufer aus der Staatssicherheit, wie niedrig sie auch sein mag, ist durchaus ein Indiz bedingter Unzuverlässigkeit. Die unnachsichtige, auf Abschreckung berechnete Ahndung von Verrat mit der Todesstrafe für den Verräter in den Reihen der Staatssicherheit demonstriert die Notwendigkeit solcher äußersten Maßnahmen zur Disziplinierung und Erziehung. Mindestens drei Fälle sind bekannt[22], in denen ehemalige Offiziere des MfS wegen Verrats oder Desertion zum Tode verurteilt und hingerichtet wurden. Die Härte der Strafe sollte jeden Gedanken an Nachahmung im Keim ersticken, aber was sonst hat das bewiesen als daß das von der Staatssicherheit in der Bevölkerung verbreitete Mißtrauen auf sie selber zurückschlug? Eine andere Frage ist, ob sich die Abschaffung der Todesstrafe in der DDR durch Beschluß des Staatsrates vom 17. Juli 1987 auch auf die Sanktionen gegen Abtrünnige aus den Reihen der Staatssicherheit erstreckt.

Grundsätzlich sollte nicht unterschätzt werden, daß sich die Angehörigen der Staatssicherheit als einer militanten Elite zugehörig empfinden, daß sie zur SED in rational und irrational verfestigter Beziehung stehen und ihr hingebungsvoll dienen. Um so nachdrücklicher ist daran zu erinnern, daß der Minister für Staatssicherheit bereits zweimal in der Geschichte der SED in innere Kämpfe um die Führung der Partei verwickelt war, die jedesmal als Folge politischer Krisen offen zutage getreten sind: nach dem Arbeiteraufstand vom 17. Juni 1953 und nach dem »politischen Tauwetter« der Jahre 1956/57. Die logische Erklärung dafür ist einfach. Dank seines Überwachungs- und Unterdrückungsapparates war der Minister für Staatssicherheit gut über die Stimmung an der Basis der Partei und in der Bevölkerung allgemein informiert – besser wahrscheinlich als Walter Ulbricht, der damals an der Spitze der SED stand. Sowohl Wilhelm Zaisser als auch Ernst Wollweber waren aufgrund ihrer Informiertheit davon überzeugt, »in ihrer Opposition gegen Ulbricht und seinen Kurs neben der Bevölkerung auch weite Kreise der Partei hinter sich zu haben«[23]. Überlegungen der innerparteilichen Opposition, eine alternative Politik durchzusetzen, mußten notwendigerweise eine personelle Alternative zu Ulbricht einschließen. Selbst wenn es zutreffen sollte, daß sich die Geschichte nicht wiederholt, kann an dieser Erfahrung der Vergangenheit auch in Zukunft nicht vorbeigesehen werden. Die Loyalität des Mannes an der Spitze der Staatssicherheit gegenüber der Führung der SED bestimmt maßgeblich über die Zuverlässigkeit der Staatssicherheit als Herrschaftsinstrument der Partei.

Wie zuverlässig die DDR-Staatssicherheit die innere Sicherheit des Staates zu garantieren vermag und wie unbedingt sie der SED die Stabilität ihrer Herrschaft gewährleisten kann, hängt logischerweise von ihrer Leistung ab. Jenseits aller hier außer Betracht gelassenen äußeren Bedingungen ist mithin die Effizienz der Staatssicherheit das letztlich entscheidende Maß für die Sicherheit des Staates. Standort und Stellenwert des MfS im Herrschaftssystem der DDR geben folglich Aufschluß darüber, »welche Bedeutung Effizienz zur Systemstabilisierung zugemessen wird, welche Systeminstabilität das politische System also für sich selbst erwartet«[24]. Unter dieser Voraussetzung ist das Vertrauen der Herrschenden im Staat der SED in die Stabilität des eigenen politischen Systems nicht übermäßig hoch zu veranschlagen. Je mehr die Machthaber der DDR die Staatssicherheit stärken wollen, desto stärker müssen sie um die Sicherheit des Staates fürchten.

Anmerkungen

Anmerkungen zur Einleitung

1 Vgl. Bernd Ruland: Krieg auf leisen Sohlen, Stuttgart 1971.
2 Vgl. Louis Hagen: Der heimliche Krieg auf deutschem Boden seit 1945. Mit einem Nachwort von Hans Detlev Becker, Düsseldorf/Wien 1969.
3 Erich Honecker: Zuverlässiger Schutz des Sozialismus, 2., wesentlich erweiterte Auflage, (Ost-)Berlin 1977, S. 138.
4 Ernst Wollweber auf der 3. Parteikonferenz, zit. in: Protokoll der Verhandlungen der 3. Parteikonferenz der Sozialistischen Einheitspartei Deutschlands, Bd. 2, (Ost-)Berlin 1956, S. 954.
5 Vgl. Verordnung über die Stiftung des Ehrentitels »Verdienter Mitarbeiter der Staatssicherheit« vom 16. Dezember 1969 (GBl. II S. 703).
6 Vgl. Wörterbuch der deutschen Gegenwartssprache, 5. Band, (Ost-)Berlin 1976, S. 3531.
7 Erich Mielke: »Verantwortungsbewußt für die Gewährleistung der staatlichen Sicherheit«, in: Einheit Nr. 2/1980, S. 158.
9 Tscheka = russische Abkürzung für »Tschreswytschainaja kommissija«: Außerordentliche Kommission (zum Kampf gegen Konterrevolution, Spekulation und Sabotage), gegründet durch Dekret des Rates der Volkskommissare der RSFSR vom 20. Dezember 1917.
10 Vgl. Markus Wolf: Die Troika. Das Buch des Ex-Geheimdienstchefs erschien gleichzeitig im Aufbau-Verlag, (Ost-)Berlin/Weimar, und im Classen Verlag, Düsseldorf 1989.
11 Günter Guillaume: Die Aussage. Protokolliert von Günter Karau. (Ost-)Berlin 1988, S. 149.
12 Rolf Henrich: Der vormundschaftliche Staat. Vom Versagen des real existierenden Sozialismus. Reinbek bei Hamburg 1989, S. 189 f.

Anmerkungen zu Kapitel 1

1 Ernst Richert: Macht ohne Mandat, zweite, erweiterte und überarbeitete Auflage, Köln/Opladen 1963, S. 247 f.
2 Hermann Weber (und Lothar Pertinax): Schein und Wirklichkeit in der DDR, Stuttgart 1958, S. 128.
3 Siegfried Mampel: Die sozialistische Verfassung der Deutschen Demokratischen Republik, Kommentar, zweite, völlig neu bearbeitete Auflage, Frankfurt/Main 1982, S. 65.
4 Vgl. dazu Bernd Kregel: Außenpolitik und Systemstabilisierung in der DDR, Opladen 1979 – eine vorzügliche informierende Studie zu dieser Problematik.
5 Vgl. dazu Karl Wilhelm Fricke: »Zwischen Resignation und Selbstbehauptung«, in: Deutschland Archiv Nr. 11/1976, S. 1135 ff.
6 Vgl. Strafrechtsänderungsgesetz vom 19. Dezember 1974 (GBl. I S. 14); 2. Strafrechtsänderungsgesetz vom 7. April 1977 (GBl. I S. 100); und 3. Strafrechtsänderungsgesetz vom 28. Juni 1979 (GBl. I S. 139).
7 Vgl. Beschluß des Ministerrates vom 18. April 1973 zur Direktive über Geheimnisträger und Direktive über Geheimnisträger des Ministers für Staatssicherheit vom 10. Mai 1973 (internes Material).
8 Referat des Genossen Minister auf der propagandistischen Großveranstaltung zur Eröffnung des Parteilehrjahres 1978/79 (16. Oktober 1978): »Die Aufgaben zur Stärkung der

Kampfkraft der Partei als entscheidende Voraussetzung für die weitere erfolgreiche Verwirklichung der Beschlüsse des IX. Parteitages der SED«, S. 42 f. (internes Material).

9 Erich Mielke: Sozialismus und Frieden – Sinn unseres Kampfes. Ausgewählte Reden und Aufsätze, (Ost-)Berlin 1987, S. 421.
10 Erich Mielke:»Mit hoher Verantwortung für den zuverlässigen Schutz des Sozialismus«, in: Einheit Nr. 1/1975, S. 44.
11 Erich Honecker: Zuverlässiger Schutz des Sozialismus, 2., wesentlich erweiterte Auflage, (Ost-)Berlin 1977, S. 138.
12 Autorenkollektiv: Staatsrecht der DDR/Lehrbuch. (Ost-)Berlin 1977, S. 286. Die in der 2., vollständig überarbeiteten Auflage aus dem Jahre 1984 beläßt es in nahezu wortwörtlicher Übereinstimmung bei dieser Definition, was belegt, wie wenig sich die Rolle der Staatssicherheit in der DDR laut offizieller Lehrmeinung verändert hat.
13 Gesetz über die Aufgaben und Befugnisse der Deutschen Volkspolizei (Volkspolizeigesetz) vom 11. Juni 1968 (GBl. I S. 232).
14 Erich Mielke:»Mit hoher Verantwortung für den zuverlässigen Schutz des Sozialismus«, a. a. O., S. 44.
15 »Agentenjagd in der Bundesrepublik«, in: Neues Deutschland 2. Mai 1974.
16 Erich Mielke:»Verantwortungsbewußt für die Gewährleistung der staatlichen Sicherheit«, in: Einheit Nr. 2/1980, S. 154.
17 Zit. bei Horst Berger/Herbert Menge:»Kompromißlos kämpfen wir für die Sicherung des Friedens«, in: Neues Deutschland 20. Februar 1984.
18 Vgl. »Offener Brief des Ministeriums für Staatssicherheit an den Lehrkörper und die Studentenschaft der Humboldt-Universität«, in: Neues Deutschland 17. Mai 1957.
19 Ernst Richert: Das zweite Deutschland, Gütersloh 1964, S. 104.
20 Vgl. dazu Heinz Vielain/Manfred Schell: Verrat in Bonn, Berlin/Frankfurt-Main/Wien 1978, S. 97 ff.
21 Es handelt sich um die gegen Hanns-Heinz Porst und Dr. Friedrich Cremer ergangenen Urteile; vgl. dazu in diesem Buch »Einflußagenten ohne Einfluß?«, S.179 ff.
22 Brigitte Klump: Das rote Kloster, München 1980 (Taschenbuchausgabe), S. 286 f.
23 Rolf Henrich: Der vormundschaftliche Staat, a. a. O., S. 190.
24 So zum Beispiel die Grußadresse des Zentralkomitees der SED zum 30. Jahrestag des Ministeriums für Staatssicherheit, in: Neues Deutschland 8. Februar 1980.
25 »Mit hoher Einsatzbereitschaft und Wachsamkeit Klassenauftrag erfüllt.« Grußschreiben des ZK der SED, in: Neues Deutschland 6. Februar 1985.

Anmerkungen zu Kapitel 2

1 W. I. Lenin:»Bericht in der gemeinsamen Sitzung des Gesamtrussischen Zentralexekutivkomitees, des Moskauer Sowjets, der Betriebskomitees der Gewerkschaften vom 22. Oktober 1918«, in: Werke, Bd. 28, (Ost-)Berlin 1959, S. 115.
2 Vgl. Gesetz über die Bildung eines Ministeriums für Staatssicherheit vom 8. Februar 1950 (GBl. 1950 S. 95).
3 Vgl. dazu Heinz Voßke: Otto Grotewohl, (Ost-)Berlin 1979, S. 241.
4 Zitiert bei Günther Nollau: Die Internationale, Köln 1959, S. 315 f.
5 Vgl. dazu Erich Wollenberg:»Der Apparat – Stalins Fünfte Kolonne«, in: Ost-Probleme Nr. 19/1951, S. 575 ff.
6 Erich Wollenberg, a. a. O., S. 577.
7 Hermann Weber: Die Wandlung des deutschen Kommunismus, Bd. 1, Frankfurt/Main 1969, S. 247.
8 Aus der Fülle der hierzu veröffentlichten Literatur vgl. aus kommunistischer Sicht »Antifaschistischer Widerstand«, in: Sachwörterbuch der Geschichte Deutschlands und der deutschen Arbeiterbewegung, Bd. 1, (Ost-)Berlin 1969, S. 72 ff.; und Klaus Mammach: Die KPD und die deutsche antifaschistische Widerstandsbewegung 1933–1939, (Ost-)Berlin 1974.
9 David J. Dallin: Die Sowjetspionage, Köln 1956, S. 154 f.; Dallin weist auch eine Reihe konkreter Sabotagefälle in europäischen Häfen und auf See nach, die auf das Konto der Wollweber-Organisation gehen.

10 Vgl. dazu Alexander S. Blank/Julius Mader: Rote Kapelle gegen Hitler, (Ost-)Berlin 1979.
11 Vgl. dazu Günther Nollau/Ludwig Zindel: Gestapo ruft Moskau, München 1979.
12 Manfred Drews/Max Stoll: Soldaten der ersten Stunde, (Ost-)Berlin 1981, S. 166.
13 Vgl. dazu Hartwig Lüers: Das Polizeirecht in der DDR, Köln 1974, S. 11 ff.
14 Erich Reschke (1902–1980) war als Zwanzigjähriger der KPD beigetreten. Nach seiner Befreiung aus dem Konzentrationslager Buchenwald 1945 Chef der Polizei in Thüringen, 1946 Präsident der Deutschen Verwaltung des Innern, ist er im August 1948 durch Kurt Fischer abgelöst worden. 1950 als Leiter der Strafvollzugsanstalt Bautzen eingesetzt, ist er ein Jahr später wegen einer nie so recht geklärten Affäre abgesetzt, verhaftet und nach Workuta verbracht worden, in das dortige sowjetische Zwangsarbeitslager, von wo er 1955 zurückgekehrt ist. Nach seiner Rehabilitierung trat er wieder in die Volkspolizei ein, aus der er 1972 als Major in Pension ging.
15 Helene Fiedler: SED und Staatsmacht, mit einem Dokumentenanhang, (Ost-)Berlin 1974, S. 178.
16 Vgl. Befehl Nr. 201 des Obersten Chefs der SMAD vom 16. August 1947: »Richtlinien zur Anwendung der Direktiven Nr. 24 und Nr. 38 des Kontrollrats« (ZVOBl. 1947 S. 185).
17 Vgl. Ausführungsbestimmungen Nr. 1, 2 und 3 zum Befehl Nr. 201 der SMAD vom 16. August 1947 (ZVOBl. 1947 S. 185 ff.)
18 Fritz Rotschu: »Der Befehl Nr. 201«, in: Die Volkspolizei Nr. 1/1948, S. 8.
19 Hilde Benjamin: Zur Geschichte der Rechtspflege der DDR 1945–1949, (Ost-)Berlin 1976, S. 228.
20 Heinrich von zur Mühlen: »Der Staatssicherheitsdienst«, in: SBZ-Archiv Nr. 22/1953, S. 338.
21 Beschluß des Sekretariats der Deutschen Wirtschaftskommission vom 5. Mai 1948 über die Funktionen des Ausschusses zum Schutz des Volkseigentums (ZVOBl. 1948 S. 146).
22 Vgl. dazu Hermann Zolling/Heinz Höhne: Pullach intern, Hamburg 1971, S. 154 ff.
23 Vgl. Gesetz zur Überleitung der Verwaltung vom 12. Oktober 1949 (GBl. 1949 S. 17).
24 »Gangster und Mörder im Kampf gegen unsere Republik«, Bericht des Generalinspekteurs der Hauptverwaltung zum Schutz der Volkswirtschaft, Erich Mielke, in: Neues Deutschland 28. Januar 1950.
25 Die Zentrale Kommission für Staatliche Kontrolle (ursprünglich Zentrale Kontrollkommission) existierte als Regierungsorgan »zur Kontrolle der Verwaltungsorgane sowie der wirtschaftlichen, kulturellen und sozialen Einrichtungen« von 1948 bis 1963 – bis zu ihrer Eingliederung in die Arbeiter-und-Bauern-Inspektion.
26 Beschluß über die Abwehr gegen Sabotage der Regierung der DDR vom 26. Januar 1950, in: Neues Deutschland 28. Januar 1950.
27 Siehe Anm. 2.
28 Provisorische Volkskammer der Deutschen Demokratischen Republik (Stenographisches Protokoll), 10. Sitzung, 8. Februar 1950, S. 213.
29 Ebenda, S. 213.
30 Ebenda, S. 214.
31 Die hier gegebene Darstellung stützt sich hauptsächlich auf Ausführungen, die der damalige Bundesminister des Innern, Dr. Gerhard Schröder, in einer Debatte zur »Aktion Vulkan« im Deutschen Bundestag gemacht hat; zit. in: 2. Deutscher Bundestag (Stenographisches Protokoll), 35. Sitzung, 24. Juni 1954, S. 1648 ff.; vgl. dazu ferner Hendrik van Bergh: ABC der Spione, Pfaffenhofen 1965, S. 214; und David J. Dallin: Die Sowjetspionage, a. a. O., S. 399 ff.
32 Gerhard Schröder vor dem Bundestag, a. a. O., S. 1949.
33 Vgl. Autorenkollektiv: Zeittafel zur Militärgeschichte der Deutschen Demokratischen Republik 1949–1960, (Ost-)Berlin 1969, S. 31
34 Verordnung über Maßnahmen an der Demarkationslinie zwischen der Deutschen Demokratischen Republik und den westlichen Besatzungszonen Deutschlands vom 26. Mai 1952 (GBl. 1952 S. 405).
35 Polizeiverordnung über die Einführung einer besonderen Ordnung an der Demarkationslinie vom 26. Mai 1952, zit. in: »Die Sperrmaßnahmen der DDR vom Mai 1952«, faksimilierter Nachdruck des Weißbuches von 1953, herausgegeben vom Bundesministerium für innerdeutsche Beziehungen, Bonn 1987, S. 88 f. (im DDR-Gesetzblatt nicht veröffentlicht).

36 Verordnung über weitere Maßnahmen zum Schutz der Deutschen Demokratischen Republik vom 9. Juni 1952 (GBl. 1952 S. 451).

37 Die Sperrmaßnahmen der Sowjetzonenregierung an der Zonengrenze und um Westberlin, herausgegeben vom Bundesministerium für gesamtdeutsche Fragen, Bonn 1953, S. 17.

38 Entschließung des IV. Parlaments der Freien Deutschen Jugend, zit. bei Hans-Peter Herz: Freie Deutsche Jugend, München 1957, S. 27 f.

39 Vgl. Gesetz über die weitere Demokratisierung des Aufbaus und der Arbeitsweise der staatlichen Organe in den Ländern der Deutschen Demokratischen Republik vom 23. Juli 1952 (GBl. I S. 613).

40 Verordnung über die Bildung von Kollegien vom 17. Juli 1952 (MinBl. 1952 S. 109).

41 Seine Existenz ist durch Zeitungsberichte belegt, in denen das Kollegium des MfS oder einzelne seiner Mitglieder erwähnt werden; vgl. zum Beispiel »Herzliche Gratulation der Vertreter des Volkes«, ein ADN-Bericht über eine Gratulationscour zum 25jährigen Bestehen des Ministeriums für Staatssicherheit, in: Neues Deutschland 10. Februar 1975.

42 Schreiben des Ministerpräsidenten Otto Grotewohl an den Präsidenten der Volkskammer vom 25. Juli 1953, zit. in: Volkskammer der Deutschen Demokratischen Republik (Stenographisches Protokoll), Sitzung vom 30. Juli 1953, S. 981.

43 Vgl. »Weitere Festigung unserer demokratischen Staatsordnung«, in: Neues Deutschland 24. Mai 1952.

44 »Der neue Kurs und die Aufgaben der Partei«, Entschließung des Zentralkomitees vom 26. Juli 1953 (15. Tagung), in: Dokumente der Sozialistischen Einheitspartei Deutschlands, Bd. IV, (Ost-)Berlin 1954, S. 471.

45 »Schlußwort des Genossen Walter Ulbricht«, in: Das 15. Plenum des Zentralkomitees der SED vom 24. bis 26. Juli 1953, (Ost-)Berlin 1953, S. 105 (parteiinternes Material).

46 Bernhard Sagolla: Die Rote Gestapo, 2. erweiterte Auflage, Berlin 1953, S. 107.

47 Willi Stoph vor dem IV. Parteitag, in: Protokoll der Verhandlungen der IV. Parteitages der Sozialistischen Einheitspartei Deutschlands, Bd. 1, (Ost-)Berlin 1954, S. 491 f.

48 Hermann Weber/Lothar Pertinax: Schein und Wirklichkeit der DDR, Stuttgart 1958, S. 128 f.

49 Vgl. dazu Östliche Untergrundarbeit gegen Westberlin, Denkschrift, herausgegeben vom Senator für Inneres, Berlin 1959, S. 11.

50 Siehe Anm. 31; vgl. ferner »Die Aktion ›Vulkan‹«, in: Bulletin des Presse- und Informationsamtes, 14. April 1953, S. 593.

51 Im Zuge der »Aktion Vulkan« wurden letztlich nur drei der ursprünglich Verhafteten rechtskräftig verurteilt: Am 12. Januar 1954 verurteilte der 2. Strafsenat des Bundesgerichtshofes in Karlsruhe den Arbeiter Hans Bugenhagen zu einem Jahr und neun Monaten Gefängnis wegen landesverräterischer Beziehungen; am 16. März 1954 folgte ein Urteil des 6. Strafsenats beim BGH gegen den Kaufmann Josef Gebhardt über ein Jahr und fünf Monate Gefängnis; und am 18. September 1954 erkannte derselbe Senat auf zwei Jahre und drei Monate gegen den Chemiker Dr. Franz Hendgen, der als »illegaler Resident« des IWF tätig gewesen war. – Drei Tage nach seiner Festnahme hatte zudem der Kaufmann Dr. Hans Hartig im Untersuchungsgefängnis Essen Selbstmord verübt. Er soll zwei Jahre lang Industriegeheimnisse an das IWF ausgeliefert haben.

52 »Die Wachsamkeit der Werktätigen zerschlägt die Absichten der Volksfeinde«. Aus der Rede des Staatssekretärs Wollweber auf der Belegschaftsversammlung von Siemens-Plania, in: Neues Deutschland 6. November 1953. – Die beiden folgenden Zitate entstammen derselben Rede.

53 Die »Organisation Gehlen« erhielt, als sie 1946 als geheimer Nachrichtendienst unter amerikanischer Oberhoheit und mit amerikanischen Geldern ihre Arbeit aufnahm, ihren Namen von ihrem Leiter Generalmajor a. D. Reinhard Gehlen, bis 1945 Chef der 12. Abteilung im Generalstab des Heeres (»Fremde Heere Ost«). Ende 1947 verlegte die Organisation Gehlen ihre Zentrale von Oberursel nach Pullach bei München. Mit Wirkung vom 1. April 1956 wurde die Organisation Gehlen unter der Bezeichnung »Bundesnachrichtendienst« (BND) offiziell in Bundeshoheit überführt und der Aufsicht des Bundeskanzleramtes unterstellt.

54 »Große amerikanische Spionageorganisation entlarvt«. Aus der Erklärung von Hans-Joachim Geyer, in: Dokumentation der Zeit Nr. 61/1954, S. 3806 ff.

55 Vgl. dazu Hermann Zolling/Heinz Höhne: Pullach intern, Hamburg 1971, S. 257 ff.; und Reinhard Gehlen: Der Dienst, Mainz/Wiesbaden 1971, S. 192 ff.

230

56 »Westberlin wird als Zentrum der Spionageagenturen ausgenutzt«. Die Erklärung des Ministerrats der DDR vom 12. April 1955, in: Dokumentation der Zeit Nr. 94/1955, S. 7064 ff.
57 Die »Kampfgruppe gegen Unmenschlichkeit« (KgU) wurde 1948 von Dr. Rainer Hildebrandt und Dr. Günther Birkenfeld gegründet, zwei Schriftstellern, die schon im Widerstand gegen das Nazi-Regime gestanden hatten. Binnen kurzem waren ein Suchdienst für politische Gefangene, ein Flüchtlingshilfsdienst und ein Archiv aufgebaut. Seit 1951 entwickelte sich die KgU, vornehmlich unter dem Einfluß von Ernst Tillich, zu einem militant-antikommunistischen Propaganda- und Störzentrum, dessen Kampfformen bis zu kriminellen Handlungen reichten. Als ihr sämtliche, teils aus amerikanischen, teils aus deutschen Quellen zugeflossenen Gelder versagt wurden, stellte die KgU ihre Tätigkeit 1959 ein und löste sich auf. Ein schmähliches Ende. Den konspirativen Dilettantismus und die politische Verantwortungslosigkeit ihrer führenden Männer, namentlich Ernst Tillichs, haben vermutlich Hunderte von DDR-Bürgern mit Jahren hinter Gefängnismauern bezahlt. In zwei Fällen ergingen Todesurteile des Obersten DDR-Gerichts gegen KgU-Mitglieder: Johannes Burianek und Wolfgang Kaiser starben unter dem Fallbeil.
58 Bekanntmachung des Beschlusses des Ministerrates vom 24. November 1955 über die Veränderung der Struktur des Regierungsapparates (GBl. 1956 S. 1).
59 Ernst Wollweber auf der 3. Parteikonferenz, in: Protokoll der Verhandlungen der 3. Parteikonferenz der Sozialistischen Einheitspartei Deutschlands, Bd. 2, (Ost-)Berlin 1956, S. 952.
60 »Alles für die Festigung der demokratischen Gesetzlichkeit«, in: Neues Deutschland 21. Juni 1956.
61 Ebenda.
62 Näheres dazu vgl. Kapitel 4: »Budget und Personalbestand«, S. 49.
63 Vgl. Östliche Untergrundarbeit gegen Westberlin, a. a. O., S. 11.
64 Verordnung zur Erleichterung und Regelung von Maßnahmen an der Grenze zwischen der Deutschen Demokratischen Republik und der Deutschen Bundesrepublik vom 3. Mai 1956 (GBl. 1956 S. 385).
65 Autorenkollektiv: Zeittafel zur Militärgeschichte . . ., a. a. O., S. 84.
66 Vgl. »Erich Mielke Minister für Staatssicherheit«, in: Neues Deutschland 1. November 1957.
67 Bericht des Zentralkomitees an den V. Parteitag, in: Protokoll der Verhandlungen des V. Parteitages der Sozialistischen Einheitspartei Deutschlands, Bd. 2, (Ost-)Berlin 1959, S. 1555.
68 »Globalstrategen bereiten Aggression gegen die DDR vor«, in: Neuer Weg Nr. 15/1971, S. 695.
69 »Mitteilung« (des Ministeriums für Staatssicherheit/Bezirksverwaltung Suhl), in: Freies Wort, 12. Juni 1961.
70 Erich Mielke: »Die Aufgaben der Etappe des umfassenden Aufbaus des Sozialismus bestimmen die Gestaltung unseres Rechts«, in: Rechtspflegeerlaß – bedeutsame Weiterentwicklung unserer sozialistischen Demokratie, Schriftenreihe des Staatsrates der Deutschen Demokratischen Republik Nr. 2/1963, (Ost-)Berlin 1963, S. 61 ff.
71 Erich Mielke vor dem VII. Parteitag, zit. in: Protokoll der Verhandlungen des VII. Parteitags der Sozialistischen Einheitspartei Deutschlands, (Ost-)Berlin 1967, Bd. III, S. 415 ff.
72 Vgl. »Soldaten der Revolution nach dem Vorbild von F. E. Dzierzynski«, in: Neues Deutschland 15. Dezember 1967.
73 Vgl. Verordnung über die Stiftung des Ehrentitels »Verdienter Mitarbeiter der Staatssicherheit« vom 16. Dezember 1969 (GBl. II S. 703).
74 Erich Honecker sprach öffentlich von »jenen mutigen Kämpfern und Patrioten, die, getreu ihrem Vorbild Richard Sorge, an der unsichtbaren Front im Lager des Gegners« im Einsatz seien, erstmals in einer Rede vom 6. Februar 1970 aus Anlaß des 20jährigen Bestehens des MfS, zit. in: Erich Honecker: Zuverlässiger Schutz des Sozialismus, a. a. O., S. 130.
75 Kommuniqué der 16. Tagung des Zentralkomitees vom 3. Mai 1971, in: Dokumente der Sozialistischen Einheitspartei Deutschlands, Bd. XIII, (Ost-)Berlin 1974, S. 156.
76 Vgl. hierzu Ilse Spittmann: »Warum Ulbricht stürzte«, in: Deutschland Archiv Nr. 6/1971, S. 568 f. – Die Kölner Redakteurin wies zuerst nach, daß Ulbricht nicht freiwillig zurückgetreten war.

77 Kommuniqué der 1. Tagung des Zentralkomitees vom 19. Juni 1971, in: Dokumente der Sozialistischen Einheitspartei Deutschlands, Bd. XIII, a. a. O., S. 288.
78 Kommuniquee der 1. Tagung des Zentralkomitees vom 22. Mai 1976, in: Dokumente der Sozialistischen Einheitspartei Deutschlands, Bd. XVI, (Ost-)Berlin 1980, S. 256.
79 »Ihr erfüllt Klassenauftrag zu jeder Stunde beispielhaft«, Rede von Erich Honecker, in: Neues Deutschland 7. Februar 1985.
80 »Schwere Niederlage für den Spionagedienst der BRD«, in: Neues Deutschland 23. August 1985.
81 »Bericht des Zentralkomitees der Sozialistischen Einheitspartei Deutschlands an den XI. Parteitag der SED« (Berichterstatter: Erich Honecker), in: Protokoll der Verhandlungen des XI. Parteitages der Sozialistischen Einheitspartei Deutschlands, (Ost-)Berlin 1986, S. 92.

Anmerkungen zu Kapitel 3

1 Erich Mielke: »Die Tscheka – Hüter der Flamme der Revolution«, in: Neues Deutschland 20. Dezember 1967.
2 Erich Honecker: Zuverlässiger Schutz des Sozialismus, 2., wesentlich erweiterte Auflage, (Ost-)Berlin 1977, S. 133 und S. 138.
3 Erich Mielke: »Kompromißloser Kampf gegen die Feinde des Friedens und des Sozialismus«, in: Neues Deutschland 8. Februar 1970.
4 Erich Mielke: »Mit hoher Verantwortung für den zuverlässigen Schutz des Sozialismus«, in: Einheit Nr. 1/1975, S. 45.
5 Karl Wilhelm Fricke: Politik und Justiz in der DDR, Köln 1979, S. 56.
6 David J. Dallin: Die Sowjetspionage, Köln 1956, S. 384 f.
7 Vgl. Östliche Untergrundarbeit gegen Westberlin, Denkschrift, herausgegeben vom Senator für Inneres, Berlin 1959, S. 15.
8 Vgl. Heinrich von zur Mühlen: »Der Apparat des Staatssicherheitsdienstes«, in: SBZ-Archiv Nr. 12/1956, S. 181 ff.
9 KGB = russische Abkürzung für »Komitet Gossudarstwennoj Besopassnostij«: Komitee für Staatssicherheit. – Die besten Darstellungen zum KGB finden sich bei Borys Lewytzkyj: Vom Roten Terror zur sozialistischen Gesetzlichkeit, München 1961, S. 206 ff.; vgl. auch John Barron: KGB, Bern/München 1974.
10 Heinrich von zur Mühlen: »Der Apparat des Staatssicherheitsdienstes«, a. a. O., S. 181.
11 Erlebnisbericht Günter Stempel, AGI Nr. 206/1963 (unveröffentlichtes Manuskript).
12 Leo Bauer: »Die Partei hat immer recht«, in: Das Parlament, Beilage Nr. XXVII/1956, S. 416 ff.
13 Vgl. dazu Karl Wilhelm Fricke: Warten auf Gerechtigkeit, Köln 1971, S. 85 ff.
14 »Lehren aus dem Prozeß gegen das Verschwörerzentrum Slansky«, Beschluß des Zentralkomitees vom 20. Dezember 1950, in: Dokumente der Sozialistischen Einheitspartei Deutschlands, Bd. IV, (Ost-)Berlin 1954, S. 199 ff.
15 Aussage Max Heim, zit. bei: Hendrik van Bergh: ABC der Spione, Pfaffenhofen 1965, S. 220.
16 »Enthüllungen über die Spionage im Bundesgebiet«, in: Bulletin des Presse- und Informationsamtes der Bundesregierung, Nr. 100/1959, S. 983.
17 Zit. bei Heinz Vielain: »Überläufer Stiller legte die Industriespionage der DDR nahezu lahm«, in: Die Welt 23. April 1980.
18 Ost-Berlin – Agitations- und Zersetzungszentrale für den Angriff gegen den Bestand und die verfassungsmäßige Ordnung der Bundesrepublik Deutschland und Operationsbasis der östlichen Spionagedienste (ohne Verfasserangabe), Bonn 1960, S. 33.
19 Östliche Untergrundarbeit gegen Westberlin, a. a. O., S. 15.
20 Zit. bei Hendrik van Bergh: Die Überläufer, Würzburg 1979, S. 109.
21 Aleksei Myagkow: KGB intern, Stuttgart 1977, S. 44.
22 Ebenda, S. 49.
23 Ebenda, S. 50.
24 Vgl. Bernd Ruland: Krieg auf leisen Sohlen, Stuttgart 1971, S. 139; vgl. auch John Barron: KGB, a. a. O., S. 187.

25 John Barron: KGB, a. a. O., S. 187 f.
26 Erich Mielke: »Verantwortungsbewußt für die Gewährleistung der staatlichen Sicherheit«, in: Einheit Nr. 2/1980, S. 152.
27 Befehl des Ministers für Staatssicherheit der Deutschen Demokratischen Republik, in: Neues Deutschland 11./12. Februar 1984.
28 V. M. Tschebrikow: »Sich an Lenin orientieren und von den Forderungen der Partei leiten lassen«, in: Kommunist Nr. 9/1985, S. 47 ff. (russ.)
29 Astrid von Borcke: »KGB-Chef Tschebrikow über die Rolle der ›Organe‹«, in: Gelesen, kommentiert . . ., Nr. 4/1985, S. 6 (Schriftenreihe des Bundesinstituts für ostwissenschaftliche und internationale Studien in Köln).
30 Vgl. »›VEB Horch und Greif‹ schnüffelt angeblich auch in Polen«, in: Frankfurter Rundschau 29. Dezember 1988. – Der Bericht beruht auf Überläufer-Informationen.
31 Erich Mielke: Sozialismus und Frieden – Sinn unseres Kampfes. Ausgewählte Reden und Aufsätze, (Ost-)Berlin 1987, S. 422 f.

Anmerkungen zu Kapitel 4

1 Vgl. Gesetz über die Bildung eines Ministeriums für Staatssicherheit vom 8. Februar 1950 (GBl. 1950 S. 95).
2 Provisorische Volkskammer der Deutschen Demokratischen Republik, 10. Sitzung, 8. Februar 1950 (Stenographisches Protokoll), S. 213.
3 Zit. in: Volkskammer der Deutschen Demokratischen Republik, 34. Sitzung, 30. Juli 1953 (Stenographisches Protokoll), S. 981.
4 Bekanntmachung des Beschlusses des Ministerrates über die Veränderung der Struktur des Regierungsapparates vom 24. November 1955 (GBl. I/1956, S. 1).
5 Vgl. Gesetz über die Regierung der Deutschen Demokratischen Republik vom 23. Mai 1952 (GBl. 1952 S. 407); in § 7 wird die Regierung »ermächtigt und beauftragt, ihre Struktur den Erfordernissen der Wirtschaftspläne durch eigene Entschließung anzupassen«.
6 In dem Gesetz über die Regierung der Deutschen Demokratischen Republik vom 8. November 1950 (GBl. 1950 S. 1135) war der Minister für Staatssicherheit an dritter Stelle genannt – nach dem Außen- und dem Innenminister, wohingegen der Minister der Justiz an letzter Stelle rangierte.
7 § 2 des Statuts des Ministeriums der Justiz, Beschluß des Ministerrates vom 25. März 1976 (GBl. I S. 185). – Ähnlich oder gleichlautende Bestimmungen enthalten auch die Statuten zahlreicher anderer Ministerien der DDR, so daß nicht einzusehen ist, warum es im Statut des Ministeriums für Staatssicherheit anders sein soll. – Vgl. die Statuten von 26 Ministerien des DDR-Ministerrates, erarbeitet im Gesamtdeutschen Institut, Bonn 1981 (nicht im Buchhandel).
8 »Rechtspflege der DDR – Vorbild für ganz Deutschland«. Aus einem Interview mit dem Minister für Staatssicherheit, Genossen Erich Mielke, in: Sozialistische Demokratie 17. Mai 1963.
9 Autorenkollektiv: Wörterbuch zum sozialistischen Staat, (Ost-)Berlin 1974, S. 349.
10 Autorenkollektiv: Staatsrecht der DDR, (Ost-)Berlin 1977, S. 282.
11 So Otto Nuschke am 20. September 1952 in einer Pressekonferenz in Bonn; zit. in: »Die Volkskammer-Delegierten vor der Presse«, in: SBZ-Archiv Nr. 18/1952, S. 275.
12 Otto Grotewohl: »Die gegenwärtige Lage und der neue Kurs der Partei«, in: Das 15. Plenum des Zentralkomitees der SED, (Ost-)Berlin 1953, S. 33 (parteiinternes Material).
13 Zit. bei Erich Mielke: »Mit hoher Verantwortung für den zuverlässigen Schutz des Sozialismus«, in: Einheit Nr. 1/1975, S. 44
14 Otto Grotewohl: »Die gegenwärtige Lage . . .«, a. a. O., S. 33.
15 Peter Joachim Lapp: Der Ministerrat der DDR, Opladen 1981, S. 100.
16 Autorenkollektiv: Staatsrecht der DDR, a. a. O., S. 286.
17 Peter Joachim Lapp: Der Ministerrat der DDR, a. a. O., S. 103.
18 Vgl. dazu Karl Wilhelm Fricke: »Der Verteidigungshaushalt der DDR«, in: Deutschland Archiv Nr. 2/1977, S. 160 ff.
19 Heinz Hoffmann: Sozialistische Landesverteidigung, Teil II, (Ost-)Berlin 1971, S. 650.

20 Quellennachweis im einzelnen bei Karl Wilhelm Fricke: »Der Verteidigungshaushalt der DDR«, a. a. O., S. 164; vgl. ferner Gesetz über den Staatshaushaltsplan 1989 vom 14. Dezember 1988 (GBl. I S. 318).
21 Vgl. Paul-Günther Schmidt: Internationale Währungspolitik im sozialistischen Staat. Theoretische Grundlegung und empirische Überprüfung am Beispiel der DDR, Stuttgart/New York 1985, S. 92.
22 Vgl. Bernhard Sagolla: Die Rote Gestapo, Berlin 1952, S. 13.
23 Der Staatssicherheitsdienst/Terror als System, Berlin (1956), S. 23.
24 Östliche Untersuchungsarbeit gegen Westberlin, Denkschrift des Senators für Inneres, Berlin 1959, S. 7.
25 A bis Z, 11., überarbeitete und erweiterte Auflage, Bonn 1969, S. 607.
26 DDR-Handbuch, 2., völlig überarbeitete und erweiterte Auflage, Köln 1979, S. 738.
27 Bernhard Sagolla: Die Rote Gestapo, 2., erweiterte Auflage, Berlin 1953, S. 103.
28 Thomas M. Forster: NVA – Die Armee der Sowjetzone, Köln 1964, S. 80.
29 A bis Z, a. a. O., S. 607.
30 Die Zahl von 4000 wird im DDR Handbuch, a. a. O., S. 737, genannt; hingegen spricht Thomas M. Forster: Die NVA – Kernstück der Landesverteidigung der DDR, 5., völlig überarbeitete Auflage, Köln 1979, S. 174, von »mehr als 6000 Mann«; vgl. ferner Ploetz: Die Deutsche Demokratische Republik. Daten, Fakten, Analysen. Herausgegeben von Alexander Fischer, Freiburg/Würzburg 1988, S. 115.
31 Anordnung des Nationalen Verteidigungsrates der Deutschen Demokratischen Republik über die Musterung und Einberufung zum Wehrdienst (Einberufungsordnung) vom 25. März 1982 (GBl. I S. 230).
32 Vgl. Anordnung des Nationalen Verteidigungsrates der Deutschen Demokratischen Republik über die Erfassung, Musterung und Einberufung von Wehrpflichtigen (Musterungsordnung) vom 30. Juli 1969 (GBl. I S. 41).
33 Vgl. Protokoll-Liste I, Zentrale Staatliche Organe, herausgegeben von der Protokollabteilung des Ministeriums für Auswärtige Angelegenheiten der DDR, Januar 1988, S. 129.
34 Die Daten wurden nach verschiedenen Quellen zusammengestellt; in der Hauptsache vgl. Günther Buch: Namen und Daten wichtiger Personen der DDR, Berlin/Bonn 1979; Biographisches Handbuch der deutschsprachigen Emigration nach 1933, herausgegeben vom Institut für Zeitgeschichte, Teil I, München 1980.
35 In der Zeit von Juli 1953 bis November 1955 war Wollweber nicht Minister, sondern Leiter des Staatssekretariats für Staatssicherheit und Stellvertreter des Ministers des Innern.
36 Verordnung über die Bildung von Kollegien vom 17. Juli 1952 (MinBl. 1952 S. 109).
37 »Herzliche Gratulation der Vertreter des Volkes«, in: Neues Deutschland 10. Februar 1975; vgl. auch Protokoll der Verhandlungen des XI. Parteitages der Sozialistischen Einheitspartei Deutschlands, (Ost-)Berlin 1986, S. 729.
38 Vgl. dazu Östliche Untergrundarbeit gegen Westberlin, Denkschrift, herausgegeben vom Senator des Innern, Berlin 1959; Peter Herz: Berlin-Lichtenberg, Normannenstraße 22, Agentenzentrale SSD, herausgegeben vom Untersuchungsausschuß Freiheitlicher Juristen, Berlin 1964; Bernd Ruland: Krieg auf leisen Sohlen, Stuttgart 1971; Michael Naumann: »Spitzel, Stasi und Spione«, in: Die Zeit 23. Februar 1979; sowie verschiedene Befehle und Dienstanweisungen des MfS, in denen auf einzelne Hauptverwaltungen und Hauptabteilungen des MfS Bezug genommen wird.
39 Offiziell ist nur seine Funktion als Stellvertreter des Ministers im Rang eines Generalleutnants belegt.
40 Das Schaubild 2 mit dem Strukturschema der HV A wurde nach Unerlagen von Werner Stiller zusammengestellt, der bis 1979 als Führungsoffizier in der Hauptverwaltung Aufklärung tätig war.
41 Vgl. Werner Stiller: Im Zentrum der Spionage. Mit einem Nachwort von Karl Wilhelm Fricke, Mainz 1986, S. 105.
42 Peter Joachim Lapp: Der Ministerrat der DDR, Opladen 1982, S. 219.
43 Wolfgang Michaelis: »MfS baut aus«, in: Deutschlandfunk 24. März 1982.
44 Ebenda.
45 Provisorische Volkskammer der Deutschen Demokratischen Republik (Stenographisches Protokoll), 10. Sitzung, 8. Februar 1950, S. 213.

234

46 Diese Bezeichnung erscheint zum Beispiel im Kopf einer von der MfS-Verwaltung Brandenburg vorgelegten Anklageschrift vom 12. Juli 1950; zit. bei Karl Wilhelm Fricke: Politik und Justiz in der DDR, Köln 1979, S. 236.
47 Vgl. Bernhard Sagolla: Die Rote Gestapo, Berlin 1952, S. 13.
48 Die Daten entstammen den in Anmerkung 34 genannten Quellen.
49 Diese Bezeichnung erscheint zum Beispiel in einer amtlichen Mitteilung der Bezirksverwaltung Suhl des MfS über öffentliche Sprechstunden, zit. in: Freies Wort 12. Juni 1961.
50 Archivarisch erfaßt im Gesamtdeutschen Institut Bonn.
51 In den siebziger Jahren in »Verwaltung Berlin« und schließlich in »Bezirksverwaltung Berlin« umbenannt.
52 Bis in die siebziger Jahre hinein hatte die MfS-Bezirksverwaltung Neubrandenburg ihren Sitz in Neustrelitz, Walther-Rathenau-Platz 3.
53 Diese Strukturierung geht aus MfS-Befehlen hervor; vgl. z. B. Befehl Nr. 13/74 des Ministers für Staatssicherheit vom 20. Mai 1974 zur Qualifizierung der Ermittlungtätigkeit der Kreis-/Objektdienststellen.
54 »Große Impulse für weitere Stärkung unserer Republik«, in: ND 29./30. Oktober 1977.
55 Benannt nach dem deutschen Kommunisten Fritz Schmenkel, der während des Zweiten Weltkrieges in den Reihen sowjetischer Partisanen kämpfte und 1944, in deutsche Gefangenschaft geraten, hingerichtet wurde.
56 Benannt nach Generalmajor Robert Korb, zuletzt, bei seiner Versetzung in den Ruhestand 1965, Chef des Informationsbüros beim Minister für Staatssicherheit: 1972 verstorben.
57 »Soldaten des Ministeriums für Staatssicherheit vereidigt«, a. a. O.
58 Nach Unterlagen des Gesamtdeutschen Instituts, Berliner Abteilung (Archiv).
59 So lautet zum Beispiel der Kopf im Befehl Nr. 21/74 des Ministers für Staatssicherheit vom 12. August 1974 (über die) Aufgaben der Linie VIII bei der politisch-operativen Sicherung von Vertretungen anderer Staaten, internationaler Organisationen, bevorrechteter Personen und Korrespondenten (internes Material).
60 Schreiben des Ministers für Staatssicherheit vom 17. Oktober 1978 an Diensteinheiten/Leiter (internes Material).
61 Befehl Nr. 21/74, a. a. O.
62 Dienstanweisung Nr. 2/75 des Ministers für Staatssicherheit vom 13. März 1975 über die politisch-operativen Aufgaben des Ministeriums für Staatssicherheit im Strafvollzug der Deutschen Demokratischen Republik (internes Material).
63 Ebenda, S. 29 und 31.
64 Autorenkollektiv: Staatsrecht der DDR, (Ost-)Berlin 1977, S. 423.
65 Gesetz über die Bildung des Nationalen Verteidigungsrates der Deutschen Demokratischen Republik vom 10. Februar 1960 (GBl. I S. 89).
66 Vgl. Gesetz zur Verteidigung der Deutschen Demokratischen Republik (Verteidigungsgesetz) vom 20. September 1961 (GBl. I S. 175).
67 Vgl. Gesetz über die Landesverteidigung der Deutschen Demokratischen Republik (Verteidigungsgesetz) vom 13. Oktober 1978 (GBl. I S. 377); dazu Karl Wilhelm Fricke: »DDR-Verteidigungsgesetz neu kodifiziert«, in: Deutschland Archiv Nr. 12/1978, S. 1238 ff.
68 Verfassungsschutzbericht 1987. Herausgeber: Der Bundesminister des Innern, Bonn 1988, S. 176.
69 »Neuer Leiter des militärischen ND der DDR«, in: IAP-Dienst Nr. 6–7/1988.
70 Friedrich-Wilhelm Schlomann: Operationsgebiet Bundesrepublik. Spionage, Sabotage und Subversion, 3. erweiterte Auflage, München 1986, S. 43.
71 »Neuer Leiter des militärischen ND . . .«, a. a. O.

Anmerkungen zu Kapitel 5

1 Gelöbnis der Mitarbeiter des Ministeriums für Staatssicherheit auf der Festveranstaltung des ZK der SED und des Ministerrates der DDR anläßlich des 20. Jahrestages der Bildung des Ministeriums für Staatssicherheit, in: Volksarmee Nr. 8/1970 (Dokumentation).
2 Erich Honecker: Zuverlässiger Schutz des Sozialismus, (Ost-)Berlin 1977, 2., wesentlich erweiterte Auflage, S. 131.

3 Das 15. Plenum des Zentralkomitees der SED, (Ost-)Berlin 1953, S. 106 und S. 74.
4 Ernst Wollweber auf dem IV. Parteitag, in: Protokoll der Verhandlungen des IV. Parteitages der Sozialistischen Einheitspartei Deutschlands, Bd. 2, (Ost-)Berlin 1954, S. 710.
5 Erich Mielke: »Verantwortungsbewußt für die Gewährleistung der staatlichen Sicherheit«, in: Einheit Nr. 2/1980, S. 152.
6 Erich Mielke: »Mit hoher Verantwortung für den zuverlässigen Schutz des Sozialismus«, in: Einheit Nr. 1/1975, S. 44.
7 Zit. bei Horst Berger/Herbert Menge: »Revolutionäre Wachsamkeit für Sozialismus und Frieden«, in: Neues Deutschland 17. Oktober 1980.
8 Das gilt vor allem für das 15. Plenum des ZK (24.–26. Juni 1953) und für das 35. Plenum des ZK (3.–6. Februar 1958).
9 »Der neue Kurs und die Aufgaben der Partei«, Entschließung der 15. Tagung des Zentralkomitees vom 26. Juli 1953, in: Dokumente der Sozialistischen Einheitspartei Deutschlands, Bd. IV, (Ost-)Berlin 1954, S. 471.
10 »Erich Mielke Minister für Staatssicherheit«, in: Neues Deutschland 1. November 1957.
11 Beschluß der 35. Tagung des Zentralkomitees, in: Dokumente der Sozialistischen Einheitspartei Deutschlands, Bd. VII, (Ost-)Berlin 1960, S. 111.
12 Vgl. Kommuniqué der 10. Tagung des Zentralkomitees vom 2. Oktober 1979, in: Dokumente der Sozialistischen Einheitspartei Deutschlands, Bd. XIV, (Ost-)Berlin 1977, S. 419.
13 Vgl. Protokoll der Verhandlungen des X. Parteitages der Sozialistischen Einheitspartei Deutschlands, Bd. 2, (Ost-)Berlin 1981, S. 233.
14 Vgl. Protokoll der Verhandlungen des XI. Parteitages der Sozialistischen Einheitspartei Deutschlands, a. a. O., S. 715.
15 Vgl. Günther Buch: Namen und Daten wichtiger Personen der DDR, Berlin/Bonn 1979, S. 109. – Auf dem X. Parteitag ist Heidenreich nicht wieder als ZK-Mitglied gewählt worden.
16 Vgl. Protokoll der Verhandlungen des X. Parteitages der Sozialistischen Einheitspartei Deutschlands, a. a. O., S. 218.
17 Vgl. Protokoll der Verhandlungen des XI. Parteitages der Sozialistischen Einheitspartei Deutschlands, a. a. O., S. 729.
18 Walter Ulbricht in seinem Schlußwort auf dem 15. Plenum, in: Das 15. Plenum des Zentralkomitees der SED, a. a. O., S. 107.
19 Ebenda, S. 108.
20 Walter Ulbricht: »Die Politik der Partei, ihre Erfolge und Fehler«, in: Das 15. Plenum des Zentralkomitees der SED, a. a. O., S. 73.
21 Walter Ulbricht in seinem Schlußwort auf dem 15. Plenum, a. a. O., S. 106.
22 Autorenkollektiv: Geschichte der deutschen Arbeiterbewegung, Bd. 8, (Ost-)Berlin 1966, S. 102.
23 Den Vorsitz in der Sicherheitskommission des ZK hatte Walter Ulbricht inne; Erich Honecker fungierte als deren Sekretär. – Vgl. Erich Honecker: Aus meinem Leben, Frankfurt a. M./ (Ost-)Berlin 1980, S. 197.
24 Vgl. V. M. Tschebrikow: »Ein großes Vorbild im Dienst der revolutionären Ideale«, in: Einheit Nr. 10–11/1987, S. 926.
25 Kommuniqué der 16. Tagung des Zentralkomitees vom 3. Mai 1971, in: Dokumente der Sozialistischen Einheitspartei Deutschlands, Bd. XIII, (Ost-)Berlin 1974, S. 156.
26 Kommuniqué der 1. Tagung des Zentralkomitees vom 19. Juni 1971, in: Dokumente der Sozialistischen Einheitspartei Deutschlands, Bd. XIII, (Ost-)Berlin 1974, S. 288.
27 Vgl. Kommuniqué der 1. Tagung des Zentralkomitees vom 22. Mai 1976, in: Dokumente der Sozialistischen Einheitspartei Deutschlands, Bd. XVI, (Ost-)Berlin 1980, S. 256.
28 Thomas Walde: ND-Report, München 1971, S. 47.
29 Eine spezielle Bestimmung dazu fehlt im Statut der SED.
30 Vgl. Karl Wilhelm Fricke: »Nachruf für einen ›Falken‹«, in: Deutschland Archiv Nr. 1/1987, S. 10 ff.
31 Vgl. Kommuniqué der 7. Tagung des Zentralkomitees der SED, in: Neues Deutschland 26./ 27. November 1983; ferner: Karl Wilhelm Fricke: »Bündnistreu und dialogbereit«, in: Deutschland Archiv Nr. 1/1984, S. 1 ff.; und: Günther Buch: Namen und Daten, a. a. O., S. 172.
32 Gero Neugebauer: Partei und Staatsapparat in der DDR, Opladen 1978, S. 59.

33 Vgl. dazu Carola Stern: Die SED, Köln 1954, S. 107; und dieselbe: Porträt einer bolschewistischen Partei, Köln 1957, S. 342; ferner Gero Neugebauer, a. a. O., S. 60. – Die Abteilung Sicherheitsfragen wird im übrigen in den siebziger Jahren vielfach in »Neuer Weg« erwähnt.

34 Außer der Auswertung von DDR-Publikationen verdankt der Autor die Personaldaten vor allem dem schon mehrfach zitierten Nachschlagewerk »Namen und Daten« von Günther Buch.

35 Vgl. Die kasernierte Volkspolizei in der sowjetischen Besatzungszone, herausgegeben vom Bundesministerium für gesamtdeutsche Fragen, Bonn 1955, S. 6.

36 Vgl. »Geburtstagsgratulation bei Generaloberst Stechbarth«, in: Neues Deutschland 15. April 1985.

37 Zum Beispiel gebrauchte Mielke diese Formulierung in seiner Rede vor Propagandisten des MfS; vgl. »Hohe Kampfkraft für Erfüllung des tschekistischen Klassenauftrages«, in: Neues Deutschland 17. Oktober 1978.

38 »Soldaten der Revolution nach dem Vorbild von F. E. Dzierzynski«, in: Neues Deutschland 15. Dezember 1967.

39 Vgl. Horst Berger/Herbert Menge: »Staatliche Sicherheit ist zuverlässig gewährleistet«, in: Neues Deutschland 5. April 1976. – In dem Artikel wird über »die Delegiertenkonferenz der Parteiorganisation des Ministeriums für Staatssicherheit« berichtet.

40 Vgl. »Tschekistische Taten zum Jugendfestival«, in: Junge Welt 9. April 1979. – In dem Artikel wird über »die Delegiertenkonferenz der FDJ-Organisation im Ministerium für Staatssicherheit« berichtet und mitgeteilt, daß auch »eine Delegation des Sekretariats der SED-Kreisleitung des MfS« anwesend war.

41 Vgl. Statut der Sozialistischen Einheitspartei Deutschlands, Punkt 68, in: Programm und Statut der SED, Köln 1982, S. 136. Siehe ferner dazu Punkt 32 der Wahlordnung des Zentralkomitees der Sozialistischen Einheitspartei Deutschlands für die Wahlen der leitenden Parteiorgane, für die Wahlen der Delegierten zu den Delegiertenkonferenzen, Parteikonferenzen und zu den Parteitagen vom 29. Mai 1973, in: Dokumente der SED, BDI. XIV, (Ost-)Berlin 1977, S. 337.

42 Walter Ulbricht in seinem Schlußwort auf dem 15. Plenum . . ., a. a. O., S. 106.

43 Walter Ulbricht: »Die Politik der Partei, ihre Erfolge und Fehler«, a. a. O., S. 74.

44 Ebenda, S. 73.

45 Ebenda, S. 105.

46 Hermann Matern: Bericht der Zentralen Parteikontrollkommission, in: Protokoll der Verhandlungen des IV. Parteitages der Sozialistischen Einheitspartei Deutschlands, Bd. 1, (Ost-)Berlin 1954, S. 219.

47 Joachim Schultz: Der Funktionär in der Einheitspartei, Stuttgart/Düsseldorf 1956, S. 177.

48 »Die Massen für die Verwirklichung des neuen Kurses gewinnen«, in: Neues Deutschland 1. August 1953.

49 »Wir lassen die Einheit der Partei nicht antasten«, in: Neues Deutschland 2. August 1953.

50 Walter Ulbricht: »Antwort auf Fragen auf der Berliner Bezirksdelegiertenkonferenz der SED«, in: Neues Deutschland 18. März 1956.

51 Ernst Wollweber auf dem IV. Parteitag, a. a. O., S. 704.

52 Ernst Wollweber auf der 3. Parteikonferenz, in: Protokoll der Verhandlungen der 3. Parteikonferenz der Sozialistischen Einheitspartei Deutschlands, Bd. 2., (Ost-)Berlin 1956, S. 954.

53 Erich Mielke: »Zehn Jahre Kampf gegen die Feinde des Friedens«, in: Neues Deutschland 7. Februar 1960.

54 Erich Mielke auf dem VII. Parteitag, in: Protokoll der Verhandlungen des VII. Parteitages der Sozialistischen Einheitspartei Deutschlands, Bd. III, (Ost-)Berlin 1967, S. 419.

55 Zit. bei Horst Berger/Herbert Menge: »Staatliche Sicherheit ist zuverlässig gewährleistet«, a. a. O.

56 Erich Mielke: »Verantwortungsbewußt für die Gewährleistung der staatlichen Sicherheit«, in: Einheit Nr. 2/1980, S. 152.

57 Zit. bei Horst Berger/Herbert Menge: »Tschekistischer Klassenauftrag für hohe staatliche Sicherheit«, in: Neues Deutschland 17. Juni 1980.

58 Direktive des Zentralkomitees der SED für die Durchführung der Parteiwahlen 1980/81 vom 22. Mai 1980, zit. in: Neuer Weg Nr. 14/1980, Dokumentation S. 17.

59 Schreiben des Ministers für Staatssicherheit vom 17. Oktober 1978 an »Diensteinheiten/ Leiter« (internes Material).

60 Ebenda.

61 Referat des Genossen Minister auf der propagandistischen Großveranstaltung zur Eröffnung des Parteilehrjahres 1978/79 (16. Oktober 1978): »Die Aufgaben zur Stärkung der Kampfkraft der Partei als entscheidende Voraussetzung für die weitere erfolgreiche Verwirklichung der Beschlüsse des IX. Parteitages der SED«, S. 6 f. (internes Material).

62 Aussage des 1959 übergetretenen MfS-Hauptmanns Max Heim (internes Material).

63 Werner Stiller: Im Zentrum der Spionage, a. a. O., S. 118.

64 »Bericht über den Verlauf und die Ergebnisse der vertrauensvollen individuellen Gespräche mit allen Mitgliedern und Kandidaten der Partei«, in: Neues Deutschland 17. Oktober 1985.

65 Über Jahre hinweg ist das anhand der zum Beispiel im »Neuen Deutschland« darüber veröffentlichten Berichte nachzuweisen, die interessanterweise stets von zwei denselben Mitarbeitern verfaßt worden sind: Horst Berger und Herbert Menge. »Vertrauensjournalisten« der Staatssicherheit?

66 Aussage des ehemaligen MfS-Leutnants N. N. vom Oktober 1974 (unveröffentlicht).

67 Vgl. Betrifft: Verfassungsschutz '77, Bonn 1978, S. 127.

68 Vgl. »Strenges Urteil im Prozeß Porst«, in: Neue Zürcher Zeitung 10. Juli 1969; und Heinz Barth: »Im Vorfeld des Landesverrats«, in: Kölnische Rundschau 9. Juli 1969; ferner Reiner Fülle: »Ich war Spion der DDR«, hier: Folge III, in: Neue Osnabrücker Zeitung 6. März 1982.

69 Direktive des Zentralkomitees der SED für die Durchführung der Parteiwahlen 1980/81, a. a. O., S. 17.

70 Zit. bei Horst Berger/Herbert Menge: »Staatliche Sicherheit ist zuverlässig gewährleistet«, a. a. O.

71 Zit. bei Horst Berger/Herbert Menge: »Mit gewachsener Kampfkraft für hohe staatliche Sicherheit«, in: Neues Deutschland 23. Februar 1981.

72 Zit. bei Horst Berger/Herbert Menge: »Staatliche Sicherheit ist zuverlässig gewährleistet«, a. a. O.

73 Horst Berger/Herbert Menge: »Mit gewachsener Kampfkraft für hohe staatliche Sicherheit«, a. a. O.

74 Ebenda.

75 »Tschekisten unseres Bezirkes erfüllen den Klassenauftrag«, in: Freiheit 10. Februar 1982.

76 Vgl. »Herzliche Gratulation der Vertreter des Volkes«, in: Neues Deutschland 10. Februar 1975; in dem zitierten Bericht ist unter den aufgeführten Mitgliedern des Kollegiums des Ministeriums für Staatssicherheit auch Gerhard Heidenreich genannt.

77 Vgl. Günther Buch: Namen und Daten wichtiger Personen der DDR, 2., überarbeitete und erweiterte Auflage, Berlin/Bonn 1979, S. 109; und Autorenkollektiv: Geschichte der Freien Deutschen Jugend/Chronik, (Ost-)Berlin 1976, S. 40 ff.

78 Zum Schicksal Robert Bialeks vgl. in diesem Buch den Abschnitt »Politische Menschenraubaktionen«, S. 124.

79 Vgl. »Gewachsene Kraft zum Wohle der Republik«, in: Berliner Zeitung 23. Februar 1981.

80 Vgl. Protokoll der Verhandlungen des X. Parteitages der Sozialistischen Einheitspartei Deutschlands, Bd. 1, (Ost-)Berlin 1981, S. 17.

81 Vgl. Protokoll der Verhandlungen des X. Parteitages . . ., a. a. O., Bd. 2, S. 218.

82 IV. Parlament der Freien Deutschen Jugend (Protokoll), (Ost-)Berlin 1952, S. 274.

83 Ebenda, S. 274 f.

84 Ebenda, S. 276.

85 »Ehrenname ›Rudolf I. Abel‹ verliehen«, in: Sächsische Zeitung 4. Februar 1975.

86 Referat des Genossen Minister auf der propagandistischen Großveranstaltung zur Eröffnung des Parteilehrjahres 1978/79, a. a. O., S. 24.

87 »Tschekistische Taten zum Jugendfestival«, in: Junge Welt 9. April 1979.

88 Vgl. Bulletin Nr. 2 zum XI. Parlament der FDJ, herausgegeben vom Organisationsbüro des XI. Parlaments der Freien Deutschen Jugend, (Ost-)Berlin 1981, S. 8. – Mängel wird darin als Mitglied des Präsidiums des XI. Parlaments und als Mitglied des (alten) Zentralrates der FDJ sowie als 1. Sekretär der Kreisleitung der FDJ im Ministerium für Staatssicherheit bezeichnet.

89 »Die Verantwortung der Jugend bei der Weiterführung der sozialistischen Revolution in der DDR und die Aufgaben der FDJ nach dem X. Parteitag der SED«, Rechenschaftsbericht des Zentralrates der FDJ an das XI. Parlament, Berichterstatter: Egon Krenz, in: Junge Welt 3. Juni 1981.

90 Entschließung des IV. Parlaments der Freien Deutschen Jugend, zit. bei Hans-Peter Herz: Freie Deutsche Jugend, München 1957, S. 27 f.

91 Ausführungsbestimmungen zum Beschluß des Parteivorstandes über die Schaffung der Parteikontrollkommissionen vom 16. September 1948, in: Dokumente der SED, Band II, (Ost-)Berlin 1952, S. 97 ff.

92 Statut der Sozialistischen Einheitspartei Deutschlands, Beschluß des III. Parteitages, in: Dokumente der Sozialistischen Einheitspartei Deutschlands, Bd. III, (Ost-)Berlin 1952, S. 162 ff.

93 Statut der Sozialistischen Einheitspartei Deutschlands, Beschluß des IV. Parteitages, in: Dokumente der Sozialistischen Einheitspartei Deutschlands, Band V, (Ost-)Berlin 1956, S. 90 ff.

94 Ernst Wollweber: »Für die Stärkung und Festigung unserer Arbeiter-und-Bauern-Macht«, in: Einheit Nr. 5/1957, S. 558.

95 Vgl. Erklärung des Zentralkomitees und der Zentralen Parteikontrollkommission zu den Verbindungen ehemaliger deutscher politischer Emigranten zu dem Leiter des Unitarian Service Committee Noel H. Field vom 24. August 1950, in: Dokumente der Sozialistischen Einheitspartei Deutschlands, Bd. III, a. a. O., S. 197 ff.

96 Leo Bauer: Die Partei hat immer recht. Aus Politik und Zeitgeschichte (Beilage Das Parlament) Nr. XXVII/1956, S. 409 ff.

97 Ebenda.

98 Vgl. Lehren aus dem Prozeß gegen das Verschwörerzentrum Slansky, Beschluß des ZK vom 20. Dezember 1952, in: Dokumente der Sozialistischen Einheitspartei Deutschlands, Bd. IV, (Ost-)Berlin 1954, S. 199 ff.

99 Kommuniqué der 28. Tagung des Zentralkomitees, ebenda, S. 138 ff.

100 In seinem Schlüsselroman Collin, München 1979, hat Stefan Heym die Affäre Paul Merker literarisch »aufgearbeitet«. – Vgl. dazu auch Karl Wilhelm Fricke/Klaus Sauer: »Das Stalinismus-Tabu durchbrochen«, in: Deutschland Archiv Nr. 5/1979, S. 522 ff. – In dieser Rezension werden auch die handelnden Figuren »entschlüsselt«.

101 Walter Ulbricht in seinem Schlußwort auf dem 15. Plenum, in: Das 15. Plenum des Zentralkomitees der SED, (Ost-)Berlin 1953, S. 107.

102 Hermann Matern: Bericht der Zentralen Parteikontrollkommission, in: Protokoll der Verhandlungen des IV. Parteitages der Sozialistischen Einheitspartei Deutschlands, Bd. 1, (Ost-)Berlin 1954, S. 219.

103 Ebenda, S. 220.

104 Ebenda.

105 Ebenda.

106 Aufgaben der Parteikontrollkommissionen, in: Dokumente der Sozialistischen Einheitspartei Deutschlands, Bd. VI, (Ost-)Berlin 1958, S. 199.

107 Auf »sektiererisches« Verhalten ist nur in dem Parteistatut von 1963 abgehoben.

108 Statut der SED (beschlossen vom VI. Parteitag), zit. in: Dokumente der Sozialistischen Einheitspartei Deutschlands, Bd. IX, (Ost-)Berlin 1965, S. 311; sowie Statut der SED (beschlossen vom IX. Parteitag), in: Dokumente der Sozialistischen Einheitspartei Deutschlands, Bd. XVI, (Ost-)Berlin 1980, S. 97.

Anmerkungen zu Kapitel 6

1 Bericht der Bundesregierung und Materialien zur Lage der Nation 1972, herausgegeben vom Bundesministerium für innerdeutsche Beziehungen, Bonn 1972, S. 70.

2 Otto Grotewohl: »Die gegenwärtige Lage und der neue Kurs der Partei«, in: Das 15. Plenum des Zentralkomitees der SED, (Ost-)Berlin 1953, S. 32 f. (parteiinternes Material).

3 Werner Barm: Totale Abgrenzung, Stuttgart 1971, S. 179.

4 Ebenda, S. 97, S. 74 und S. 178 f.

5 Schulungsmaterial für die Fachschulung zu psychologischen Problemen in der Arbeit mit Inoffiziellen Mitarbeitern, herausgegeben im Auftrag der Hauptabteilung Kader und Schulung (des MfS) vom Fachbereich Psychologie und Menschenführung der Juristischen Hochschule Potsdam, Potsdam 1970 (internes Material).

6 Ebenda, S. 15.

7 Vgl. Der Staatssicherheitsdienst, Bonn/Berlin 1962, S. 27.

8 »Staatssicherheit und Bevölkerung« in: Neues Deutschland 19. Mai 1957.

9 Vgl. Verfassung der Freien Deutschen Jugend von 1952, Artikel 22, und Statut der Freien Deutschen Jugend von 1955, Artikel 2, zit. bei Arnold Freiburg/Christel Mahrad: FDJ, Opladen 1982, S. 297 und S. 305.

10 Programm der Sozialistischen Einheitspartei Deutschlands vom 18. Januar 1963, in: Dokumente der Sozialistischen Einheitspartei Deutschlands, Bd. IX, (Ost-)Berlin 1965, S. 243.

11 Erich Mielke: Sozialismus und Frieden – Sinn unseres Kampfes, a. a. O., S. 417. – Zitiert wird eine Rede an der Parteihochschule der SED vom 16. November 1984.

12 Schulungsmaterial für die Fachschulung zu psychologischen Problemen in der Arbeit mit Inoffiziellen Mitarbeitern, herausgegeben vom Fachbereich Psychologie und Menschenführung der Juristischen Hochschule Potsdam, Potsdam 1970, S. 27 (internes Material).

13 Werner Barm: Totale Abgrenzung, a. a. O., S. 160; die folgenden Zitate aus einer sogenannten Feindarbeitsanalyse sind derselben Quelle entnommen, S. 238 ff.

14 Werner Stiller: Im Zentrum der Spionage, a. a. O., S. 159.

15 Peter Christian Ludz: Mechanismen der Herrschaftssicherung, München/Wien 1980, S. 198.

16 »Springer mißbraucht den Telefonverkehr zwischen Westberlin und der DDR«, in: Neues Deutschland 15. Oktober 1980.

17 Werner Barm: »Kommunalpolitik und Kommunalwahlen in der DDR«, in: Deutschland Archiv Nr. 4/1970, S. 429.

18 Dieter Voigt: »Kaderarbeit in der DDR«, in: Deutschland Archiv Nr. 2/1972, S. 178. – Wie verständnislos westdeutsche DDR-Forscher den Beziehungen zwischen Kaderpolitik und Staatssicherheit gegenüberstehen, veranschaulichen die Bücher zweier Autoren, die sich speziell mit DDR-Kaderpolitik befassen und die die Fragestellung überhaupt nicht aufgegriffen haben: Rudolf Schwarzenbach: Die Kaderpolitik der SED in der Staatsverwaltung, Köln 1976; und Gert-Joachim Glaeßner: Herrschaft durch Kader, Opladen 1977.

19 Dieter Voigt: »Kaderarbeit in der DDR«, a. a. O., S. 177.

20 Vgl. Karl Wilhelm Fricke: »Fragwürdige Fragebogen«, in: Deutschland Archiv Nr. 6/1977, S. 635 ff.

21 Ernst Wollweber auf dem IV. Parteitag, in: Protokoll der Verhandlungen des IV. Parteitages der Sozialistischen Einheitspartei Deutschlands, Bd. 2, (Ost-)Berlin 1954, S. 707.

22 Referat des Genossen Minister auf der propagandistischen Großveranstaltung zur Eröffnung des Parteilehrjahres 1978/79 (16. Oktober 1978): »Die Aufgaben zur Stärkung der Kampfkraft der Partei als entscheidende Voraussetzung für die weitere erfolgreiche Verwirklichung der Beschlüsse des IX. Parteitages der SED«, S. 113 (internes Material).

23 Werner Stiller: Im Zentrum der Spionage, a. a. O., S. 113.

24 Aussage des ehemaligen MfS-Leutnants Werner Pretzer, zit. bei Hendrik von Bergh: ABC der Spione, Pfaffenhofen 1965, S. 318 f.

25 Werner Stiller: Im Zentrum der Spionage, a. a. O., S. 25.

26 Schulungsmaterial für die Fachschulung zu psychologischen Problemen in der Arbeit mit Inoffiziellen Mitarbeitern, a. a. O., S. 25.

27 Fritz Schenk: Im Vorzimmer der Diktatur, Köln/Berlin 1962, S. 388.

28 Dietfried Müller-Hegemann: Die Berliner Mauer-Krankheit, Herford 1973, S. 38 f.

29 Ebenda, S. 39.

30 Das Handbuch wird in dem Schulungsmaterial für die Fachschulung zu psychologischen Problemen in der Arbeit mit Inoffiziellen Mitarbeitern, a. a. O., S. 29, zitiert.

31 Walter Ulbricht auf der 2. Parteikonferenz, in: Protokoll der Verhandlungen der 2. Parteikonferenz der Sozialistischen Einheitspartei Deutschlands, (Ost-)Berlin 1952, S. 73.

32 »Alles für die Festigung der demokratischen Gesetzlichkeit«, in: Neues Deutschland 21. Juni 1956.

33 Ernst Wollweber auf dem IV. Parteitag, in: Protokoll derVerhandlungen des IV. Parteitages der Sozialistischen Einheitspartei Deutschlands, a. a. O., S. 708.

34 Ernst Wollweber auf der 3. Parteikonferenz, in: Protokoll der Verhandlungen der 3. Parteikonferenz der Sozialistischen Einheitspartei Deutschlands, Bd. 1, (Ost-)Berlin 1956, S. 955.

35 Erich Mielkes schriftlich eingereichter Diskussionsbeitrag, in: Protokoll der Verhandlungen des VII. Parteitages der Sozialistischen Einheitspartei Deutschlands, Bd. III, (Ost-)Berlin 1967, S. 417 f.

36 Referat des Genossen Minister auf der propagandistischen Großveranstaltung zur Eröffnung des Parteilehrjahres 1978/79, a. a. O., S. 100 f.

37 Ebenda, S. 110.

38 Schulungsmaterial für die Fachschulung zu psychologischen Problemen in der Arbeit mit Inoffiziellen Mitarbeitern, a. a. O., S. 77 f.

39 Vgl. dazu Thomas M. Forster: Die NVA – Kernstück der Landesverteidigung der DDR, Köln 1979, fünfte Auflage, S. 139.

40 Diese Bestimmung enthält § 9 Absatz 2b der Anordnung des Nationalen Verteidigungsrates der Deutschen Demokratischen Republik über die Musterung und Einberufung zum Wehrdienst (Einberufungsordnung) vom 25. März 1982 (GBl. I S. 231). – In der vordem gültigen Musterungsordnung vom 30. Juli 1969 (GBl. I S. 41) war bereits dieselbe Bestimmung niedergelegt.

41 Aussage des ehemaligen MfS-Leutnants Werner Pretzer, a. a. O., S. 314.

42 Peter Herz: Berlin-Lichtenberg, Normannenstraße 22, Agentenzentrale SSD, Teil III, Berlin 1964, S. 49.

43 Hans-Jürgen Henze auf einer Pressekonferenz am 10. August 1981, zit. bei Rainer Hildebrandt/Horst Schumm: 20 Jahre Mauer, Berlin 1981, S. 25.

44 Bernd Eisenfeld: Kriegsdienstverweigerung in der DDR – ein Friedensdienst?, Frankfurt/Main 1978, S. 118.

45 Zit. bei Heinz Vielain:»Geheimbefehle für die Spione der ›DDR‹«, in: Welt am Sonntag 31. Mai 1981.

46 Vgl. § 20 des Gesetzes über die Aufgaben und Befugnisse der Deutschen Volkspolizei (Volkspolizeigesetz) vom 11. Juni 1968 (GBl. I S. 232).

47 Vgl. Verordnung zur Übertragung der Geschäfte des Strafvollzugs auf das Ministerium des Innern der Deutschen Demokratischen Republik vom 16. November 1950 (GBl. 1950 S. 1165).

48 Vgl. Gesetz über den Vollzug der Strafen mit Freiheitsentzug und über die Wiedereingliederung Strafentlassener in das gesellschaftliche Leben (Strafvollzugs- und Wiedereingliederungsgesetz) vom 12. Januar 1968 (GBl. I S. 109); und Gesetz über den Vollzug der Strafen mit Freiheitsentzug (Strafvollzugsgesetz) vom 7. April 1977 (GBl. I S. 109).

49 Vgl. Dienstanweisung Nr. 2/75, a. a. O., S. 2 ff.

50 Ebenda, S. 4 f. und S. 14.

51 Ebenda, S. 19 und S. 18.

52 Ebenda, S. 11.

53 Der Verfasser befand sich damals selbst unter den Gefangenen dieses Transportes, der in einem großen Konvoi »grüner Minnas« unter Bedeckung durch Staatssicherheitskräfte durchgeführt wurde. – Vgl. Karl Wilhelm Fricke: Menschenraub in Berlin, Koblenz/Köln 1959, S. 27.

54 Näheres dazu bei Gerhard Finn (unter Mitarbeit von Karl Wilhelm Fricke): Politischer Strafvollzug in der DDR, Köln 1981, S. 33 ff.

55 Näheres dazu ebenda, S. 44 f.

56 ». . . daß mein Unmut ein allgemeiner ist«. Ein offener Brief des DDR-Schriftstellers Frank-Wolf Matthies an den Minister für Staatssicherheit, Erich Mielke, in: Frankfurter Rundschau 17. Januar 1981.

57 Vgl. dazu Der Staatssicherheitsdienst, a. a. O. (Anm. 7), S. 32 ff.; ferner Siegfried Mampel: Die Verfassung der sowjetischen Besatzungszone Deutschlands, Text und Kommentar, 2., neubearbeitete und ergänzte Auflage, Frankfurt a. M./Berlin 1966, S. 88 f.

58 Werner Obst: DDR-Wirtschaft, Hamburg 1973, S. 264.

59 Ebenda, S. 264 f.

60 Siegfried Mampel: Die sozialistische Verfassung der Deutschen Demokratischen Republik, Kommentar, a. a. O., S. 753.
61 Ebenda, S. 753.
62 D. Z.: »Heuchler vom Abhör-Dienst«, in: Die Zeit 25. April 1980.
63 Aussage des ehemaligen MfS-Leutnants Günter Gebauer, zitiert bei Peter Herz: »Berlin-Lichtenberg, Normannenstraße 22, Agentenzentrale SSD«, Berlin 1960, S. 35.
64 Befehl Nr. 13/74 des Ministers für Staatssicherheit vom 20. Mai 1974 zur Qualifizierung der Ermittlungstätigkeit der Kreis-/Objektdienststellen des Ministeriums für Staatssicherheit, S. 1 (internes Material).
65 Der (zweifellos unvollständige) Katalog wurde zusammengestellt nach der Aufgabenstellung in Befehl Nr. 21/74 des Ministers für Staatssicherheit vom 12. August 1974: Aufgaben der Linie VIII bei der politisch-operativen Sicherung von Vertretungen anderer Staaten, internationaler zwischenstaatlicher Organisationen, bevorrechteter Personen und Korrespondenten, S. 4.
66 Befehl Nr. 13/74, a. a. O., S. 2.
67 Befehl Nr. 21/74, a. a. O., S. 11.
68 Befehl Nr. 13/74, a. a. O., S. 1, S. 4 und S. 2.
69 Thomas Ammer: »Bürgerrechtsbewegung in Riesa – ein Versuch«, in: Politische Studien, Nr. 234/1977, S. 387.
70 Zitiert bei Harald Kleinschmid: »Die Rache des Kleinen Mannes«, in: Deutschland Archiv Nr. 7/1979, S. 676.
71 Schulungsmaterial . . ., a. a. O., S. 72 f.
72 Befehl Nr. 21/74, a. a. O., S. 2 und S. 10.
73 Vgl. Karl Wilhelm Fricke: Politik und Justiz in der DDR, Köln 1979, S. 218 f.
74 Matthias Bath: Gefangen und freigetauscht, München/Wien 1981, S. 46.
75 Jürgen Fuchs: Vernehmungsprotokolle, Reinbek 1978, S. 7.
76 Zitiert bei Jörg Lolland/Frank S. Rödiger (Hrsg.): Gesicht zur Wand!, Stuttgart 1977, S. 34 f.
77 Erlebnisbericht Ulrich Schacht vom 10. April 1979, S. 1 (unveröffentlicht).
78 Wolfgang Hinkeldey: »Klärung eines Sachverhalts«, in: DDR – konkret, herausgegeben von Thomas Auerbach, Wolfgang Hinkeldey, Marian Kirstein, Gerd Lehmann, Bernd Markowsky, Michael Sallmann, Berlin 1981, S. 119.
79 Erlebnisbericht Rolf Mainz vom 24. September 1981, S. 1 f. (unveröffentlicht).
80 Vgl. Rolf Mainz: »Genossen, kommt doch zu uns«, in: Die Zeit 1. Oktober 1976.
81 Siegmar Faust: In welchem Lande lebt Mephisto?, Schreiben in Deutschland, München/Wien 1980, S. 137.
82 Vgl. Karl Wilhelm Fricke: Politik und Justiz in der DDR, a. a. O., S. 219 ff.
83 Als »Organisation Gehlen« bezeichnete sich der von Generalmajor Reinhard Gehlen 1947 begründete geheime Nachrichtendienst, der 1956 zum Bundesnachrichtendienst umgewandelt wurde; Reinhard Gehlen war Präsident des BND von 1956 bis 1968. – Vgl. dazu Reinhard Gehlen: Der Dienst, Mainz/Wiesbaden 1971.
84 Die Darstellung des Falles Bialek stützt sich auf Karl Wilhelm Fricke: Ein Mann namens Linse, Schriftenreihe des Deutschlandfunks Nr. 14/72, Köln 1972, S. 20 ff.
85 Vgl. Heinz Brandt: Ein Traum, der nicht entführbar ist, München 1967, S. 339 f.
86 Ebenda, S. 339 f.
87 »Agent festgenommen«, in: Neues Deutschland 22. Juni 1961.
88 Vgl. »Spione verurteilt«, in: Neues Deutschland 11. Mai 1962.
89 Vgl. Karl Wilhelm Fricke: »Ein Mann namens Linse«, a. a. O., S. 34.
90 Wortlaut in: Karl Wilhelm Fricke: Zur Menschen- und Grundrechtssituation poltischer Gefangener in der DDR. Analyse und Kommentar, 2. ergänzte Auflage, Köln 1988, S. 126 ff.
91 Matthias Bath: Gefangen und freigetauscht, a. a. O., S. 33 f.
92 Vgl. Karl Wilhelm Fricke: Politik und Justiz in der DDR, a. a. O., S. 223 ff.
93 Aussage Horst Schumm auf der 51. Pressekonferenz der »Arbeitsgemeinschaft 13. August« am 15. Juni 1981 in Berlin, S. 3 (Pressematerial).
94 Erlebnisbericht Ulrich Schacht, a. a. O., S. 2.
95 Jürgen Fuchs: Vernehmungsprotokolle, a. a. O., S. 95.
96 Zit. bei Karl Wilhelm Fricke: Politik und Justiz in der DDR, a. a. O., S. 224.
97 »Alles für die Festigung der demokratischen Gesetzlichkeit«, a. a. O.

242

98 Matthias Bath: Gefangen und freigetauscht, a. a. O., S. 21.
99 Ebenda, S. 30.
100 Erlebnisbericht Rolf Mainz, a. a. O., S. 2 f.
101 »Tod in Gera« (ohne Verfasserangabe), in: Stern Nr. 26/1981, S. 184 f.
102 Näheres zum Schicksal Helmut Brandts bei Karl Wilhelm Fricke: »Geschichte und Legende der Waldheimer Prozesse«, in: Deutschland Archiv Nr. 11/1980, S. 1172 ff.
103 Vgl. Peter Lübbe: Kommunismus und Sozialdemokratie, eine Streitschrift, Berlin/Bonn 1978, S. 271 ff.
104 Erlebnisbericht Ulrich Schacht, a. a. O., S. 4.
105 Aussage Horst Schumm, a. a. O., S. 3.
106 Vgl. Thomas Ammer: »Bürgerrechtsbewegung in Riesa – ein Versuch«, a. a. O., S. 381 ff.; und »Pressekonferenz mit Dr. Karl-Heinz Nitschke und Fräulein Bärbel Ludley«, in: Menschenrechte Nr. 4/1977, S. 28.
107 Erlebnisbericht Rolf Mainz, a. a. O., S. 4.
108 Vgl. Rudolf Bahro – Eine Dokumentation, Köln/Frankfurt a. M. 1977; und »Wegen nachrichtendienstlicher Tätigkeit verurteilt«, in: Neues Deutschland 1./2. Juli 1978.
109 Vgl. Horst Hiller: Sturz in die Freiheit. Von Deutschland nach Deutschland, München 1986, S. 9 ff.
110 Von sechs ehemaligen Häftlingen, die ihre Berichte gemeinsam veröffentlicht haben, waren 1976/77 fünf 8 bis 9 Monate in Untersuchungshaft; vgl. DDR – konkret, a. a. O., S. 136 ff.
111 Jürgen Fuchs: Vernehmungsprotokolle, a. a. O., S. 84.
112 Vgl. Der Staatssicherheitsdienst, a. a. O., S. 55.
113 Vgl. Erlebnisbericht Monika Tischoff, in: Karl Wilhelm Fricke: Zur Menschen- und Grundrechtssituation politischer Gefangener in der DDR, a. a. O., S. 181 ff.
114 Vgl. Horst Hiller: Sturz in die Freiheit, a. a. O., S. 140 ff.
115 Aussage des ehemaligen MfS-Leutnants N. N. vom Oktober 1974 (unveröffentlicht).
116 Ebenda.
117 Werner Barm: Totale Abgrenzung, a. a. O., S. 31.
118 Vgl. »Rätsel um General«, in: Der Spiegel Nr. 20/1980, S. 18.
119 Vgl. Günther Buch: Namen und Daten, a. a. O., S. 84; Günther Nollau/Ludwig Zindel: Gestapo ruft Moskau, a. a. O., S. 208; und Peter Strassner: Verräter, Siegburg-Niederpleis 1963, 3. Auflage, S. 115 f.
120 Vgl. Der Staatssicherheitsdienst, a. a. O., S. 20.
121 Vgl. »Soldaten der Revolution nach dem Vorbild von F. E. Dzierzynski«, in: Neues Deutschland 15. Dezember 1967.
122 Kurt Laube: »Waffenfarbe Rot«, in: (Ost-)Berliner Zeitung 9. Februar 1969.
123 Aussage des ehemaligen Unteroffiziers N. N. vom Wachregiment vom 17. November 1981 (unveröffentlicht).
124 Vgl. DDR Handbuch, a. a. O., S. 737; dagegen Thomas M. Forster: Die NVA – Kernstück der Landesverteidigung der DDR, a. a. O., S. 174; vgl. ferner Ploetz: Die Deutsche Demokratische Republik, a. a. O., S. 115.
125 Günter Lippert: »Die Warschauer Pakt-Streitkräfte in der DDR«, in: Soldat und Technik, Nr. 11/1986, S. 664.
126 Aussage des ehemaligen Unteroffiziers N. N., a. a. O.
127 Ebenda.
128 Ebenda.
129 Vgl. Günther Buch: Namen und Daten . . ., a. a. O., S. 237.
130 »Generalmajor Heinz Gronau«, in: Neues Deutschland 15. Dezember 1967.
131 Erich Honecker: Aus meinem Leben, Frankfurt/Main 1980, S. 205.
132 Günter Lippert: »Die Warschauer Pakt-Streitkräfte in der DDR«, a. a. O., S. 664.
133 Vgl. »ZK der SED gratuliert Genossen Günter Wolf«, in: Neues Deutschland 28. April 1986.

Anmerkungen zu Kapitel 7

1 »Betrifft: Verfassungsschutz '80«, herausgegeben vom Bundesminister des Innern, Bonn 1981, S. 120.
2 Meyers Neues Lexikon, zweite, völlig neu erarbeitete Auflage in achtzehn Bänden, Band 13, Leipzig 1976, S. 43.
3 Ebenda.
4 Vgl. Strafgesetzbuch der Deutschen Demokratischen Republik vom 12. Januar 1968 i. d. Neufassung vom 19. Dezember 1974 sowie i. d. F. des 2. Strafrechtsänderungsgesetzes vom 7. April 1977 und des 3. Strafrechtsänderungsgesetzes vom 28. Juni 1979, (Ost-)Berlin 1979, S. 34.
5 Strafrecht der Deutschen Demokratischen Republik, Lehrkommentar zum Strafgesetzbuch, (Ost-)Berlin 1969, Bd. II, S. 47.
6 Erich Mielke: »Verantwortungsbewußt für die Gewährleistung der staatlichen Sicherheit«, in: Einheit Nr. 2/1980, S. 154.
7 Erich Mielke: »Mit hoher Verantwortung für den zuverlässigen Schutz des Sozialismus«, in: Einheit Nr. 1/1975, S. 49.
8 Vgl. die Aussagen der früheren MfS-Agenten Reiner Fülle und Erich Ziegenhain in: Der Spiegel Nr. 40/1981, S. 132; und Der Spiegel Nr. 2/1982, S. 62.
9 Erich Honecker: Ausgewählte Reden und Schriften zur Militärpolitik der SED, 2. Auflage, (Ost-)Berlin 1977, S. 131.
10 Erich Mielke: »Mit hoher Verantwortung ...«, a. a. O., S. 48.
11 Im Herbst 1958 hat Walter Ulbricht immerhin »die Pflicht der Friedensfreunde in Westdeutschland« öffentlich proklamiert, »jede Möglichkeit zu nutzen, um den Kampf der DDR gegen die psychologische Kriegführung der Bonner Regierung und gegen die Rüstung in Westdeutschland zu unterstützen. Es darf keine Rüstungsproduktion, keine Flugplätze und keine Raketenbasen geben, die nicht der Führung der Friedenskräfte in Deutschland, die von Berlin aus geleitet werden, bekannt werden« (Neues Deutschland 24. September 1958).
12 »Dank und Anerkennung für den sicheren Schutz der DDR«, Gruß des ZK der SED zum 30. Jahrestag des Ministeriums für Staatssicherheit, in: Neues Deutschland 8. Februar 1980.
13 »Glückwunsch des ZK der SED für Genossin Ruth Werner«, in: Neues Deutschland 15./16. Mai 1982 (unterzeichnet von Erich Honecker).
14 Vgl. dazu die vom Bundesminister des Innern herausgegebenen Jahresberichte »Betrifft: Verfassungsschutz '72« bis einschließlich »Betrifft: Verfassungsschutz '87«.
15 Erich Honecker: Zu aktuellen Fragen unserer Innen- und Außenpolitik nach dem IX. Parteitag, (Ost-)Berlin 1976, S. 13 f.
16 Referat des Genossen Minister auf der propagandistischen Großveranstaltung zur Eröffnung des Parteilehrjahres 1978/79, a. a. O., S. 42 f.
17 Ebenda, S. 24.
18 Befehl Nr. 31/72 des Ministers für Staatssicherheit vom 14. Juli 1972 über die Grenzaufklärung der Hauptabteilung I des Ministeriums für Staatssicherheit, zit. bei Heinz Vielain: »Geheimbefehle für die Spione der ›DDR‹«, in: Welt am Sonntag 31. Mai 1981. – Das Deckblatt des Befehls ist dort als Faksimile wiedergegeben.
19 »Betrifft: Verfassungsschutz '79«, Bonn 1980, S. 116.
20 Vgl. »Betrifft: Verfassungsschutz '80«, a. a. O., S. 116.
21 Vgl. »Rebmann vermutet 2000 Agenten der DDR in der Bundesrepublik«, in: Der Tagesspiegel 1. Juli 1981. – Der Bericht basiert auf Äußerungen von Generalbundesanwalt Kurt Rebmann.
22 »Betrifft: Verfassungsschutz '73«, Bonn 1974, S. 104.
23 »Betrifft: Verfassungsschutz '77«, Bonn 1978, S. 130 f.
24 »Spitzel-Werbung«, in: Stern Nr. 34/1982, S. 156; vgl. dazu auch »Gefährliche Briefe aus der DDR«, in: RWJV-Journal Nr. 1/1982, 5. 51 (Offizielles Organ des Rheinisch-Westfälischen Journalistenverbandes/Gewerkschaft der Journalisten).
25 »Betrifft: Verfassungsschutz '79«, a. a. O., S. 115.
26 Vgl. Ruth Werner: Sonjas Rapport, (Ost-)Berlin 1977.
27 Näheres darüber aus kommunistischer Sicht bei Alexander S. Blank/Julius Mader: Rote Kapelle gegen Hitler, (Ost-)Berlin 1979.

28 Aussage des ehemaligen MfS-Leutnants N. N., a. a. O.
29 »Betrifft: Verfassungsschutz '71«, Bonn 1972, S. 77.
30 Ebenda, S. 76.
31 Im Grunde meint der Begriff die Einschleusung eines Agenten in das Operationsgebiet.
32 Aussage des ehemaligen MfS-Offiziers N. N., a. a. O.
33 Aussage Günter Männel, zit. bei Hendrik van Bergh: ABC der Spione, Pfaffenhofen 1965, S. 277.
34 Aussage Werner Pretzer, ebenda, S. 323.
35 »Betrifft: Verfassungsschutz '75«, Bonn 1976, S. 113.
36 Günther Nollau: Das Amt, 50 Jahre Zeuge der Geschichte, München 1978, S. 249.
37 Ebenda, S. 249.
38 Aussage Werner Pretzer, a. a. O., S. 323.
39 Die folgenden Angaben zur Person Guillaumes stützen sich vor allem auf zwei Quellen: Manfred Schell: »Der Fall Guillaume«, in: Heinz Vielain/Manfred Schell: Verrat in Bonn, Berlin/ Frankfurt a. M./Wien 1978, S. 97 ff.; und Arnulf Baring (in Zusammenarbeit mit Manfred Görtemaker): Machtwechsel, Die Ära Brandt/Scheel, Stuttgart 1982, S. 722 ff.
40 Zitiert bei Arnulf Baring: Machtwechsel, a. a. O., S. 726.
41 Ebenda, S. 727.
42 Günther Nollau: Das Amt, a. a. O., S. 254.
43 Deutscher Bundestag, Sitzung vom 26. April 1974, Stenographische Berichte, S. 6469.
44 Zit. bei Arnulf Baring: Machtwechsel, a. a. O., S. 754.
45 Zit. bei Manfred Schell: »Der Fall Guillaume«, a. a. O., S. 180.
46 Ebenda, S. 180.
47 Vgl. »Was Kanzlerspion Guillaume wirklich verriet«, in: Quick Nr. 33/1977, S. 16 ff. – Es handelt sich um Auszüge aus dem Urteil gegen die Guillaumes.
48 ND 16. Dezember 1975.
49 Nach Aussagen von Pierre Guillaume, des Sohnes von Günter und Christel Guillaume, der 1988 legal in die Bundesrepublik übergesiedelt ist. Vgl. Heiner Emde/Paul Limbach: »Das neue Leben des Kanzler-Spions«, in: Quick Nr. 32/1988, S. 8 ff.
50 Vgl. Günter Guillaume: Die Aussage. Protokolliert von Günter Karau, (Ost-)Berlin 1988 (Buchclubausgabe).
51 »Betrifft: Verfassungsschutz '78«, a. a. O., S. 131.
52 Vgl. »Betrifft: Verfassungsschutz '78«, a. a. O., S. 145; und Urteil des Bundesgerichtshofes vom 28. Februar 1979 (Az.: 3 StR 24/79 [L]).
53 Urteil des Bundesgerichtshofes vom 28. Februar 1979, a. a. O., S. 9.
54 Vgl. »Strafe für Kanzleramts-Spionin erhöht«, in: Süddeutsche Zeitung 5./6. Mai 1979; und: »Düsseldorfer Gericht erhöhte Strafe für Kanzleramts-Spionin«, in: Der Tagesspiegel 5. Mai 1979.
55 Vgl. »Betrifft: Verfassungsschutz '78«, a. a. O., S. 133; ferner Lothar Bewerunge: »Die Spionage-Affäre Höfs vor Gericht«, in: Frankfurter Allgemeine 17. Juli 1980; Lothar Bewerunge: »Für ein paar Spionage-Dienste ein langes Leben verspielt?«, in: Frankfurter Allgemeine 30. August 1980; und Werner Kahl: »Ost-Berlin erlaubt Agenten kein unproduktives Techtelmechtel«, in: Die Welt 29. August 1980.
56 Lothar Bewerunge: »Künftig höhere Haftstrafen gegen Agentenführer aus der DDR«, in: Frankfurter Allgemeine 3. September 1980.
57 Ebenda.
58 Vgl. Lothar Bewerunge: »Die DDR-Agentin galt als Spitzenkraft«, in: Frankfurter Allgemeine 27. September 1980; »Angeklagte Sekretärin will nur Belangloses weitergegeben haben«, in: Der Tagesspiegel 1. Oktober 1980; und »Angeklagte Sekretärin hatte Zugang zu wichtigen Papieren«, in: Der Tagesspiegel 29. Oktober 1980.
59 Vgl. »Betrifft: Verfassungsschutz '78«, a. a. O., S. 132 f.; und »Zielplanung der NATO: Aggression gegen die sozialistischen Staaten«, Fernsehinterview mit Ursula Lorenzen, zit. in: Neues Deutschland 9. März 1979.
60 ND 11. März 1979; vgl. ferner »Betrifft: Verfassungsschutz '78«, a. a. O., S. 132.
61 »Aus der Erklärung von Frau Inge Goliath vor Vertretern der Auslandspresse am 17. 5. 1979 in Berlin«, in: Horizont Nr. 25/1979.
62 Vgl. »Betrifft: Verfassungsschutz '78«, a. a. O., S. 134.

63 Ebenda, S. 134 f.
64 Vgl. Hermann Zolling/Heinz Höhne: Pullach intern, Hamburg 1971, S. 157 ff.
65 Reinhard Gehlen: Der Dienst, Mainz/Wiesbaden 1971, S. 302.
66 Befehl Nr. 27/67 des Ministers für Staatssicherheit über die politisch-operative Bearbeitung von Überläufern, zit. in: »Erfahrungsbericht über die Beobachtung der Ämter für Verfassungsschutz im Jahre 1968«, Bonn 1969, S. 131 ff.
67 »Betrifft: Verfassungsschutz 1971«, a. a. O., S. 81.
68 Vgl. »Betrifft: Verfassungsschutz '75«, a. a. O., S. 114 f.; Werner Kahl/K. Müller: »›DDR‹-Generalstab trieb den Spion zur Eile«, in: Die Welt 25. Oktober 1975; Hartmut Palmer: »Spionagering zerschlagen«, in: Kölner Stadt-Anzeiger 1. November 1975; »Drei Puppen in Teakholzschrank verrieten die Spione«, in: Die Welt 10. Januar 1976; Heinz Vielain: »Agentin heiratete in die Bundeswehr ein«, in: Die Welt 17. Mai 1976; »Hoher Offizier war Spion«, in: Kölnische Rundschau 7. Dezember 1977.
69 Vgl. Heinz Vielain/Manfred Schell: »Der Fall Lutze/Wiegel«, in: dieselben: Verrat in Bonn, a. a. O., S. 183 ff.; Lothar Bewerunge: »Spion Lutze will Überzeugungstäter sein«, in: Frankfurter Allgemeine 24. April 1979; Martina Kempff: »Geld und Geltung waren Lothar Lutzes Triebfedern«, in: Die Welt 19. Juni 1979; und »Zwölf Jahre Freiheitsstrafe für DDR-Agenten Lutze«, in: Der Tagesspiegel 19. Juni 1979.
70 Heiner Emde: »Verrat und Spionage in Deutschland«, München/Zürich 1980, S. 223; vgl. ferner Heinz Vielain/Manfred Schell: »Der Fall Lutze/Wiegel«, a. a. O., S. 198.
71 Heiner Emde: »Verrat und Spionage in Deutschland«, a. a. O., S. 223.
72 Vgl. Walter Schallies: »Spionageprozeß in Karlsruhe«, in: Süddeutsche Zeitung 17. Oktober 1969; »Erfolgreiche Kundschafter«, in: Neues Deutschland 5. Februar 1970; und Bernd Ruland: Krieg auf leisen Sohlen, Spione in Deutschland, Stuttgart 1971, S. 80 ff.
73 Vgl. »Betrifft: Verfassungsschutz '78«, a. a. O., S. 145.
74 Vgl. Rainer Klose: »Anklage wegen Spionage für die DDR«, in: Süddeutsche Zeitung 24. September 1981; ferner Ekkehard Müller-Jentsch: »DDR-Agent und ›Lieferant‹ verurteilt«, in: Süddeutsche Zeitung 13./14. März 1982; und »Nachlässigkeit half den Tornado-Spionen«, in: Hamburger Abendblatt 13./14. März 1982.
75 Werner Stiller: Im Zentrum der Spionage, a. a. O., S. 134.
76 Vgl. »DDR-Spionage: ›Das läßt die mächtig wackeln‹«, in: Der Spiegel Nr. 10/1979, S. 70 ff. »Was Oberleutnant Stiller mitgebracht hat/Die Wirtschaft ist ein Ziel der DDR-Spionage«, in: Frankfurter Allgemeine 14. März 1979; »Betrifft: Verfassungsschutz '79«, a. a. O., S. 114; und »Betrifft: Verfassungsschutz '80«, a. a. O., S. 115.
77 Vgl. »Innere Sicherheit«, Information des Bundesministers des Innern, Nr. 49/1979, S. 14, mit Zahlenangaben des parlamentarischen Staatssekretärs Andreas von Schoeler.
78 »Betrifft: Verfassungsschutz '80«, a. a. O., S. 129. – Weitere Daten zum Fall Magdeburg siehe »Agentenpaar aus Leipzig verurteilt«, in: Der Tagesspiegel 25. September 1981; und »Vier Jahre Haft für DDR-Agenten«, in: Süddeutsche Zeitung 25. September 1981.
79 Fritz Hoffmann: »Die Schweiz, eine internationale Spionage- und Agenteninsel?«, in: Die Mitte Nr. 22/1980.
80 Zahlen nach einem »Merkblatt des Generalstabschefs für die (Schweizerische) Armee über die Spionageabwehr« vom 1. Juli 1978, S. 2.
81 Von 1948 bis Anfang 1980 wurden in der Schweiz 192 Spionagefälle aufgedeckt, von denen 70 Prozent östlichen Diensten zuzuschreiben waren. – Vgl. »Über 200 sowjetische Agenten in der Schweiz«, in: Neue Zürcher Zeitung 18. Februar 1980.
82 Der schwerstwiegende Fall von Militärspionage betraf das DDR-Agenten-Ehepaar Günter und Gisela Wolf, die unter dem Decknamen Hans und Ursula Kälin bis zu ihrer Festnahme am 12. September 1973 rund sechs Jahre lang militärische und rüstungswirtschaftliche Spionage betrieben hatten, allerdings nicht im Auftrag des MfS, sondern des militärischen Nachrichtendienstes der DDR, der »Verwaltung Aufklärung« im MfNV. Beide wurden am 21. Juni 1975 vom Bundesstrafgericht Lausanne wegen Nachrichtendienstes gegen fremde Staaten sowie zum Nachteil der Schweiz zu je sieben Jahren Zuchthaus verurteilt. – Vgl. »Spionage für die DDR«, in: Neue Zürcher Zeitung 19. September 1973; »DDR-Agenten in der Sicht von Anklage und Verteidigung«, in: Neue Zürcher Zeitung 20. Juni 1975 und »Das Urteil des Bundesstrafgerichtes gegen die DDR-Agenten«, in: Neue Zürcher Zeitung 21. Juni 1975.

83 Vgl. dazu »Spionage zugunsten der Sowjetunion«, in: Neue Zürcher Zeitung 3./4. Oktober 1981; »Nachrichtendienstliches Durchgangsland Schweiz«, in: Neue Zürcher Zeitung 10. Februar 1982; und »Urteile im Prozeß gegen ein Agentenehepaar«, in: Neue Zürcher Zeitung 12. Februar 1982.

84 »Urteile im Prozeß gegen ein Agentenehepaar«, a. a. O.

85 Vgl. »Gemeinderat entlarvte Louis Lichtensteiger«, in: Tages-Anzeiger 28. Juni 1977; und »Ein Schulfall von Spionage«, in: Neue Zürcher Zeitung 5. April 1978.

86 Vgl. »Ein Schulfall von Spionage«, a. a. O.

87 Vgl. »Aufdeckung einer DDR-Spionageorganisation«, in: Neue Zürcher Zeitung 30. April 1965.

88 Ernst R. Borer: Spionage, Kreuzlingen 1975, S. 30.

89 »Die Arbeitsmethoden des Zürcher Ostspions«, in: Die Tat 10. Februar 1966.

90 Ebenda.

91 Vgl. »Das Urteil im Zürcher Spionageprozeß«, in: Neue Zürcher Zeitung 26. Februar 1966.

92 Vgl. dazu »Die Ostdeutschen treten auf«, bei Pierre de Villemarest: Sowjetspionage in Frankreich, Mainz 1969, S. 177 ff.

93 Vgl. Günter Buch: »Namen und Daten wichtiger Personen der DDR«, a. a. O., S. 370; »Früherer DDR-Luftwaffengeneral in Frankreich als Spion verhaftet«, in: Der Tagesspiegel 7. September 1980; »DDR-General spionierte als Tourist – verhaftet«, in: Die Welt 8. September 1980; »DDR-Spion Zorn abgeschoben«, in: Süddeutsche Zeitung 24. Juni 1982.

94 Vgl. dazu Heinz Vielain: »DDR-Spion verriet andere Agenten«, in: Die Welt 27. November 1979; Werner Kahl: »DDR-Agentenführer arbeitet jetzt für Bonn«, in: Die Welt 5. September 1980; ders.: »Spion aus New York rief Ost-Berlin über Kuba und Bauer in Westfalen«, in: Die Welt 16. September 1980.

95 Zum Fall Alfred Zehe vgl. Karl Wilhelm Fricke: »Die Affäre Meißner – ein Fall MfS«, in: Deutschland Archiv Nr. 9/1986, S. 916 ff.

96 Näheres über Richard Sorge bei Margret Boveri: Der Verrat im 20. Jahrhundert, Reinbek 1976, S. 351 ff.

97 Referat des Genossen Minister auf der propagandistischen Großveranstaltung zur Eröffnung des Parteilehrjahres 1978/79, a. a. O., S. 29.

98 Ebenda, S. 32.

99 Thomas Walde: ND-Report, München 1971, S. 48.

100 Gert Buchheit: Die anonyme Macht, Frankfurt a. M. 1969, S. 184.

101 Vgl. zum Beispiel »Bonn bereitet Revanchekrieg vor«, herausgegeben vom Ausschuß für Deutsche Einheit, (Ost-)Berlin (1954); »Verschwörung gegen Deutschland«, Die Pariser Verträge – ein Komplott des Krieges und der Spaltung, herausgegeben vom Ausschuß für Deutsche Einheit, (Ost-)Berlin 1954; »Braunbuch«, Kriegs- und Naziverbrecher in der Bundesrepublik, herausgegeben vom Nationalrat der Nationalen Front des Demokratischen Deutschland und vom Dokumentationszentrum der Staatlichen Archivverwaltung der DDR, (Ost-)Berlin 1965; und »Graubuch«, Expansionspolitik und Neonazismus in Westdeutschland – eine Dokumentation, herausgegeben vom Nationalrat der Nationalen Front, (Ost-)Berlin 1967.

102 Julius Mader: Die graue Hand – eine Abrechnung mit dem Bonner Geheimdienst, (Ost-)Berlin 1960.

103 Albrecht Charisius/Julius Mader: Nicht länger geheim, Entwicklung, System und Arbeitsweise des imperialistischen deutschen Geheimdienstes, 4., überarbeitete und ergänzte Auflage, (Ost-)Berlin 1980; vgl. dazu auch Thomas Ammer: »Produkt des Kalten Krieges aus dem Militärverlag der DDR«, in: Deutschland Archiv Nr. 5/1979, S. 541 ff.; Ammers Rezension bezieht sich auf die 3. Auflage.

104 »Aus der Erklärung von Frau Inge Goliath vor Vertretern der Auslandspresse am 17. 5. 1978 in Berlin«, a. a. O.

105 Vgl. dazu den interessanten Aufsatz von Peter Mundt: »Sonjas Rapport: Erinnerungen einer Agentin«, in: Informationsdienst des katholischen Arbeitskreises für zeitgeschichtliche Fragen Nr. 104/1980, S. 19 ff.

106 Gerhard Kegel: »Reise in den Zweiten Weltkrieg«, in: Horizont Nr. 27/1979.

107 »Künftige Offiziere der NVA beim ›Treffpunkt General‹«, in: Neues Deutschland 5. Juni 1979.

108 »So arbeitet der amerikanische Geheimdienst«, in: Neues Deutschland 11. Juli 1956.

109 Rolf Schwarz: »An der unsichtbaren Front«, in: Neues Deutschland 8./9. März 1979.

110 Ebenda; vgl. ferner Dietmar Ulrich: »Entscheidungen«, in: Neues Leben Nr. 5/1979, S. 52 ff.

111 Harry Thürk: Der Gaukler, Band 1 und 2, (Ost-)Berlin 1979; vgl. auch Peter Lübbe: »Harry Thürk im Kampfauftrag«, in: Deutschland Archiv Nr. 12/1980, S. 1326 ff.

112 »Zielplanung der NATO: Aggression gegen die sozialistischen Staaten«, Fernsehinterview mit Ursula Lorenzen, in: Neues Deutschland 9. März 1979.

113 Erich Honecker: Zu aktuellen Fragen unserer Innen- und Außenpolitik . . ., a. a. O., S. 13.

114 Referat des Genossen Minister auf der propagandistischen Großveranstaltung zur Eröffnung des Parteilehrjahres 1978/79, a. a. O., S. 42 f.

115 Gert Buchheit: Die anonyme Macht, a. a. O., S. 184; Buchheit spricht treffender übrigens vom »Beeinflussungsagenten«.

116 »Gegen die EVG-Politik Adenauers – für friedliche Verständigung«, Erklärung des CDU-Bundestagsabgeordneten Schmidt-Wittmack, in: Dokumentation der Zeit Nr. 78/1954, S. 5455 ff.

117 »Schmidt-Wittmack war Agent der Zone«, in: Frankfurter Allgemeine 4. Juni 1959.

118 Zit. bei: Claus Zeller: Marx hätte geweint, Der Porst-Prozeß – geteilte Nation im Zwielicht, Stuttgart 1970, S. 7 f.

119 Zit. bei Heinz Barth: »Im Vorfeld des Landesverrats«, in: Kölnische Rundschau 9. Juli 1969.

120 Vgl. »Spionageprozeß in München«, in: Neue Zürcher Zeitung 22. Februar 1980; »Verurteilung des SPD-Politikers Cremer«, in: Neue Zürcher Zeitung 18./19. Mai 1980; und »Urteil gegen Cremer rechtskräftig«, in: Der Tagesspiegel 28. Januar 1981.

121 »Betrifft: Verfassungsschutz '75«, a. a. O., S. 118.

122 Wolfgang Tersteegen: »Ost-Berliner Ausspähungsversuche gestört«, in: Frankfurter Allgemeine 3. Februar 1982.

123 Vgl. dazu Günter Buch: Namen und Daten . . ., a. a. O., S. 14; vgl. ferner die biographischen Daten, die Nachrufen auf Beater zu entnehmen waren, der 1982 starb: »Generaloberst Bruno Beater gestorben«, in: Neues Deutschland 10./11. April 1982; und »Letztes Geleit für Genossen Generaloberst Bruno Beater«, in: Neues Deutschland 21. April 1982.

124 Vgl. Michail Oseraner: »Das Echo der Aurora-Salve«, in: »Bauern-Echo« 22./23. Oktober 1977; und Alexander S. Blank/Julius Mader: »Rote Kapelle gegen Hitler«, (Ost-)Berlin 1979, S. 402 und 497.

125 Vgl. Biographisches Handbuch der deutschsprachigen Emigration nach 1933, a. a. O., S. 370; und »Für ein sozialistisches Vaterland«, Erinnerungen deutscher Kommunisten, (Ost-)Berlin 1981, S. 197.

126 Vgl. »Alfred Scholz verstorben«, in: Neues Deutschland 12. August 1978; und »Abschied von Genossen Generalleutnant Alfred Scholz«, in: Neues Deutschland 8. September 1978.

127 Vgl. Günther Nollau/Ludwig Zindel: Gestapo ruft Moskau, a. a. O., S. 208 f., 258 f.

128 Vgl. Roman Arens: »Anschlag auf Fluchthelfer«, in: Frankfurter Rundschau 11. Februar 1982; »Sprengstoffanschlag auf früheren Fluchthelfer Mierendorff«, in: Der Tagesspiegel 11. Februar 1982; und »Mordversuch an Fluchthelfer nur zufällig gescheitert«, in: Frankfurter Allgemeine 18. Februar 1982.

129 Programm und Statut der SED. Mit einem einleitenden Kommentar von Karl Wilhelm Fricke, 2. Auflage, Köln 1982, S. 102.

130 Karl Wilhelm Fricke: Nachrichtendienst und verdeckte Einwirkung, in: Drei Jahrzehnte Außenpolitik der DDR, herausgegeben von Hans-Adolf Jacobsen, Gert Leptin, Ulrich Scheuner, Eberhard Schulz, München 1979, S. 343.

131 Henning von Löwis of Menar: »Die DDR und Afrika«, in: Die Außenbeziehungen der DDR, Jahrbuch 1980 der Gesellschaft für Deutschlandforschung, Berlin 1980, S. 224.

132 Ebenda, S. 224 f.

133 Henning von Löwis of Menar: »Solidarität und Subversion«, Die Rolle der DDR im südlichen Afrika, in: Deutschland Archiv Nr. 6/1977, S. 644.

134 Melwin Croan: DDR-Neokolonialismus in Afrika, herausgegeben von der Deutschen Afrika-Stiftung, Bonn 1981, S. 21.

248

135 Vgl. Vertrag über Freundschaft und Zusammenarbeit zwischen der Deutschen Demokratischen Republik und der Volksrepublik Angola vom 19. Februar 1979, zit. in: Beistands- und Kooperationsverträge der DDR, herausgegeben und eingeleitet von Hans-Heinrich Mahnke, Köln 1982, S. 149 ff.

136 Vgl. Vertrag über Freundschaft und Zusammenarbeit zwischen der Deutschen Demokratischen Republik und der Volksrepublik Mocambique vom 24. Februar 1979, zit. in: Beistands- und Kooperationsverträge der DDR, a. a. O., S. 152 ff.

137 Vgl. Vertrag über Freundschaft und Zusammenarbeit zwischen der Deutschen Demokratischen Republik und dem Sozialistischen Äthiopien vom 15. November 1979, zit. in: Beistands- und Kooperationsverträge der DDR, a. a. O., S. 155 ff.

138 Vgl. Vertrag über Freundschaft und Zusammenarbeit zwischen der Deutschen Demokratischen Republik und der Volksdemokratischen Republik Jemen vom 17. November 1979, zit. in: Beistands- und Kooperationsverträge der DDR, a. a. O., S. 158 ff.

139 »Mord in beiden Jemen: Sturm am Roten Meer«, in: Der Spiegel Nr. 27/1978, S. 94.

140 Melvin Croan: DDR-Neokolonialismus in Afrika, a. a. O., S. 22.

141 Henning von Löwis of Menar: Militärisches und paramilitärisches Engagement der Deutschen Demokratischen Republik in der Dritten Welt, Köln 1982, S. 23 (unveröffentlichtes Manuskript).

142 Claire Sterling: Das internationale Terror-Netz. – Der geheime Krieg gegen die westlichen Demokratien, Bern/München 1981, S. 303 und S. 358.

143 Vgl. »Zur Person: Udo Albrecht«, in: Frankfurter Rundschau 17. September 1981.

144 Vertrag über Freundschaft und Zusammenarbeit zwischen der Deutschen Demokratischen Republik und der Republik Kuba vom 31. Mai 1980, zit. in: Beistands- und Kooperationsverträge der DDR, a. a. O., S. 165 ff.

145 »Spion aus New York rief Ost-Berlin über Kuba und Bauer in Westfalen«, a. a. O.

146 Vgl. »Freundschaftsvertrag der DDR mit Kuba«, in: Neue Zürcher Zeitung 5. Juni 1980.

147 Claire Sterling: Das internationale Terror-Netz, a. a. O., S. 265.

148 Ebenda, S. 266.

149 Vgl. Frederik Hetmann: »Ich habe sieben Leben« – Die Geschichte des Ernesto Guevara, genannt Che, Reinbek 1977, S. 138, wo über Tamara Bunke gesagt wird: »Schon seit Januar 1960 arbeitete sie als Agentin des DDR-Geheimdienstes.«

150 Zit. bei Eberhard Panitz: Der Weg zum Rio Grande, (Ost-)Berlin 1973, S. 33.

151 Vgl. dazu Hans Lindemann: Moskaus Traum: Nicaragua, Stuttgart/Bonn 1986, S. 91 ff.

152 Vgl. Karl Wilhelm Fricke: »Mitteilungen und Mutmaßungen zu Markus Wolf«, in: Deutschland Archiv Nr. 3/1987, S. 229 ff.

153 »Glückwunsch des ZK der SED für Genossen Markus Wolf«, in: Neues Deutschland 19. Januar 1983.

154 Vgl. Günther Buch: Namen und Daten . . ., a. a. O., S. 360 f.; Biographisches Handbuch der deutschsprachigen Emigration nach 1933, a. a. O., S. 831.

155 Markus Wolf in dem Dokumentarfilm »Die Zeit die bleibt« im DDR-Fernsehen 1. Programm vom 20. Oktober 1985.

156 Markus Wolf: Die Troika, Düsseldorf 1989, S. 101.

157 Markus Wolf: »Als ich nach Berlin kam«, in: Die Weltbühne Nr. 22/1975, S. 687. Derselbe Brief – diesmal »unredigiert« – ist in Wolfs Buch »Die Troika«, a. a. O., S. 198 ff., nachgedruckt.

158 Wolfgang Leonhard: Die Revolution entläßt ihre Kinder, Köln 1955/1981 (Neuauflage), S. 413.

159 Max Seydewitz: Es hat sich gelohnt zu leben, Bd. 2, (Ost-)Berlin 1978, S. 84.

160 Wolfgang Leonhard: Die Revolution entläßt ihre Kinder, a. a. O., S. 414 f.

161 Günter Guillaume: Die Aussage, a. a. O., S. 149.

162 »Aus den Akten eines westlichen Staatsschutzes: Das Dossier des Ost-Berliner Spionage-Chefs Wolf, Markus (Generalleutnant)«, in: Die Zeit 23. Februar 1979.

163 Werner Stiller: Im Zentrum der Spionage, a. a. O., S. 117.

164 Laut Auskunft des Gesamtdeutschen Instituts Berlin vom 18. Januar 1989.

Anmerkungen zu Kapitel 8

1 Zit. bei Erich Mielke: »Ritter der Revolution«, in: Neues Deutschland 10./11. September 1977.
2 J. W. Stalin: Fragen des Leninismus, Moskau 1947, S. 715 (deutsch).
3 Näheres dazu bei Rolf Schwarzenbach: Die Kaderpolitik der SED in der Staatsverwaltung, Köln 1976, S. 45 ff.
4 Autorenkollektiv: Kleines Politisches Wörterbuch, 3., überarbeitete Auflage, (Ost-)Berlin 1978, S. 420 f.
5 Näheres zur Werbung und Verpflichtung in: Ministerium für Staatssicherheit, Aufbau und Arbeitsweise, Berlin 1957, S. 11 ff.
6 Vgl. § 21 der Einberufungsordnung vom 25. März 1982 (GBl. I S. 230).
7 Zit. in: Der Staatssicherheitsdienst, Berlin (1956), S. 23.
8 Vgl. DDR/Das Manifest der Opposition, München 1978, S. 30.
9 Peter Joachim Lapp: »Die NDPD – eine anachronistische Partei?«, in: Deutschlandfunk 26. April 1982.
10 Es handelt sich um folgende Überläufer (in Klammern das Jahr ihres Übertritts): Hauptmann Max Heim (1959); Oberleutnant Günter Männel (1959); Leutnant Günter Gebauer (1959); Unterleutnant Ulrich Mikunas (1959); Leutnant Herbert Böttcher (1961); Leutnant Ulrich Altmann (1963); Leutnant Werner Pretzer (1963); Unterleutnant N. N. (1971) und Oberleutnant Werner Stiller (1979).
11 Aussage Werner Pretzer, zit. bei Hendrik van Bergh: ABC der Spione, Pfaffenhofen 1965, S. 309 ff.
12 Erich Honecker: Zuverlässiger Schutz des Sozialismus, a. a. O., S. 133.
13 (Heinz Lippmann): »Der 17. Juni im Zentralkomitee der SED«, in: Das Parlament 13. Juni 1956, Beilage Nr. XXIV/1956, S. 371.
14 Vgl. Hermann Zolling/Heinz Höhne: Pullach intern, a. a. O., S. 253 f.
15 Die folgenden Angaben sind entnommen bei Olaf Kappelt: Braunbuch DDR, Berlin 1981, S. 207, S. 217 und S. 240.
16 Walter Ulbricht: »Die Politik der Partei, ihre Erfolge und Fehler«, a. a. O., S. 73.
17 Erich Honecker: Zuverlässiger Schutz des Sozialismus, a. a. O., S. 139.
18 Vgl. Ministerium für Staatssicherheit, a. a. O., S. 21 f.
19 Erich Mielke: »Zehn Jahre Kampf gegen die Feinde des Friedens«, in: Neues Deutschland 7. Februar 1960.
20 Erich Mielke: »Rechtspflege der DDR – Vorbild für ganz Deutschland« (Interview), in: Sozialistische Demokratie 17. Mai 1963.
21 In der Publizistik der DDR blieb die Juristische Hochschule Potsdam bisher ohne jede Erwähnung. Ihre Existenz ist außer durch Zeugenaussagen auch durch ihre Erwähnung in Befehlen, Dienstanweisungen und Schulungsmaterialien des MfS zu dokumentieren.
22 »ZK der SED gratuliert Genossen Willi Pösel«, in: Neues Deutschland 13. Mai 1983.
23 Aussage des ehemaligen MfS-Leutnants N. N. vom Oktober 1974 (unveröffentlicht).
24 Ebenda.
25 Vgl. Erich Mielke: Sozialismus und Frieden – Sinn unseres Kampfes, a. a. O., S. 124 ff. Es handelt sich um Mielkes Ansprache anläßlich der Verleihung der Ehrendoktorwürde an Oberst Rudolf Iwanowitsch Abel an der Juristischen Hochschule Potsdam.
26 Vgl. Reiner Fülle: »Ich war Spion der DDR«, hier: Folge XI, in: Neue Osnabrücker Zeitung 30. März 1982.
27 Erich Mielke: »Vorbeugende Arbeit ist die Hauptaufgabe der Rechtspflege«, in: Neues Deutschland 14. Juni 1963.
28 Zit. in: Schulungsmaterial für die Fachschulung zu psychologischen Problemen in der Arbeit mit Inoffiziellen Mitarbeitern, Potsdam 1970, S. 29 (internes Material).
29 Laut Impressum des Schulungsmaterials für die Fachschulung zu psychologischen Problemen in der Arbeit mit Inoffiziellen Mitarbeitern, Potsdam 1970, S. 1 (internes Material).
30 Befehl Nr. 21/74, a. a. O., S. 17.
31 Dietfried Müller-Hegemann: Die Berliner Mauerkrankheit, Herford 1973, S. 41.
32 »DDR-Spionage: ›Das läßt die mächtig wackeln‹«, in: Der Spiegel Nr. 10/1979, S. 73.
33 »Betrifft: Verfassungsschutz '77«, Bonn 1978, S. 128.

34 Dietfried Müller-Hegemann: Die Berliner Mauerkrankheit, a. a. O., S. 41.
35 Ebenda.
36 Aussage Günter Männel, zit. bei Hendrik van Bergh: ABC der Spione, a. a. O., S. 275.
37 Aussage Werner Pretzer, zit. bei Hendrik van Bergh: ABC der Spione, a. a. O., S. 310.
38 Der Staatssicherheitsdienst, a. a. O., S. 23.
39 Aussage des ehemaligen Unteroffiziers N. N., a. a. O.
40 Vgl. Reiner Fülle:»Ich war Spion der DDR«, Folge I bis XVII, in: Neue Osnabrücker Zeitung
   2. März bis 17. April 1982.
41 Vgl. Erich Ziegenhain»›Das Maß ist voll! Du hast die DDR beleidigt‹«, in: Der Spiegel Nr.
   2/1982, S. 59 ff.; ferner »DDR-Spionage: Bierdosen für den Stasi«, ebenda, S. 56 ff.

Anmerkungen zu Kapitel 9

1 »Glückwunsch des Zentralkomitees der SED für Genossen Willi Zaisser«, in: Neues
  Deutschland 20. Juni 1953.
2 »Mitteilung des Presseamtes beim Ministerpräsidenten«, in: Neues Deutschland 25. Juli
  1953.
3 »Der neue Kurs und die Aufgaben der Partei«, Entschließung des Zentralkomitees vom
  26. Juli 1953, zit. in: Dokumente der Sozialistischen Einheitspartei Deutschlands, Bd. IV,
  (Ost-)Berlin 1954, S. 471.
4 »Schlußwort des Genossen Walter Ulbricht«, in: Das 15. Plenum des Zentralkomitees der
  SED vom 24. bis 26. Juli 1953, (Ost-)Berlin 1953, S. 105 und 108 (parteiinternes Material).
5 Ebenda, S. 106.
6 Ernst Richert: Die DDR-Elite oder Unsere Partner von morgen?, Reinbek 1968, S. 30.
7 Geschichte der deutschen Arbeiterbewegung/Biographisches Lexikon, (Ost-)Berlin 1970,
  S. 495; vgl. ferner Günther Buch: Namen und Daten wichtiger Personen der DDR, Berlin/
  Bonn 1979, S. 385; und Biographisches Handbuch der deutschsprachigen Emigration nach
  1933, Bd. I, München 1980, S. 842 f.
8 Erich Wollenberg: »Minister für Staatssicherheit der DDR – Ein Agent des Sowjetgeneralstabes«, in: Deutsche Rundschau Nr. 5/1951, S. 434.
9 Heinz Hoffmann: Mannheim – Madrid – Moskau, (Ost-)Berlin 1981, S. 330.
10 Ebenda, S. 330 f.
11 Hermann Matern: »Bericht der Zentralen Parteikontrollkommission«, in: Protokoll der Verhandlungen des IV. Parteitages der Sozialistischen Einheitspartei Deutschlands, Bd. I,
   (Ost-)Berlin 1954, S. 218.
12 N. S. Chruschtschow: »In hohem Ideengehalt und künstlerischer Meisterschaft liegt die
   Kraft der sowjetischen Literatur und Kunst«, in: Neues Deutschland 14. März 1963.
13 »Schlußwort des Genossen Walter Ulbricht«, a. a. O., S. 108.
14 Carola Stern: Ulbricht, Köln/Berlin 1963, S. 182.
15 »Schlußwort des Genossen Walter Ulbricht«, a. a. O., S. 106.
16 Erich Wollenberg: »Minister für Staatssicherheit der DDR . . .«, a. a. O., S. 435.
17 Ernst Richert: Die DDR-Elite . . ., a. a. O., S. 30.
18 Typisch dafür die anonym verfaßte Broschüre »Vom Höllenmaschinisten zum Staatssekretär«, herausgegeben von »Freiheit«-Aktion der Jugend, Bonn 1954. Sie beruhte nahezu
   ausschließlich auf Jan Valtin (= Richard Krebs): Tagebuch der Hölle, Köln 1957. – Die hier
   wiedergegebenen Personalien zu Ernst Wollweber sind folgenden Quellen entnommen:
   Handbuch der Volkskammer der Deutschen Demokratischen Republik, (Ost-)Berlin 1957,
   S. 382; Hermann Weber: Die Wandlung des deutschen Kommunismus, Bd. 2, Frankfurt
   a. M. 1060, S. 348 f
19 Hermann Weber: Die Wandlung des deutschen Kommunismus, a. a. O., S. 349.
20 Ebenda, S. 349.
21 Günther Nollau: Die Internationale, a. a. O., S. 160.
22 Hermann Zolling/Heinz Höhne: Pullach intern, a. a. O., S. 153 f.
23 Reinhard Gehlen: Der Dienst, a. a. O., S. 190 f.
24 »Beschluß der 35. Tagung des Zentralkomitees«, in: Dokumente der Sozialistischen Einheitspartei Deutschlands, Bd. VII, (Ost-)Berlin 1961, S. 111.

25 Zit. in: Neues Deutschland 10. Mai 1967.
26 Vgl. Handbuch »Die Volkskammer der Deutschen Demokratischen Republik«, 8. Wahlperiode, (Ost-)Berlin 1982, S. 439.
27 Vgl. Biographisches Handbuch der deutschsprachigen Emigration nach 1933, a. a. O., S. 501; und Günther Buch: Namen und Daten . . ., a. a. O., S. 210 f.
28 Alexander Abusch: Der Deckname, Memoiren, (Ost-)Berlin 1981, S. 216.
29 Ebenda, S. 216.
30 Urteil des Schwurgerichts I beim Landgericht in Berlin vom 19. Juni 1934 (Aktenzeichen: 500-1 pol. a. K. 7. 34). – Dem Autor lagen kopierte Auszüge aus der Urteilsbegründung vor.
31 »Die schwere Bluttat am Bülowplatz«, Mitteilung der Justizpressestelle, in: Berliner Morgenpost 14. September 1933.
32 Urteil des Schwurgerichts I beim Landgericht in Berlin vom 19. Juni 1934.
33 Ebenda.
34 »Sühne für Todesschüsse am Bülowplatz«, Mitteilung der Justizpressestelle, in: Berliner Morgenpost 23. Mai 1935.
35 Ebenda.
36 »ZK beglückwünscht Genossen Erich Mielke«, in: Neues Deutschland 28. Dezember 1967.
37 Vgl. »Wieder ein junger Arbeiter von der Polizei erschossen«, in: Die Rote Fahne 9. August 1931.
38 Geschichte der deutschen Arbeiterbewegung/Biographisches Lexikon, a. a. O., S. 241.
39 Ebenda, S. 346.
40 Heinz Hoffmann: Mannheim – Madrid – Moskau, a. a. O., S. 287 ff.
41 Biographisches Handbuch der deutschsprachigen Emigration nach 1933, a. a. O., S. 210.
42 Vgl. Erich Honecker: Aus meinem Leben, Frankfurt a. M. und (Ost-)Berlin 1981, S. 114.
43 Zit. bei K.-H. Schöneburg und andere: Vom Werden unseres Staates, Bd. 1, (Ost-)Berlin 1966, S. 253 f.
44 Leo Bauer: »Die Partei hat immer recht«, in: Das Parlament 4. Juli 1956 (Beilage Nr. XXVII, S. 409).
45 Dieter Borkowski: Für jeden kommt der Tag . . ., Frankfurt a. M. 1981, S. 80.
46 Erich Mielke: Sozialismus und Frieden – Sinn unseres Kampfes. Ausgewählte Reden und Aufsätze, (Ost-)Berlin 1987.

Anmerkungen zu Kapitel 10

1 Erich Mielke: Sozialismus und Frieden – Sinn unseres Kampfes, a. a. O., S. 459.
2 Urteil des Bezirksgerichts Dresden vom 18. Juli 1953 gegen Lothar Markwirth und andere, zit. bei Karl Wilhelm Fricke: Politik und Justiz in der DDR, Köln 1979, S. 297 ff.
3 Vgl. dazu Karl Wilhelm Fricke: »Der Staatssicherheitsdienst und der 17. Juni 1953«, in: Deutschland Archiv Nr. 6/1983, S. 594 ff.
4 Urteil des Obersten Gerichts vom 9. März 1957 gegen Wolfgang Harich und andere, zit. bei Karl Wilhelm Fricke: Politik und Justiz in der DDR, a. a. O., S. 353 ff.
5 Urteil des Obersten Gerichts vom 31. März 1958 gegen B. und S., ebenda, S. 377 ff.
6 Erlebnisbericht Martin Schmidt, ebenda, S. 391 ff.
7 »Das Manifest des Bundes Demokratischer Kommunisten Deutschlands«, zit. in: DDR/Das Manifest der Opposition, München 1978, S. 32.
8 Ernst Richert (in Zusammenarbeit mit Carola Stern und Peter Dietrich): Agitation und Propaganda, Berlin/Frankfurt a. M. 1975, S. 68.
9 (Heinz Lippmann): »Der 17. Juni im Zentralkomitee der SED«, in: Das Parlament 13. Juni 1956, Beilage Nr. XXIV/1956, S. 371.
10 Timothy Garton Ash: »Und willst du nicht mein Bruder sein . . .«, Reinbek 1981, S. 20 f.
11 Harald Kleinschmid: »Der Einzelkämpfer und die Staatssicherheit«, in: Deutschland Archiv Nr. 11/1978, S. 1124 und S. 1126.
12 Vgl. Stefan Heym: Collin, Roman, München 1979.
13 Wolf Biermann: Für meine Genossen, Berlin 1972, S. 69.

14 Karl Barto: »25 Jahre Ministerium für Staatssicherheit in der DDR«, in: Informationsdienst des katholischen Arbeitskreises für zeitgeschichtliche Fragen, Nr. 71/1975, S. 40.
15 Fritz Schenk: Mein doppeltes Vaterland, Würzburg 1982, S. 141 f.
16 Vgl. »Irene Schultz konnte die geheimsten Dokumente einsehen«, in: Frankfurter Allgemeine 20. März 1972; und »Bonns Geheimsachen landeten in Ost-Berlin«, in: Kölnische Rundschau 12. September 1972.
17 Wilhelm von Schramm: Der Geheimdienst in Europa 1937–1945, München/Wien 1974, S. 401.
18 Ebenda, S. 401.
19 Bundeskanzler Helmut Schmidt in seinem Bericht zur Lage der Nation vom 20. Januar 1975, zit. in: Jahresbericht der Bundesregierung 1974, Bonn 1975, S. 30 f.
20 Bundeskanzler Helmut Schmidt in der Fernsehsendung »Kontraste« 26. Mai 1977, zit. in: Informationen, herausgegeben vom Bundesminister für Innerdeutsche Beziehungen, Nr. 12/1977, S. 4.
21 Nach Angaben des Bundesnachrichtendienstes in einem Pressegespräch am 27. März 1981 sollen von 1950 bis 1980 insgesamt 350 Überläufer aus den Reihen der MfS-Angehörigen übergetreten sein. Darin enthalten sind allerdings auch Unteroffiziere und Soldaten aus dem Wachregiment.
22 Zum Tode verurteilt und hingerichtet wurden die ehemaligen MfS-Offiziere Paul Rebenstock (1954), Sylvester Murau (1955) und Egon Glombik (1975).
23 Martin Jänicke: Der Dritte Weg, Köln 1964, S. 93.
24 Thomas Walde: ND-Report, a. a. O., S. 268.

Verzeichnis ausgewählter Literatur

Ammer, Thomas: »Bürgerrechtsbewegung in Riesa – ein Versuch«, in: Politische Studien Nr. 234/1977, S. 381 ff.

Ammer, Thomas: »Produkt des Kalten Krieges aus dem Militärverlag der DDR«, in: Deutschland Archiv Nr. 5/1979, S. 541 ff.

Ash, Timothy Garton: »Und willst du nicht mein Bruder sein . . .«, Die DDR heute, Hamburg 1981.

Autorenkollektiv: DDR Handbuch, herausgegeben vom Bundesministerium für Innerdeutsche Beziehungen, 2., völlig überarbeitete und erweiterte Auflage, Köln 1979.

Autorenkollektiv: Feliks Dzierzynski, Biographie, (Ost-)Berlin 1980.

Autorenkollektiv: Geschichte der deutschen Arbeiterbewegung, Band 1–8, (Ost-)Berlin 1966.

Autorenkollektiv: Geschichte der deutschen Arbeiterbewegung/Biographisches Lexikon, (Ost-)Berlin 1970.

Autorenkollektiv: Kleines Politisches Wörterbuch, 3., überarbeitete Auflage, (Ost-)Berlin 1978.

Autorenkollektiv: Staatsrecht der DDR, Lehrbuch, herausgegeben von der Akademie für Staats- und Rechtswissenschaft der DDR in Potsdam-Babelsberg, (Ost-)Berlin 1977.

Autorenkollektiv: Wörterbuch zum sozialistischen Staat, (Ost-)Berlin 1974.

Autorenkollektiv: Zeittafel zur Militärgeschichte der Deutschen Demokratischen Republik 1949 bis 1968, (Ost-)Berlin 1969.

Baring, Arnulf (in Zusammenarbeit mit Manfred Görtemaker): Machtwechsel. Die Ära Brandt/ Scheel, Stuttgart 1982.

Barm, Werner: »Kommunalpolitik und Kommunalwahlen in der DDR«, in: Deutschland Archiv Nr. 4/1970, S. 429 ff.

Barm, Werner: Totale Abgrenzung – Zehn Jahre unter Ulbricht, Honecker und Stoph an der innerdeutschen Grenze. Ein authentischer Bericht, Stuttgart 1971.

Barron, John: KGB, Arbeit und Organisation des sowjetischen Geheimdienstes in Ost und West, mit einer ausführlichen Dokumentation und mit einem Bericht von Alexander Solschenizyn, Bern/München 1974.

Barto, Karl: »25 Jahre Ministerium für Staatssicherheit in der DDR«, in: Informationsdienst des katholischen Arbeitskreises für zeitgeschichtliche Fragen Nr. 71/1975, S. 33 ff.

Bath, Matthias: Gefangen und freigetauscht, 1197 Tage als Fluchthelfer in DDR-Haft, München/Wien 1981.

Bauer, Leo: »Die Partei hat immer recht«, in: Das Parlament, Beilage Nr. XXVII/1956.

Bergh, Hendrik van: ABC der Spione. Eine illustrierte Geschichte der Spionage in der Bundesrepublik Deutschland seit 1945, Pfaffenhofen 1965.

Bergh, Hendrik van: Die Überläufer. Eine illustrierte Dokumentation aus den Akten der Geheimdienste, Würzburg 1979.

Betrifft: Verfassungsschutz 1969/70–1982, herausgegeben vom Bundesminister des Innern, Bonn 1971–1983.

Biographisches Handbuch der deutschsprachigen Emigration nach 1933, herausgegeben vom Institut für Zeitgeschichte, Teil I, München 1980.

Blank, Alexander S./Julius Mader: Rote Kapelle gegen Hitler, (Ost-)Berlin 1979.

Borcke, Astrid von: KGB. Die Macht im Untergrund, Neuhausen/Stuttgart 1987.

Borer, Ernst R.: Spionage, Anwerbemethoden und Anwerbepraktiken der Geheimdienste, Kreuzlingen 1975.

Borkowski, Dieter: Für jeden kommt der Tag . . ., Stationen einer Jugend in der DDR, Frankfurt a. M. 1981.

Boveri, Margret: Der Verrat im 20. Jahrhundert, mit einem Geleitwort von Gustav Heinemann und einer Einführung von Hellmut Becker, Reinbek 1976.

Brandt, Heinz: Ein Traum, der nicht entführbar ist, Mein Weg zwischen Ost und West, München 1967.

Buch, Günther: Namen und Daten wichtiger Personen der DDR, 2. überarbeitete und erweiterte Auflage, Berlin/Bonn 1979.

Buchheit, Gert: Die anonyme Macht, Aufgaben, Methoden, Erfahrungen der Geheimdienste, mit einer Einleitung von Wilhelm Ritter von Schramm, Frankfurt a. M. 1969.

Charisius, Albrecht/Julius Mader: Nicht länger geheim, Entwicklung, System und Arbeitsweise des imperialistischen deutschen Geheimdienstes, 4., überarbeitete und ergänzte Auflage, (Ost-)Berlin 1980.

Croan, Melwin: DDR-Neokolonialismus in Afrika, herausgegeben von der Deutschen Afrika-Stiftung, Bonn 1981.

Dallin, David J.: Die Sowjetspionage, Prinzipien und Praktiken, Köln 1956.

DDR/Das Manifest der Opposition – eine Dokumentation, München 1978.

DDR-konkret, Geschichten und Berichte aus einem real existierenden Land, von Thomas Auerbach, Wolfgang Hinkeldey, Marian Kirstein, Gerd Lehmann, Bernd Markowski und Michael Sallmann, 3. Auflage, Berlin 1981.

Der Staatssicherheitsdienst. Ein Instrument der politischen Verfolgung in der Sowjetischen Besatzungszone Deutschlands, herausgegeben vom Bundesministerium für Gesamtdeutsche Fragen, Bonn/Berlin 1962. – Bei der Niederschrift dieser Publikation und bei der Zusammenstellung ihrer Dokumentation war der Verfasser des vorliegenden Buches federführend.

Der Staatssicherheitsdienst/Terror als System, herausgegeben vom Untersuchungsausschuß Freiheitlicher Juristen, Berlin (1956).

Dethleffsen, Erich: »Die Aufgabe eines Auslandsnachrichtendienstes«, in: Außenpolitik Nr. 11/1969, S. 655 ff.

Die lautlose Macht. Geheimdienste nach dem Zweiten Weltkrieg. Beratung: Günther Nollau/Hans Josef Horchem, 2 Bände, Stuttgart 1985.

Die Volkskammer der Deutschen Demokratischen Republik, Handbuch für die 8. Wahlperiode, (Ost-)Berlin 1982.

Dokumente der Sozialistischen Einheitspartei Deutschlands, Band I–XVII, (Ost-)Berlin 1951 bis 1981.

Drews, Manfred/Max Stoll: Soldaten der ersten Stunde. Fünf Lebensbilder, (Ost-)Berlin 1981.

Ebert, Ottomar: Spionage-Karussell Ost-West, Bergisch Gladbach 1984.

Emde, Heiner: Verrat und Spionage in Deutschland, Texte, Bilder, Dokumente, München/Zürich 1980.

»Enthüllungen über die Spionage im Bundesgebiet«, Ergebnisse der Befragung des Referatsleiters Max Heim im Ministerium für Staatssicherheit, in: Bulletin des Presse- und Informationsamtes der Bundesregierung 6. Juni 1959, S. 980 ff.

Erfahrungsbericht über die Beobachtungen der Ämter für Verfassungsschutz im Jahre 1968, herausgegeben vom Bundesminister des Innern, Bonn 1969.

Faust, Siegmar: In welchem Lande lebt Mephisto? – Schreiben in Deutschland, München/Wien 1980.

Felfe, Heinz: Im Dienst des Gegners. 10 Jahre Moskaus Mann im BND, Hamburg/Zürich 1986.

Fiedler, Helene: SED und Staatsmacht. Zur staatspolitischen Konzeption und Tätigkeit der SED 1946–1948, mit einem Dokumentenanhang, (Ost-)Berlin 1974.

Finn, Gerhard (unter Mitarbeit von Karl Wilhelm Fricke): Politischer Strafvollzug in der DDR, Köln 1981.

Forster, Thomas M.: NVA Kornstück der Landesverteidigung der DDR, 6. überarbeitete Auflage, Köln 1983.

Freiburg, Arnold/Christa Mahrad: FDJ – Der sozialistische Jugendverband der DDR, mit einem Vorwort von Walter Jaide und Barbara Hille, Opladen 1982.

Fricke, Karl Wilhelm: »DDR-Verteidigungsgesetz neu kodifiziert«, in: Deutschland Archiv Nr. 12/1978, S. 1238 ff.

Fricke, Karl Wilhelm: »Der Staatssicherheitsdienst und der 17. Juni 1953«, in: Deutschland Archiv Nr. 6/1983, S. 594 ff.

Fricke, Karl Wilhelm: Ein Mann namens Linse, Schriftenreihe des Deutschlandfunks Nr. 14/72, Köln 1972.

Fricke, Karl Wilhelm: »Kaderpolitik und Staatssicherheit in der DDR«, in: Die Gesellschaft der DDR. Untersuchungen zu ausgewählten Bereichen. Herausgegeben von Dieter Voigt. Schriftenreihe der Gesellschaft für Deutschlandforschung, Band X, Berlin 1984.

Fricke, Karl Wilhelm: Menschenraub in Berlin, Koblenz/Köln 1959.

Fricke, Karl Wilhelm: »Nachrichtendienst und verdeckte Einwirkung«, in: Drei Jahrzehnte Außenpolitik der DDR, herausgegeben von Hans-Adolf Jacobsen, Gert Leptin, Ulrich Scheuner, Eberhard Schulz, München 1979.

Fricke, Karl Wilhelm: »Schild und Schwert«, 25 Jahre Ministerium für Staatssicherheit, in: Deutschland Archiv Nr. 2/1975, S. 132 ff.

Fricke, Karl Wilhelm: Politik und Justiz in der DDR. Zur Geschichte der politischen Verfolgung 1945–1968, Bericht und Dokumentation, Köln 1979.

Fricke, Karl Wilhelm: Warten auf Gerechtigkeit. Kommunistische Säuberungen und Rehabilitierungen, Köln 1971.

Fricke, Karl Wilhelm: Zur Menschen- und Grundrechtssituation politischer Gefangener in der DDR. Analyse und Dokumentation, 2. ergänzte Auflage, Köln 1988.

Fuchs, Jürgen: Vernehmungsprotokolle, November '76 bis September '77, Reinbek 1978.

Gehlen, Reinhard: Der Dienst, Erinnerungen 1942–1971, Mainz/Wiesbaden 1971.

Gerken, Richard: Spione unter uns, Methoden und Praktiken der Roten Geheimdienste nach amtlichen Quellen, Die Abwehrarbeit in der Bundesrepublik Deutschland, Donauwörth 1965.

Grotewohl, Otto: »Die gegenwärtige Lage und der neue Kurs der Partei«, in: Das 15. Plenum des Zentralkomitees der SED, (Ost-)Berlin 1953 (parteiinternes Material).

Guillaume, Günter: Die Aussage. Protokolliert von Günter Karau, (Ost-)Berlin 1988 (Buchclubausgabe).

Gunzenhäuser, Max: Geschichte des geheimen Nachrichtendienstes (Spionage, Sabotage, Abwehr), Literaturbericht und Bibliographie, Schriften der Bibliothek für Zeitgeschichte, Heft 7, Frankfurt a. M. 1968.

Hagen, Louis: Der heimliche Krieg auf deutschem Boden seit 1945. Mit einem Nachwort von Hans Detlev Becker, Düsseldorf/Wien 1969.

Henrich, Rolf: Der vormundschaftliche Staat. Vom Versagen des real existierenden Sozialismus, Reinbek bei Hamburg 1989.

Herz, Hans-Peter: Freie Deutsche Jugend, München 1967.

Herz, Peter: Berlin-Lichtenberg, Normannenstraße 22, Agentenzentrale SSD, herausgegeben vom Untersuchungsausschuß Freiheitlicher Juristen, Teil I–III, Berlin 1960–1964.

Hetmann, Frederik: »Ich habe sieben Leben« – Die Geschichte des Ernesto Guevara, genannt Che, Reinbek 1977.

Heym, Stefan: Collin, Roman, München 1979.

Hildebrandt, Rainer: Als die Fesseln fielen . . . Die Geschichte einer Schicksalsverkettung in einem Aufstand, zweite Auflage, Berlin 1956.

Hiller, Horst: Sturz in die Freiheit. Von Deutschland nach Deutschland, München 1986.

Höhne, Heinz: Der Krieg im Dunkeln. Macht und Einfluß des deutschen und russischen Geheimdienstes, München 1985.

Hoffmann, Heinz: Mannheim – Madrid – Moskau, Erlebtes aus drei Jahrzehnten, (Ost-)Berlin 1981.

Honecker, Erich: Aus meinem Leben, Frankfurt a. M./(Ost-)Berlin 1980.

Honecker, Erich: Zu aktuellen Fragen unserer Innen- und Außenpolitik nach dem IX. Parteitag, (Ost-)Berlin 1976.

Honecker, Erich: Zuverlässiger Schutz des Sozialismus. Ausgewählte Reden und Schriften zur Militärpolitik der SED, 2., wesentlich erweiterte Auflage, (Ost-)Berlin 1977.

Informationen über Konzeption und Arbeitsweise des Ministeriums für Staatssicherheit der DDR auf dem Gebiet der Wissenschafts- und Wirtschaftsspionage in der Bundesrepublik Deutschland, herausgegeben vom Bundesamt für Verfassungsschutz, (Köln) 1980.

Jänicke, Martin: Der Dritte Weg. Die antistalinistische Opposition gegen Ulbricht seit 1953, Köln 1964.

Kahl, Werner: Spionage in Deutschland, München 1986.

Kaltenbrunner, Gerd-Klaus (Herausgeber): Wozu Geheimdienste?/Kundschafter, Agenten, Spione, München 1985.

Kleinschmid, Harald: »Der Einzelkämpfer und die Staatssicherheit«, in: Deutschland Archiv Nr. 11/1978, S. 1124 ff.

Klump, Brigitte: Das rote Kloster. Eine deutsche Erziehung, München 1980 (Taschenbuchausgabe).

Kregel, Bernd: Außenpolitik und Systemstabilisierung in der DDR, Opladen 1979.

Lammich, Siegfried: Der »Popieluszko-Prozeß«. Sicherheitspolizei und katholische Kirche in Polen. Bericht und Dokumentation, Köln 1985.

Lapp, Peter Joachim: Der Ministerrat der DDR, Aufgaben, Arbeitsweise und Struktur der anderen deutschen Regierung, Opladen 1982.

Leonhard, Wolfgang: Die Revolution entläßt ihre Kinder, Köln 1955/1981 (Neuauflage).

Lewytzkyj, Boris: Vom roten Terror zur sozialistischen Gesetzlichkeit. Der sowjetische Sicherheitsdienst, München 1961.

Liebl, Karlhans (Herausgeber): Betriebs-Spionage. Begehungsformen/Schutzmaßnahmen/ Rechtsfragen, Ingelheim/Küsnacht 1987.

Lindemann, Hans: Moskaus Traum: Nicaragua, Stuttgart/München 1986.

Lippmann, Heinz: »Der 17. Juni im Zentralkomitee der SED«, in: Das Parlament Beilage Nr. XXIV/1956.

Loest, Erich: Durch die Erde ein Riß. Ein Lebenslauf, Hamburg 1981.

Löwis of Menar, Henning von: »Die DDR und Afrika«, in: Die Außenbeziehungen der DDR, Jahrbuch 1980 der Gesellschaft für Deutschlandforschung, Berlin 1980.

Löwis of Menar, Henning von: »Solidarität und Subversion«. Die Rolle der DDR im südlichen Afrika, in: Deutschland Archiv Nr. 6/1977.

Ludz, Peter Christian: Mechanismen der Herrschaftssicherung. Eine sprachpolitische Analyse gesellschaftlichen Wandels in der DDR, München/Wien 1980.

Ludz, Peter Christian: Parteielite im Wandel, Funktionsaufbau, Sozialstruktur und Ideologie der SED-Führung. Eine empirisch-systematische Untersuchung, Köln/Opladen 1968.

Lübbe, Peter: »Harry Thürk im Kampfauftrag«, in: Deutschland Archiv Nr. 12/1980.

Lübbe, Peter: Kommunismus und Sozialdemokratie. Eine Streitschrift, Berlin/Bonn 1978.

Lüers, Hartwig: Das Polizeirecht in der DDR, Aufgaben, Befugnisse und Organisation der Deutschen Volkspolizei, Köln 1974.

Mahnke, Hans-Heinrich (Herausgeber): Beistands- und Kooperationsverträge der DDR, Köln 1982.

Mampel, Siegfried: Die sozialistische Verfassung der Deutschen Demokratischen Republik, Kommentar, zweite, völlig neubearbeitete Auflage, Frankfurt a. M. 1982.

Matern, Hermann: »Bericht der Zentralen Parteikontrollkommission«, in: Protokoll der Verhandlungen des IV. Parteitages der Sozialistischen Einheitspartei Deutschlands, Band I, (Ost-)Berlin 1954, S. 218 ff.

Merz, Kai-Uwe: Kalter Krieg als antikommunistischer Widerstand. Die Kampfgruppe gegen Unmenschlichkeit 1948–1959, München 1987.

Mielke, Erich: »An der Seite des Volkes – für die Sache des Volkes«, 15 Jahre Staatssicherheitsdienst – 15 Jahre Kampf gegen die Feinde des Friedens und des Sozialismus, in: Neues Deutschland 7. Februar 1965.

Mielke, Erich: »Die Aufgaben der Etappe des umfassenden Aufbaus des Sozialismus bestimmen die Gestaltung unseres Rechts«, in: Rechtspflegeerlaß – bedeutsame Weiterentwicklung unserer sozialistischen Demokratie, Schriftenreihe des Staatsrates der Deutschen Demokratischen Republik Nr. 2/1963.

Mielke, Erich: »Die Aufgaben zur Stärkung der Kampfkraft der Partei als entscheidende Voraussetzung für die weitere erfolgreiche Verwirklichung der Beschlüsse des IX. Parteitages der SED«, Referat des Genossen Ministers auf der propagandistischen Großveranstaltung zur Eröffnung des Parteilehrjahres 1978/79 vom 16. Oktober 1978 (internes Material).

Mielke, Erich: »Die Tscheka – Hüter der Flamme der Revolution«. Zum 50. Jahrestag der Bildung der sowjetischen Sicherheitsorgane, in: Neues Deutschland 20. Dezember 1967.

Mielke, Erich: »Gangster und Mörder im Kampf gegen unsere Republik«, Bericht des Generalinspekteurs der Hauptverwaltung zum Schutz der Volkswirtschaft, in: Neues Deutschland 28. Januar 1950.

Mielke, Erich: »Jederzeit hohe Wachsamkeit im Dienste unseres Volkes«, Festansprache zum 25. Jahrestag des Ministeriums für Staatssicherheit, in: Neues Deutschland 8./9. Februar 1975.

Mielke, Erich: »Kompromißloser Kampf gegen die Feinde des Friedens und des Sozialismus«. Zum 20. Jahrestag des Ministeriums für Staatssicherheit, in: Neues Deutschland 8. Februar 1970.

Mielke, Erich: »Mit hoher Verantwortung für den zuverlässigen Schutz des Sozialismus«. Zum 25. Jahrestag der Bildung des Ministeriums für Staatssicherheit, in: Einheit Nr. 1/1975, S. 43 ff.

Mielke, Erich: »Rechtspflege der DDR – Vorbild für ganz Deutschland« (Interview), in: Sozialistische Demokratie 17. Mai 1963.

Mielke, Erich: Rede auf dem V. Parteitag, in: Protokoll der Verhandlungen des V. Parteitages der Sozialistischen Einheitspartei Deutschlands, Band I, (Ost-)Berlin 1958, S. 547 ff.

Mielke, Erich: Rede auf dem VII. Parteitag, in: Protokoll der Verhandlungen des VII. Parteitages der Sozialistischen Einheitspartei Deutschlands, Band III, (Ost-)Berlin 1967, S. 415 ff. (Die Rede wurde aus Zeitmangel nicht gehalten, sondern schriftlich eingereicht.)

Mielke, Erich: »Ritter der Revolution«. Zum 100. Geburtstag des ersten Vorsitzenden der Tscheka, in: Neues Deutschland 10./11. September 1977.

Mielke, Erich: Sozialismus und Frieden – Sinn unseres Kampfes. Ausgewählte Reden und Aufsätze, (Ost-)Berlin 1987.

Mielke, Erich: »Verantwortungsbewußt für die Gewährleistung der staatlichen Sicherheit«, 30 Jahre Ministerium für Staatssicherheit – 30 Jahre Kampf für Sozialismus und Frieden, in: Einheit Nr. 2/1980, S. 151 ff.

Mielke, Erich: »Vorbeugende Arbeit ist die Hauptaufgabe der Rechtspflege«, in: Neues Deutschland 14. Juni 1963.

Mielke, Erich: »Wachsamkeit – bestes Abwehrmittel«, Rede auf der 14. Tagung des Zentralkomitees der SED, in: Neues Deutschland 8. Dezember 1961.

Mielke, Erich: »Zehn Jahre Kampf gegen die Feinde des Friedens«, in: Neues Deutschland 7. Februar 1960.

Ministerium für Staatssicherheit, Aufbau und Arbeitsweise, herausgegeben von der Kampfgruppe gegen Unmenschlichkeit, Berlin 1957.

Mühlen, Heinrich von zur: »Der Apparat des Staatssicherheitsdienstes«, Weisungs- und Kontrollbefugnis sowjetischer Instrukteure, in: SBZ-Archiv Nr. 12/1956, S. 181 ff.

Mühlen, Heinrich von zur: »Der Staatssicherheitsdienst«, in: SBZ-Archiv Nr. 22/1953, S. 338 ff.

Müller-Hegemann, Dietfried: Die Berliner Mauer-Krankheit. Zur Soziogenese psychischer Störungen, Herford 1973.

Mund, Peter: »DDR-›Kundschafter‹ als Roman- und Fernsehhelden«, in: Informationsdienst des katholischen Arbeitskreises für zeitgeschichtliche Fragen, Nr. 89/1978, S. 29 ff.

Mund, Peter: »DDR-Spione als ›Patrioten und Internationalisten‹«, in: Informationsdienst des katholischen Arbeitskreises für zeitgeschichtliche Fragen, Nr. 104/1980, S. 19 ff.

Mund, Peter: »Noch einmal: Werner Bredenbusch – Spion im Auftrag der DDR«, in: Informationsdienst des katholischen Arbeitskreises für zeitgeschichtliche Fragen, Nr. 94/1979, S. 39 ff.

Mund, Peter: »Sonjas Rapport: Erinnerungen einer Agentin«, in: Informationsdienst des katholischen Arbeitskreises für zeitgeschichtliche Fragen, Nr. 98/1979, S. 30 ff.

Myagkov, Aleksei: KGB intern, Enthüllungen eines Offiziers der III. Hauptabteilung, Stuttgart 1977.

Naumann, Michael: »Spitzel, Stasi und Spione«. Gefürchtet und erfolgreich: Das DDR-Ministerium für Staatssicherheit, in: Die Zeit (Dossier) 23. Februar 1979.

Neugebauer, Gero: Partei und Staatsapparat in der DDR, Aspekte der Instrumentalisierung des Staatsapparats durch die SED, Opladen 1978.

Nollau, Günther: Das Amt, 50 Jahre Zeuge der Geschichte, München 1978.

Nollau, Günther: Die Internationale, Wurzeln und Erscheinungsformen des proletarischen Internationalismus, Köln 1959.

Nollau, Günther/Ludwig Zindel: Gestapo ruft Moskau. Sowjetische Fallschirmagenten im 2. Weltkrieg, München 1979.

Obst, Werner: DDR-Wirtschaft, Modell und Wirklichkeit, Hamburg 1973.

Östliche Untergrundarbeit gegen Westberlin, Denkschrift, herausgegeben vom Senator für Inneres, Berlin 1959.

Östliche Untergrundarbeit gegen Westberlin, erster Nachtrag, herausgegeben vom Senator für Inneres, Berlin 1960.

Ost-Berlin – Agitations- und Zersetzungszentrale für den Angriff gegen den Bestand und die verfassungsmäßige Ordnung der Bundesrepublik Deutschland und Operationsbasis der östlichen Spionagedienste, Bonn 1960 (vermutlich eine Publikation des Bundesnachrichtendienstes).

Panitz, Eberhard: Der Weg zum Rio Grande. Ein biographischer Bericht über Tamara Bunke, (Ost-)Berlin 1973.

Richert, Ernst (in Zusammenarbeit mit Carola Stern und Peter Dietrich): Agitation und Propaganda. Das System der publizistischen Massenführung in der Sowjetzone, mit einem Vorwort von Otto Stammer, Berlin/Frankfurt a. M. 1956.

Richert, Ernst: Das zweite Deutschland. Ein Staat, der nicht sein darf, Gütersloh 1964.

Richert, Ernst: Die DDR-Elite oder Unsere Partner von morgen?, Reinbek 1968.

Richert, Ernst: Macht ohne Mandat. Der Staatsapparat in der Sowjetischen Besatzungszone Deutschlands, mit einer Einleitung von Martin Drath, zweite, erweiterte und überarbeitete Auflage, Köln/Opladen 1963.

Rühle, Jürgen/Gunter Holzweißig: 13. August 1961. Die Mauer von Berlin, Edition Deutschland Archiv, Köln 1981.

Ruland, Bernd: Krieg auf leisen Sohlen, Spione in Deutschland, Stuttgart 1971.

Sagolla, Bernhard: Die Rote Gestapo. Der Staatssicherheitsdienst in der Sowjetzone, herausgegeben von der Kampfgruppe gegen Unmenschlichkeit, Berlin 1952.

Sagolla, Bernhard: Die Rote Gestapo. Der Staatssicherheitsdienst in der Sowjetzone, herausgegeben von der Kampfgruppe gegen Unmenschlichkeit, 2., erweiterte Auflage, Berlin 1953.

Schenk, Fritz: Im Vorzimmer der Diktatur, 12 Jahre Pankow, Köln/Berlin 1962.

Schenk, Fritz: Mein doppeltes Vaterland, Erfahrungen und Erkenntnisse eines geborenen Sozialdemokraten, Würzburg 1981.

Schlomann, Friedrich-Wilhelm: Operationsgebiet Bundesrepublik. Spionage, Sabotage und Subversion, 3. erweiterte Auflage, München 1986.

Schmidt, Paul-Günther: Internationale Währungspolitik im sozialistischen Staat. Theoretische Grundlegung und empirische Überprüfung am Beispiel der DDR, Stuttgart/New York 1985.

Schramm, Wilhelm von: Der Geheimdienst in Europa 1937–1945, 2., durchgesehene und erweiterte Auflage, München/Wien 1974.

Schuller, Wolfgang: Geschichte und Struktur des politischen Strafrechts der DDR bis 1968, Ebelsbach 1980.

Schultz, Joachim: Der Funktionär in der Einheitspartei, Kaderpolitik und Bürokratisierung in der SED, mit einer Einleitung von Otto Stammer, Stuttgart/Düsseldorf 1956.

Schwarzenbach, Rudolf: Die Kaderpolitik der SED in der Staatsverwaltung. Ein Beitrag zur Entwicklung des Verhältnisses von Partei und Staat in der DDR (1945–1975), Köln 1976.

Spittmann, Ilse: »Warum Ulbricht stürzte«, in: Deutschland Archiv Nr. 6/1971, S. 568 f.

Steinhoff, Carl: Rede in der Volkskammer zur Beratung und Beschlußfassung über das Gesetz über die Bildung eines Ministeriums für Staatssicherheit, in: Provisorische Volkskammer der Deutschen Demokratischen Republik (Stenographisches Protokoll), 10. Sitzung, 8. Februar 1950, S. 213 f.

Sterling, Claire: Das internationale Terror-Netz. Der geheime Krieg gegen die westlichen Demokratien, Bern/München 1981.

Stern, Carola: Die SED. Ein Handbuch über Aufbau, Organisation und Funktion des Parteiapparates, Köln 1954.

Stern, Carola: Porträt einer bolschewistischen Partei, Entwicklung, Funktion und Situation der SED, Köln 1957.

Stern, Carola: Ulbricht. Eine politische Biographie, Köln/Berlin 1963.

Stiller, Werner: Im Zentrum der Spionage. Mit einem Nachwort von Karl Wilhelm Fricke, Mainz 1986.

Thürk, Harry: Der Gaukler, Roman, Band 1–2, (Ost-)Berlin 1979.

Ulbricht, Walter: »Die Politik der Partei, ihre Erfolge und Fehler«, in: Das 15. Plenum des Zentralkomitees der SED, (Ost-)Berlin 1953 (parteiinternes Material).

Ulbricht, Walter: Schlußwort auf dem 15. Plenum, in: Das 15. Plenum des Zentralkomitees der SED, (Ost-)Berlin 1953 (parteiinternes Material).

Unrecht als System, Dokumente über planmäßige Rechtsverletzungen im sowjetischen Besatzungsgebiet, herausgegeben vom Bundesministerium für Gesamtdeutsche Fragen, Band I bis IV, Bonn/Berlin 1952–1962.

Valtin, Jan (= Richard Krebs): Tagebuch der Hölle, Köln/Berlin 1957.

Verfassungsschutzbericht 1983–1987. Herausgeber: Der Bundesminister des Innern, Bonn 1984–1988.

Vielain, Heinz: »Geheimbefehle für die Spione der ›DDR‹«, in: Welt am Sonntag 31. Mai 1981. – In diesem Artikel werden mehrere geheime Befehle und Dienstanweisungen des Ministers für Staatssicherheit zitiert.

Vielain, Heinz: »Überläufer Stiller legte die Industriespionage der ›DDR‹ nahezu lahm«, in: Die Welt 23. April 1980.

Vielain, Heinz/Manfred Schell: Verrat in Bonn, Berlin/Frankfurt a. M./Wien 1978.

Villemarest, Pierre de: Sowjetspionage in Frankreich, Mainz 1969.

Voigt, Dieter: »Kaderarbeit in der DDR«, in: Deutschland Archiv Nr. 2/1972, S. 178 ff.

Walde, Thomas: ND-Report. Die Rolle der Geheimen Nachrichtendienste im Regierungssystem der Bundesrepublik Deutschland, München 1971.

Weber, Hermann: Die Wandlung des deutschen Kommunismus. Die Stalinisierung der KPD in der Weimarer Republik, Band 1–2, Frankfurt a. M. 1969.

Weber, Hermann: Kleine Geschichte der DDR, Köln 1980.

Weber, Hermann (mit Lothar Pertinax): Schein und Wirklichkeit in der DDR, Stuttgart 1958.

Werner, Ruth: Sonjas Rapport, Berlin 1977.

»Westberlin wird als Zentrum der Spionageagenturen ausgenutzt«. Die Erklärung des Ministerrates der DDR vom 12. April 1955, in: Dokumentation der Zeit Nr. 94/1955, S. 7064 ff.

Wilke, Manfred (Herausgeber): Robert Havemann – ein deutscher Kommunist, Rückblicke und Perspektiven aus der Isolation, mit einem Nachwort von Lucio Lombardo Radice, Reinbek 1978.

Wolf, Markus: »Als ich nach Berlin kam«, in: Die Weltbühne Nr. 22/1975, S. 687 ff.

Wolf, Markus: Die Troika, Düsseldorf 1989.

Wollenberg, Erich: »Der Apparat – Stalins Fünfte Kolonne«, in: Ost-Probleme Nr. 19/1951, S. 575 ff.

Wollenberg, Erich: »Minister für Staatssicherheit der DDR – ein Agent des Sowjetgeneralstabes«, in: Deutsche Rundschau Nr. 5/1951, S. 433.

Wollweber, Ernst: »Die Wachsamkeit der Werktätigen zerschlägt die Absichten der Volksfeinde«. Aus der Rede auf der Belegschaftsversammlung von Siemens-Plania, in: Neues Deutschland 6. November 1953.

Wollweber, Ernst: »Für die Stärkung und Festigung unserer Arbeiter-und-Bauern-Macht«, in: Einheit Nr. 5/1957, S. 558 ff.

Wollweber, Ernst: Rede auf dem IV. Parteitag, in: Protokoll der Verhandlungen des IV. Parteitages der Sozialistischen Einheitspartei Deutschlands, Band 2, (Ost-)Berlin 1954, S. 710 ff.

Wollweber, Ernst: Rede auf der 3. Parteikonferenz, in: Protokoll der Verhandlungen der 3. Parteikonferenz der Sozialistischen Einheitspartei Deutschlands, Band 2, (Ost-)Berlin 1956, S. 947 ff.

Wollweber, Ernst: »Sache aller Bürger der DDR«, in: Neues Deutschland 21. Dezember 1956.

Zeller, Claus: Marx hätte geweint. Der Porst-Prozeß: geteilte Nation im Zwielicht, Stuttgart 1970.

Zolling, Hermann/Heinz Höhne: Pullach intern, General Gehlen und die Geschichte des Bundesnachrichtendienstes, Hamburg 1971.

Personenregister